公路工程与桥梁施工

杜成龙　卢志刚　郭红旭　编著

吉林科学技术出版社

图书在版编目（CIP）数据

公路工程与桥梁施工 / 杜成龙，卢志刚，郭红旭编著. -- 长春 : 吉林科学技术出版社，2019.6

ISBN 978-7-5578-5597-0

Ⅰ. ①公… Ⅱ. ①杜… ②卢… ③郭… Ⅲ. ①道路施工－高等学校－教材②桥梁施工－高等学校－教材 Ⅳ. ①U415②U445

中国版本图书馆 CIP 数据核字（2019）第 108793 号

公路工程与桥梁施工

GONGGU GONGCHENG YU QIAOLIANG SHIGONG

编　　著　杜成龙　卢志刚　郭红旭
出 版 人　李　梁
责任编辑　朱　萌
封面设计　长春美印图文设计有限公司
制　　版　长春美印图文设计有限公司
幅面尺寸　170mm×240mm　1/16
字　　数　470 千字
印　　张　21
版　　次　2019 年 6 月第 1 版
印　　次　2019 年 6 月第 1 刷

出　　版　吉林科学技术出版社
发　　行　吉林科学技术出版社
地　　址　长春市净月区福祉大路 5788 号
邮　　编　130118
发行部电话 / 传真　0431—81629529　81629530　81629531
81629532　81629533　81629534
储运部电话　0431—86059116
编辑部电话　0431—81629518
印　　刷　北京宝莲鸿图科技有限公司

书　　号　ISBN 978-7-5578-5597-0
定　　价　85.00 元

编委会

主　编

杜成龙　包头市公路工程股份有限公司

卢志刚　包头交通投资集团有限公司

郭红旭　包头市公路工程股份有限公司

前　言

随着我国市场经济机制的完善和发展，我国的基础设施建设力度明显增强，特别是对于公路交通设施基础上的投资力度也明显增强，这给公路建设单位提供了不可多得的发展机遇。同时也给更多的公路建设单位提出了更高的要求。尤其是在施工环节和管理方面特别注重工程质量的提升，这不仅仅关系到企业的整体形象，更关系到人民的生命和财产安全。所以，只有加强公路桥梁的质量，才能促使我国公路桥梁的工程施工更加的科学化和规范化。

尽管近些年来我国公路建设取得长足进步，特别在施工技术和管理层面上都得到一定的发展。但是在很多方面还是存在不足之处。而其中公路的质量问题最为突出，在公路建设方面与其他的建设工程不同，这是一项具有高度复杂性和重要性的工程项目，从另外角度来说，在保证施工进度的基础上要能够尽可能地控制好公路建设的成本支出，同时还要能够严格满足公路桥梁的质量要求。如果不能对公路桥梁施工环节进行有效监督和管理，这就很有可能给公路的安全造成一定的隐患。为此，本文从当前我国的公路发展、路基工程、路面工程、特殊路基工程、沥青路面工程、水泥混凝土路面工程施工技术、施工机械、施工方法以及项目管理和桥梁工程施工与管理等方面展开论述。

目　录

第一章　绪　论

第一节　公路的分级与组成

一、公路的分类

公路根据交通量及其使用功能、性质分为汽车专用公路和一般公路两类五个等级：高速公路、一级公路、二级公路、三级公路和四级公路。

（一）汽车专用公路

汽车专用公路是供汽车高速、安全、顺畅运行的现代化公路，是连接重要政治、经济中心以及工矿区、港口和机场的交通纽带。分为三个等级，高速公路、一级公路、二级公路，其主要技术指标如下。

1. 高速公路

一般能适应按各种汽车（包括摩托车）折合成小客车的年平均昼夜交通量为 25000 辆以上的高速公路具有特别重要的政治、经济意义，专供汽车分道高速行驶并全部控制出入的公路。

（1）四车道高速公路应能适应将各种汽车（包括摩托车）折合成小客车的年平均日交通量 25000~55000 辆。

（2）六车道高速公路应能适应将各种汽车（包括摩托车）折合成小客车的年平均日交通量 45000~80000 辆。

（3）八车道高速公路应能适应将各种汽车（包括摩托车）折合成小客车的年平均日交通量 60000~100000 辆。

2. 一级汽车专用公路

一般能适应按各种汽车（包括摩托车）折合成小客车的年平均昼夜交通量为 10000~25000 辆，为连接重要政治、经济中心，通往重点工矿区、港口、机场，专供汽车分道行驶并部分控制出入的公路。

（1）四车道一级公路应能适应将各种汽车（包括摩托车）折合成小客车的年平均日交通量 15000~30000 辆。

（2）六车道一级公路应能适应将各种汽车（包括摩托车）折合成小客车的年平均日交通量 25000~55000 辆。

3. 二级汽车专用公路

一般能适应按各种汽车（包括摩托车）折合成中型载重汽车的年平均昼夜交通量为 2000~7000 辆，为连接政治、经济中心，通往重点工矿区、港口、机场等地专供汽车行驶的公路。

双车道二级公路应能适应将各种汽车（包括摩托车）折合成小客车的年平均日交通量 5000~15000 辆。

（二）一般公路

一般公路是连接各个城市、工矿区、港口、机场以及县、乡等地，保证车辆正常通行，保证交通运输正常运行的公路。分为三个等级：二级公路、三级公路、四级公路。

1. 二级公路

一般能适应按各种车辆折合成中型载重汽车的年平均昼夜交通量为 2000~5000 辆，为连接政治、经济中心或大矿区、港口、机场等地专供汽车行驶的公路。

2. 三级公路

一般能适应按各种车辆折合成中型载重汽车的年平均昼夜交通量为 2000 辆以下，为沟通县级以上城市的公路。

（1）三级公路为主要供汽车行驶的双车道公路。

（2）双车道三级公路应能适应将各种车辆折合成小客车的年平均日交通量 2000~6000 辆。

3. 四级公路

一般能适应按各种车辆折合成中型载重汽车的年平均昼夜交通量为 200 辆以下，为沟通县、乡（镇）、村等的公路。

（1）四级公路为主要供汽车行驶的双车道或单车道公路。

（2）双车道四级公路应能适应将各种车辆折合成小客车的年平均日交通量 2000 辆以下。

（3）单车道四级公路应能适应将各种车辆折合成小客车的年平均日交通量 400 辆以下。

二、公路的组成

公路一般由路基、路面、桥梁、隧道工程和交通工程设施几大部分组成。

1. 路基工程

路基是用土或石料修筑而成的线形结构物。它承受着本身的岩土自重和路面重力，以及由路面传递而来的行车荷载，是整个公路构造的重要组成部分。路基主要包括路基体、边坡、边沟及其他附属设施几个部分，路基的形式主要有填方路基、挖方路堑及半填半挖路基，具体如图 1-1-1 所示。

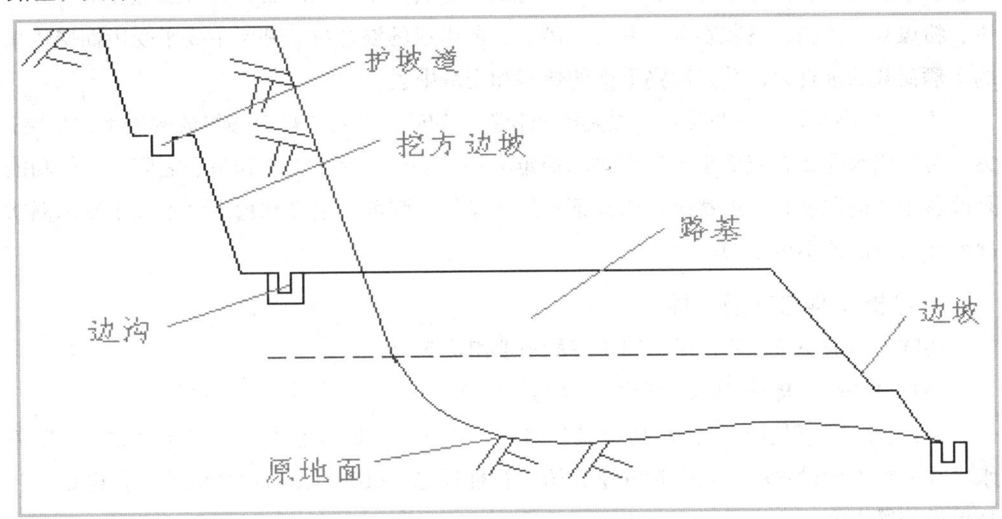

图 1-1-1 路基结构组成

2. 路面工程

路面是用各种筑路材料或混合料分层铺筑在公路路基上供汽车行驶的层状构造物，其作用是保证汽车在道路上能全天候、稳定、高速、舒适、安全和经济地运行。路面通常由路面体、路肩、路缘石及中央分隔带组成，其中路面体在横向又可分为行车道、人行道及路缘带。

3. 路面体

按结构层次自上而下可分为面层、基层、垫层或联结层等，如图 1-1-2 所示。

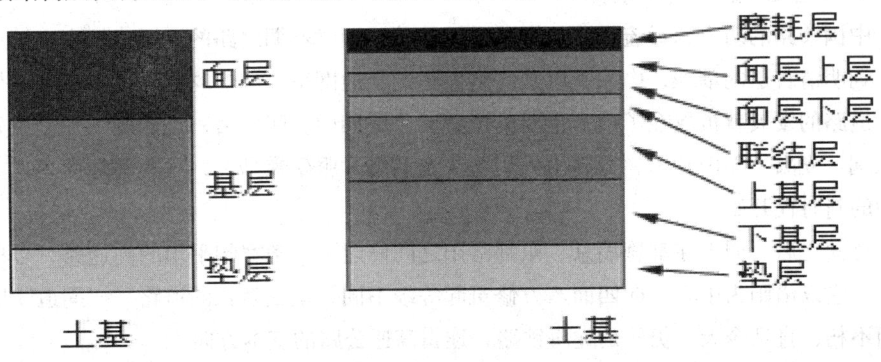

图 1-1-2 沥青路面结构层组成

（1）面层所用材料主要有：水泥混凝土、沥青混凝土、沥青碎（砾）混合料、沙砾或碎石掺土的混合料以及块石。它要承受较大的行车荷载的垂直力、水平力和冲击力的作用，同时还要承受降水、侵蚀及气温等外界因素的影响。

（2）基层所用材料主要有：各种结合料（如石灰、水泥、沥青等）稳定土或稳定碎（砾）石、贫水混凝土、天然沙砾、各种碎石或砾石、片石、块石或圆石，各种工业废渣（如煤渣、粉煤灰、矿渣、石灰石等）和土、砂、石所组成的混合料。基层主要承受由面层传来的车辆荷载的垂直力，并扩散到下面的垫层和土基中去。

（3）垫层材料分为两类：一类是松散粒料，如砂、砾石、炉渣等组成的透水性垫层；另一类是用水泥或石灰稳定土等修筑的稳定类垫层。垫层介于土基和基层之间，它的功能是改善土基的湿度和温度状况，以保证面层和基层的强度、刚度和稳定性不受土基水温状况变化所造成的不良影响。

4. 桥隧工程与交通工程

桥隧工程与交通工程也是道路工程的重要组成部分。

（1）桥隧工程包括桥梁、涵洞、通道和隧道。

（2）交通工程设施是针对高等级公路行车速度快、通过能力大、交通事故少、服务水平高的特点而设置的，它包括安全设施、管理设施、服务设施、收费设施、供电设施、环保设施等内容。

第二节　公路工程的发展概况

一、中国公路的现状

1. 中国公路的历史背景

中国公路的历史源远流长。从秦驰道的壮美，到汉丝绸之路的辽远，从唐宋御道的辉煌，到明清官道的璀璨，中国曾以其高度发达的交通网络，傲然屹立在世界东方。早在远古，道路的发展就被放在了极为重要的位置，“辟四门，明四目，达四聪”，是祖先的高瞻远瞩。夏禹“随山刊木，奠高山大川”，至商汤“服牛乘马”，远距离经商，人类交通运输的新时代开始了。

夏商之后，周人在都城镐京、东都洛阳之间修建了一条宽阔平坦的高速路，号称“周道”。它以洛阳为中心，向四面八方修筑起等级不同、呈放射状的道路。“周道”历经千年而不朽，直到今天，仍然是陇海铁路、连霍高速公路的基本方向。

随着时间的流逝，到战国晚期，中华民族的道路已相当完备。秦王嬴政统一六国之后，下令“夷去险阻”，实行“车同轨”，宣示的是与始皇大一统精神相一致的大交通的新思维。始皇二十七年，秦人又以都城为中心，修筑驰道，辐射全国，其“道广五十步，三丈而树，厚筑其外，隐以金椎，树以青松”，可谓气势磅礴，前古无匹。

中国的道路网，随着中国封建帝国的诞生而诞生。唐有驿站 1639 所，以 30 里一驿来估算，唐当时有干线至少有五万里。而宋代对道路实行军事化、半军事化管理，道路交通与国家安全紧密联系在一起，也因此更加发达。元朝是中国历史上疆域最为辽阔的帝国。道路从元大都（今北京）一直修筑到蒙古，并直通欧洲。到了清朝，驿路被分为三等——官马大道、大路和小路。官马大道类似于现在的国道，是全国交通的枢纽，从北京向各方辐射。

然而，随着瓦特蒸汽机的发明，世界进入工业化时代，人类文明开始加速发展，火车、汽车等新交通工具相继问世。闭关锁国的中国这时却还沉睡在自给自足的温床上，曾经引以为豪的官马大道在西方日益发达的铁路、公路面前成了落后的象征。

20 世纪上半叶，整个中华民族浸泡在西方列强的残酷压制与剥削中，公路发展举步维艰。从 1906 年建成的镇南关至龙州的第一条公路到 1949 年的 43 年间，偌大一个中国能勉强通车的只有 7.5 万公里。

2. 新中国公路建设的巨大变化

随着毛主席在天安门城楼上发出“中国人民从此站起来了”的庄严宣告，华夏儿女在一穷二白的废墟上开始了大规模的社会主义建设，公路开始在中华大地上迅速延伸。1950—1952 年，新中国新建公路 3846 公里，改建公路 18931 公里，加上恢复通车的公路，全国公路通车总里程近 13 万公里。1953 年，第一个五年计划开始实施，举世闻名的川藏、青藏公路于 1954 年底建成通车，这是中国人民不畏艰苦、百折不挠的意志的缩影。第二个五年计划受到“大跃进”的干扰，公路建设遇到了极大的阻力，很多新建公路质量很差，而且由于缺乏统一规划，一些公路建成后根本无车行驶，后又改路为田。在纠正了“大跃进”的左的思想后，中国公路建设在“调整、巩固、充实、提高”八字方针指引下进入了第三个五年计划建设时期，成鹰、宝成、川黔、渝厦、福温、沈丹、滩石等国家干线公路在这个时期相继建成。尽管十年“文革”给我们民族带来了巨大的伤害，可是关系到国防建设和国家安全的公路建设却仍在动乱中前进。曲曲折折的中国公路建设发展到 1978 年，总里程达到 89 万余公里。尽管等级低、质量差，但它的确通到了全国 90% 以上的乡（镇），初步形成了遍布全国各地的公路网。

3. 中国公路的新面貌

1978 年十一届三中全会在北京召开，党的工作重心转移到经济建设上来。公路交通变得窘迫、局促起来，日益成为制约经济、社会发展的“瓶颈”。打破瓶颈、发展交通的深切呼唤，从改革开放的最前沿传来。1985 年，中国公路总里程历史性地突破百万公里。然而，据公路交通部门调查显示，这百万公里公路的交通存在三大突出问题：运输工具种类繁多，机动车、非机动车、行人混行，车辆纵向干扰大；公路沿线城镇密集，穿越城镇横向干扰大；公路交叉口多，通过能力低。这三个问题严重影响着公路交通功能的发挥，“高速公路”进入了国人的视野。作为长江三角洲的龙头，上海率先一步，总投资 1.5 亿元的“沪嘉高速”建设工程于 1984 年底正式拉开帷幕。至 1988 年 10 月，中国大陆第一条高速公路横空出世。1990 年底，中国公路总里程达到 102.83 万公里，其中高速公路 522 公里、一级公路 2617 公里、二级公路 42177 公里。紧接着，高速公路的建设浪潮如燎原之火，在神州大地熊熊燃烧起来。1995 年，我国高速公路达到 2141 公里；1998 年末达到 8733 公里，居世界第六位；1999 年 10 月，突破了 1 万公里，跃居世界第四位；2000 年末，达到 1.6 万公里，跃居世界第三位；2001 年末，达到 1.9 万公里，跃居世界第二位；2004 年 8 月底突破了 3 万公里，比世界第三位的加拿大多出近一倍。近 3 年来中国高速公路建设继续突飞猛进地发展，2007 年新修通高速公路 8300 公里，截至 2009 年 6 月底，已经建成高速公路一共 48896 公里。

4. 中国公路目前存在的问题

改革开放以来，我们国家的公路建设确实取得了非常大的成就，但是不可否认，也出现了一些不容忽视的问题。从绝对数量来看，我国高速公路总量仅相当于美国 20 世纪 60 年代的水平，占公路网的比重远远低于多数发达国家，高速公路总量同我国人口、经济、资源的客观需求相比，存在较大的差距，高速公路滞后于国民经济的发展。特别是在经济发达的沿海省份、中西部地区的部分干线公路上，交通拥挤情况十分严重，阻碍了国民经济的快速发展。

而从地区分布情况来看，东、中、西部各地区公路总量存在较明显的差异，高等级公路数量更是相差悬殊。东部地区共有高速公路 10000 余公里，占全国高速公路总里程的 50% 以上，中部有 5000 多公里，占 25% 左右，而西部只有 3500 余公里，仅占 20% 左右。此外，在全国高速公路超过 1000 公里的 7 个省中，东部地区有 5 个，其中山东超过 2000 公里，河北、广东分别超过和达到 1500 公里，而中西部地区高速公路超过 1000 公里的省各只有一个，分别是河南和四川。

另外我国的公路货运业也面临着许多自身难以解决的矛盾和问题，面对日益发展的商品经济、日益增多的时效性强、附加值高的产品，社会公众越来越强的时间价值观念和日益尖锐的国际贸易商战，对于公路货运业来说可谓机遇和挑战并存。美国每人每年要消耗的货物运输是 28 吨，我国是 8 吨多一点，不到它的三分之一。其问题突出表现在车辆结构不合理，技术状况较差；公路货运站场设施简陋、功能单一；区域分割，体制封闭，运输效率低下；企业粗放经营，运输组织化程度低；缺乏主导公路运输市场的大型运输企业，难以组织规模化和网络化的运输。因此，迅速改变传统的公路运输生产方式，以满足商品经济发展的需要为出发点，建立全新概念的公路快速货运系统已迫在眉睫。近两年来，在全国一些经济发达和交通运输条件较好的地区，已经开展了不同形式的公路快速货物运输业务，并已初步取得了良好的经营效果。

在技术上，虽然一些大的技术已经接近发达国家，但在一些具体的细节处理上，我们还与他们存在较大差距。比如说护栏，一些发达国家的护栏在设计上就和我们的不一样，有些甚至是用木头做的，车撞上去以后，可以把护栏撞断，但汽车的损伤很小；而我国的护栏基本上都是钢的，对车的损害比较大。

二、中国公路的发展

1. 中国公路的发展方向

目前，我国公路交通事业仍处在大建设、大发展阶段，高速公路正处于形成网络的关键时期。国家高速公路网有 48% 的路段在建或尚未开工建设；国省干线公路中还有 3 万多公里的公路为砂石路面；国道中 13% 的路段仍处于拥挤状态。特别是当前国家为应对国际金融危机，近期出台了一系列政策来拉动内需，确保经济平稳较快发展，加快公路基础设施建设、完善国家高速公路网络是其中的重点之一。今后我国公路发展的总体方向是：加快建成国家高速公路网，提高国省道干线公路等级，改善农村公路行车条件，逐步形成质量、速度、结构、效益相协调，建、养、管并重的公路交通网络。重点是逐步构建以高速公路为主体的收费公路网络和以普通公路为主体提供政府普遍服务的非收费公路网络。同时，要加快推进高速公路联网收费和不停车收费进程，进一步提高收费公路的通行效率和通行能力。

2. 中国公路交通科技发展战略

为了建设适应交通现代化要求和符合交通科技自身发展规律的创新体系，形成强大的自主创新能力。我国公路交通科技发展的战略目标是：建立布局合理、资源共享、配置优化的交通科研基地和信息共享平台，形成一支高水平的交通科技队伍，突破一批关键技术，达到国际先进水平，全面提升公路交通的科技含量，为实现全面小康社会公路水路交通发展目标提供科技支撑，为交通全面协调可持续发展提供有力保障。

3. 公路交通科技发展的战略重点

据公路交通科技发展的战略目标、按照交通科技的需求和“综合集成、重点突破”的方针，今后交通科技发展具有牵动性、前瞻性、关键性的战略重点主要为以下六个方面。

（1）智能化数字公路

交通管理技术推进公路交通的信息化进程，改善运营管理，优化资源配置，提高公路交通信息化水平，实现智能化的交通运输、数字化的行业管理、人性化的社会服务，最大限度地发挥综合交通的运输服务功能，实现便捷和快速运输。

（2）特殊自然环境下建养技术

攻克特殊自然环境下的建养关键技术，支撑公路交通基础设施建设，改善交通网络的状况与性能，实现加快发展、扩充能力的目标，提高公路交通设施的使用品质和使用寿命。

（3）一体化公路运输技术

构筑公路运输网络一体化、运输载体一体化、运输装卸一体化、运输场站一体化和运输辅助设施一体化、管理一体化的新型联合运输系统。通过应用一体化运输技术，改善公路交通服务水平，提高系统运行效率，实现不同运输方式之间货物的无缝衔接和旅客的零换乘。

（4）交通科学决策支持技术

面向交通改革与发展的重大决策问题，开展交通决策支持技术的研究，实现公路水路交通决策的科学化和民主化。在交通发展战略、政策法规、管理体制、运营组织等领域实现决策的数字化、可视化和协调化，为科学决策和民主决策提供技术支持，提高决策的科学性、质量和效率。

（5）公路交通安全保障技术

研究开发公路交通安全保障技术，提高公路交通的事故预防、应急反应和救助处理能力，降低交通伤亡数量及事故率，建立一个更安全更可靠的公路交通系统，使我国公路交通达到社会公认的安全水准。

（6）绿色交通技术

开展以环保和节能为重点的绿色交通技术的研究，缓解我国环境污染和资源短缺的压力，建立一个与自然和社会环境友善和谐、污染程度少、土地使用合理、能源消耗适度的绿色公路交通体系，促进21世纪公路交通可持续发展目标的实现。

第三节　公路施工的方法与特点

在对公路的分类与组成了解之后，还应对公路工程施工中所用的各种不同施工方法及其适用的范围有一个初步了解，以便在施工过程中根据不同的工程采用相应的施工方法，制定相应的施工计划，提高生产效益。同时，对公路施工的基本程序、施工特点也应较熟练地掌握，从而能有预见性的考虑到在施工过程中各个环节可能出现的问题，较顺畅地完成投标→开工→施工→验收等公路工程施工工作。

一、施工方法

公路的施工方法：公路的施工方法有人工和简易机械化施工、水力机械化施工、爆破施工和机械化施工等几种。

人工施工：使用手工工具和简易机械化，效益低，劳动强度大，进度慢，适用于一些机械无法进场的路段，一些（如砌体工程）还无法开展机械化作业的工程，以及某些辅助性工作。

水力机械化施工：运用水泵、水枪等水力机械，是机械化施工的一种，可用来挖掘比较松散的土层和进行软土地基加固的钻孔工作，需有充足水源和电源。

爆破法施工：是开挖岩石路堑的基本方法，主要用来震松岩石、坚土、冻土，或采集石料。是公路施工特别是山区公路施工不可缺少的施工方法。

机械化施工：采用推土机、铲运机、平地机、挖掘机、压路机及松土机等施工机械，可以极大地提高劳动生产率，加快施工进度，提高工程质量，降低工程造价，保证施工安全，是加速公路建设、实现公路施工现代化的根本途径。

施工方法的选择，应根据工程性质、工程数量、施工期限以及可能获得的人力和机械设备等条件来考虑。在一批高等级公路的施工中，基本实现了机械化或半机械化施工作业。因此，必须十分注意提高机械施工技术与管理水平，充分发挥机械设备的作用，提高劳动生产率，使我国公路建设事业早日全面实现施工现代化。

二、施工特点

公路是一种人工构造物，是通过设计和施工消耗大量的人工、材料和机械而完成的建筑产品。公路施工与一般工业生产和其他土建工程施工（如房屋建筑）不同，有着它本身的一些特点。

1. 公路工程是线形建筑物，施工面狭长，流动性大，临时工程多，施工易受到其他工程和外界的干扰，施工管理工作量大。

2. 公路施工系野外作业，受水文、气候、地质、地形、地貌等自然条件的影响很大。

对于高等级公路工程的施工与一般公路工程的施工相比，还具有如下特点。

1. 填挖高度增加、深挖或高填地段多：一般都在4m~5m以上，有的路段可能达到10m以上，因此对施工的稳定性、合理性要求较高；同时对填料的性质、含水量、压实度等指标的要求也相应提高，取土、弃土的矛盾较突出，借土或弃土的数量增大。

2. 工程地质情况复杂，特殊地质条件的路基较多，如滑坡体、泥石流及稻田、水库、软土地基等情况。在工程施工中就要求采取特殊的施工工艺。

3. 路线中的桥涵和通道等特殊工程多，给施工增加了难度。

4. 施工机械化程度高：各种新工艺、新材料、新技术得到广泛应用。

5. 征地、拆迁工作量大，占用耕地多，涉及面广，施工干扰多，施工中的横、纵向协调工作量大，而且困难。

6 配套设施多：施工技术的要求全面，如护栏、停车场、休息区、服务区、收费站及环保设施等。

三、公路建设的内容及特点

现代交通运输业是由铁路、公路、水运、航空、管道等多种运输方式所组成的综合运输体系，而且各种交通运输方式互为补充，其功能得到充分发挥。交通运输业是国民经济的组成部分，公路运输业在整个交通运输业中占有较大比重。

公路运输需通过公路来实现，公路的特殊性质和特有的基本属性，使公路在交通运输业中占有重要地位，并起重要作用。

为了科学地组织公路工程的生产活动，降低工程成本，提高公路建设的经济效益，就必须了解公路建设的内容及特点，公路施工组织工作必须结合公路建设的特点来进行。

（一）公路建设的内容

公路建设是从立项到竣工验收的全过程，是生产公路建设产品的活动，即为公路运输业提供公路工程中各种建筑物和构筑物的活动，是增加固定资产的活动。公路建设的内容一般可以分为以下三个方面。

1. 公路工程基本建设

随着交通运输量的不断增大，原有的公路不能满足社会的需要，要求运输业进一步发展，进行公路工程基本建设。公路运输业通过新建、扩建、重建、改建等来达到不断扩大公路运输能力的目的。公路工程基本建设属于固定资产的扩大再生产。

2. 公路工程大、中修与技术改造

公路建筑产品形体庞大，结构多样，需要多种不同性质的材料，运用多种不同的设备才能完成，在自然因素和行车荷载的反复作用下，使公路建筑产品各组成部分的寿命不同，尽管经过不断的保养，还是无法永久地使用下去，为了维护原有的功能，就需要对公路建筑产品的某些部位进行大的改造，甚至完全更新。公路工程大、中修与技术改造属于固定资产的简单再生产和部分扩大再生产。

3. 公路工程的小修、保养

公路工程构造物在长期使用过程中，受到行车和自然因素的作用不断磨蚀而损坏，只有通过定期和不定期的维修、保养，才能保证产品的正常使用。公路工程的小修、保养是属于固定资产的简单再生产。

（二）公路建设产品的特点

公路建设产品包括路线、桥涵、隧道等固定资产，特点如下。

1. 产品的固定性

公路工程建设产品一旦建成后，就固定于一定的地点，永久地占用大量土地，不能移动，只能在固定点发挥它的功能。

2. 产品的多样性

公路建筑产品具有不同的使用目的、技术等级、技术标准和不同的自然条件、结构形式，并且所在地区的自然条件也不相同，导致主体功能不同，使公路的组成结构复杂、多种多样。

3. 产品形体庞大性

公路工程是线形构造物，由路线、桥涵、隧道、沿线设施等组成，其形体庞大，占用

土地和空间多。

4. 产品部分结构的易损性

公路建设产品部分结构暴露于大自然下，并受到垂直荷载、水平荷载、动荷载、车后真空吸力等作用，使材料老化，出现损坏，需要不断的养护。

（三）公路施工的特点

1. 施工流动性大

公路是线形人工构筑物，点多线长，工程分布极为分散，既有集中工程，又有线形分布工程，其产品在建造过程中和建成后都无法移动，并且有严格的施工顺序，因而要组织各类工作人员和各种机械围绕这一固定产品，在同一工作面不同时间，或同一时间不同工作面上进行施工活动，因此需要科学地解决这种空间上的布置和时间上的安排两者之间的矛盾。此外，当一个工程竣工后，还要解决施工队伍向新的施工现场转移问题，因此在公路建设过程中施工流动性大。

2. 施工工期长

由于公路工程产品具有多样性、形体庞大性、固定性而又具有不可分割性地特点，使得施工周期长，在较长时间内占用和耗费大量地人力、物力和财力，直到整个施工周期完结，才能出产品，因此要求我们进行科学合理的施工组织。

3. 施工协作性高

公路工程类型多，施工环节多，工序复杂，产品具有单件性，不仅要进行个别设计而且采用不同的施工方法，分别组织施工。为了保质保量按期完成施工任务，每项工程都需要建设单位、设计单位、施工单位、监理单位及材料、动力、运输等各个部门的通力协作，因此要有严密的计划和科学管理。

4. 受外界干扰及自然因素影响大，需要不断的养护

公路工程施工主要是在野外露天作业，路线通常要经过不同地区，地理环境、地质情况复杂，受外界干扰及自然因素影响大，如特殊地区及气候冷暖、地质条件、设计变更、物资供应等因素，而且公路的部分结构具有易损性，不进行正常的养护就不能维持正常的运输生产。

第四节　公路项目的基本建设程序

建设项目的基本建设程序是指项目从设想、选择、评估、决策、设计、施工到建成、验收、投入使用全过程所必须经历的各阶段、各环节的先后次序关系及相互联系。按照建

设项目发展的内在联系和发展过程，基本建设程序可分成若干阶段，这些发展阶段有严格的先后次序，不能任意颠倒、违反规律。公路基本建设程序是从事公路建设项目和建设管理都必须遵守的工作准则。

一、公路建设程序概述

公路建设一般可分为项目决策阶段、项目实施阶段、项目运营阶段三个大的阶段，对于政府投资的公路建设项目，具体建设程序如下。

1. 根据规划，编制项目建议书。大中型项目需要编制预可行性研究报告。国家高速公路网项目可直接进行工程可行性研究。

2. 根据批准的项目建议书，进行工程可行性研究，编制可行性研究报告。工程阶段还要完成相关专题研究，包括土地预审、环评、水保、地质、地震、防洪、文物、通航论证、银行承诺等。

3. 根据批准的可行性研究报告，编制初步设计文件。

4. 根据批准的初步设计文件，编制施工图设计文件，对于特殊复杂工程，必要时增加技术设计阶段。

5. 根据施工图设计文件，组织项目招标，包括施工、监理招标。

6. 根据国家有关规定，进行征地拆迁等施工前准备工作，申请质量监督和施工许可。

7. 根据批准的施工许可，组织项目实施。

8. 项目完工后，完善竣工图表和档案资料、工程决算和竣工财务决算，办理项目竣（交）工验收和财产移交手续。

9. 竣工验收合格后，组织项目后评价。

二、公路建设相关法律法规

公路建设要遵循法制化原则，做到依法建设、依法管理、依法监督。目前，我国公路建设领域已经形成了较为完备的法律、法规体系，与建设相关的主要法律法规如下：

1.《建设工程质量管理条例》；

2.《建设工程勘察设计管理条例》；

3.《公路建设监督管理办法》；

4.《公路建设市场管理办法》；

5.《公路工程设计变更管理办法》；

6.《公路工程竣（交）工验收办法实施细则》；

7.《关于进一步加强公路勘察设计工作的若干意见》。

三、主要建设环节及工作内容

（一）项目建议书

项目建议书是对投资建设项目的轮廓性设想，是根据国民经济和社会发展的长期规划、产业政策、地区规划，经济建设的方针、技术经济政策和建设任务，结合资源情况、建设布局等条件和要求，经过调查、预测和分析，向有关部门提出的对某个投资建设项目需要进行可行性研究的建议书。主要内容：

1. 项目提出的必要性和依据；
2. 拟建规模和建设地点初步设想；
3. 资源情况和建设条件；
4. 投资估算和资金筹措设想；
5. 项目建设需要的时间；
6. 经济效果和社会效益初步估计。

（二）工程可行性研究报告

通过对项目有关地区的社会、经济发展、路网状况、工程、技术、经济等方面的条件和情况进行调查、研究、分析，对各种可能的建设方案和技术方案进行比较论证，并对项目建成后的经济效益进行预测和评价的一种科学分析方法。以此考查项目建设的必要性、经济合理性、技术可行性、实施可能性。

可行性研究是项目前期工作最重要的内容，它从项目建设和生产经营的全过程考察分析项目的可行性，其目的是回答项目是否必要建设，是否可能建设和如何进行建设的问题，其结论为投资者的最终决策提供直接的依据。

项目建议书阶段，着重解决的是“必要性”的问题，项目建议书批复即立项。工程可行性研究阶段，着重解决的是“可行性”的问题，需要做很多专题论证。

（三）初步设计

根据批准的工程可行性研究报告，拟定建设原则，选定设计方案，计算工程数量及主要材料数量，提出施工方案的意见，编制设计概算。初步设计是项目的宏观设计，即项目的总体设计、布局设计。

经批准的初步设计是订购主要材料、设备机具，安排重大科研项目，联系征用土地、拆迁，进行施工准备，编制施工图设计文件和控制建设项目投资的依据。

（四）施工图设计

施工图设计应根据初步设计批复意见、测设合同，进一步对所审定的修建原则、设计方案、技术决定加以具体化和深化，最终确定各项工程数量，提出文字说明和适应施工需要的图标资料以及施工组织计划，并编制施工图预算。

施工图一经批复（或核准），项目即完成了立项，投资主体应及时依法确立项目法人。按照交通运输部《关于进一步加强公路项目建设单位管理的若干意见》要求，组建项目现场管理机构（指挥部、项目办、管理处等），设立计划、合同、技术、质量、安全、财务、纪检等职能部门，选聘符合资格条件的管理人员。在报批初步设计时，项目建设单位要将项目现场管理机构、管理人员和资格条件上报交通运输主管部门核备。

（五）办理施工许可

当项目法人具备以下条件时，可向交通运输主管部门申请施工许可。

1. 项目已列入年度基本建设计划；

2. 施工图设计文件已经审批；

3. 建设资金已经落实，并经审计；

4. 建设用地（或单体控制性工程用地）已经批准（土地预审意见不能代替建设用地批复）；

5. 施工、监理单位已依法招标确定；

6. 已办理质量监督手续；

7. 有明确的保证工程质量和安全生产的措施。

（六）项目实施

项目实施阶段建设单位主要通过质量管理、安全管理、合同管理、进度管理、造价管理、环境保护、信息管理和风险控制等工作来完成项目实施，实现投资目标。

1. 质量管理

健全相关质量管理制度，包括：质量终身负责制、工程监理制度、质量监督制度、质量举报制度、质量安全事故报告制度、合同管理制度。

完善质量保证措施：完善质量保证体系，增强质量意识，提升设计理念，提高设计质量，改进监理工作，加强质量监督队伍建设，提高业主管理水平，开展施工标准化活动。

2. 安全生产管理

一是要落实安全生产管理制度、保证体系和责任人；二是要制定安全生产应急预案并经常演练；三是抓好安全保障措施落实工作。制定专项施工方案，对危险性较大的分项或单位工程做好技术交底，保障安全生产专项经费。

3. 计划进度管理

为确保工期的顺利实现，应加强进度管理。其主要工作内容包括：收集进度信息、计算进度、编制进度报告、分析进展状态和偏差、调整进度计划。

具体进度管理方法包括：横道图法、线形图法、进度曲线法、里程碑事件法和网络计划法。

4. 计量支付管理

计量支付管理是项目管理的最主要工作之一。工程量清单是计量支付的重要依据。工程支付一般是先由承包人先提出申请，然后监理工程师进行审核与签认，最后由业主付款。按照阶段，支付可分为开工支付、中期支付、交工支付和最终支付。

5. 审批设计变更

设计变更可分为重大设计变更、较大设计变更和一般设计变更三种，其处理的主要依据是《公路工程设计变更管理办法》。

重大设计变更由交通运输部负责审批。较大设计变更由省级交通主管部门负责审批。项目法人负责对一般设计变更进行审查。

（七）交工验收

交工验收由项目法人组织，对各合同段验收。行业主管部门、监督机构视情况参加；路基交工时，路面单位参加。当具备下列条件时，施工单位可提出交工验收申请。

1. 合同约定的各项内容已完成；

2. 施工单位按《公路工程质量检验评定标准》及相关规定对工程质量自检合格；

3. 监理工程师对工程质量的评定合格；

4. 质量监督机构按交通部规定的公路工程质量鉴定办法对工程质量进行检测，并出具检测意见；

5. 竣工文件和档案已按交通部规定的内容编制完成；

6. 施工单位、监理单位已完成本合同段的工作总结。

（八）缺陷责任期

在交工验收后规定的期限内（一年或两年），因勘察、设计、施工等方面的原因造成质量缺陷时，应由承包商负责维修，承包商不能履约的，可由业主安排其他施工单位完成修复，缺陷保修期满后，对质量保修金进行结算（非承包商引起的缺陷，监理对修复费用核定后，由业主追加）。

（九）竣工验收

竣工验收由政府主管部门组织，对建设项目验收。当建设项目具备以下条件时，可提出竣工验收申请。

1. 通车试运营 2 年后；

2. 交工验收提出的工程质量缺陷等遗留问题已处理完毕，并经项目法人验收合格；

3. 工程决算已编制完成，竣工决算已经审计；

4. 竣工文件已编制完成；

5. 对需进行档案、环保等单项验收的项目，经有关部门验收合格；

6. 各参建单位完成各自工作报告；

7. 质监机构对工程质量检测鉴定合格，形成工程质量鉴定报告。

（十）项目后评价

通车运营 2 至 3 年后，用系统工程的方法，对建设项目决策、设计、施工和运营各阶段工作及其变化的成因，进行全面的跟踪、调查、分析和评价。目的是通过全面总结，为不断提高决策、设计、施工、管理水平，合理利用资金，提高投资效益，改进管理，制定相关政策等提供科学依据。

后评价主要内容包括建设项目的过程评价、建设项目的影响评价和建设项目目标持续性评价。

四、公路基本建设的程序

（一）基本建设程序的作用和意义

基本建设程序是指基本建设项目从投资前期到投资期，从规划立项到竣工验收的整个建设过程中各项工作的先后次序，它由基本建设的客观规律决定。

公路基本建设涉及面广，它受到地质、气候、水文等自然条件和资源供应、技术水平等物质技术条件的严格制约，需要内外各个环节的密切配合，并且要求按照符合既定需要和有科学根据的总体设计进行建设。工程的建设程序是多年建设项目管理经验的积累，是客观规律的总结，在基本建设活动时，必须严格按照规定的程序进行，不可人为地忽略其中的某个阶段或改变其顺序，否则，不仅将造成宏观上的浪费，而且也会导致盲目发展，甚至贻误地区经济的开发时机。

（二）公路基本建设的程序

公路基本建设的程序是：根据国民经济长远规划及布局所确定的公路网规划，提出项目建议书——通过调查，进行可行性研究，编制可行性研究报告——经批准后进行初步测量及编制初步设计文件——经批准后，列入国家年度基本建设计划，并进行定线测量编制施工图设计文件——经批准后组织施工——完工后，进行竣工验收，最后交付使用。

1. 项目建议书

项目建议书是在经济规划、运输规划和道路规划的基础上产生的技术政策性文件，是按项目或年度列出的待建项目，它既是进行各项前期准备工作的依据，又是可行性研究的基础。项目建议书应对拟建项目的目的、要求、主要技术指标、原材料、投资估算及资金来源等提出文字说明。

2. 可行性研究

可行性研究是基本建设前期工作的重要组成部分，是建设项目立项、决策的主要依据。在 1988 年 6 月交通部颁发的《公路可行性研究报告编制办法》中规定，大中型工程、高等级公路及重点工程建设项目（含国防、边防），均应进行可行性研究，小型项目可适当简化。

公路建设项目可行性研究的任务是：在对拟建工程地区的社会、经济发展和公路网状况进行充分的调查研究、评价、预测和必要的勘察工作的基础上，对项目建议的必要性、经济合理性、技术可行性、实施可能性，提出综合性研究论证报告。

可行性研究按工作深度，划分为预可行性研究和工程可行性研究两个阶段。预可行性研究应重点阐明建设项目的必要性，通过踏勘和调查研究，提出建设项目的规模、技术标准，进行简要的经济效益分析。工程可行性研究应通过必要的测量、地质勘探（如大桥、隧道及不良地质地段等），在认真调查研究，拥有必要资料的基础上，对不同建设方案在经济、技术上进行综合论证，提出推荐建设方案，工程可行性研究报告经审批后作为初步设计的依据。工程可行性研究的投资估算与初步设计概算总额之差，应控制在 10% 以内。

3. 工程设计

工程设计是对工程对象进行构思，并进行计算、验算，编制设计文件的过程。设计文件是安排建设项目、控制投资、编制招标文件、组织施工和竣工验收的重要依据。设计文件的编制必须坚持精心设计，认真贯彻国家有关的方针政策，严格执行基本建设程序的规定。

根据基本建设项目的性质和设计内容的不同，工程设计一般可分为“一阶段设计”“二阶段设计”和“三阶段设计”三种类型。

公路工程基本建设一般采用二阶段设计，即初步设计和施工图设计。对于技术简单、方案明确的小型建设项目，可采用一阶段设计，即一阶段施工图设计；技术复杂而又缺乏经验的建设项目或建设中个别路段、特殊大桥、互通式立体交叉、隧道等，必要时采用三阶段设计，即初步设计、技术设计和施工图设计。

（1）初步设计

初步设计应根据批准的可行性研究的要求和初测资料，拟订修建原则，选定设计方案，计算主要工程数量，提出施工方案的意见，编制设计概算，提供文字说明和图表资料。初步设计文件经审查批准后，是国家控制建设项目投资及编制施工图设计文件或技术设计文件（采用三阶段设计时）的依据，并且为订购或准备主要材料、机具设备，安排重大科研项目、筹划征用土地及控制项目投资的依据。

（2）技术设计

技术设计应根据已批准的初步设计和补充初测，对重大、复杂的技术问题通过科学试验、专题研究，加深勘探调查及分析比较，针对表 1-4-1 中所列的各项内容，解决初步设计中未能解决的问题，进一步落实各项技术方案，计算工程数量，提出修正的施工方案，编制修正设计概算。批准后的技术设计文件将作为施工图设计的依据。技术设计文件的内容与初步设计类似，但此时的技术方案和技术细节都已基本确定。

表 1-4-1 工程设计类型选择组合表

设计特点 设计类型	适用场合	设计依据	应提交的成果
一阶段设计	技术方案明了、投资不大的道路工程项目（尤其是地方投资的项目）	批准的可行性研究（或测设合同）和定测资料	施工图设计文件和施工图预算文件
二阶段设计	一般工程项目	初步设计：批准的可行性研究和初测资料 施工图设计：已批准的初步设计和定测资料	初步设计：初步设计文件和工程概算文件 施工图设计：施工图设计文件和施工图预算文件
三阶段设计	重大的工程项目或其中有技术难题的工程项目	初步设计：批准的可行性研究和初测资料 技术设计：已批准的初步设计和补充初测资料 施工图设计：已批准的技术设计和定测资料	初步设计：初步设计文件和工程概算文件 技术文件：技术设计文件和修正概算文件 施工图设计：施工图设计文件和施工图预算文件

（3）施工图设计

一阶段施工图设计应根据批准的可行性研究和定测资料，拟定修建原则，确定设计方案和工程数量，提出文字说明和图表资料以及施工组织计划，编制施工图预算，满足审批的要求，适应施工的需要。

二阶段（或三阶段）施工图设计应根据批准的初步设计（或技术设计）和定测（或补充初测）资料，进一步对所审定的修建原则、设计方案、技术决定加以具体化和深化，最终确定工程数量，提出文字说明和适应施工需要的图表资料以及施工组织计划，编制施工图预算。

（4）设计文件组成

为了便于对设计工作进行管理（核定和审查等），避免设计文件内容的遗漏，提高工程设计质量，必须对设计文件的编制方法、编制内容、内容顺序以及格式做出严格的要求。表 1-4-2 是交通部颁发的《公路工程基本建设项目设计文件编制办法》中提出的设计文件规范篇目。初步设计和施工图设计的篇目类似，但两者的设计深度要求不同。技术设计文件的篇目可参照该表进行。

表 1-4-2 公路工程设计篇目

设计阶段 篇目	初步设计	施工图设计
第一篇	总说明	总说明
第二篇	总体设计	总体设计
第三篇	路线	路线
第四篇	路基、路面	路基、路面
第五篇	桥梁、涵洞	桥梁、涵洞
第六篇	隧道	隧道

续　表

第七篇	路线交叉	路线交叉
第八篇	沿线设施及其他工程	沿线设施及其他工程
第九篇	环境保护	环境保护
第十篇	筑路材料	筑路材料
第十一篇	施工方案	施工组织计划
第十二篇	工程概算	施工图预算

（5）列入年度基本建设计划

当建设项目的初步设计和概算经上报批准后，才能列入国家基本建设年度计划。建设单位根据国家计委颁发的年度基本建设计划控制数字，按照批准的可行性研究报告和设计文件，编制本单位的年度基本建设计划，报经批准后，再编制物资、劳动、财务计划。这些计划分别经过主管机关审查平衡后，作为国家安排生产、宏观调控物资和财政拨款（或）贷款的依据，并通过招标或其他方式落实施工单位和监理单位。

（6）施工准备

为了保证施工的顺利进行，在施工准备阶段，建设单位、勘测设计单位、施工单位、监理单位和建设银行均应在自己的职责范围内，针对施工的要求充分做好各项准备工作。

建设主管部门应根据计划要求的建设进度，组建基本建设项目的专门管理机构，办理登记及拆迁，做好施工沿线有关单位和部门的协调工作，抓紧配套工程项目的落实，提供技术资料，落实材料、设备的供应。

勘测设计单位应按照技术资料供应协议，按时提供各种图纸资料，做好施工图纸的会审及移交工作。

施工招投标中中标并已签订工程承包合同的施工单位应组织机具、人员进场，进行施工测量，修筑便道及生产、生活等临时设施，建立实验室，组织材料、物资采购、加工、运输、供应、储备，做好施工图纸的接收工作，熟悉图纸的要求，编制实施性施工组织设计和施工预算，提出开工报告。

监理招投标中中标并已签订监理合同的监理单位应组织监理机构，建立监理组织体系，熟悉施工设计文件和合同文件；组织监理人员和设备进场，建立中心实验室；根据工程监理规划规定的程序和合同条款，对施工单位的各项准备工作进行检查、验收、审批，合格后，签发开工令。

建设银行应会同建设、设计、施工单位做好图纸的会审，严格按计划要求进行财政拨款或贷款，做好建设资金的调拨计划。

（7）工程施工

在开工报告批准后，施工单位即可正式施工。施工过程中，施工单位应遵照合理的施工程序，按照设计要求、施工规范及进度要求，确保工程质量，安全施工。坚持施工过程组织原则，加强施工管理，大力推广应用新技术、新工艺、新方法、新设备和新材料，努力缩短工期，降低造价，做好施工记录，建立技术档案。

（8）竣工验收、交付使用

建设项目的竣工验收是基本建设全过程的最后一个程序。竣工验收是一项十分细致和严肃的工作，必须从国家和人民的利益出发，按照国家建委《关于基本建设项目竣工验收暂行规定》和交通部颁发的《公路工程竣工验收办法》的要求，认真负责地对全部基本建设工程进行总验收。竣工验收包括两部分内容，一是工程技术验收，二是工程资金决算，是对工程质量、数量、期限、生产能力、建设规模、使用条件的审查，应对建设单位和施工单位编制的固定资产移交清单、隐蔽工程说明和竣工决算等进行细致检查。

当全部基本建设工程经过验收合格，完全符合设计要求后，应立即移交给生产部门正式使用。在验收时，对遗留问题、存在问题要明确责任，确定处理措施和期限。养护和大、中修工程，即固定资产的更新与技术改造，原则上也应参照基本建设程序，按交通部有关规定执行。

第二章　路基工程施工

第一节　概　述

路基作为公路的重要组成部分，是路面的基础，它不仅承受着土体本身的荷载作用，还承受着行车荷载的反复作用，是公路的承重主体，所以路基的强度和稳定性是非常重要的。有些新建公路投入运行不久，路面就发生破坏或下陷，其主要原因之一就是路基的施工质量问题。因此，必须确保路基工程的施工质量。

一、路基工程的特点

公路路基是由土石方修筑而成的一种巨型的线性构造物，它具有以下特点：结构形式简单，工程量大；受地形、地质、气候等因素的影响极大；施工范围广，作业内容多，技术复杂，质量要求高；投资大，工期长。因此，路基工程必须采取合理的施工方法，选择合适的填筑材料，采用先进的施工技术、机械设备及周密的施工组织和科学的管理来有效地保证路基工程的高质量标准和要求。

二、路基的重要性

路基是支撑路面的土工构筑物，在挖方地段，路基是开挖天然地层形成的路堑；在填方地段，则是用密实的土石填筑而成的路基。由于路基在使用过程中要承受由路面传递来的行车荷载作用并抵御各种环境因素的影响，因此，要求路基必须具有足够的强度、良好的稳定性和耐久性。所谓路基施工，就是以设计文件和施工技术规范为依据，以工程质量为中心，有组织、有计划地将设计图纸转化为工程实体的建筑活动。

路基施工的重要性突出地表现为对工程质量的高标准要求。强度高、稳定性和耐久性良好的路基将成为路面结构的良好支承体系，有利于提高路面整体强度和使用性能，延长路面的使用寿命，同时，还可以降低路面工程造价和公路养护维修费用。反之，若路基工程质量低劣，将给路面和路基自身留下许多隐患，路面的使用品质和使用寿命会因此而降低，严重的路基或路面破坏甚至会中断交通，造成重大经济损失。

路基施工的重要性还在于工程质量受到多种因素的不利影响。虽然路基施工主要是开挖、运输、填筑、压实等比较简单的工序，但由于路基施工存在着条件变化大、工程数量大、施工难度大、施工方法多等特点，对于保证路基工程质量有一定的难度。特别是地质条件不好的特殊路基段及隐蔽工程较多的路基，在施工时常会遇到复杂的技术问题和各种突发性事故需要处理，可以说路基施工技术是简单中蕴涵着复杂。

第二节　路基施工方法及施工准备工作

一、路基施工的基本方法

路基土石方的施工作业主要包括开挖、运输、铺填、压实和修整等工作。有时为了提高挖土的效率，还要先松土。路基施工的基本方法可分为以下几种。

（1）人工和半机械化施工。主要依靠人力，使用手工工具和简易机械设备。适用于缺少筑路机械的工地和工程量小而分散的零星工程以及某些辅助性工程。

（2）水力机械化施工。运用水泵、水枪等水力机械喷射强力水流，把土冲散并泵送到指定点沉积。这种方法可以用来挖掘比较松软的土层和填筑路基（高等级公路不宜用），或者进行软土地基加固的钻孔等工作。施工现场需有充足的水源和动力。

（3）爆破施工。这是开挖岩石路堑的基本方法，也可以用来松动冻土（硬土）、排除淤泥、开采石料。定向爆破可将路基挖方直接移作填方，挤压和扩孔爆破可以用来处理软土地基。

（4）机械化施工。采用推土机、铲运机、平地机、挖掘机、压路机及松土机等机械，经过选配，共同协调进行施工的方法。它可以极大地提高劳动生产率，显著地加快施工速度，并确保工程质量。

二、路基土方作业的基本类型

1. 基本类型

路基土方作业可以分为以下几种基本类型：

（1）挖取边沟和路侧土坑（单侧或双侧）的土填筑路基；

（2）挖取上侧半路堑的土填下侧半路基（半填半挖路基）；

（3）挖取集中取土坑或路堑的土运到填土处填筑路基；

（4）挖取路堑的土运到弃土点，或者把台口式路堑的土弃至路堑下侧。

2. 施工方案要求

各种工作类型由于填挖要求、地形和运输距离不同，所用的施工方法和施工组织也就完全不同。在施工时，可根据各自的特点及对填挖工作沿路基宽度和高度（或深度）的推进顺序，采用不同的施工方案，使方案尽量能够达到如下要求：

（1）创造良好的施工条件，使工人和生产机具的生产效率得到充分的发挥；

（2）有足够的工作面，便于布置施工所需的全部工人和机具；

（3）有利于提高施工质量，保证安全施工，各个施工阶段都有排水出口。

3. 施工准备工作

路基施工需要消耗大量的人工、物资、机械和时间等资源，是一项历时长、技术要求高的工作。路基施工前，必须根据工程的实际情况做好组织准备、物资准备和技术准备工作，使各项施工活动能正常进行。在施工过程中，所有的施工活动都必须严格按照有关施工规范进行，以确保工程质量，最后得到质量优良的路基实体。

三、施工准备

1. 准备工作的内容

施工前的工作包括组织准备、技术准备和物质准备三个方面的内容。

组织准备工作包括建立健全施工组织管理机构，制定施工管理制度，明确分工，落实责任。组织准备是做好一切工作的前提。

技术准备工作包括施工前的现场核对和调查，全面熟悉设计文件，根据核实的工程数量、工地特点、工期要求及设备准备情况等编制实施性施工组织设计。

物质准备工作，应做到材料、设备工具、劳动力、临时工程、生活供应等全面落实，还须服从与保证上述施工组织计划的顺利实施。

施工组织设计是整个工程施工的指导性文件，亦是其他各项工作的依据。它包括选择施工方案，确定施工方法，布置施工现场（施工总平面布置），编织施工进度计划，调节劳动力分布密度，安排材料机具供应，控制施工设备进场情况，拟定关键工程的技术措施等。抓住施工组织设计这一环节，对加强施工管理和保证工程质量均有重要意义。

踏勘和调查。开工前根据设计图纸和资料进行沿线踏勘和调查，将发现的问题和意见逐一标明，会同设计单位和建设单位进行协商解决，并做出会议纪要（或会审意见）。踏勘和调查的主要内容有：

核实工程范围。明确对工程有影响和需征购的土地、拆迁的各种建筑物或构筑物的确要位置、结构和数量，以及相关公用设施的杆线、管道和附属设施的情况，并了解上述设施与场地有无可能供施工临时使用。

了解沿线填土、挖土、借土的地价和数量，以及平衡调度土方。

摸清沿线附近可利用的排水沟渠、河道，以及该地区下水道的管径、流向和以往暴雨后的积水情况等，以便考虑施工期间的排水措施。

对施工范围内的地下管线及地面设施，还须认真核实，并取得可靠资料，在地面标出明显标志，以正确估计在路基的施工、碾压时，对地下管线影响的程度。

改建工程。必须核实两侧原有建筑物进出口的标高及原有道路和人行道的结构类型。需翻挖的部分，应开挖样洞，并核实原工程结构。

2. 施工测量

（1）中线的恢复和标定

从路线勘测到施工进场一般要经过一段时间，在这段时间内原钉的标志可能有部分散失或现场发生了移动。因此，在施工前必须首先进行恢复中线测量，核对设计路线，补桩或加桩，使各项中线桩完整无缺，以便准确地进行施工放样。

恢复路线的中线，要依据路线平面图，直线、曲线及转角点一览表、护桩记录等进行核对查找。丢失的桩位应及时采取补测措施。补测转角点桩时，可用延长切线法，交出丢失的转角点桩，并打钉护桩保护。补测转点桩时，可用正倒镜延长直线法重新补测。对施工时难以保留的桩（如加桩、曲线上各点桩），应加钉护桩予以保护。护桩上应标出相应的桩号和量出的距离，同时还须绘制草图并记入记录簿内，以备查用。

（2）水准点的复查与加设

中线复测后，应进行标平和中平测量，复核水准点一览表中原设水准点标高和中桩地面标高，并根据工程情况在桥涵、其他较大人工构造附近、工程集中和地形复杂地段等处增设临时水准基点，以满足施工需要。

水准基点应设在施工范围以外，便于观测和寻找的岩石或永久建筑物上，或设在埋入土中至少 1m 的木桩或混凝土桩上，其标高应与原水准基点相吻合，符合精度要求。

（3）横断面的检查与补测

现场核对原测横断面是否符合实际情况。应特别注意位于曲线部分的桩号的横断面方向，如有不符应予重测。加桩处，应进行横断面的补测与设计。此外，应检查路基边坡设计是否恰当，与有关结构物（如涵洞、挡土墙等）的设计是否配合协调。取土坑、弃土堆的位置与现场是否一致，若设计考虑不同，应重新设计安排。对弃土堆和取土坑的路线应做出规划。

（4）预留桥涵位置

一般施工程序是先小桥、涵洞，后路基施工。但往往由于路基工程数量很大，施工周期较长，施工需要集中较多的人力和设备进行全线路基施工，所以需要预留小桥涵位置。预留桥涵位置时，应先确定桥涵中心桩及起讫桩，然后根据桥涵台的形式，按照设计图中规定的尺寸，并考虑施工范围，测定台后应留出的长度和宽度，以此设上木桩。

（5）施工中的测量

在施工过程中，应对各断面的开挖和填筑情况，经常进行检查，看是否符合设计要求，注意对中桩标高和断面边坡度的观测，以便及时指导修正。通过对施工断面的核对也可估算土石方完成的数量，以控制施工。当路基开挖遇到地质变化而需修改断面边坡或增设人工构筑物时，应及时测量以利继续施工。

（6）施工测量中的其他事项

1）注意复查土石方成分，按其开挖难易程度分析其是否恰当，否则应予以纠正。

2）地下水、地表水状况以及由此决定的土基干湿状态与设计文件是否一致。

3）对筑路材料的产地、蕴藏数量、运距应实地进行复查。

4）对原设计文件中不合理部分，及时提出修改方案，进行补充测量，提高变更设计文件，报送上级审批，以便按修改方案施工。

3. 路基放样

路基放样就是按照施工详图和路线中桩，在地面上确定路基横断面的各主要特征点，标定出路基的轮廓，作为施工的依据。

（1）放样的工作内容

放样的主要工作内容有：

1）标定出路中心线各桩点的填挖高度；

2）确定出横断面的方向，通常用方向架（也称十字架）或经纬仪进行；

3）按设计图纸定出横断面上各主要点位置，如路基中心点、边缘点、路堤坡脚、路堑坡顶以及边沟沟底、取土坑等；

4）边坡的放样，按设计的路基边坡率，把边坡的位置标出来；

5）移桩移点，将施工中难以保留的桩位，沿横断面方向移设于施工范围以外，并加以保护。

（2）放样的方法

路基放样的方法随路基类型、路槽形状、地形起伏变化情况及施工方法而有所不同。现将一般方法简述如下：

1）路基边桩放样

①图解法。

在路基横断面设计施工图中，根据施工图中的设计尺寸或横断面上明显的地形特殊点，直接在地面上沿横断面方向量出路肩、坡脚、排水沟等各特征点距中桩的距离，定出边桩。

在丈量距离时尺子一定要拉平，在每一个横断面都放出路基宽度（路堑加边沟宽度）的边桩后，再分别将中线两侧的路堤坡脚（或路堑坡顶）用灰线连接起来，即路基填挖边界。用这种方法简单易行，但精度稍差。

②计算法。

在地势平坦的地面横向坡度均匀一致时，可用计算放样路基边桩。

计算法放样过程简单。可先将方向架安设在路线中桩位置上，以固定出与道路中线成垂直的路基横断面方向。然后按公式计算出中心桩至坡脚点的距离，并向两侧直接丈量，便可定出两侧边桩。

平地上边桩放样，其计算公式如下：

路堤坡脚至中桩的距离：$L=(b/2)+m\times H$

路堑坡顶至中桩的距离：$L=(b_1/2)+m\times H$

式中 b——路基设计宽度，m；

b_1——路基与两侧边沟宽度之和，m；

m——边坡设计坡率；

H——路基中心设计填挖高度，m。

坡地上边桩放样，路堤坡脚至中桩的距离为：

上侧坡脚：$L_1=(b/2)+m(H-h_1)$

下侧坡脚：$L_2=(b/2)+m(H+h_2)$

路堑坡顶至中桩的距离为：

上侧坡顶：$L_1=(b_1/2)+m(H+h_1)$

下侧坡顶：$L_2=(b_1/2)+m(H-h_2)$

式中 h_1——上侧坡脚（坡顶）与中桩的高差，m；

h_2——下侧坡脚（坡顶）与中桩的高差，m；

其余符号同前。

应当指出，上列各式中的 h_1 与 h_2 均为未知数，因此还不能计算出路基边桩至中桩的距离。在放样时，就应先测得地面横坡度为 $L:s$，s 为地面横坡率。

因为 $L_1=h_1s$，代入上式：$L_1=h_1s=L_1=(b/2)+m(H-h_1)$

整理简化，得 $h_1=[(b/2)+m\times H][1/(s+m)]$

将 h_1 代入上式：

上坡脚至中桩距离 $L_1=[(b/2)+m\times H][s/(s+m)]$

同理可求得：

下坡脚至中桩距离 $L_2=[(b/2)+m\times H][s/(s-m)]$

路堑坡顶至中桩的距离为：

$L_1=[(b_1/2)+m\times H][s/(s-m)]$

$L_2=[(b_1/2)+m\times H][s/(s+m)]$

③渐近法。

当地形复杂，路基在中心填挖高度较大，而地面横向坡度变化较大时，单纯依赖图解法或计算法得出的距离设置边桩是不够精确的，还须在两坡脚处（或坡顶）做水平测量验证，如有不符，就逐步移动边桩，直到达到正确位置，这就是渐近法。

渐近法的基本原理是：先分段丈量水平距离，用手水准或其他方法测出该段地面两点的高程差，用公式验证其水平距离是否正确，最后便能较准确地定出边桩位置。

2）边坡放样

①用麻绳竹竿。

当路堤高度不大，填土高度 <3m，可用挂线法放边坡，用竹竿或木杆标记填土高度，坡脚处可设边桩样板，或用细麻绳扎结于竹竿上。

当路堤高度≥ 3m 时，宜先填筑一定高度后，再按上述方法进行（每次挂线前，应当穿中线并用手水准抄平，一定把线挂好）。

②用坡度样板放边坡。

先按照边坡坡度做好边坡样板，样板的式样有活动边坡样板和固定边坡样板。再按施工样板进行开挖。

4. 场地整理

（1）标定用地范围

城市道路的用地范围的红线宽度划定。

（2）清理场地

道路用地范围内一切障碍物，如原有房屋、道路、沟渠、通讯电力设施、给排水管、坟墓等，均应会同有关部门事先协商，妥善拆迁或改造。因路基施工影响沿线附近建筑物稳固时，应予适当加固。

在道路建设用的范围内，凡妨碍路基施工的树木、灌木原则上应予清除；但对于个别古老大树，在不影响行车视线，且位于人行道上或机动车与非机动车分隔线上时，宜尽可能保留。考虑到绿化的重要性，需清除的树木应根据具体情况，区别对待，一般能移植的尽量移植，不要随意大量砍伐。砍伐树木应征得当地园林部门许可。

（3）场地排水

场地排水是指疏干、排除场地上的积水和地下水，为施工提供正常条件。通常根据现场情况，设置纵横排水沟，形成排水系统，将水引入附近河渠、低洼处排除。一般场地排水所有开挖的排水沟（管）与所设计的路基排水系统协调布置，避免返工或重复施工的浪费，以降低工程造价。

5. 临时工程

（1）临时道路

如在道路施工期内，为了维持交通，满足施工材料、机具、土方运输需要，往往要局部修建简单的临时道路。原则应尽量利用现状道路条件来解决运输问题；有时在工程条件许可的情况下，可采取分段或分两半幅来施工，必要时方可设置并修建临时道路。临时道路的宽度，路面部分至少应为 4.5m，一般宜为 5.5m，路面可铺简易砂石层，并注意必要的临时排水设施。

（2）临时房屋

为保证施工人员在住宿、器材存放，以及木工、钢筋工在室内作业，需要修建临时房屋和工棚。在可能的条件下，应尽量利用沿线民房。临时房屋可参考以下指标进行安排。

表 2-2-1 临时房屋计算指标

项目	单位	指标	附注
生活房屋	m^2/人	5.5	按专业队伍职工人数计
生活房屋	m^2/人	3.5	按民工数计
钢筋作业棚	m^2/9.8kN	0.6	不小于 100m^2
木工作业棚	m^2/m^3	0.3	按锯材体积计，且不小于 100m^2
水泥仓库	m^2/9.8kN	0.7	按工程年水泥用量的 40% 计

（3）临时水、电

为了保证工程用水、电及生活用水、照明需要，在充分利用旧设施的前提下，宜就近分段敷设必要的临时供水、供电线路。对郊区或缺水地区，也可以根据水质要求采取打井及运输的方式来解决。常用施工机械用电定额参考资料见下表。

表 2-2-2 施工机械用电定额参考资料

机械名称	型号	功率（kW）	机械名称	型号	功率（kW）
潜水式钻孔机	GZQ800	22	插入式振动器	HZ30	1.1
	GZQ1250A	22		Z50	1.7
	GZQ1500	22		ZG50	1.1
	GZQ2000	37		HZ$_6$50	1.1
液压步履钻孔	BQZI	22		GHZ$_6$70	2.2
	BQZII	22		HZ$_6$70	2.2
钻孔机	SPJ300	40		H250	1.1
机动钻孔桩	-	10		HZ$_6$75	2.2
冲抓锥	-	7		HZ$_6$X60	1.1
冲击钻机	YKC30	40		B75	2.2
多能打桩机	DJ$_2$24/8	52.8		HZ$_6$X50	1.7
振动打拔桩机	DZ$_2$26	61.5		DZ50	1.1
单斗挖掘机	W$_1$50	55	外部振动器	HZ$_2$4	0.5
	W$_1$100	100		HZ$_2$5	1.1
蛙式夯土机	HW20	1.5		HZ$_2$7	1.5
	HW60	2.8		HZ$_2$10	1
鼓筒形搅拌机	J$_1$250	5.5		HZ$_2$20	2.2
	J$_1$400	7.5	钢筋调直机	4~14	9.5
强制式搅拌机	J$_4$375	10	钢筋弯曲机	WJ$_{10}$I	2.8
	J$_4$375A	13	液压切筋机	DYJ32	2.8
灰浆搅拌机	HJ$_1$1200	2.8		Q321	3
	HJ$_1$200A	3.0	万能木工圆锯机	MJ224	3

续　表

机械名称	型号	功率（kW）	机械名称	型号	功率（kW）
钢筋切断机	$\text{DJ}_2$40	7	万能木工圆锯机	MJ225	4.5
	QJ_{10}1	5.5	单面木工压刨床	MB103	3
木工圆锯机	MJ104	3		MB106	3
	MJ106	4		MB106A	7.4
	MJ109	13		MB106B	10.0

6. 组织准备

开工前的组织准备工作主要是建立健全的工程管理机构和施工队伍，明确各自的施工任务，制定施工过程中必要的规章制度，确定工程应达到的目标等，组织准备是其他准备工作的开始。

7. 物资准备

路基施工要消耗大量的人工、材料和机具，因此开工前应进行所需材料的购进、采集、加工、搬运和储备等工作。同时要检修或购置施工机械，作好施工人员的生活、后勤保障准备，正所谓“兵马未动，粮草先行”。劳动力、机械设备和材料的准备工作是路基施工组织计划的重要组成部分。

8. 技术准备

路基施工前的技术准备包括制订施工组织计划、施工测量、施工前的复查与试验及清理施工现场等工作。对于高速公路和一级公路或采用新技术、新工艺及新材料的其他等级公路，除做好上述准备工作外，还应在大规模施工前进行填筑试验，为正式施工提供技术指标。

（1）制订施工组织计划

制订路基施工的实施性施工组织计划是路基施工前非常重要的技术准备工作，施工单位应根据设计文件、工程实际条件、工程量、施工难易程度以及设备、人员、材料供应情况和工期要求等认真编制。所编制的施工组织计划应针对工程实际，科学合理、易于操作，有利于保证工程质量和工程进度，使路基施工能连续、均衡地进行。

（2）施工测量

开工前应做好施工测量工作，内容包括导线、中线、水准点复测，检查与补测横断面，校对和增加水准点等工作。施工人员还应对路基工程范围内的地质、水文情况进行详细调查，通过取样、试验确定其性质和范围，并了解附近现有建筑及对特殊土的处理方法。

（3）施工前的复查与试验

路基施工前，施工技术人员应对路基施工范围内的地质、地形、水文情况进行详细调查。根据设计文件提供的资料，对取自挖方、借土场、料场的路基填料进行复查和取样试验。用作填料的土应按土工试验规程测定其物理、力学等性能，以试验结果作为判定可否应用的依据。

若使用新材料（如工业废料等）填筑路基，除对相应指标进行试验外，还应进行环境保护分析并提出报告，经批准后方可使用。

（4）清理施工现场

路基施工前应先办好有关土地的征用、占用手续，依法使用土地。路基范围内的既有建筑物、道路、沟渠、通讯及电力设施等，施工单位应协同有关部门事先拆除或迁建。对于路基附近的危险建筑物应进行适当加固，对文物古迹应妥善保护。

（5）铺筑试验路段

高速公路和一级公路、特殊地区公路或采用新技术、新工艺、新材料的路基，在正式施工前，应采取不同的施工方案和施工方法，铺筑试验路并进行相关试验分析，从中选出最佳施工方案和施工方法以指导大面积路基施工。所铺筑的试验路应具有代表性，施工机械和工艺过程要与以后全面施工时相同。通过试验路铺筑可确定不同压实机械以及各种填料的最佳含水量、适当的铺筑厚度及相应的碾压遍数、最佳的机械配置和施工组织方法等。

9. 施工注意事项

（1）严格按照设计文件和施工规范进行路基施工，以试验及测试结果作为检查、评定路基施工质量是否符合要求的主要依据。

（2）加强排水，确保路基施工质量。施工排水有利于控制土的含水量，便于施工作业，路基施工前应先修筑截水沟、排水沟等排水设施。雨季施工时要加强工地临时排水，各施工作业面应及时整平、压实、封闭。填方地段路基应根据土质情况和气候条件做成2%~4%的排水横坡；挖方工作面应根据路堑纵横断面情况，采取有效措施把积水排除。当地下水位较高或有地下水渗流时，应根据地下水的位置和流量设置渗沟等适当的地下排水设施。

（3）合理取土、弃土。施工时取土与弃土应从方便路基施工、节约用地、保护耕地和农田水利设施等角度考虑，注意取土、弃土后路基的排水通畅。

（4）保护生态环境。建成后的公路应有美好的路容和景观。路基施工时，应尽量减少对自然植被及地形地貌的破坏，避免水土流失。施工时清除的杂物不得随意倾弃到河流中。

（5）因地制宜，合理利用当地材料和工业废料修筑路基，有效降低工程造价。

（6）安全施工。必须贯彻安全施工的方针，制定必要的合理的安全措施，加强安全意识教育，避免人员伤亡和财产损失。

第三节　路基施工主要机械

一、公路工程施工机械的选择与配置

（一）合理选择施工机械的一般原则

公路建设采用机械化施工，目的是为了优质、高效、安全、低耗地完成工程建设任务，在提高劳动生产率的同时减轻施工人员的劳动强度，这是公路建设机械化施工应遵循的基本原则。因此，在公路建设采用机械化施工时，选择施工机械应遵循以下原则。

1. 适应性

施工机械与公路建设项目的具体实际相适应，即施工机械要适应公路建设项目的施工条件和作业内容。例如，路基工程的施工范围广、施工条件变化大，选用的施工机械一方面应适应公路工程所在地的气候、地形、土质、场地大小、运输距离、施工断面形状与尺寸、工程质量要求等，另一方面施工机械的工作容量、生产率等要与公路工程进度及工程量相符合，尽量避免因施工机械的作业能力不足而延误工期，或因作业能力过大而使施工机械利用率降低。在条件许可的情况下（购买新的施工机械，或租赁施工机械或挖掘现有设备潜力），尽量选择最适合公路建设项目内容的施工机械。

2. 先进性

新型的公路工程施工机械具有高效低耗、性能优越稳定、工作安全可靠、施工质量优良等优点，产品单价虽然不同于一般，但其性价比仍较高，更能保质保量地完成公路工程施工任务。此外，采用先进的施工机械，由于其性能优点、安全可靠、故障率低，最终可取得较好的技术经济效益。

3. 经济性

公路工程施工机械经济性选择的基础是施工单价，它主要与施工机械的固定资产消耗及运行费用等因素有关。采用先进的大型的施工机械进行公路工程施工，虽然一次性投资较大，但它可以分摊到较大的工程量当中，对公路建设项目的成本影响较小。因此，在选择公路工程施工机械时，必须权衡工程量与机械费用的关系，同时要考虑施工机械的先进性和可靠性，这是影响公路工程机械化施工经济效益的重要因素。

4. 安全性

在选择合适的施工机械、保证公路建设项目工程质量和施工进度的同时，应充分考虑施工机械的安全可靠性，如行驶稳定、有翻车或落体保护装置、防尘隔音、危险施工项目可遥控操作等。此外，在保证施工人员、设备安全的同时，应注意保护自然环境及已有的建筑设施，不致于因所采用的施工机械及其作业而受到破坏。

5. 通用性和专用性

根据公路建设项目的技术要求，选择合适的施工机械是保证工程质量和施工进度的重要条件之一。在此过程中，应充分考虑施工机械的通用性和专用性。通用施工机械可以一机多用，用一种机械代替一系列机械，简化工序，减少作业场地，扩大机械使用范围，提高机械利用率，方便管理和修理。专用施工机械生产率高、作业质量好，因此某些作业量较大或有特殊施工要求的公路建设项目，选择专用性强的施工机械较为合理。

（二）公路工程施工机械配置

1. 根据项目作业内容配置施工机械

以公路工程路基施工为例，其作业内容包括土石方的挖掘、铲运、填筑、压实等内容。另外还包括一些辅助作业，如在进行石方开挖过程中，由于要进行砾石开采和岩石开采，可以配置挖掘机、推土机、凿岩机、移动式空气压缩机等机械和设备；在进行冻土路基的开挖情况下，可以配置推土机、冻土犁、冻土钻等机械和设备；在进行土石填筑中的高质量路基、场地等施工的时候，可以配置推土机、铲运机、羊足碾、压路机、夯板、碾压机、洒水车、平地机、推土机、平地机、铲运机、大犁等机械设备；在松土、爆破、表层清理时，可以配置伐木机、推土机、挖掘机、装载机、水泵、松土器等；在开挖底部宽度大于 2.5m 的基坑的时候，可以配置推土机、挖掘机、装载机等。

2. 根据施工机械技术性能配置机械

主要指主要机械和配套机械的配置，配套机械的生产效率、工程容量等方面应略大于主要施工机械，防止因配套机械的工作能力的不足而影响主要机械的作业效率。比如，自卸运输车的车厢容积应是挖掘机铲斗工作容量的 4 倍左右。

3. 施工机械类型与其数量的合理配置

在进行施工作业的过程中，尽量不要只依靠一套施工机械作业，因为当主要施工机械发生故障时，就会造成公路建设项目全线停工，故应选用两套或多套施工机械并列作业，这样可避免或减少全线停工现象的发生。例如，沥青路面施工中人们多采用两套沥青摊铺机、压路机并列作业；另外，施工机械类型及数量不宜过多，应根据公路工程施工的内容，尽可能选用高作业效率和大工作容量的施工机械，因为施工机械类型的减少，便于施工机械的维护、管理和调度，也有利于提高协同作业的效率。

4. 根据气象条件配置施工机械

在选择施工机械时要充分考虑公路建设项目施工期间的气象情况，不良的气候条件使得某些施工机械不适用。例如，持久下雨、土壤过分潮湿和作业场地及道路泥泞时，宜配置履带式施工机械进行作业。

5. 根据外部环境配置施工机械

施工机械在路基工程施工，配置施工机械时应考虑运输机械的经济运距和道路条件。所谓经济运距，是指机械施工时较为经济的范围。道路条件是指道路的类别、路况、坡度和路面阻力等。在沥青路面施工，为保证沥青混合料摊铺工序所需温度和压实工序所需温度，自卸车运输沥青混合料的距离不宜超过 30km。

6. 根据公路建设项目工程量配置施工机械

在合同工期内，按照施工进度中的日作业量和月作业强度配置施工机械。比如，摊铺设备应根据沥青路面基层的设计宽度、摊铺厚度、平整度及拌和设备产量和运料车能力等配置。压实是保证工程质量的重要步骤。按照沥青摊铺机的摊铺能力、铺层厚度、骨料粒径、公路等级等配置两台 12~15t 的压路机足以满足施工要求。沥青混合料拌和设备配置生产能力不小于 60t/h，运输车辆应配置额定载荷为 10 吨的自卸车，为保证沥青混合料拌和设备连续工作，现场应保证 3~5 辆的运料车等候。

二、公路路基土方机械施工和施工机械管理

大型机械在公路施工中有着不可替代的重要作用，尤其是路基土方工程，施工期较短，土方集中，任务重，在大型机械的辅助下，不仅工效高、进度快，而且还可以很好地保证工程质量。在公路路基土方施工过程中，各种机械要根据施工现场的设计要求、环境条件等实际情况，有针对性地加以控制，以合理、科学的方式来进行生产操作，大幅度提高公路施工的质量和生产效率。

（一）路基土方机械施工

1. 前期准备

在路基土方机械施工之前，要根据项目施工方案和设计图纸中的横断面、纵断面设计图，来对施工现场的各个加桩以及百米桩、中心线主桩、交点桩等进行校对，全部复测以后，实施路基放样，对于转交桩和百米桩，需要对其增设护桩并进行相应的加固处理。和公路项目设计中的土方作业量相结合，对施工场地中的取弃土，每隔 40~60m 以左右分别钉一桩的方式，来布置内外两侧的边界桩，同时要钉好跋脚桩。其他工序施工以及土方机械的发掘都会崛起一定的土体，为了避免路基的边桩受到不必要的破坏、覆盖、掩埋，要对土方施工范围内的百米桩进行外移栓桩。布置施工现场临时水准点的位置时，要将水准点的间隔距离保持在 500m 左右，如果施工现场有大幅度的起伏情况，可以将水准点的间隔距离保持在 300m 左右，布置好后，要在每个临时水准点留下明显、清晰的水准点标记。后续施工时，要在施工现场有桩位的地方，插上一个高度为 1.5~2.0m 的标杆，使用色彩比较鲜艳、容易识别的彩旗、油漆进行绑扎、涂覆，为后续施工管理奠定基础。

2. 路基土方机械施工

公路路基施工过程中，土方生产作业要根据项目的施工方案和设计图纸，加强对高程的控制，结合施工现场的填土高度、放样边桩来进行机械施工，对于施工场地内的纵向土方，要使用合理、科学的方式进行适当的调配，注意对施工现场周边环境的治理和保护以及对路基护坡道、纵向排水设施的影响。根据我国相关规定的具体要求，路基各个松铺层的厚度要尽量保持在 30cm 左右，路基填土时，尽量使用土方施工范围内的土体，使用碾压、平地设备，用分层的方式来摊平、密实土体，使其符合项目设计的相关要求，审查验收、技术交底之后，再开始下层填土的施工。路基填土过程中，如果实际填土的宽度和标高达到项目设计的标准，就要立刻停止操作，找平处理的同时，要测量好几何、中线的尺寸，为后续路基整修奠定基础。在进行路基填土、高填路堤施工时，填土高度每上升 1m，就要测量一次路基的中线桩和高程，同时对填土施工的标高进行重新设置，避免路中线出现偏离的现象。

3. 路堑机械施工

公路单个路段的填方作业、土方机械施工，可以借助于临床路段的挖方土，来进行具体的操作，同时选择重量、规格、功率都比较大的铲运机、推土机等。路堑施工过程中，如果路堑的深度在 3m 以下，一般情况下，是将运距设定、控制在 100m 以内，推土机的运行以纵向路侧推土为主，如果路基两侧的地形允许弃土、比较平整，或者施工范围内没有可以利用的填方，可以使用推土机路侧通道横向弃土的方法来进行施工，这种方法不仅可以大幅度减少弃土的运距、提高机械的运行效率，还可以大幅度提高经济效益，在传统车运弃土法的 3.2 倍左右。如果路堑的实际深度超过了 3m，可以使用车运弃土、机械推土同步操作的方法来进行施工，提高项目的经济效益和生产效率。值得注意的是，施工期间下雨时，为了避免雨水浸泡路基，在路堑施工前就要挖截水沟排水，当路堑挖至路肩标高时，要挖侧沟以便排水。

（二）施工机械的选择方法

1. 根据气象条件选择

施工期间的天气情况会影响施工机械的选择。下雨时，土壤会比较潮湿，施工场地会比较泥泞，应该使用履带式的施工机械；如果天气晴朗，土质比较干燥，应该使用轮式的施工机械。在实际施工过程中，会出现各种各样的问题，从不同程度上影响着机械化施工，如机械的转场问题、机械的燃料供应问题等，所以施工单位在选择施工机械时，不可粗心大意、盲目进行选择，要根据施工场地的实际环境、施工期间的气象条件以及施工需求等综合考虑，科学合理的选择一种合适的机械，确保机械的作用可以充分发挥，顺利完成施工任务，达到加快进度、保质保量、节省人力的目的。

2. 根据土质选择

施工现场的土质情况会影响施工机械的选择，因为施工机械作业的一个重要对象就是施工现场的土壤。土质和施工质量、效率、成本都有着密切的关系，所以选择施工机械时，必须要考虑施工范围内的土质情况。土方施工机械的种类有很多，如挖掘机、推土机、装载机等，压实机械有振动压路机、光而压路机、轮胎压路机等，实际施工中，施工单位要根据施工范围内土质的实际情况，选择合适的施工机械。

3. 根据运输距离和道路情况选择

由于沥青路面施工过程中的压实、摊铺两道工序对沥青混合料的温度有一定的要求，所以自卸车运输沥青混合料的距离不能超过 30km。所以，在选择施工机械时，要综合考虑经济运输距离和机械施工的道路情况。经济运输距离指的是在机械施工过程中，比较经济的范围；道路情况指的是道路的路面阻力、坡度、路况、类别等。

4. 根据公路建设项目工程量选择

根据公路建设项目工程的施工进度表，将机械的工作量细化到每天，然后根据具体的作业强度和作业量来选择合适的施工机械。

5. 根据公路建设项目作业内容选择

公路建设中的工程包括很多部分，而每个部分又包括很多作业内容。比如，公路建设项目包括路基工程施工，而路基工程施工又包括土石方的填筑、铲运、挖掘等作业内容，此外，还有表层清理、爆破等辅助施工，所以在选择施工机械时，要根据工程类别进行科学选择。

（三）施工机械的管理

1. 施工机械的管理方法

所有的施工机械都要进行编组，并且在机械身上留下明显的标号，为后续运行期间的管理、调配奠定基础。施工机械管理时，不仅要先行制定可行、完整的技术责任制、绩效考核制、二包责任制、岗位责任制等制度、规范、标准，还要根据机械的动态情况以及施工作业范围内的工程量、地形、土质等，设计、编制机械施工进度示意图。施工机械操作人员必须具有上岗证或相关的资质证明，定期对其进行培训、教育，提高业务水平和专业素质，严格落实各项制度，由专门的管理人员或技术人员进行指挥，保证施工安全，减少安全事故，充分发挥施工机械的作用。

2. 施工机械的日常维护和检查

在施工过程中，要对施工机械进行定期维护和检查，避免机械发生短路、损坏、故障等安全隐患，提高机械的生产效率和完好率，确保施工机械时刻处于最佳运行状态，断绝一切延误施工进度的可能，保证安全生产和工程进度。

3. 合理布置生产任务

施工过程中，要根据项目施工方案、组织计划、设计图纸，针对机械停放的位置、机械进场的顺序、施工现场的布局等业务活动，合理规划平面布局，结合路基土方作业强度和作业量，用分段、分区的方式分派生产任务。

三、路基施工机械组合研究及应用

我国的工程机械在国际建筑行业市场占有率高，非洲大陆道路施工机械中，国产机械比例也较高。但存在有机械品牌和型号多、配件购买困难、价格差距大、产品质量难以完全保证等实际问题，这加大了国外施工队伍的难度。为了减少投资建设风险并获得较好的工程质量，结合工程需要及各机械参数、适用范围等实际情况进行机械比选，根据项目具体情况，以选型一般规律为依据开展施工机械配置对提升工作效率有明显帮助，并对其他类似工程的开展具有较好的参考价值。

路基施工常规工序为：清表→清淤→回填→填前碾压→装土→运土→粗平→填平→压实；根据各工序的需求，常用的机械包括：推土机、挖掘机、装载汽车、平地机、压路机（分为静止压路机和振动压路机）、铲运机等。

1. 推土机

推土机主要从事的工作有：铲土、运土、清障等，在路基填筑和基底清理中使用较多。施工中提高推土机使用效率的常见措施有：①铲土时尽量从下往上工作，以便利用地形优势减少铲土时间和运送距离；②运送过程尽量避免急加速或减速以减少土壤的掉落，提高单次的运送量；③粗平时尽量使用推土机。

常用的中型推土机，功率为160~220（即126~165kW），接地比压为0.06~0.085MPa；当在沼泽等湿地地区施工时建议采取湿地推土机，其接地比压一般为0.03MPa。

2. 挖掘机

挖掘机分为正铲和反铲两类，正铲又有侧向和正向两种开挖方法，前者在卸土时回转角小于90°且利于车辆的通行、后者回转角大于90°，因此不利于车辆通行，场地有效利用率低；反铲又可从沟端或沟侧开挖，前者从沟一端开始沿沟中线倒退开挖到尽头时调头开挖相邻部分，后者工作时运输车辆停在沟端，因此转臂回转角小而效率更高。

施工中提高挖掘机使用效率的措施有：①提前拟定好运输汽车的行驶线路，最大限度地利用好场地；②挖掘机斗容量和汽车装载容量相配套；③斗齿的锋利状况直接影响挖掘机的效率，因此需要注意其磨损程度，并及时进行更换。

3. 装载汽车

施工现场若是半填半挖路段，直接将挖方的土转移到填方段来，在运送距离小于200m时一般不考虑采用自卸式汽车运输，而采用具备短途运输功能的推土机或铲运机等；当距离较远时才使用汽车，但要考虑汽车的吨位，以免对施工便道造成影响。

4. 平地机

平地机在路基施工中的主要作用是平整场地、精平填土、修整路拱、开挖路槽、回填沟渠等。在较长一段填方路段时几个工区可共用一台。

5. 压路机

压路机的选型对于路基施工质量而言作用是决定性的，根据振动与否可分为静压式和振动式两种，静压式又有两轮、三轮光轮式压路机、轮胎式压路机等；振动式又分为轮胎驱动单钢轮振动压路机、双钢轮驱动压路机及凸块式振动压路机等。选择合适类型、功率的压路机并配合相应的施工方法，是保证路基填筑施工质量的重要途径之一。

压路机选型的依据有：①视路基填料类型选型，硬度较高的非黏性填料（如砾石、碎石以及砂性土等）一般采用轮胎驱动的单钢轮压路机；细粒土、砂土等填料一般采用两轮光轮静止式压路机；黏性土路基的压实一般采用三轮式光轮静止压路机或凸块振动式压路机。②视施工效率要求选型，静止式压路机压实厚度较小、碾压速度慢，达标所需的次数多；而振动式压路机压实厚度大、碾压速度快，达标所需的次数少，但激振力较大，可能会对部分土壤较为松散的便道或者山体产生影响。因此，考虑何种类型压路机时需根据工期要求、施工现场的情况综合考虑选取。

6. 铲运机

铲运机主要完成的工作是铲削、装载、运输和铺筑等，一般只在一段较为开阔的填方路段施工，运输距离在 200m 以内较为经济。适宜在湿度较小、含水率在 25% 以下的砂土或黏土路基施工中，对于含水量较大或地下水位较高的黏土路基施工，不适宜使用。

第四节　一般路基施工

一、挖方路基施工

（一）土质路堑开挖

1. 开挖方法的确定

路堑开挖是将路基范围内设计标高之上的天然土体挖除并运到填方地段或其他指定地点的施工活动。开挖路堑将破坏土体原有的平衡状态，开挖时保证挖方边坡的稳定性是一个十分重要的问题。深长路堑往往工程量巨大，开挖作业面狭窄，常常是一段路基施工进度的控制性工程。因此应因地制宜，以加快施工进度、保证工程质量和施工安全为原则，综合考虑工程量大小、路堑深度与长度、开挖作业面大小、地形与地质情况、土石方调配方案、机械设备等因素，制定切实可行的开挖方式。根据路堑深度和纵向长度，开挖时可按横挖法、纵挖法或混合式开挖法进行。

2. 开挖方法

（1）横挖法

横挖法是从路堑的一端或两端在横断面全宽范围内向前开挖，主要适用于短而浅的路堑。路堑深度不大时，一次挖到设计标高的开挖方式称为单层横挖法，如图 2-4-1（a）所示。若路堑较深，为增加作业面，以便容纳较多的施工机械，形成多向出土以加快工程进度，而在不同高度上分成几个台阶同时开挖的方式称为多层横挖法，各施工层面具有独立的出土通道和临时排水设施，如图 2-4-1（b）所示。用人工按多层横挖法开挖路堑时，所开设的施工台阶高度应符合安全施工要求，一般为 1.5~2.0m。若采用机械开挖路堑，每层台阶高度为 3~4m。当运距较近时宜采用推土机进行开挖；运距较远时宜采用挖掘机配合自卸汽车进行开挖，或用推土机推土堆积，再用装载机配合自卸汽车运土。开挖时应配合平地机或人工分层修刮、整平边坡。

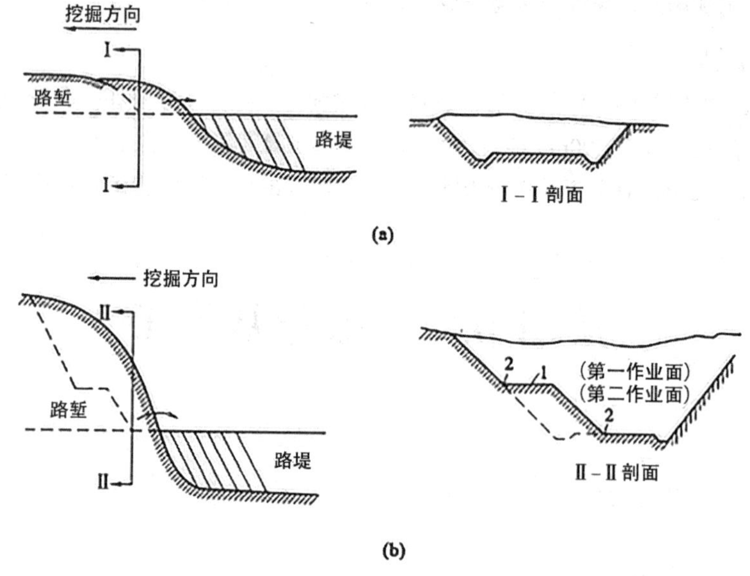

图 2-4-1 横挖法示意图

（a）单层横挖法；（b）多层横挖法

1- 第一台阶运土道；2- 临时排水沟

（3）纵挖法

纵挖法是开挖时沿路堑纵向将开挖深度内的土体分成厚度不大的土层依次开挖，分为分层纵挖法和通道纵挖法两种。分层纵挖法适于路堑宽度和深度均不大的情况，在路堑纵断面全宽范围内纵向分层挖掘，如图 2-4-2 所示。当开挖地段地面横坡较陡、开挖长度较短（不超过 100m）且开挖深度不大于 3m 时，宜采用推土机作业。当挖掘的路堑较长（超过 1000m）时，宜采用铲运机或铲运机加推土机助铲作业。

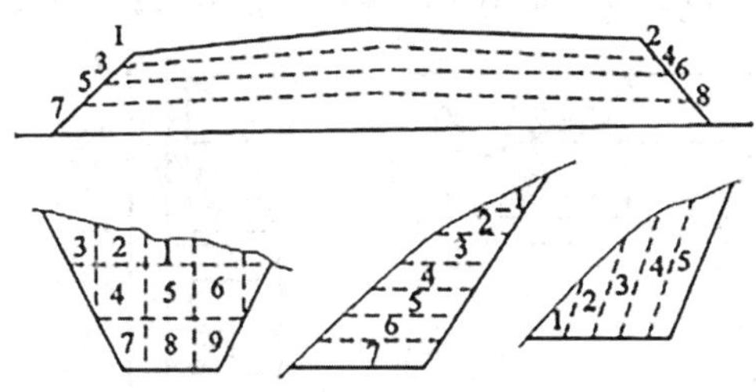

图 2-4-2　分层纵挖法

通道纵挖法适用于路堑较长、较宽、较深而两端地面坡度较小的情况。开挖时先沿纵向分层，每层先挖出一条通道，然后开挖通道两旁，通道作为机械运行和出土的路线，如图 2-4-3 所示。

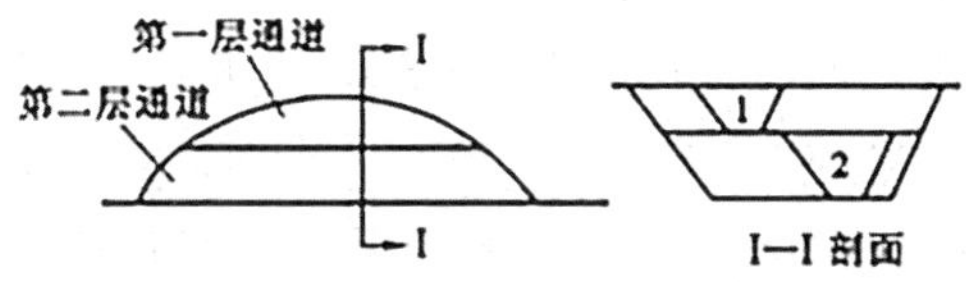

图 2-4-3　通道纵挖法

1- 第一层通道；2- 第二层通道

如果所开挖的路堑很长，可在路堑适当位置将路堑横向挖穿，把路堑分为几段，各段再采用纵向开挖的方式作业，这种挖掘路堑的方法称为分段挖掘法，如图 2-4-4 所示。这种挖掘方法可以增加施工作业面，减少作业面之间的相互干扰并增加出料口，从而大大提高工效，适用于傍山的深长路堑开挖。

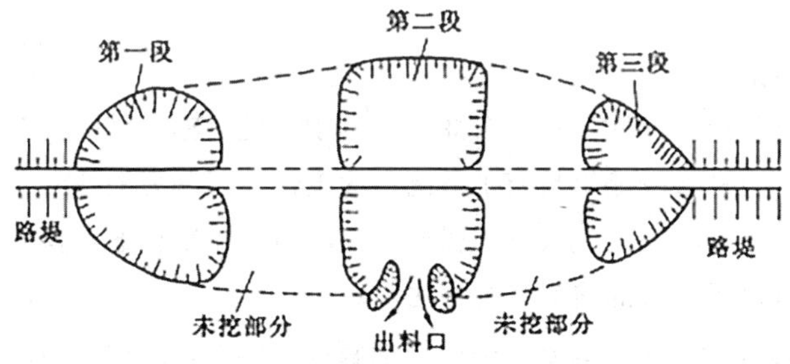

图 2-4-4　分段挖掘法

（4）混合式开挖法

混合式开挖法是将横挖法与纵挖法混合使用。开挖时先沿路堑纵向开挖通道，然后从通道开始沿横向坡面挖掘，以增加开挖坡面，每一开挖坡面能容纳一个施工作业组或一台机械。在挖方量较大的地段，还可沿横向再挖掘通道以安装运土传送设备或布置运土车辆。

这种方法适用于路堑纵向长度和深度都很大的地段，如图 2-4-5 所示。

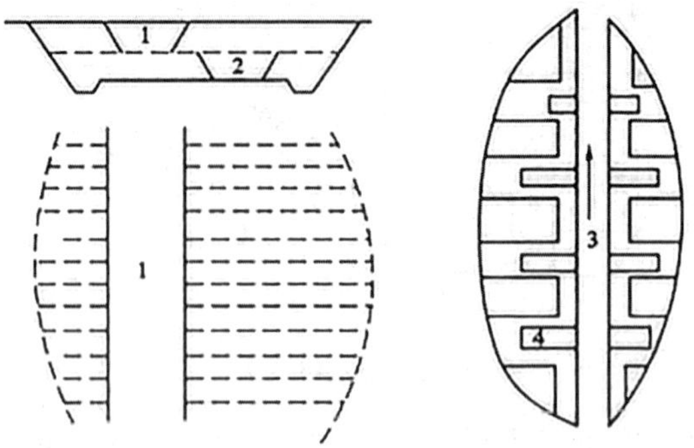

图 2-4-5　混合式开挖

1、2- 第一次通道；3- 纵向运土；4- 横向切土

土方开挖不论开挖工程量和开挖深度大小，均应自上而下进行，不得乱挖超挖。严禁掏洞取土。在不影响边坡稳定的情况下采用爆破施工时，应经过设计审批。在开挖过程中土质发生变化时，应及时修改施工方案和边坡坡度。对于已经开挖的适于种植草皮和有其他用途的土，应储备利用。严禁在岩溶漏斗、暗河口、贴近桥墩台处弃土。

（二）石质路堑开挖

1. 施工方法的选择

由于岩石坚硬，石质路堑开挖往往比较困难，这对路基的施工进度影响很大，尤其是工程量大而集中的山区石方路堑更是如此。因此，采用什么样的开挖方法对施工进度有着决定性的意义。通常在选择施工方法时，应根据岩石类别、风化程度、节理发育程度、施工条件及工程量大小等选择爆破法、松土法或破碎法进行开挖。

2. 施工方法

（1）爆破法开挖

爆破法是利用炸药爆炸的能量将土石炸碎以利于开挖运输或借助于爆炸能量将土石移到预定位置。用这种方法开挖路堑具有工效高、速度快、劳动力消耗少、施工成本低等特点。对于岩质坚硬，不可能用人工或施工机械开挖的石质路堑，通常要用爆破开挖法。爆破后用机械清理，是非常有效的路堑开挖方法。

根据炸药用量的多少，爆炸法分为中小型爆破和大爆破，其中使用频率最高的是中小型爆破，大爆破的应用通常受到诸多因素的影响。例如，在开挖山岭地带的石方路堑时，如果岩层不太破碎、路堑较深且路线通过突出的山嘴时，采用大爆破开挖可有效提高施工效率。如果路堑位于页岩、片岩、砂岩、砾岩等非整体性岩石时，则不宜用大爆破开挖法。尤其是路堑位于岩石倾斜朝向路线且有夹砂岩、黏土层的软弱地段及易坍塌的堆积层时，禁止采用大爆破开挖，以免对路基的稳定性造成危害。

石方需用爆破法开挖的路段，如空中有缆线，应查明其平面位置和高度；还应调查地下有无管线，如果有管线，应查明其平面位置和埋设深度；同时应调查开挖边界线外的建筑物结构类型、完好程度、距开挖边界线的距离，然后制订爆破方案。任何爆破方案的制订，必须确保空中缆线、地下管线和施工区边界处建筑物的安全。进行爆破作业时必须由经过专业培训并取得爆破证书的专业人员施爆。土质深挖路堑无论是单边坡或双边坡，均应按照有关规范的规定开挖，靠近边坡 3m 以内禁止采用爆破法炸土施工。在距边坡 3m 以外准备采用爆破法施工时，应进行缜密设计，防止炸药量过多，并报请批准。

（2）松土法开挖

松土法开挖是充分利用岩体的各种裂缝和结构面，先用推土机牵引松土器将岩体翻松，再用推土机或装载机与自卸汽车配合将翻松的岩块搬运到指定的地点。松土法开挖避免了爆破作业的危险性，而且有利于挖方边坡的稳定和附近建筑设施的安全，凡能用松土法开挖的石方路堑，应尽量不采用爆破施工法。随着大功率施工机械的使用，松土法愈来愈多地应用于石质路堑的开挖，而且开挖的效率越来越高，能够使用松土法施工的范围越来越广。

松土法施工的效率与岩石破裂面情况及风化程度有关。岩体被破碎岩石分割成较大的块体时，松开效率高。当岩体已裂开成为小块石或呈粒状时，松土只能劈成沟槽，效率低。砂岩、石灰岩、页岩等沉积岩有沉积层面，是比较容易松开的岩石，沉积层愈薄松动愈容易。片麻石、片岩、石英岩等变质岩的松动要根据其破裂面的情况而定。花岗岩、玄武岩、安山岩等岩浆岩不成层状或带状，松动比较困难。坚硬完整的岩石难于翻松，可进行适当的浅孔松动爆破，再进行松土作业。松土施工所采用的松土器分为单齿松土器和多齿松土器两种。

（3）破碎法开挖

破碎法开挖是利用破碎机凿碎岩块，然后进行挖运作业。这种方法是将凿子安装在推土机或挖土机上，利用活塞的冲击作用使凿子产生冲击力以凿碎岩石，其破碎岩石的能力取决于活塞的大小。破碎法主要用于岩体裂缝较多、岩块体积小、抗压强度低于 100MPa 的岩石，由于开挖效率不高，只能用上述两种方法不能使用的局部场合，作为爆破法和松土法的辅助作业方式。

二、路堤填筑施工

（一）基底的处理

基底处理是保证路堤稳定、坚固极为重要的措施。在路堤填筑前进行基底处理，能使路堤填土与原地表土密切结合，增加承载力，避免路堤沿基底发生滑动，防止因草皮、树根腐烂而引起的路堤沉陷，保证路堤填筑的质量，保证路堤具有足够的强度和稳定性。对一般的基底处理，应按下列规定执行。

1. 基底土密实，且地面横坡不陡于 1∶10 时，经碾压符合要求后，可直接在地面上修筑路堤，但在不填不挖或路堤高度小于 1m 的地段，应采用先人工后机械的方法清除树根、草皮等杂物。

2. 地面横坡陡于 1∶5 时，原地面应挖成台阶，台阶宽度不小于 2m，高度不小于 1m，如图 2-4-6 所示。若地面横坡超过 1∶2.5 时，外坡脚应进行特殊处理，如修护墙和护脚。

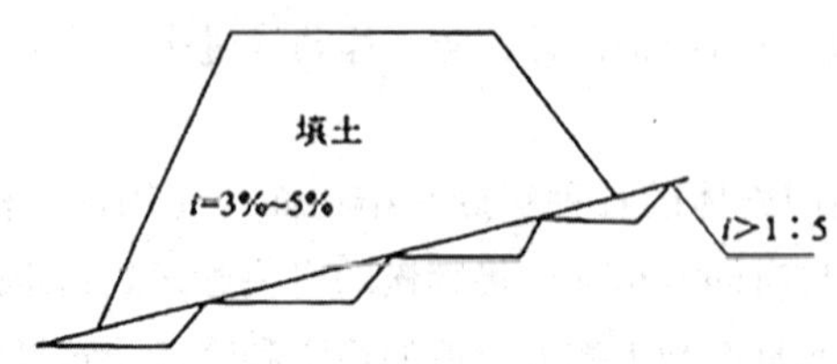

图 2-4-6　坡面处理

3. 基底土为腐殖土时，必须用人工或机械将其表层土清除换填，厚度视具体情况而定，一般不小于 30cm 为宜。并予以分层压实，压实度应符合规范要求。

4. 路堤修筑范围内，原地面的坑、洞、墓穴等，应用原地的土或砂性土回填，并按规定进行压实。

5. 路基受到地下水影响时，应予以拦截或排除，引地下水至路堤基础范围之外。当路基经过水田、池塘或洼地时，应根据具体情况进行排水疏干、挖除淤泥、打砂桩、抛填片石、砂砾石或石灰（水泥）处理土等措施，以保持基底稳固。路堤表土清理压实工序，如图 2-4-7 所示。

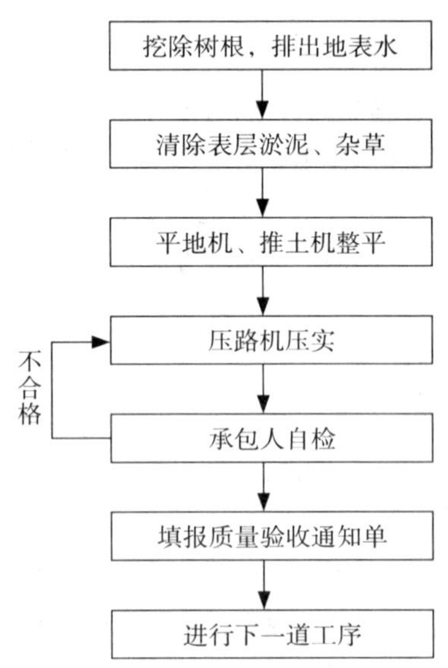

图 2-4-7　表土清理压实工序

（二）填筑材料的选择

公路路基的强度和稳定性很大程度上取决于路基填料的性质及其压实的程度。为了保证路基具有足够的强度、良好的水温稳定性及耐久性，从现有条件出发，选择合理的填筑方法、改进填料要求和压实条件是保证路基质量最有效和最经济的方法。

1. 路基填料选择

在选择路基的填筑材料时，由于各类用土具有不同的工程性质，应根据不同种类的土分别采取不同的工程技术措施，并尽可能选用稳定性良好且具有一定强度的土石作为填料。松路路基施工技术规范规定如下。

（1）路基填料不得使用淤泥、沼泽土、冻土、有机土、含草皮土、生活垃圾、树根和含有腐朽物质的土。采用盐渍土、黄土、膨胀土填筑路基时，应遵照有关规定执行。

（2）液限大于 50，塑性指数大于 26 的土，以及含水量超过规定的土，不得直接作为路基填料；需要应用时，必须采取满足设计要求的技术处理，经检查合格后方可使用。

（3）钢渣、粉煤灰等材料可用作路基填料，其他工业废渣在使用前应进行有害物质的含量试验，避免有害物质超标，污染环境。

（4）捣碎后的种植土可用于路堤边坡表层。

各级公路的路基填方材料的最小强度和最大粒径一般应符合表 2-4-1 的要求。

表 2-4-1　路基填方材料最小强度和最大粒径

项目分类 / 路面底面以下深度		填料最小强度（CBR）		填料最大粒径（cm）
		高速公路及一级公路	二级及二级以下公路	
路基	上路床（0~30cm）	8.0	6.0	10
	下路床（30~80cm）	5.0	4.0	10
	上路基（80~50cm）	4.0	3.0	15
	下路基（＞150cm）	3.0	2.0	15
零填及路堑路床（0~30cm）		8.0	6.0	10

黄土、膨胀土及盐渍土的填料强度分别按各自的规定办理。

路基填料中最稳定的填料主要有石质土、砂性土和钢渣、粉煤灰等材料，这几类材料摩擦系数大，不宜压缩，透水性好，其强度受水的影响很小，是填筑路基的最佳材料。

一般填土和其他工业废渣，经压实后能够获得足够的强度和稳定性，是较好的、常用的填筑材料。使用时应注意：土中的有机质含量不可超过 50；易溶盐含量不应超标；施工时按规定厚度分层铺设、压实，并控制最佳含水量。

砂土黏结性小，易于松散，对流水冲刷和风蚀的抵抗能力很弱，压实困难。但是经充分压实的砂土路基，则压缩变形小，稳定性好。为了加强压实和提高稳定性，可以用振动法压实，并可适量掺些黏土，以改善级配组成，并应将边坡予以加固，以提高路基的稳固性。

在路基填料中稳定性差的填料主要有高液限黏土、粉质土等，它们不宜作为公路路基用土。特殊情况下必须调节含水量并掺入适当的外加剂改良后方可使用。

（三）路基填筑方式

路基填土是把选定的路基填料运送到路基上逐层填起，进行铺平并碾压密实的过程。路基的填土方式可分为水平分层填筑法、纵向分层填筑法、横向填筑法和混合填筑法等，如图 2-4-8 所示。

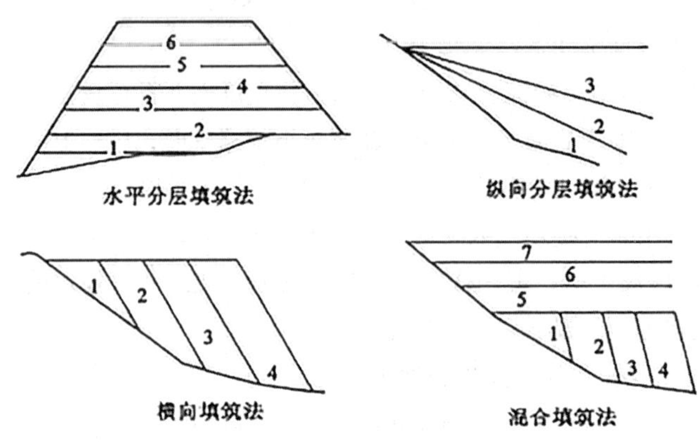

图 2-4-8　路基填筑方法

1. 水平分层填筑法

水平分层填筑时按照横断面全宽分成水平层次，逐层向上填筑，如原地面不平，应由最低处分层填起，每填一层，经压实合格后再填上一层。此法施工操作方便、安全、压实质量容易保证。

2. 纵向分层填筑法

纵向分层填筑适用于推土机或铲运机从路堑取土填筑运距较短的路基。填方侧应按要求，经人工开挖土质台阶后，依纵坡方向分层、逐层推土填筑碾压密实。原地面纵坡大于 120° 的地段常用此法施工。

3. 横向填筑法

横向填筑从路基一端按各横断面的全部高度，逐步推进填筑，适用于无法自下而上分层填土的陡坡、断岩或泥沼地区。此法不易压实，且有沉陷不均匀的缺点。为此，应采用必要的技术措施，如选用高效能的压实机械（振动压路机）碾压，采用沉陷量较小的砂性土或废石方作填料。

4. 混合填筑法

混合填筑是当公路路线穿过深谷陡坡，尤其是要求上部的压实度标准较高时，施工时下层采用横向填筑，上层采用水平分层填筑，此种方法称为混合填筑法。

三、路基压实施工

路基压实是保证路基质量的重要环节，路堤、路堑和路堤基底均应进行压实，且技术等级越高的公路，对路基的压实要求越严格。路基压实的作用是提高填料的密实度，减小孔隙率，增强填料颗粒之间的接触面，增大凝聚力或嵌挤力，提高内摩阻力，减少形变，为路基的正常工作提供良好的基础。

（一）土质路基的压实

土质路基的压实过程，其本质上是土体在压力作用下，克服土颗粒间的内聚力和摩擦力，使原有结构受到破坏，固体颗粒重新排列，大颗粒之间的间隙被小颗粒所填充，变成密实状态，达到新的平衡。在施工作业中，表现为土壤的体积被压缩，而达到一定程度后，这个过程不再持续，这是因为在颗粒重新排列后，土中气体被挤出，由快变缓，最终趋于结束。这时，作用于土体的压力只能引起弹性变形，而压力过大时，则可能使土壤产生剪切破坏，影响土体强度。

路基压实状况通常用压实度来表示。这里应注意的是，压实度与密实度容易产生概念上的混淆。密实度亦称理论密实度，是指单位体积内固体颗粒排列的紧密程度，即土的固体体积率越大，土的干密度也越大，所以，有时也用干密度来表示土的密实度，但在物理意义上是有区别的。压实度是指土压实后的干密度与标准的最大干密度之比，用百分率表示，亦称干密度系数，或相对密实度。所谓标准的最大干密度，是指用标准击实试验方法，在最佳含水量条件下得到的干密度。

1. 影响压实效果的主要因素

影响路基压实效果的因素是多方面的，有内因也有外因，但与施工作业有关的主要因素有以下几点。

（1）土的含水量

任何有黏结力的土，在不同的湿度下，用同样的压实功能来挤压，将得到不同的密实度和不同的强度。压实土的密度与土的形变模量、相对含水量的关系曲线，如图 2-4-9 所示。

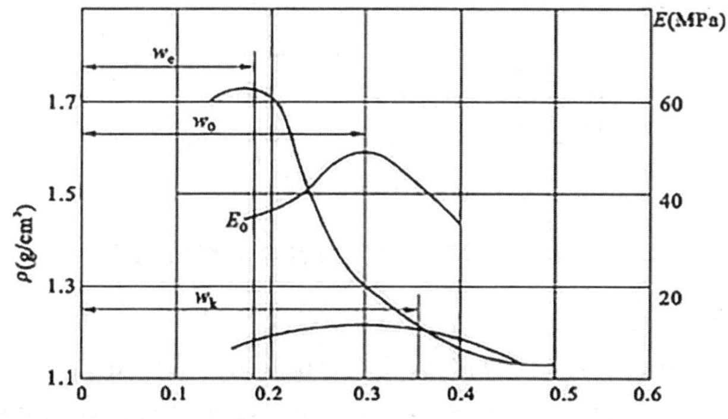

图 2-4-9　压实土的密度、形变模量与含水量的关系

从图中可以看出土中的水在压实过程中的作用。压实开始时，原状土相对湿度低，土颗粒之间的内摩阻力大，因而外力难以克服，故压实的干密度小，表现出土的强度高、密度低。当相对湿度缓慢增加时，水分在土粒间起润滑作用，压实的结果使被压材料（土粒）得以重新调整其排列位置，达到较紧密的程度，表现出密度增大，但与此同时，由于水的作用，内摩阻力有所减小，因而强度继续下降。当含水量继续增加，超过图中曲线顶点的最优值时，水的润滑作用已经足够，水分过多，使起润滑作用以外的多余水分进入土粒孔隙中，反而促使土粒分离而不易得到良好压实效果，从而降低了土的干密度。又由于土粒间距增大，内摩阻力与黏结力减小，使土的强度也随之减小，在压实曲线中出现驼峰形式。这就是说，在一定功能的压实作用下，含水量的变化会导致土的干密度随之变化，在某一含水量（最佳含水量）下，干密度达到最大值（最大干密度）。各种土的最佳含水量大小不同，一般来说，土在天然状态下的含水量值很接近于最佳含水量，因此在施工作业中，新卸填土应当立即推平压实。

（2）土的性质

不同土质的压实性能差别较大，如图 2-4-10 所示。一般来说，非黏性土的压实效果较好，而且最佳含水量较小、最大干密度较大，在静力作用下，压缩性较小，在动力作用下，特别是在振动作用下很容易被压实。黏质土、粉质土等分散性土的压实效果较差，主要是由于这些细分散性的土颗粒的表面积大、黏聚力大、土粒表面水膜需水量大，最佳含水量偏高，而最大干密度反而偏小。

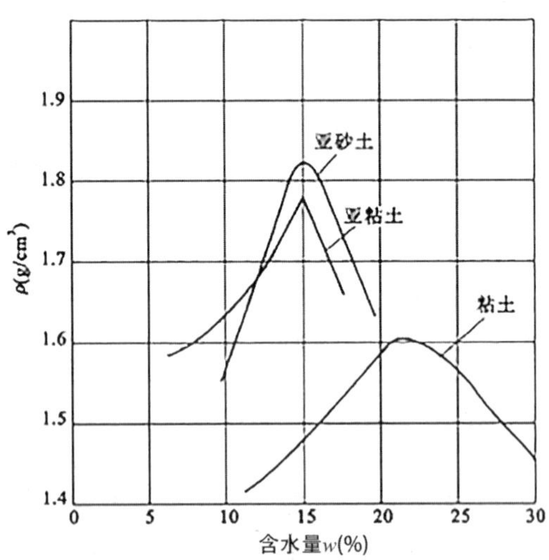

图 2-4-10　不同土类的干密度与含水量的关系

（3）压实功能

压实功能是由碾压（或锤击）的次数及其单位压力（或荷重）所决定的，若在一定限度内增加压实功能，则可降低含水量数值，提高最佳密实度的数值，如图 2-4-11 所示。

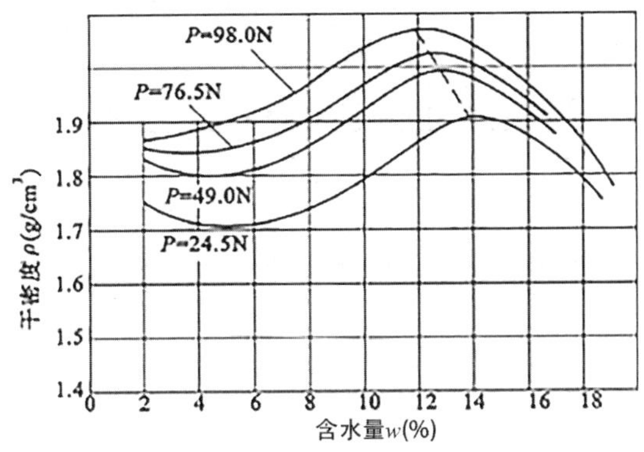

图 2-4-11　压实功能对最佳含水量、密实度的影响（夯击次数不变，改变锤重）

土在不同压实功能作用下的压实性质是决定压实工作量和选择机具、选择施工方法的依据。事实上，对任何一种土，当密实度超过某一限值时，欲继续提高它的密实度，降低含水量值，往往需要增加很大的压实功能。而过分加大压实功能，不仅密实度增加幅度小，还往往因所加荷载超过土的抵抗力，即土受压部位承受压力超过土的极限强度，从而导致土体破坏。因此，对路基填土的压实，在工艺方法上要注意不使其压实功能太大。表 2-4-2 所示为各种土最佳水量时的极限强度值。

表 2-4-2　在最佳含水量时土的极限强度

种类	被碾强度（MPa）		
	滚压		夯实夯板直径 70～100cm
	钢筒式	轮胎式	
低黏质土	0.3～0.6	0.3～0.4	0.3～0.7
中等黏质土	0.6～1.0	0.4～0.6	0.7～1.2
高黏质土	1.0～1.5	0.6～0.8	1.2～2.0
极黏质土	1.5～1.8	0.8～1.0	2.0～2.3

（4）碾压时的温度

在路基碾压过程中，温度升高可使被压土中水的黏滞度降低，从而在土粒间起润滑作用，易于压实，但气温过高时，又会由于水分蒸发过快而不利于压实。温度低于 0℃时，因部分水结冰，产生的阻力更大，起润滑作用的水更少，因而也得不到理想的压实效果。

（5）压实土层的厚度

土受压时，能够以均匀变形的深度（即有效压实深度）近似等于两倍的压模直径或两倍的压模与土接触表面的最小横向尺寸，超过这个范围，土受到的压力急剧变小，并逐渐趋于零，可认为此时土的密实度没有变化。图 2-4-12 是钢筒式压路机碾压土时沿垂直方向的压力分布（此时轮子与土的接触面是一个宽度很小的矩形，其宽度可视为压模的最小横向尺寸），当深度大于 $2a$（a 称为最小横向尺寸）时，传至此处的压力已经很小，不起压实作用。

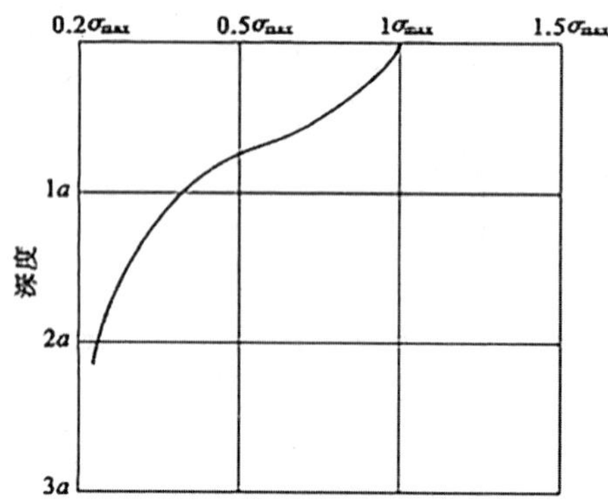

图 2-4-12　滚轮垂直方向的土压力分布

a- 最小横向尺寸；σ_{max}- 最大压应力

由此可知，土所受的外力作用随深度增加而逐渐减弱，当超过一定范围时，土的密实度将与未碾压时相同，这个有效的压实深度（产生均匀变形的深度）与土质、含水量、压实机械的构造特征等因素有关，所以正确控制碾压铺层厚度，对提高压实机械生产率和填筑路基质量十分重要。

（6）地基或下承层强度

在填筑路堤时，若地基没有足够的强度，路堤的第一层难以达到较高的压实度，即使采用重型压路机或增加碾压遍数，也只能是事倍功半，甚至使碾压土层起“弹簧”。因此，对于地基或下承层强度不足的情况，填筑路堤时通常采取以下措施处理：

1）填筑路堤之前应先碾压地基；

2）若地基有软弱层，则应用沙砾（碎石）层处理地基；

3）路堑处路槽的碾压，先应铲除 30~40cm 原状土层并碾压地基后，再分层填筑压实。

2. 压实机具和碾压方法

（1）压实机具和碾压方法对压实效果的影响反映在以下几个方面。

1）压实机具不同，压力传布的有效深度也不同。一般来说，夯击式机具的压力传布最深，振动式次之，碾压式最浅。根据这一特性即可确定各种机具的最佳压实度。然而，同一种机具的压实作用深度在压实过程中并不是固定不变的。例如，钢筒式压路机，开始碾压时，因土体松软，压力传布较深，但随着碾压次数的增加，上部土层逐渐密实，土的强度相应提高，其作用深度就逐渐减小了。

2）压实机具的质量较小时，碾压遍数越多（即时间越长），土的密实度越高，但密实度的增长速度则随碾压遍数的增加而减小。并且密实度的增长有一个限度，达到这个限度后，继续以原来的施压机具对土体增加压实遍数则只能引起弹性变形，而不能进一步

提高密实度（从工程实践来看，一般碾压遍数在小于或等于 6 遍时，密实度增大明显，6~10 遍增长较慢，10 遍以后稍有增长，20 遍后基本不增长）。压实机具较重时，土的密实度随碾压遍数增加而迅速增加，但超过某一极限后，土的变形急剧增加而达到破坏，机具过重以至超过土的强度极限时，将立即引起土体破坏。

3）碾压速度越高，压实效果越差。如图 2-4-13 所示，图中曲线 1 较曲线 2 的土的黏性小，应力作用速度越高，变形量越小，土的黏性越大，影响就越显著。因此，为了提高压实效果，必须正确规定碾压机具的行驶速度。

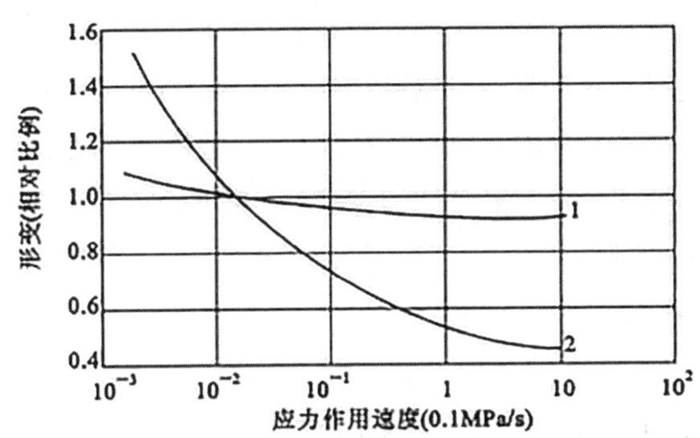

图 2-4-13　应力作用速度与土的变形量的关系

（2）压实标准与碾压控制

1）压实标准

压实标准包括两个方面：一是确定标准干密度的方法；二是要求的压实度。

关于标准干密度的确定方法，过去沿用的“标准击实试验”是一种轻型击实方法，其试验结果与现代化施工机械能力和车辆载荷不相适应，目前推行的主要是与国外公路压实要求相同的重型击实试验法。

3. 正确选择和使用压实机械

（1）压实机械的选择

压实机械的类型和数量选择是否恰当，直接关系到压实质量和工效。选择时应综合考虑以下几点。

1）土的性质、状态。不同的压实机械对不同土质的压实效果不同。例如，对砂性土，以振动式机械效果最好，夯击式次之，碾压式较差；对黏性土，以碾压式和夯击式较好，而振动式较差甚至无效。压实机械的单位压力不应超过土的强度极限，否则会立即引起土基破坏。选择机械时，还应考虑土的状态及对压实度的要求，一般来说，土的含水量小、压实度要求高时应选择重型机械，反之可选轻型机械。

2）压实工作面。当工作面较大时，可采用碾压机械；较狭窄时宜用夯实机械。

3）机械的技术特性与生产率。选择机械类型、确定机械数量时应考虑与其他工序的配合，使机械的生产能力互相适应。

（2）注意事项

为了能以尽可能小的压实功获得良好的压实效果，在压实机械的使用上应注意以下两点。

1）压实机械应先轻后重，以便能适应逐渐增长的土基强度。

2）碾压速度宜先慢后快，以免松土被机械推走，形成不适宜的结构，影响压实质量，尤其是黏性土，高速碾压时压实效果明显下降。通常压路机进行路基压实作业时行驶速度在 4km/h 以内为宜。

此外，在路基土的压实中，除了运用不同性能的各种专用压实机械外，还应特别注意尽可能利用其他土方施工机械和运输车辆进行分层压实，有计划、有组织地利用运土车辆碾压填方土料。施工中要注意采用合理的技术措施，一般填土厚度应控制在 0.25~0.30m，并用推土机或平地机细致平土，控制合适的含水量。同时，还要在机械的运行线路上使各次行程能大体均匀地分布到填土土层表面，保证土层表面全部被压到。

4. 分层填筑、分层碾压

（1）分层填筑。一方面，要把握每层填土厚度的大小。填土层厚度过大，其深部不能获得要求的压实度；填土层厚度过小会影响工作效率和经济效益。一般认为，对于细粒土，用 12~15t 光轮压路机时，压实厚度不得超过 25cm，用 22~25t 振动压路机时（包括液压振动），压实厚度不超过 60cm。另一方面，每层填土应平整，且自中线向两边设置 2%~4% 的横向坡度，并及时碾压，雨季施工时更应注意。

（2）分层碾压。碾压前应对填土层的松铺厚度、平整度和含水量进行检查，符合要求后方可进行碾压。分层碾压的关键是控制碾压遍数，有条件的情况下，可通过试验性施工来确定达到设计密实度所需的碾压遍数。

在施工中，当含水量为最佳含水量时，还可采用下列经验值：对低黏质土，压实所需的碾压遍数平均为 4~6 遍；对黏质土，压实所需的碾压遍数平均为 10~12 遍。

一般压实遍数宜控制在 10 遍以内，否则应考虑减少填土层厚度。经压实度检验合格后方可转入下道工序。不合格处应进行补压后再检验，一直达到合格为止。

5. 加强质量检查

（1）填方地段基底。路堤填筑前应对基底进行压实。高速公路、一级公路和二级公路路堤基底的压实度不应小于 85%，当路堤填土高度小于路床厚度（80cm）时，基底的压实度不宜小于路床的压实度标准。

（2）路堤。每一压实层均应检验压实度，合格后方可填筑其上一层。否则应查明原因，采取措施进行补压。检验频率为每 2000m² 检验 8 点，不足 2000m² 时，至少应检验 8 点，必要时可根据需要增加检验点，每点都必须符合规定值。

路床顶面压实完成后，还应根据《公路路基设计规范》（JTGD30—2004）进行弯沉值检验。

（3）路堑路床。零填及路堑路床的压实应符合其压实标准的规定。换填超过 3m 时，按 90% 的压实标准控制。

（4）桥涵处填土。桥台背后、涵洞两侧与顶部、锥坡背后的填土均应分层压实，分层检查，检查频率为每 $50m^2$ 检验 1 点，不足 $50m^2$ 时至少检验 1 点，每点都应合格，每一压实层松铺厚度不宜超过 20cm。高速公路和一级公路的桥台、涵身背后和涵洞顶部的填土压实度，从填土基底或涵洞顶部至路床顶面均为 95%，其他公路为 93%，以确保不因密实度不足而产生错台，影响行车速度与安全。

桥涵处填土的压实采用小型的手扶振动夯或手扶振动压路机，但涵顶填土 50cm 内应采用轻型静载压路机压实，以达到规定的压实度为准。

（二）填石路堤、土石混填路堤及高填方路堤的压实

1. 填石路堤

（1）压实标准

填石路堤不能用土质路基的压实度来判定路基的密实程度，其判定方法目前国内外尚无统一规定。国外填石路堤曾采用在振动压路机的驾驶台上装设的压实计反映的计数值来判定是否达到要求的紧密程度，但无定量值的规定，且只限于设有此种装置的压路机。我国现行《公路路基施工技术规范》（TJT033）规定的压实标准为：在规定深度范围内，以 12t 以上振动压路机压实，当压实层顶面稳定，不再下沉（无轮迹）时，可判为达到密实状态。

（2）压实方法及检查

填石路堤在压实之前，应用大型推土机摊铺平整。个别不平处应用人工配合以细石屑推平，使石块之间无明显高差台阶才便于压路机碾压，或使夯锤下坠到地面时，受力基本均匀，不致于使夯锤倾倒。填石路堤填料石块本身是密实的不能压缩的，压实工作是使各石块间松散接触状态变为紧密咬合状态。由于石块块径较大，质量较大，必须选择工作质量 12t 以上的重型振动压路机、工作质量在 25t 以上的夯锤或 25t 以上的轮胎压路机压实，才能达到规定的密实状态。

填石路堤应先压两侧后压中间，对于轮碾，其压实路线应纵向互相平行，反复碾压。夯锤的压实路线应成弧形，当夯实密实程度达到要求后，再向后移动一夯锤位置。行与行之间应重叠 40~50cm，前后相邻区段应重叠 1.0~1.5cm，其余注意事项与土质路基压实相同。

填石路堤使用各种压实机具时的注意事项与压实填土路基相同，而填石路堤压实到所要求的紧密程度所需的碾压或夯压的遍数应经过试验确定。采用重锤夯实时，当重锤下落时不下沉而发生弹跳现象时，可进行压实度检验。

填石路堤顶面至路床顶面 30~50cm（高速公路、一级公路为 50cm，其他公路为 30cm）范围内应填筑符合路床要求的土，并按要求进行压实。

（3）土石混填路堤

土石混填路堤的压实方法与技术要求，应根据混合料中巨粒土（粒径大于 200mm 的

颗粒）的含量多少确定。当混合料中巨粒土含量多于70%时，其压实作业接近于填石路堤，应按填石路堤的方法和要求进行。当混合料中巨粒土的含量低于50%时，其压实作业接近于填土路堤，应按前述填土路堤的方法和要求进行。

土石路堤的压实度可采用灌砂法或水袋法检测。其标准干密度应根据每一种填料的不同含石量的最大干密度作出标准干密度曲线，然后根据从试坑中挖取的试样的含石量，从标准干密度曲线上查出对应的标准干密度。当采用灌砂法或水袋法检验有困难时，可根据填石路堤的方法进行检验，即通过12t以上振动压路机压实试验，当压实层顶面稳定，不再下沉（无轮迹）时，可判定为密实状态。

如果是几种填料混合填筑，则应从试坑挖取的试样中计算各种填料的比例，利用混合料中几种填料的标准干密度曲线查得对应的标准干密度，用加权平均的方法计算所挖试坑的标准干密度。

（4）高填方路堤

高填方路堤的基底承受路堤土本身的荷载很大，因此对基底应进行场地清理，并按照设计要求的基底承压强度进行压实。设计无要求时，基底的压实度不应小于90%。当地基松软仅依靠对厚土压实不能满足设计要求的承压强度时，应进行地基加固处理，以达到设计要求；当基底处于陡峻山坡上或谷底时，应作挖台阶处理，并严格分层填筑压实；当场地狭窄时，压实工作应采用小型的手扶式振动压路机或振动夯进行；当场地较宽广时，应采用自行式12t以上的振动压路机碾压。

第五节　路基排水设施施工

排水设施是高速公路的一个重要组成部分，排水系统对于公路路基的稳定性及路面的使用寿命有着显著的影响。因此，做好路基排水，确保路基达到足够的强度和稳定性有着重要意义，而解决路基排水问题的方法多种多样，在此，对路基排水设施的种类和施工要点探讨如下。

一、排水设施分类

根据水源的不同，影响路基路面的水流分为地面水和地下水两大类，所以路基排水工程分为地面排水及地下排水两大类。

1. 地面排水

地面排水可采用边沟、截水沟、排水沟、跌水、急流槽、拦水带、蒸发池等设施。其作用是将可能停滞在路基范围内的地面水迅速排除，防止路基范围内的地面水流入路基内。地面排水又分为临时排水和永久排水，临时排水应与永久排水设施相结合，排走的雨水不得流入农田、耕地，亦不得引起水沟淤积和路基冲刷。

2. 地下排水

地下排水设施有排水沟、暗沟（管）、渗沟、渗井、检查井等。其作用是将路基范围内的地下水位降低或拦截地下水并将其排出路基范围以外。当地下水位较高时，应采取疏导、堵截、隔离等工程措施。

二、排水设施设置原则

1. 地面排水设施

（1）边沟

边沟设置于挖方地段和填土高度小于边沟深度的填方地段，以利于将雨水及路面水排出路基以外。路堤靠山一侧的坡脚应设置不渗水的边沟。边沟和涵洞接合处应与涵洞洞口建筑配合，以便水流通畅进入涵洞。平曲线处边沟施工时，沟底纵坡应与曲线前后沟底纵坡平顺衔接，不允许有积水或外溢现象发生。

（2）排水沟

排水沟的线形要求平顺，尽可能采用直线形，转弯处宜做成弧线，其半径不宜小于10m。排水沟长度通常不宜超过500m。沟底纵坡不宜小于0.3%。排水沟的出水口，应设置跌水和急流槽将水流引出。

（3）截水沟

截水沟应根据地形条件及汇水面积等进行设置。挖方路基的堑顶截水沟应设置在坡口5m以外。填方路基上侧的路堤截水沟距填方坡脚的距离，应不小于2m。截水沟应先施工，与其他排水设施应衔接平顺。截水沟长度超过500m时应选择适当的地点设出水口。

截水沟设置时主要考虑位置。在无弃土堆的情况下，截水沟的边缘离开挖方路基坡顶的距离视土质而定，以不影响边坡稳定为原则。路基上方有弃土堆时，截水沟应离开弃土堆脚1~5m，弃土堆坡脚离开路基挖方坡顶不应小于10m，弃土堆顶部应设2%倾向截水沟的横坡。山坡上路堤的截水沟离开路堤坡脚至少2.0m，并用挖截水沟的土填在路堤与截水沟之间，修筑向沟倾斜坡度为2%的护坡道或土台，使路堤内侧地面水流入截水沟排出。截水沟必须有牢靠的出水口，必要时须设置排水沟、跌水或急流槽。截水沟的出水口必须与其他排水设施平顺衔接。

（4）跌水与急流槽

水流通过坡度大于10%，水头高差大于1.0m的陡坡地段，或特殊陡坎地段时，宜设置跌水与急流槽。急流槽槽底表面粗糙。急流槽分节长度宜为5~10m，接头处用防水材料填缝。砼预制块分节长度宜为2.5~5m，接头采用榫接。

（5）蒸发池

气候干旱且排水困难地段，可利用沿线的取土坑或专门设置蒸发池。蒸发池边缘距路基边沟应不小于5m。蒸发池池底宜设0.5%的横坡。蒸发池四周应进行围护。

2. 地下排水设施

（1）暗沟（管）

暗沟（管）用于排除泉水或地下集中水流。沟底必须埋入不透水层内，沟壁最低一排渗水孔应高出沟底至少200mm。暗沟设在路基旁侧时，宜沿路线方向布置；设在低洼地带或天然沟谷时，宜顺山坡的沟谷走向布置，暗沟的沟底纵坡宜大于1%。出水口处应加大纵坡，并高出地表排水沟常水位200mm以上。寒冷地区的暗沟应做好防冻保温处理，坡度宜大于5%。暗沟顶面必须设置砼盖板或石料盖板，板顶上填土厚度应大于500mm。

（2）渗沟

渗沟用于降低地下水位或拦截地下水。当地下水埋藏浅或无固定含水层时，宜采用渗沟。各类渗沟均应设置排水层、反滤层和封闭层。渗沟有填石渗沟、管式渗沟和洞式渗沟三种形式。填石渗沟纵坡不宜小于1%。管式渗沟长度大于100m时，应在其末端设置疏通井，并设横向泄水管。洞式渗沟填料宜高于地下水位。反滤层包括粒料反滤层、土工布反滤层和无砂砼板反滤层。渗沟基底应埋入不透水层。渗沟顶部应设置封闭层，宜采用浆砌片石或干砌片石水泥砂浆勾缝。渗沟宜从下游向上游开挖。

（3）渗井

当地下水埋藏较深或有固定含水层时，宜采用渗井。井内填充材料按层次在下层透水范围内填碎石或卵石，上层不透水层范围内填砂或砾石。

（4）检查、疏通井

深而长的暗沟（管）、渗沟及渗水隧洞，在线段每隔一定距离及平面转弯、纵坡变坡点等处，宜设置检查、疏通井。检查井一般采用圆形，内径不小于1.0m，在井壁处的渗沟底应高出进底0.3~0.4m，井底铺一层厚为0.1~0.2m的混凝土。

3. 排水设施施工要点

（1）施工放样

根据路基有关参数，用全站仪放出路基排水设施的位置中轴线，并测出相应标高。在地面上标出里程桩号以及标高，并根据所测结果对施工人员进行交底。用石灰或线绳拉出沟的相应轮廓线，示出相应的挖坑深度。

（2）现场复核

施工前先校核设计排水系统是否完善合理，必要时予以修改或补充并报监理工程师批准。

（3）沟槽开挖

沟槽开挖采用人工配合挖掘机开挖，自卸汽车运输，开挖至距设计尺寸10~15cm时用人工挖掘修整。开挖前应加强高程及边线的测量，严格控制超挖。

基础开挖完成后应就平面位置、开挖面高程、开挖尺寸、开挖坡度、开挖面平整度、基底承载力等项目自检，自检合格报请监理工程师进行隐蔽工程验收，签发合格证后及时进行基础覆盖。

基础挖方应始终保持良好的排水，在挖方的整个施工期间都不致于遭受水的危害。

基坑开挖完毕，报请监理工程师到现场监督检验，并将检验情况填写地基检验表，报请监理工程师复验批准后，方可进行基础施工。

（4）铺设底浆

沟槽检验合格后，先用木桩每 10 米一处钉好铺筑位置，挂好的结构尺寸线，即可按线施工。底浆铺筑层要均匀铺设。

（5）材料选用及拌和

石料选用厚度不小于 15cm 具有一定长度和宽度的片状石料，石料质地强韧、密实，无风化剥落、裂纹和结构缺陷，表面清洁无污染。

砂浆使用强制式拌和机现场拌和，材料使用中（粗）砂，且为河砂，过筛后机拌 3~5min 后使用。砂浆随拌随用，保持适宜稠度；在拌和 3~5h 使用完毕；存贮过程中发生离析、泌水砂浆，砌筑前重新拌和；已凝结的砂浆不得使用。

施工现场不堆放不合格材料，废弃的材料及时清理出场。

（6）片石砌筑

排水沟采用挤浆法分层砌筑，每分层高度 10~15cm，分层与分层间的砌筑砌缝应大致推平，各工作层应相互错开，不得贯通。

较大的片石使用于下层且大面朝下，砌筑时选取形状及尺寸较为合适的片石，尖锐突出部分敲除，竖缝较宽时，在砂浆中塞以小石块，砌缝宽度不大于 2cm。

砌筑过程中要注意选用较大、较平整的石块为外露面和坡顶、边口，石块使用时应洒水湿润，若表面有泥土、水锈应先冲洗干净，尤其下层砌及角隅石不能偏小，砂浆要饱满，石缝以砂浆和小碎石充填。

片石不能竖立使用，石料挤浆要符合要求，不能紧贴无砂浆，宽度要一致，不能有假缝，当分几段同时砌筑时，相邻高差不大于 1.2m，各段水平砌缝一致。

砌筑中的三角缝不得大于 20mm，各工作缝相互错开。若石块松动或砌缝开裂，要将石块提起，将垫层砂浆与砌缝砂浆清扫干净，然后将石块重新铺砌在新砂浆上。

在砂浆凝固前将外露缝勾好，勾缝深度不小于 2cm，若不能及时勾缝，则将砌缝砂浆刮深 20mm 为以后勾缝做准备。所有缝隙均应填满砂浆。

（7）沉降缝的设置

根据施工段长度以 20~50m 分段进行砌筑，以每 10~15m 设置一道自下而上贯通的沉降缝，缝宽 2cm，沉降缝用沥青麻筋或其他防水材料填充，沥青用建筑沥青，填塞时不得污染墙面，沉降缝上下必须垂直，与砌体同步进行。

（8）勾缝及养生

边沟、排水沟、截水沟内壁浆砌片石部分采用 M10 砂浆抹面，抹面厚度 1cm；勾缝分凹缝和凸缝，勾缝采用的砂浆强度 M12.5，若采用凹缝，砌体勾缝嵌入砌缝 2cm 深，缝槽深度不足时应凿够深度后再勾缝；若采用凸缝，缝宽 3cm，宽窄一致，表面平顺美观，底部砌筑的片石，可用砂浆找平即可。

每砌好一段，待浆砌砂浆初凝后，用湿草帘覆盖并定时洒水养护，覆盖养生 7~14d。养护期间避免外力碰撞、振动或承重。

（9）砂浆试验和报请检验

在砌筑片石时，根据适当的方量或台班数进行砂浆试块的制作，通常情况下以一个台班制作 2 组或 100m³ 制作 2 组，试块要在拆模后，立即进行标准养生，到期后，应送试验室进行试压，并报请监理工程师进行验收。

（10）排水设施施工注意事项

路堑和路堤交接处的边沟应徐缓引向路堤两侧的天然沟或排水沟内，不得冲刷路堤。路基坡脚附近不得积水。

1）所有排水沟渠应从下游出口向上游开挖；

2）沟基稳固，严禁将排水沟挖筑在未加处理的弃土上；

3）沟形整齐，沟底、沟坡平顺，沟内无浮土杂物；

4）沟水排泄不得对路基产生危害；

5）沟渠边坡必须平整、稳定，严禁贴坡；

6）排水设施要求纵坡顺适，沟底平整，排水畅通，无冲刷和无阻水现象；

7）各类防渗加固设施要求坚实稳定，表面平整美观。

第六节　路基防护与支挡工程施工

一、坡面防护

1. 植草防护

①种草防护：适用于坡面稳定，坡面受雨水冲刷轻微，边坡土易于草类生长的情况。播种方法有撒播法、喷播法和行播法及目前推广适用的新型方法：湿式喷播技术和客土喷播技术。

②铺草皮：适用于需要快速绿化的土质边坡。

③植树、植灌木：与种草和铺草皮配合使用，适用于坡度较缓的土质边坡（可用于膨胀土边坡）和堤岸边的河滩上（可以降低流速，促使泥沙淤积）。

2. 骨架植物防护

①浆砌片石或混凝土骨架植草：适用于土质或风化岩石边坡。

②预制混凝土空心块植草：适用于石料缺乏的地区，预制块强度不低于 C15，严寒地区不低于 C20。

③锚杆混凝土框架植草：适用于土质边坡和坡体中无不良结构面、风化破碎的岩石路堑边坡。

3. 圬工防护

①喷浆或喷射混凝土防护：适用于较完整，但易于风化、坡面不平整的石质挖方边坡。

②锚杆、钢丝网喷浆或喷射混凝土防护：适用于表面较破碎的硬岩、层状结构的不连续地层或坡面岩石与基岩分离并有可能下滑的石质挖方边坡。

③干砌片石护坡：适用于易受水流侵蚀的土质边坡、严重剥落的软质岩边坡及受水流冲刷较小或周期性冲刷的岸坡。

④浆砌片石护坡：适用于水流冲刷较大的边坡。

⑤护面墙：适用于封闭各种软质岩石边坡、较破碎的石质挖方边坡及坡面易受侵蚀的土质边坡。挖方边坡采用护面墙防护时，不宜陡于 1：0.5。

⑥抹面：适用于较完整，但易于风化的软质岩石挖方边坡。

⑦捶面：适用于易受雨水冲刷的土质边坡和易于风化的石质边坡。

4. 土工织物防护

①挂网式坡面防护：适用于风化碎落较严重的石质边坡，当落石直径较大或边坡倾角大于 40° 时不宜使用。

②土工织物复合植被防护：即三维土工网植草防护，适用于边坡坡度缓于 1：1，高度小于 3 米的土质边坡。

③其他土木织物防护有草坪植生带，适用于破碎或易风化破碎的岩石路堑边坡的锚杆挂高强塑料网格喷浆（喷射混凝土），以及土木织物作反滤层的护坡。

二、沿河路基防护

1. 直接防护

①抛石：适用于经常浸水或水深较大的路基边坡、坡脚或挡土墙基础的防护，多用于抢修工程。

②石笼：适用于受水流冲刷的路基边坡、坡脚或挡土墙基础的防护。钢丝石笼多用于抢修或临时工程，不能用于急流或滚石河段，必要时可以对钢丝笼灌注小石子混凝土。钢筋混凝土框架石笼可以用于急流和滚石河段。

2. 间接防护

①护坝：当沿河路基挡土墙、护坡的局部冲刷深度过大，深基础施工不便时，宜采用护坝防护基础。

②丁坝：适用于宽浅变迁河段，用以挑流或降低流速，减轻水流对河岸或路基的冲刷。

③顺坝：适用于河床断面较窄、基础地质条件较差的河岸或沿河路基防护，以利于调整流水曲线和改善流态。

④改移河道：适用于流水冲刷严重、防护工程艰巨、路线多次跨越弯曲河道时。对于主河槽改动频繁的变迁性河流或支流较多的河段不宜采用。

三、加固工程

按照路基加固方式的不同分为：重力式挡土墙、加筋土挡土墙、锚杆挡土墙。

（一）重力式挡土墙

1. 特点：依靠墙体的重力抵抗墙后土体的侧向推力，多采用浆砌片石结构。缺点是墙身的界面大、圬工数量大，在软弱地基上修建时受到承载力的限制，墙高不宜过高。

2. 仰斜式：墙背承受的土压力较小，适用于路堑墙和墙趾处地面平坦的路肩墙或路堤墙。

3. 俯斜式：墙背承受的土压力较大，适用于地面横坡陡峻时，墙背可采用折线形，以加强墙背与填土的摩擦力。

4. 垂直式：介于仰斜和俯斜之间。

5. 凸折式：上部俯斜，下部仰斜，由仰斜式发展而来，可以减小上部截面尺寸，多用于路堑墙。

6. 衡重式：利用衡重台上的填土重量使全墙的重心后移，增加了墙身的稳定。多用于山区地形陡峻处的路肩墙或路堤墙。由于衡重台上有较大的空间，上墙墙背加缓冲墙后，可作为拦截崩坠石之用。

7. 施工要求：

①基坑开挖前要做好截排水措施。

②墙身应分层错缝砌筑，砌筑出地面后应及时回填基坑并夯实，完善排水。

③伸缩缝与沉降缝两侧壁应垂直、平齐、无搭叠，缝中按照要求填塞防水材料。

④墙身应设置泄水孔，确保排水通畅。泄水孔后设置反滤层，并设置黏土隔水层防止渗水。

⑤墙身强度达到设计的 75% 时，方可回填。在距墙背 0.5~1m 的范围内不得用重型压路机碾压。

（二）加筋土挡土墙

1. 由填料、分部在填料中的拉筋、墙面板组成，适用于地形平坦且宽敞的填方路段。挖方地段或地形陡峭的山坡，由于不利于拉筋的布置，一般不宜采用。

2. 受力特点：利用拉筋与土的摩擦作用，改善土体的变形条件和提高土体的工程特性，从而达到稳定土体的目的。

3. 优点：施工简便、快速、节省劳动力、节约占地、缩短工期、造价低、具有良好的抗震性能。

4. 施工工序：基槽开挖→地基处理→排水设施→基础浇筑→（墙面板预制与安装→拉

筋铺设→填料填筑与压实）→墙顶封闭。括号中的部分交替循环进行。

（三）锚杆挡土墙

1. 受力特点：依靠锚杆与地层之间的锚固力来平衡土的侧压力，使其保持平衡。

2. 优点：结构自重轻，节省大量圬工，节约投资；装配化施工，劳动生产率高；基坑开挖量少，克服不良地基开挖的困难，有利于施工安全。

3. 适用于岩石路堑或其他具有锚固条件的路堑，也可用于陡坡路堤。

4. 柱板式锚杆挡土墙：由挡土板、肋柱和锚杆组成。传力途径：土的侧压力→挡土板→肋柱→锚杆→锚杆与地层之间的锚固力。

5. 壁板式锚杆挡土墙：由墙面板、锚杆组成。多用于岩石边坡的防护。受力途径：土的侧压力→墙面板→锚杆→锚杆与地层之间的锚固力。

6. 施工工序：基槽开挖→基础浇筑→锚杆制作→钻孔→锚杆安装→注浆→肋柱和挡土板预制及安装→墙后填料填筑与压实。

第七节　路基病害的成因及处理方法

一、路基病害的种类与成因

路基是道路的基础，更是保证路面质量的关键。然而，在现实中，由于需要反复承受各种荷载和自然因素的作用，会导致路基的形状、边坡坡度发生改变，严重影响了路面的质量和稳定性。由于所处地区的差异，产生的路基病害也是多种多样的，最常见的有边坡崩塌、滑塌，路基变形等，产生的原因涉及土质、人为的破坏、养护和管理等因素。彻底地控制路基病害的产生是不现实的，因此，只能找出其产生的原因并做好防范，采取一系列切实可行的措施，将其产生的可能性降到最低程度。

1. 路基变形与沉陷

在公路工程当中，深填、高填、半填半挖或立交桥的互通匝道填力等，经常是行车一段时期之后，就会出现下沉现象，这种问题的出现主要是由于施工及材料等原因造成的。当施工过程中，压实度控制不良，施工措施不够恰当，或者分层比较厚，含水量控制不好，就容易出现变形状；当材料的含水量、塑性指标与压缩系数等不符合要求时，也会出现公路路面开裂、下沉及变形等问题，并且随着我国社会经济快速发展，公路上存在越来越多的超载车辆与超重型的车辆，而我国的公路等级比较低，不能有效地满足重载车辆需求，从而出现路基的变形。

一般来讲，在软土地基上所修建的公路，路基沉陷的现象较为严重。这是由于软土具有含水量大、抗剪强度低、承载能力低的特性。在软土上修建路基或桥涵构造物基础易出现压缩沉降、滑陷、坍塌等现象，应采取预压力式致使沉降稳定，再调整纵断，以满足使用要求。造成路基沉陷有施工不当的原因，随着各种工程活动的次数频繁和规模扩大，对公路边坡稳定性的影响越来越显著，特别是各种不当的工程活动引起的边坡、路基失稳沉陷事故经常发生。

2. 路基弹簧

路基在压实时产生受压处下陷，四周弹起，路基土形成软塑状态，体积没有压缩，压实度达不到要求，称为弹簧土。形成原因主要是填土为黏性土，含水量过大，填料水分不均匀，而水分又无法散发，在这种情况下进行压实，就会产生弹簧土。过度的碾压，使土颗粒之间的空隙减少，水膜增厚，抗剪力减小，引起弹簧。

3. 边坡滑塌

在公路路基病害当中，边坡滑塌是经常见的公路病害，依据破坏原因、边坡土质或者规模等，能分成滑坡与塌力两种病害，滑坡病害是在重力下，部分土体沿着某滑动面进行滑动，这主要是因地质条件不良引发的破坏。塌力则是因土质边坡出现下移引发的，这主要是因施工不恰当或水损坏所造成的。边坡稳定性主要是由土体力学性质所决定，像软弱岩石的边坡失稳主要是由于应力控制失稳所造成的，坚硬的岩石边坡出现失稳状况，主要是以结构控制失稳或者崩塌为主，对于工程来说，土体地质性能良好，其边坡的稳定性就相对要好些。

4. 基层

公路的半刚性基层厚度多在 20cm 左右，采用水泥稳定碎石（或砾石）或石灰粉煤灰稳定碎石（或砾石）半刚性底基层厚 20~40cm，采用的材料有石灰土、水泥土、二灰土、二灰砂、二灰和水泥石灰土等。半刚性材料层的总厚度通常不超过 60cm，最薄为 40cm。半刚性材料路面的承载能力取决于半刚性材料层的质量和厚度因素，如果基层或底基层质量不好或不均匀性大，不能形成一个完整的整体，容易导致沥青路面产生局部破损。在路面设计和施工都符合要求的情况下，半刚性路面的结构性破坏常发生在行车道的轮迹带上。在轮迹带上先产生纵向细小裂缝，尔后产生通过轮迹带的横向裂缝，最后发展成网裂和形变。

5. 岩土地基

填土路堤路基产生纵向不均匀沉降，使路面顶面产生波滚式的不平整。其产生沉降的原因：一是原土地基产生固结变形，在填筑路堤之后，地基受到加载作用，产生压缩变形；二是路堤本身产生固结变形，是与填土高度、土的性质和压实度密切相关。路基压实度不够产生的纵向裂缝由于地基和填土在槽内不可避免的不均匀性，特别是在有表面水渗入地基的情况下，沥青路面和水泥混凝土路面或早或迟都会产生一些细而短的纵向裂缝。桥头跳车是由于路基路面沉降引起的，是路基路面纵向变形最严重的一种形式。它是由于桥头填土较厚，路基路面容易产生大的沉降，而桥头的沉降量很小，从而产生错台高差。这种现象在软基路段、湿陷性黄土地区尤为严重。

二、质量控制

1. 路基填方地段的质量控制

在选用填料时，要严格把关，做了液限、塑限、土颗粒等土质分析，对于塑性指数等超过规范要求的不准做填筑材料，对于块状的砂岩，及时用机械和人工进行粉碎和剔除处理，以预防由于块与块的间隙造成以后的沉陷和路基的段定性。控制填料的含水量，除风积沙外，其余尽可能控制在最佳含水量范围之内。填料在最佳含水量时，经压路机碾压，会达到最大密实度。

2. 路基的压实

影响土基压实的主要因素是土的含水量、土的性质以及压实机具和压实方法的选择。大量实验已证明，在最佳含水量时压实的土体，土颗粒最紧密，相对位置最稳定，土体水稳定性最好。因此，含水量是影响压实效果的决定因素，在施工中应严格掌握和控制。不同的土质最佳含水量与最大干密度是不同的，在施工中应针对不同土质进行分析试验，以求得各施工段中各类土的最佳含水量和最大干容量，作为控制土基压实的标准数据。试验表明，同一种土的最佳含水量随压实功能的增加而减少，而最佳密实度随压实功能的增加而增加。在相同含水量条件下，压实功能越大则密实度越高，据此规律，施工中在缺水地区，土的含水量低于最佳含水量时，则可采用增加压实功能的办法来提高土的密实度。对路基填土分层的最佳厚度应根据压实类型、土质，对土基压实的基本要求等因素进行现场试验，以确定适宜的分层压实厚度。

3. 边坡防护与加固治理措施

路基边坡防护与加固应符合“因地制宜、就地取材、以防为主、防治结合、经久耐用、节省造价和造型美观”的原则。路基边坡防护与加固包括植物防护、工程防护、柔性支护与防护、综合防护等几种类型。

植物防护就是在边坡上植草或植树，以减缓边坡上的水流速度，利用植物根系固着边坡表层土壤以减轻冲刷，从而达到保护边坡的作用。植物防护不仅可以美化公路环境，调节边坡的湿温，起到固结和稳定边坡的作用，而且又比较简单、经济。一般来说，防护工程应优先考虑植物防护，当然其土壤必须适宜植物的生长，而且边坡比较平缓，坡高不大。在高速公路上，常用的植物防护有植草、铺草皮和植树等。

工程防护主要是针对不适宜植物生长的土质填、挖方边坡或风化严重、节理发育的岩石路基边坡，以及碎（砾）石土的挖方边坡等，采取工程防护措施即设置人工构造物防护。工程防护的类型有护面墙防护、干砌片石防护、浆砌片石防护、水泥混凝土预制块防护、锚杆防护、挡土墙以及土工合成材料防护等。

柔性支护与防护主要包括三维植被网、钢绳网主动防护等防护形式。

4. 填方路基沉陷防治

（1）公路路基病害的防治措施：①增加排水设施。可避免由于排水不良而导致的病害的产生，适用场合如路堑和站场。对于雨水冲刷作用较强，但未设置足够排水设施的病害部位，需根据水量大小，增设排水设施，以消除或减小地表水或地下水对路基的侵蚀作用。②及时查修，采取措施，尽量在初期或未到严重时进行修补，如更换破损材料等，以避免病害的发生。③植物防护。是指在公路的边坡上种草或树，利用植物根系能固着土壤的作用，以减轻雨水对边坡的冲刷，减缓水流速度，从而达到保护边坡的目的。

（2）对于填方路段要考虑早开工，避免填筑速度过快，个别路基填料比较好，条件容许的高填方路段可以采用注水法进行沉降施工，路面基层施工尽量放晚点，特别是当年进行路基路面施工的路段沉陷比较厉害，主要原因就是填土路基没有足够的自然沉降时间，所以路基路面施工尽量不要同一年施工，这样沉陷的病害就会少许多。对于软弱地基上的路基，填筑时，除了对软弱地基进行有效的处理外，原地面以上 1~2 米的高度里不得填筑细粒料。

三、路基病害的成因分析及处理工艺

1. 路基不均匀沉降

引起路基不均匀沉降的原因很多，主要是路基填料不良，填筑方法不当、压实度不足以及软弱下卧层等引起地基承载力不一或不足。路基沉降一般不能完全排除，只有尽最大的努力减小路基沉降的概率，施工中做好每道工序及关键部位的施工工艺：

（1）路基施工前准备工作。进行基底处理，将路基填土范围内的树头、树根、地面表层的种植土、草皮、杂物等全部清理，并将挖树头的土坑填平、夯实，清表土的厚度视土质情况而定，路基填土前应将清理过的路床进行填前压实。

（2）填料选择。路基的填料有很多，一般的土质、砂和石头均可作填料，用石料作填料时，要注意石料的级配问题，因为石与石之间存在着很大的空隙，压路机很难压实，应掺入细小的填料填充空隙，分层填筑并压实，其含水量不做考虑；用土质作填料时，就要考虑土的含水量，并取土做试验，计算最佳含水量以保证填筑时达到的压实度。路基填料最好采用水稳性好，透水能力高的土质作为填料。

（3）填筑方式。路基采用水平分层填筑，每层松铺厚度不大于 30cm 不小于 10cm，石质填料不大于 45cm，如果原地面不平，应从最低处分层填起，每填一层经压实检验符合规定要求后，再填上一层。土壤填料时，应在最佳含水量的状态下填筑并压实；路基填筑压实的宽度应不小于设计宽度，以便最后削整边坡，严禁宽度不足进行帮宽贴坡；填筑时应有双向横坡，以利于排水，横坡值为路面设计横坡值；路基填筑过程中，每一层都必须压实，以保证每一层的密实度，碾压过程中应注意：

1）碾压时纵向轮迹接头应重叠，一般重叠 40~50cm，前后相邻两区段亦宜重叠

1~1.5m，做到无漏压、无死角，确保碾压均匀、密实；

2）控制压路机碾压时的行驶速度，一般振动压路机为3~6km/h，碾压开始时采用慢走，随着土层的逐步密实，逐渐提高速度，第一遍为静压，然后由弱振到强振；

3）碾压时应由路基边缘向路中进行，曲线超高地段宜先底（内侧）后高（外侧）；

4）为保证路基边缘的压实度，路基两侧宜加宽多填40~50cm，压实完成后再按设计宽度进行削坡整平；

5）接近最佳含水量的土最容易达到最大压实度，天然土通常接近最佳含水量，因此，路基填筑时应做到随挖、随运、随摊铺、随碾压。总之，路基填筑过程中，应始终保证分层填筑的平整度、密实度、宽度、厚度、横坡度。

（4）路基与桥涵、通道等构造物衔接处的填筑。由于所用填料不当或碾压比较困难而无法得到充分压实，造成路基逐步下沉。填筑时应注意：

1）路基施工时，桥涵头部位应留有足够的施工作业面，便于桥涵头填筑时进行机械施工作业；

2）填筑前要彻底清理桥涵施工留下的淤泥、杂物和不适宜材料；

3）严格按规范的厚度分层填筑；

4）认真碾压，边角等部位可采用小型机械，确保不漏压、均匀密实；

5）填料选择，应尽可能使用透水性好，易密实，强度高的填料，可改用填砂，分层填筑，层厚控制在30cm~50cm，用水配合插入式振动棒振捣，使砂达到密实，免去碾压；

6）有条件的情况下，可考虑合理安排工序，如先填筑，后进行桥涵台盖梁施工，这样可方便机械施工，并可进行预压，延长沉降时间等。

（5）软土地基未加以处理或路基施工时，土壤含水量过大，填土无法达到规范要求密实度，从而给路基留下沉降的隐患。软土地基施工时，应严格按软基施工规程施工。公路建设中，路线经过软土地基是常遇到的问题，若不进行有效的技术处理，是造成路基沉降的极大因素。软土地基特征是：承载力低、压缩性高、含水量大、透水性能差、抗剪强度低等，必须采取有效的加固处理措施才能保证路基稳定，其处理工艺有多种，常用的方法有：

1）直接换土回填砂或抛石挤淤，该方法适用于软土层较薄的路段，将地基的软土层全部挖除换填强度较高填料，如砂、砂性土、砂砾、石渣等渗水性较好的材料，其优点是从根本上改变了地基力学性能，效果好，不留后患；

2）减少土体中的压缩性，提高土体的强度。具体处理方法有挤密法（包括砂桩、夯实、振充碎石等）砂井预压固结法，在无冲刷或冲刷不大的软土地基段，可用沙砾垫层处理；沙砾垫层较厚时，不利于施工，在这种情况下，可以考虑砂桩深层挤密，以提高地基强度，减少路基沉陷；对于厚度大的软弱黏性土地基，由于土体保水性强、渗透性小，砂桩挤密加固时，不能有效排出水分，加固效果不大，可考虑采用砂井预压加固法；

3）浆液灌注加固法，在软土层中灌入或添加凝胶剂填充孔隙，增加土颗粒的联结，从而达到加固软土层，提高强度的目的。而在实际软土地基施工处理中，应根据软土层厚度、层位、土的物理力学性能、基层压力变形要求、施工机具设备及材料等因素，综合考虑采用一种或几种方法联合对软土层进行处理，务求达到加固的效果，确保路基的稳定。

2. 路基起弹簧、松散、推移、起皮

路基起弹簧、松散、推移、起皮都是路基施工过程中的通病，形成原因主要是施工工艺不当，主要体现在以下几个方面：

（1）填料为黏性土时，在含水量偏大情况下碾压；碾压层下有较弱层，上层碾压时反射至下层；填料中混入高液限塑限的淤泥、有机土等不良填料，引致路基起弹簧；

（2）碾压不及时，表层土失水过多，偏离最佳含水量大，无法充分压实，达不到规定密实度，土体松散；

（3）为调整路基高程而填的薄层粘补土，造成表层推移、起皮。这些路基病症，都是施工工艺不妥而引起，只要加强全员施工质量意识，严格控制路基高程、填料含水量、分层厚度等，杜绝不同土质混填，采用合理的施工工艺，就可以减小或避免路基出现上述病症。

3. 路基纵向裂缝

路基起始填筑宽度不够或中线偏位，填至一定高度时，经检查才发现填土宽度不够，达不到路基设计宽度或中线偏位而进行填补帮宽，填补帮宽时，又没有按规范挖台阶和由下而上的分层填筑碾压，路基竣工后，帮宽这部分逐渐下沉、滑移，致使产生纵向裂缝；半填半挖路段的路基，在填挖交界处未按施工规范挖台阶进行分层填筑压实，也是产生纵向裂缝的因素；路基压实工艺不当或压实不到位，致使产生纵向裂缝。填方路基施工中应适当加宽填土宽度，路基设计宽度内的压实度才能得到保证，填方边坡才稳定。

4. 路基边坡冲沟

在雨水作用下，路基边坡常常发生冲沟，造成路基坍塌，坡面变形等，影响路基的整体稳定性，而且修复较困难。路基边坡抵抗雨水冲刷的能力较差，主要原因是路基两侧压实度不足及排水设施没有做好，预防措施有：

（1）按设计要求超宽碾压，确保有效压实宽度；

（2）保持路基表面平整度，使雨水分散排出，不形成雨水集中冲刷，防止路基边坡在雨水作用下形成流水坑，发生坍塌；

（3）在路基施工过程中，设置急流槽和拦水坝；

（4）路基完成填土整修边坡后，防护工程要及时跟上；

（5）确保路基整体性，边坡密实，杜绝帮宽填补而留下隐患。对于高填土方路基段的边坡未做护坡防护处理，排水设施又不完善，未及时疏通排水沟，急流槽少或位置不合理等都是造成路基边坡被雨水冲刷的原因，这些防护措施都应在路基施工中同步配合做好，避免路基边坡发生被雨水冲刷而影响路基整体稳定性及带来返工修补的麻烦。

第三章　土质路基施工

第一节　土质路基施工

土质路基包括路堑和路堤虽然基本操作是挖、运、填等简单工序，但条件复杂，在简单的工序中经常会遇到极为复杂的技术和管理难题，因而施工方法也较多样化。路基施工中要处理好场地布置、临时排水、用土处置、土基压实等因素的影响，路基大部分属于隐蔽工程，一旦质量控制不好，就会给路面及其自身留下隐患，产生病害时损害道路的使用品质，造成经济损失。因此，要确保工程质量、实现快速、高效、安全施工，重视施工技术和管理，建立和健全施工技术操作规程和质量验收制度。

一、路基施工的基本方法

按照路基施工的技术特点可以大致分为：人工及简易机械化、综合机械化、水力机械化和爆破方法等。

人工施工使用手工工具，劳动强度大，功效低、进度慢，具体施工时作为某些辅助性工作。现代化施工工艺中强调施工进度，提高劳动生产率，实现高标准高质量施工，对于劳动强度大和技术要求高的工序要配备充足、齐全的施工机械，实现综合机械施工，科学严密的组织施工，是路基施工现代化的重要途径。

施工时方法的选用要根据工程性质、施工期限、现有条件等因素而定，并因地制宜的综合各种方法。

1. 施工前的准备工作

土质路基和其他路基一样，施工时可以大致分为准备工作和基本工作两大部分。土质路基的基本工作是路堑挖掘成型、土的运输、路堤填筑压实，以及附属工程，施工期长、工程量大。

2. 施工的准备工作

施工的准备工作大致包括：

（1）组织施工工作，建立健全施工队伍和管理机构，明确施工任务，制定必要的规章制度，确立施工目标。

（2）技术准备工作，施工单位要全面熟悉设计文件和设计交底，核对设计文件，发现问题及时地根据相关程序提出修改意见，编制施工组织计划，恢复路线，施工放样与清除施工场地，搞好临时工程的各项工作等。

施工组织计划是具有全局性的大事，包括选择施工方案、确定施工方法、布置施工现场、编订施工进度计划，拟定关键工程的技术措施等；恢复路基定线、清除路基用地范围内的一切障碍；临时工程包括施工现场的供电、给水，修建便道、便桥，架设临时通信设施，设置施工用房等。

路基开工前要做好施工测量工作，内容包括导线、中线、水准点复测，横断面检查与补测，增设水准点等。对路基工程范围内的地质、水文情况要进行详细核查，通过取样、试验确定其性质和范围，并了解附近现有建筑物对特殊土的处理方法。

3. 物质准备工作

包括各种材料与机具设备的购置、采集、加工、调运与存储以及生活后勤供应等。物质工作准备同样要制定具体的计划，必须保证施工组织的顺利实施，是施工组织计划中一个重要的组成部分。

二、施工要点

1. 基本要求

土质路基的挖填，要首先做好施工排水，包括开挖地面的临时排水沟槽以及设法降低地下水位，保证施工场地的干燥。控制水的湿度是确保路堤填筑质量的关键。土质路基的施工作业面不宜太大，这样有利于组织快速施工，随挖随运，及时填筑压实成型。

路基挖填范围内的地表障碍物要事先拆除干净，包括原有的房屋、树木根茎以及表层种植土、规程规定的杂物等。

路堑开挖要全横断面进行，自上而下一次成型，注意按设计要求放样，不断检查校正。路堑地面尽量不要扰动坚实的土质，对水文条件不良、地质较差的情况，要根据设计要求，加深边沟、设置下盲沟以及挖松表层一定深度的土层。

土质路堤要根据路基高度清理和加固地基。路堤填土范围内要在全宽范围内，分层填平，充分压实，每天工作结束后，表层填土要压实完毕，防止间隔期中雨淋和暴晒。在路堤和新旧土层搭接处，原土层应挖成台阶，逐层填新土，不允许将薄层、新填土层贴在原路基的表面。

2. 填挖方案

土质路堤按照填土顺序可以分为分层平铺和竖向填筑两种方案。

分层平铺有利于压实，可以保证不同用土按规定层次填筑。施工要点是：不同用土水平分层，以保证强度均匀；透水性差的用土，宜填于下层，表面成双向横坡，防止水害；

同一层次有不同用土时，使搭接处成斜面，以保证该层厚度范围内，强度比较均匀，防止产生明显变形。

竖向填筑，指沿路中心线方向逐步向前深填，这种方法适用于在深谷或者池塘，地面高差大，填土面积小，难以水平分层卸土，以及陡坡地段上半挖半填路基，局部路段横坡较陡或难以分层填筑。

路堑开挖，根据挖方数量大小以及施工方法的不同，按掘进方向可以分为全纵向宽掘进和横向通道掘进。

纵向全宽掘进是沿路线纵向向前开挖，掘进时逐段成型向前推进，土由反方向送出。单层纵向掘进会受到人工操作安全以及机械操作等因素的影响，在施工紧张的情况下，可以考虑双层掘进，上层在前，下层随后，在下层施工面上预留上层操作的出土和排水通道。

横向通道掘进，是现在路堑纵向挖出通道，然后分段同时横向掘进。这种方法扩大了施工面，加速施工进度，在开挖长深路堑时较多使用。施工时可以分层、分段的进行。缺点是运土的通道受到限制，施工的干扰性大，混乱中容易出现质量安全事故，施工时要特别注意。

3. 机械化施工的要点

常用的机械有松土机、平土机、推土机、铲运机和挖掘机等。选择机械种类和操作方案是组织施工的第一步，要根据工程性质、施工条件、机械性能择优选用。各种机具设备都有独特的性能和操作技巧，组织机械施工时要注意以下几点：

（1）成立专业化的机械施工队伍，以便统一经营管理，独立经济核算；

（2）对每项路基工程，要有严密的施工组织计划，合理选择施工方案，在总调度的安排下，进行各组的具体计划，加强作业工作；

（3）在条件限制的条件下，善于抓重点，兼顾一般。注意关键线路，保证主机的生产效率；

（4）加强技术培训，坚持技术的考核，实行安全生产，文明施工，把提高劳动生产率、节约能源、减少开支等指标具体化、制度化。

4. 路基的压实

路基施工破坏了土体的天然状态，为了使路基具有足够的强度和稳定性要予以压实，提高其密实程度。影响压实效果的主要因素有内因和外因两方面。内因是土质和温度，外因是指压实功能以及压实时外界自然和人为的其他原因等。

土质路基的压实试验方法可以采用灌砂法、环刀法、灌水法或核子密度湿度仪法。

第二节　土质路基填筑

路基填筑的主要工作内容包括路基用土的正确选择和处理，填筑施工的各种方法和工艺流程，以及路基压实等问题。现分述如下。

各类公路用土具有不同的工程性质，在选择作为路基的填筑材料，应根据不同的土类分别采取不同的工程技术措施。

一、各类土的工程性质

1. 不易风化的石块

包括漂石（块石）和卵石（块石），有很高的强度和稳定性，使用场合和施工季节均不受限制，为最好的填筑路基材料，也可用于砌筑边坡。但石块之间要嵌锁密实，以免在自重和行车荷载作用下，石块松动产生沉陷变形。

2. 碎（砾）石土

强度能满足要求，内摩擦系数高，水稳定性好，材料的透水性大，施工压实方便，能达到较好的密实程度，为很好的填筑材料。但若细粒含量增多，则透水性和水稳定性就下降。

3. 砂土

无塑性，透水性和水稳定性均良好，毛细管水上升高度很小，具有较大的内摩擦系数。但砂土黏结性小，易于松散，对流水冲刷和风蚀的抵抗能力很弱，压实困难。但是，经充分压实的砂土路基，则压缩变形小，稳定性好。为了加强压实和提高稳定性，可以采用振动法压实，并可适量掺些黏土，以改善级配组成，并应将边坡予以加固，以提高路基的稳固性。

4. 砂性土

既含有一定数量的粗颗粒，又含有一定数量的细颗粒，级配适宜，强度、稳定性等都能满足要求，是理想的路基填筑材料。如细粒土质砂土，其粒级组成接近最佳级配，遇水不粘着，不膨胀，雨天不泥泞，晴天不扬尘，便于施工。

5. 黏性土

细颗粒含量多，土的内摩擦系数小而黏聚力大，透水性小而吸水能力强，毛细现象显著，有较大的可塑性。干燥时坚硬而不易挖掘，施工时不易破碎，浸水后强度下降较多，干湿循环因胀缩引起的体积变化也大，过干或过湿时，都不便施工。在给予充分压实和良好排水的条件下，黏性土可作路堤填筑材料。

6. 粉性土

因含有较多的粉粒，毛细现象严重，干时易被风蚀，浸水后很快被湿透，在季节性冰冻地区常引起冻胀和翻浆，水饱和时有振动液化问题。粉性土特别是粉土，属于不良的公路路基用土。如果不得已使用，宜掺配其他材料，即采取技术措施改良土质，同时必须加强排水和隔离水等措施。

7. 膨胀性重黏土

几乎不透水，黏结力特强，湿时膨胀性和塑性都很大。膨胀性重黏土工程性质受黏土矿物成分影响较大，黏土矿物主要包括蒙脱土、伊里土、高岭土。蒙脱土主要分布在东北地区，其塑性大，吸湿后膨胀强烈，干燥时收缩大，透水性极低，压缩性大，抗剪强度低。高岭土分布在南方地区，其塑性较低，有较高的抗剪强度和透水性，吸水和膨胀量较小。伊里土分布在华中和华北地区，其性质介于上述两者之间。膨胀性重黏土不宜用来填筑路堤。

8. 易风化的软质岩石（如泥灰岩、硅藻岩等）

浸水后易崩解，强度显著降低，变形量大，一般不宜作路堤填筑材料。

总之，路基用土中，砂性土最优，黏性土次之，粉性土属不良材料，容易引起路基病害。膨胀性重黏土，特别是蒙脱土更是不良的路基土。此外，还有一些特殊土类，如有特殊结构的土（湿陷性黄土）、含有机质的土（腐殖土）以及含易溶盐的土（盐渍土）等，用以填筑路基时，必须采取相应技术措施。

二、规范中对路基用土的规定

《公路路基施工技术规范》（JTJ033—95）及《公路软土地基路堤设计与施工技术规范》（JTJ027—96）中对路基用土还有如下规定：

1. 路堤填料不得使用淤泥、沼泽土、冻土、有机土、含草皮土、生活垃圾、树根和含有腐朽物质的土。采用盐渍土、黄土、膨胀土填筑路堤时，应遵照有关规定执行。

2. 液限大于 50%、塑性指数大于 26 的土，以及含水量超过规定的土，不得直接作为路堤填料。需要应用时，必须采取满足设计要求的技术处理，经检查合格后，方可使用。

3. 钢渣、粉煤灰等材料，可用作路堤填料，其他工业废渣在使用前应进行有害物质的含量试验，避免有害物质超标，污染环境。

4. 捣碎后的种植土，可用于路堤边坡表层。

三、路基填筑施工工艺流程

（一）路基填筑施工的主要工序

路基填筑施工的主要工序有料场选择、基底处理、填筑和碾压。现分述如下：

1. 料场选择

填筑路堤的材料（以下简称填料）。以采用强度高，水稳定性好，压缩变形小，便于施工压实以及运距短的土、石材料为宜。在选择填料时，一方面要考虑料源和经济性，另一方面要顾及填料的性质是否合适。为了节约投资和少占耕地良田，一般应利用附近路堑或附属工程（如排水沟等）的弃方作为填料，或者将取土坑布置在荒地、空地或劣地上。

2. 基底处理

路堤基底的处理是保证路堤稳定、坚固极为重要的措施。在路堤填筑前进行基底处理，能使填土与原来的表土密切结合；能使初期填土作业顺利进行，能使地基保持稳定，增加承载能力；能防止因草皮、树根腐烂而引起的路堤沉陷。对于一般的路堤基底处理，应按下列规定执行：

1）基底土密实，且地面横坡不陡于 1：10 时，经碾压符合要求后，可直接在地面上修筑路堤（但在不填不挖或路堤高度小于 1m 的地段，应清除草皮等杂物）。在稳定的斜坡上，横坡为 1：10~1：5 时，基底应清除草皮。横坡陡于 1：5 时，原地面应挖成台阶，台阶宽度不小于 1m，高不小于 0.5m。若地面横坡超过 1：2.5 时，外坡脚应进行特殊处理，如修护墙和护脚。

2）当路基受到地下水影响时，应予以拦截或排除，引地下水至路堤基础范围之外，再进行填方压实。

3）路堤基底为耕地土或松土时，应先清除种植有机土，平整后按规定要求压实。在深耕地段，必要时应将松土翻挖，土块打碎，然后回填、整平、压实。经过水田、池塘或洼地时，应根据具体情况采取排水疏干、挖除淤泥、打砂桩、抛填片石、砂砾石或石灰（水泥）处理土等措施，以保持基底的稳固。

4）路堤修筑范围内，原地面的坑、洞、墓穴等，应用原地的土或砂性土回填，并按规定进行压实。

3. 填筑

路堤填筑必须考虑不同的土质，从原地面逐层填起，并分层压实，每层厚度随压实方法而定。

（1）填筑方式

1）水平分层填筑填筑时，按照横断面全宽分成水平层次，逐层向上填筑。如原地面不平，应由最低处分层填起，每填一层，经压实合格后再填上一层。此法施工操作方便、安全、压实质量容易保证。

2）纵坡分层填筑适用于推土机或铲运机从路堑取土，填筑运距较短的路堤。依纵坡方向分层、逐层推土填筑。原地面纵坡小于 20° 的地段可用此法施工。

3）横向填筑从路基一端按各横断面的全部高度，逐步推进填筑，适用于无法自下而上，分层填土的陡坡、断岩或泥沼地区。此法不易压实，且还有沉陷不均匀的缺点。

为此，应采用必要的技术措施，如选用高效能的压实机械（振动压路机）碾压；采用沉陷量较小的砂性土或废石方作填料等。

4）混合填筑当高等级公路路线穿过深谷陡坡，尤其是要求上部的压实度标准较高时，施工时下层采用横向填筑，上层采用水平分层填筑，此种方法称为混合填筑法。

（2）沿横断面一侧填筑的方法

旧路拓宽改造需加宽路堤时，所用填土应与原路堤用土尽量接近或为透水性好的土，并将原边坡挖成向内倾斜的台阶，分层填筑，碾压到规定的密实度。严禁将薄层新填土贴在原边坡的表面。

高速公路和一级公路，横坡陡峻地段的半填半挖路基，必须在山坡上从填方坡脚向下挖成向内倾斜的台阶，台阶宽度不应小于 1m。其中沿横断面挖方的一侧，在行车范围之内的宽度不足一个行车道宽度时，应挖够一个行车道宽度，其上路床深度范围之内的原地面土应予以挖除换填，并按上路床填方的要求施工。

（3）不同土质混填时的方法

对于不同性质的土混合填筑时，应视土的透水能力的大小，进行分层填筑压实，并采取有利于排水和路基稳定的方式。一般应遵循以下原则：

1）以透水性较小的土填筑路堤下层时，其顶面应做成 4% 的双向横坡。如用以填筑上层时，除干旱地区外，不应覆盖在透水性较大的土所填的下层边坡上。

2）不同性质的土应分别填筑，不得混填。每种填料层累计总厚度不宜小于 0.5m。

3）凡不因潮湿及冻融而变更其体积的优良土应填在上层，强度（形变模量）较小的土应填在下层。

（4）填石路堤的填筑方法

填石路堤的填筑，其基底处理同填土路堤。石料的强度应不小于 15MPa（用于护坡的不小于 20MPa）。石料的最大粒径不宜超过层厚的 2/3。每层的松铺厚度：高等级公路不宜大于 0.5m，其他公路不宜大于 1.0m。

高等级公路和铺设高级路面的其他等级公路的填石路堤均应分层填筑，分层压实。铺设低级路面的一般公路在陡峻山坡段施工特别困难或大量爆破以挖作填时，可采用倾填方式将石料填筑于路堤下部。倾填时，路堤边坡坡脚应用直径大于 30cm 的硬质石料码砌。码砌的厚度：填石路堤高度小于或等于 6m 时，应不小于 1m，高度大于 6m 时，应不小于 2m 或按设计规定。

倾填只能在路基下部进行，而在路床底面下不小于 1.0m 的范围内仍应分层填筑压实。高等级公路填石路堤路床顶面以下 50cm 范围内应填筑符合路床要求的土并分层压实，填料最大粒径不得大于 10cm。其他公路填石路堤路床顶面以下 30cm 范围内填筑应符合路床要求的土并压实，填料最大粒径不应大于 15cm。

（5）土石路堤的混填方法

土石路堤的填筑，其基底处理同填土路堤。土石混合料中石料强度大于 20MPa 时，石块最大尺寸不得超过压实层厚的 2/3，否则应予剔除。当石料强度小于 15MPa 时，石块最大尺寸不得超过压实层厚，超过的应打碎。

土石路堤必须分层填筑，分层压实。每层铺填厚度应根据压实机械类型和规格确定，但不宜超过 40cm。

混合料中石料的含量多少将影响压实效果。因此，当石料含量大于 70% 时，应先铺大块石料，且大面向下放平稳，然后铺小块石料、石屑等嵌缝找平，再碾压密实。当石料含量小于 70% 时，土石可混合铺填，但应消除硬质石块集中的现象。

土石混合料填筑高等级公路时，其路床顶面以下 30~50cm 范围内仍应填筑符合路床要求的土并分层压实，填料最大粒径不大于 10cm。其他公路在路床顶面以下填筑 30cm 的砂类土，最大粒径不大于 15cm。

4. 碾压

碾压是路基填筑工程的一个关键工序，有效地压实路基填筑土，才能保证路基工程的施工质量。有关路基压实，将在第三节做专门叙述。

四、路基压实

（一）路基压实的意义

路基施工破坏了土体的天然状态，使得结构松散，颗粒需要重新组合。为使路基具有足够的强度与稳定性，必须予以压实，以提高其密实程度。所以路基的压实工作，是路基施工过程中一个重要工序，亦是提高路基强度与稳定性的根本技术措施之一。

土是三相体，土粒为骨架，颗粒之间的孔隙为水分和气体所占据。压实的目的在于使土粒重新组合，彼此挤紧，孔隙缩小，土的单位质量提高，形成密实整体，最终导致强度增加，稳定性提高。

通过大量的试验和工程实践已证明：土基压实后，路基的塑性变形、渗透系数、毛细水作用及隔温性能等，均有明显改善。

（二）影响压实效果的因素

对于细粒土的路基，影响压实效果的因素有内因和外因两方面。内因指土质和湿度，外因指压实功能（如机械性能、压实时间与速度、土层厚度）及压实时外界自然和人为的其他因素等。下面就影响压实效果的主要因素进行讨论。

1. 含水量对压实的影响

（1）含水量与密实度（以干容重/度量）的关系；

（2）含水量与土的水稳定性的关系。

2. 土质对压实效果的影响

土质对压实效果的影响很大。

同时，通过对比可见，砂性土的压实效果优于黏性土。其机理在于，土粒愈细，比表面积愈大，土粒表面水膜所需的含水量就愈多，加之，黏土中含有亲水性较高胶体物质所致。另外，至于砂土的颗粒组，由于呈松散状态，水分极易散失，对其最佳含水量的概念就没有多大的实际意义。

3. 压实功能对压实的影响

压实功能（指压实工具的质量、碾压次数或锤落高度、作用时间等）对压实效果的影响，是除含水量之外的另一个重要因素。据此规律，工程实践中可以增加压实功能（选用重碾，增加次数或延长作用时间等），以提高路基强度或降低最佳含水量。但必须指出，用增加压实功能的办法，赖以提高土基强度的效果，有一定限度。压实功能增加到一定限度以上，效果提高愈为缓慢，在经济效益和施工组织上，不尽合理，甚至压实功能过大，一是会破坏土基结构，二是相对应的含水量减少而带来的水稳定性差，其压实效果适得其反。相比之下，严格控制最佳含水量，要比增加压实功能收效大得多。当含水量不足，洒水有困难时，适当增大压实功能可以收效，但如果土的含水量过大，此时如果增大压实功能，必将出现“弹簧现象”，即压实效果很差，造成返工浪费。

4. 压实厚度对压实效果的影响

由相同压实条件下（土质、含水量与压实功能不变）实测土层不同深度的密实度（γ 或压实度）可得知，密实度随深度递减，表层 5cm 最高。不同压实工具的有效压实深度有所差异，根据压实工具类型、土质及土基压实的基本要求，路基分层压实的厚度有具体的规定数值。一般情况下，压实不宜超过 20cm，12~15t 光面压路机，不宜超过 25cm，振动压路机或夯击机，宜以 50cm 为限。实际施工时的压实厚度应通过现场试验确定合适的摊铺厚度。

（三）压路机的选择与操作

压实机具的选择以及合理的操作，则是影响土基压实效果的另一综合因素。土基压实机具的类型较多，大致分为碾压式、夯击式和振动式三大类型。碾压式（又称静力碾压式），包括光面碾（普通的两轮和三轮压路机）、羊足碾和气胎碾等几种。夯击式中除人工使用的石硪、大夯外，机动设备中有夯锤、夯板、风动夯及蛙式夯机等。振动式中有振动器、振动压路机等。此外，运土工具中的汽车、拖拉机以及土方机械等，也可用于路基压实。

不同压实机具，适用于不同土质及不同土层厚度等条件，这些都是压实机具的主要依据，正常条件下，对于砂性土的压实效果，振动式较好，夯击式次之，碾压式较差。对于黏性土，则宜选用碾压式或夯击式，振动式较差甚至无效。不同压实机具，在最佳含水量条件下，适应于一定的最佳压实厚度以及通常的压实遍数。

压实机具对土施加的外力，应有所控制，以防压实功能太大，压实过度，并防失效、浪费或有害。一般认为，压实时的单位压力，不应超过土的强度极限。不同土的强度极限，与压实机具的质量、相互接触的面积、施荷速度及作用时间（遍数）等因素有关。土质在几类压实机具作用时的强度，可供选择机具和控制压实功能时参考。实践经验证明：土基压实时、在机具类型，土层厚度及行程遍数已经选定的条件下，压实操作时，宜先轻后重、先慢后快，先边缘后中间（超高路段等需要时，则从内侧至外侧宜先低后高）。压实时，相邻两次的轮迹应重迭轮宽的1/3，保持压实均匀，不漏压，对于压不到的边角，应辅以人力或小型机具夯实。压实全过程中，经常检查含水量和密实度，以达到符合规定压实度的要求。

五、土基压实标准

土基野外施工，受种种条件限制，不能达到室内标准击实试验所得的最大干容重，应予以适当降低。令工地实测干容重，它与室内标准击实试验得到的值之比的相对值，称为压实度 K。

压实度 K 就是现行规范规定的路基压实标准。对于铺筑中级或低级路面的三、四级公路路基，以及南方多雨地区天然土的含水量较大时，允许采用轻型击实试验法求得的路基压实标准。特殊干旱地区雨水较少，地下水位也较低，压实度稍有降低不致影响路基的坚固、稳定和耐久性能，加之水量稀少，天然土的含水量大大低于土的压实最佳含水量，要加水到最佳含水量，并压实到规定确有困难，因此，特殊干旱地区的压实度可降低2%~3%。

填石路堤包括分层填筑和倾填爆破石块的路堤，不能用土质路基的压实度来判定路基的密实程度。其判定方法目前国内外各国规范尚无统一规定。我国城市道路路基工程施工及验收规范规定，填石路堤需用重型压路机或振动压路机分层碾压，表面不得有波浪、松动现象，路床顶面压实度标准是12~15t压路机的碾压轮迹深度不应大于5mm。国外填石路堤有采用在振动压路机的驾驶台上装设的压实计反映的计数值来判定是否达到要求的紧密程度。但无定量值的规定，且只限于有此种装置的压路机。

我国《公路路基施工技术规范》（JTJ033—95）参考了城市道路的方法，但将碾压后轮迹深度作为密实状态的判定条件。这是因为石块本身是不能压缩的，只要石块之间大部分缝隙已紧密靠拢，则重型压路机进行压实时，路堤应可达到稳定，不能有下沉轮迹，故可判为密实状态。

六、碾压工序的控制

为了有效地压实路基填筑土，必须对碾压工序做以下的控制：

1. 确定工地施工要求的密实度。路基要求的压实度根据填挖类型和公路等级及路堤填筑的高度而定。通常根据表中的规定，用标准击实试验，求出最大干密度和相应的最佳含水量，计算出施工要求的最小于密度。

2. 各种压实机具碾压不同土类的适宜厚度和所需压实遍数与填土的实际含水量（最佳含水量 ±2%以内）及所要求的压实度大小有关，应根据要求的压实度，在做试验时段加以确定。

高等级公路路基填土压实宜采用振动压路机或35~50t轮胎压路机进行。采用振动压路机碾压时，第一遍应静压，第二遍开始用振动压实。压实过程中严格控制填土的含水量。

含水量过大时，应将土翻晒至要求的含水量再碾压；含水量过小时，需均匀晒水后再进行碾压。通常，天然土的含水量接近最佳含水量时，在填土后应随即压实。

3. 填石路堤在压实前，应先用大型推土机推铺平整，个别不平处，应用人工配合，用细石屑找平。采用的压路机宜选 12t 以上的重型振动压路机、2.5t 以上的夯锤或 25t 以上的轮胎压路机。碾压时，要求均匀压实，不得漏压。每层的铺填厚度在 0.4m 左右，当采用重型振动压路机或夯锤压实时，可加厚至 1.0m。

填石路堤所要求的密实度所需的碾压遍数（或夯压遍数）应经过试验确定。以 12t 以上振动压路机进行压实试验，当压实层顶面稳定，不再下沉（无轮迹）时，可判为密实状态，即压实度合格。

4. 土石混填路堤的压实要根据混合料中巨粒土含量的多少来确定。当巨粒土含量较少时，应按填土路堤的压实方法进行压实，当巨粒土含量较大时，应按填石路堤的压实方法压实。不论何种路堤，碾压都必须确保均匀密实。

5. 压实度检测方法有环刀法、灌砂法、灌水法（水袋法）和核子密度湿度仪法。在使用核子密度仪时，事先应与规定试验方法作做比试验而进行标定。

第三节　土质路堑开挖

一、土质路堑开挖施工工艺

本工艺适用于本标段土质为松土、普通土和硬土路堑开挖施工工程。土质路堑的开挖因地制宜采用人工或机械作业，当挖深较小时采用单层横向全宽挖掘法，挖深较大时采用自上而下分层横向全宽挖掘法。

1. 施工工艺

施工前根据设计文件，首先恢复中线，并进行现场调查，根据地形、路堑断面及长度，确定合理的开挖方式。然后结合现场实际与设计要求，修建临时排水设施，并考虑与永久排水设施相结合。

填料路堑宜在旱季施工，当在雨季施工时，应集中力量快速施工，工作面应随时保持大于 4% 的坡度。路堑边坡不得受水浸泡、冲刷。

土质路堑开挖施工工艺流程见图 3-3-1。

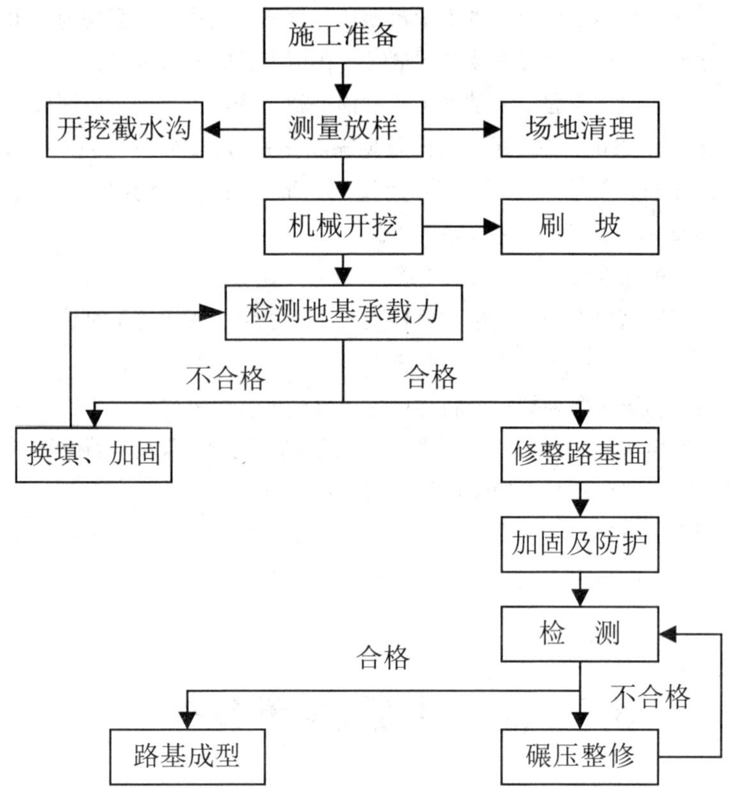

图 3-3-1　土质路堑开挖施工工艺图

二、施工准备

1. 现场核对

工程开工前，根据现场对设计文件进行核对。内容主要包括：地形地貌、挖方数量、取弃土场位置、土方利用等。

2. 分析土体的稳定性

土体的稳定与否直接关系到路堑边坡的稳定。因此，施工前必须做好土体稳定性分析，如土体结构和构造、土的密实度、潮湿程度等。在对土体进行分析后，应根据施工经验复核设计边坡是否满足稳定性要求，最后确定施工方案。

3. 布置并施工便道

根据现场地形确定机械进出便道路线并修筑。便道修筑应满足施工机械和运土车辆转弯半径及正常行驶要求。

4. 测量放线

根据复测的线路中线放出开挖边线桩，放线时应定位准确，两侧各预留 0.2~0.3m 不开挖，待开挖后进行人工刷坡。

5. 施工排水系统

开挖前，首先按设计位置做好堑顶排水系统如截水沟、天沟，待排水系统，完善后进行路堑开挖。

三、开挖

根据土石方调配方案和施工顺序，选择最佳的挖方作业面，采用横向全宽挖掘法、逐层顺坡自上而下开挖的办法施工，严禁下部掏挖施工。以机械施工为主，运土距离较近时，采用推土机作业，运距较远时，采用推土机配合挖掘机、装载机挖土装车，自卸汽车运至路基填方路段或弃土点。当机械开挖至靠近边坡 0.2m~0.3m 时，改为人工修坡。需设圬工防护工程的边坡，在防护工程开工前留置保护层，待防护圬工施工时刷坡。不设圬工防护的边坡，每 10m 边坡范围插杆挂线人工刷坡。当开挖接近路基施工标高时，采用人工配合推土机施工。到达设计标高后，及时对基底土质情况进行检测，并按设计要求进行换填或嵌补施工。路堑施工要做到路基表面平整、密实，曲线圆顺、边线顺直，边坡坡面平顺稳定、无亏坡，边沟整齐、沟底无积水或阻水现象。

路基挖方开始前，需要精确放出开口线，让测量部进行复核验收，并报检验收中线、边线及宽度。验收无误后才可以进行路基挖方施工，开挖过程中，应采取措施保证边坡稳定。开挖至边坡线前，应预留一定宽度，预留的宽度应保证刷坡过程中设计边坡线外的土层不受到扰动。

路基开挖应按边坡设计坡度和坡面形式，自上而下逐层开挖，禁止乱挖、超挖，严禁掏洞取土，以免发生安全事故。开挖快至设计标高时，应加密测量控制，防止乱挖、超挖。

土质路堑开挖，根据路堑深度和纵向长度，以及施工方法的不同，按掘进方向的变化，主要有横挖法、纵挖法和混合挖法。

1. 横挖法

单层横向全宽掘进法：对挖掘深度小且短的路堑，沿路线纵向一端或两端向前开挖至路基设计标高，逐渐向纵向挖深的方法。

多层次、横向全宽掘进法：当路堑较深路线纵向较长时，横向全宽也可分为两个或两个以上的阶梯，同时分层进行掘进，每层都留有运土路线，并做好临时排水设施，防止上下层干扰。这种挖掘方法作业多，工效快，施工时加强管理、协调。

2. 纵挖法

纵向通道挖掘法：如果路堑的宽度、深度都较大，可先沿路堑纵向分层挖出一条通道，然后将通道两侧进行拓宽。上层通道拓宽至路堑边坡后，再开挖下层通道，如此纵深开挖直至路基设计标高。开挖时可以在边坡碎落平台上做好临时排水沟，将水引出路基外。

（1）分层纵挖法：如果路堑的宽度和深度都比较大，可以按路堑横断面全宽纵向分层开挖。挖掘的地表应保持倾斜，以利排水。

（2）分段纵挖法：如果路堑很长，可沿路堑纵向选择一个或几个适宜处，将薄弱一侧路堑横向挖穿，把路堑分为两段或数段，各段在纵向开挖。本法适用于路堑过长、弃土运距过远的傍山路堑，其一侧堑壁不厚的路堑开挖。

3. 混合挖掘法

对特别长、深的路堑，可采用先用纵向通道，再横向两侧挖出若干条辅助通道，可集中机械设备沿纵横通道平行作业。这种挖掘方法必须注意作业进度、运土路线、临时排水、机械调度配套等周密组织管理。

4. 路堑开挖的机械配备及施工方法

（1）推土机开挖土质路堑

推土机具有操作灵活、运转方便、所需工作场地小、短距离运土效率高等特点，既可独立作业，也可配合其他机械施工。

推土机开挖土质路堑的施工方法：

1）下坡推土法；

2）槽型推土法；

3）并列推土法；

4）接力推土法；

5）波浪式推土法；

6）斜铲推土法；

7）侧铲推土法。

（2）挖掘机开挖土质路堑

挖机工作灵活，回转速度快，工作效率高，特别适合用于与运输车配合开挖土方路堑。挖掘机开挖土质路堑施工方法：

1）侧向开挖；

2）正向开挖。

（3）装载机开挖土质路堑

装载机是一种工作效率较高的铲土、装载、运输机械，它兼具推土机和挖掘机的工作能力，其优点是适应性强、工作效率高、操作简便、机动性能强。

5. 深路堑挖方路基施工

路堑边坡高度大于等于 20 米时，称为深路堑。其开挖方法与一般高度路堑的开挖方法基本相同。

四、质量控制及纠正措施

1. 据测设边桩位置，用机械开挖，预留 0.2~0.3m 的保护层以利于人工修坡。施工时逐层控制，每10m边坡范围插杆挂线人工修刷。边坡上若有坑穴，采用挖台阶浆砌片石嵌补。

2. 接近堑底时，按设计横断面放线，开挖修整压实，并挖好侧沟，疏通排水，边坡刷好后及时进行边坡防护和排水工程施工。

3. 尽量采用顺坡开挖，长大路堑如需要采用反坡开挖时，先预留一定厚度的土层不开挖，形成顺坡开挖，挖通后再突击挖除预留的土层。

4. 不稳定的土质路堑边坡应分层加固，开挖和边坡加固有特别要求时，则应按设计要求办理。

第四节　土质路基的施工机械

常用的路基土方工程机械有松土机、推土机、铲运机、平地机、装载机和挖掘机（配以汽车运土），以及各种压实机械等。各种土方机械可进行单机作业，如平地机、推土机等；挖掘机需要配以松土、运土、平土及压实等相应机具，综合完成路基施工任务。

1. 推土机

推土机是路基施工最常用的机械之一，具有灵活机动、所需作业面小，可作业等特点，其他辅助作业。主要用于纵向短距离运土和横向推土，还可用于平整场地、转移方便、干湿地均、挖基坑、填埋沟槽及推土机适用于填挖高度在3m以下，运距10~100m以内的土方挖运、填筑和初步压实。其最大切土深度为10~20m，推运距离以30~75m为最佳，运距过长则不经济。

可用多台推土机并行作业以提高推土效率。推土机上的附属设备可用于松土、除树根等。

推土机施工时，可采用波浪铲土、多刀推土、并列推土或下坡推土等方法进行作业。波浪推土是推土机铲土时，将铲刀最大限度地切入土中，直到发动机稍有超负荷现象时，将铲刀提起以使发动机恢复正常工作，再降下铲刀切土，再起刀，再切土，这样反复多次，直到铲刀前推满土并将其推至指定地点。多刀推土是在较宽的作业面上，推土机分段将所切土推运到各切土终点，等作业面上积聚一个个土堆后，再由远而近，以土拥土的方法叠送至卸土处。并列推土是用两台以上同类型推土机同步作业，以减少运土损失。两铲之间间隔不宜过大或过小，一般为15cm左右。下坡推土法是利用推土机下坡时的重力分力，加速铲土过程和增大运土量以提高施工效率的一种推运方法。

2. 铲运机

铲运机主要用于铲运土方，分拖式和自行式两种。铲运斗容量一股为6~10m³ 当铲运机行进时，可做自挖、自装、自运、自卸等各项工作，并有铺平及初步压实的作用。铲运机一般用于填筑路堤、开挖路堑、填挖和平整场地等，其通行坡度不应大于15%。经济运距为 400~600m。

铲运机作业分一般铲土、波浪式铲土、跨铲铲土及下坡铲土等。铲运Ⅰ，Ⅱ级土时，铲刀一开始即以最大切土深度（不超过 30cm）铲土，随着铲运机行驶阻力不断增加而逐渐减小铲土深度，直到铲斗装满为止。波浪式铲土适用于较硬的土质，铲运机开始铲土即以最大切土深度切入土中，随着铲运机负荷逐渐增加，发动机转速下降时，相应地减小切土深度，如此反复若干次，直到铲斗装满为止。下坡铲土是利用铲运机的重力分力所产生的下坡推力使牵引力增加，从而提高铲土效率。铲土下坡角一般为 7°~8°，最大不超过 15°，适用于铲挖较坚硬的土质。

铲运机铲土时，应达到运距短、坡道平缓和修筑工作量小的目的，这就必须综合考虑施工效率、地形条件、机械磨损等因素，选择合适的运行线路。用铲运机填筑路堤或开挖路堑时，可采用“椭圆”形、“8”字形、“之”字形、“穿梭”形或“螺旋”形等线形运行。

3. 平地机

平地机是公路工程施工的专用机械之一，路基施工时主要用于平整场地、修整路基顶面和路拱，还可用于修筑高度为 0.75m 以下的矮路堤及深度为 0.5m 以下的浅路堑及平整边坡、开挖边沟或排水沟等。平地机的刀片铲切深度视土类和施工要求可在 0.08~0.25m 范围内确定。

平地机的主要工作装置是刮刀，它可以调整成四种作业动作，即刮刀平面回转、刮刀左右端升降、刮刀左右引伸和刮刀机外倾斜，分别做刮刀刀角铲土侧移以开挖边沟、刮刀刮土侧移以填筑路基及回填沟渠、刮刀刮土以平整路基顶面、刮刀机外倾斜以清刷路基边坡等作业。

4. 挖掘机

挖掘机主要用于挖土和装土，必须配备运土机械与之共同作业，适用于工程量大而集中的土石方挖掘。路基工程中常用全圆回转履带式挖掘机，土斗分反铲和正铲两种。反斗铲挖掘机的工作面可低于其停留面以下 3~6m，常用于挖基坑、沟槽等。正斗铲的挖掘机主要用来挖掘高出挖掘机停留面的土堆。反铲挖掘机可进行沟端开挖和沟侧开挖作业。沟端开挖时，挖掘机从沟的一端开始，沿沟中线倒退开挖。运输车辆停在沟侧，此时动臂只回转 40°~45° 即可卸料。若沟的宽度为挖掘机回转半径的两倍时，运输车辆只能停在挖掘机侧面，动臂回转妙卸料。若所挖沟渠较宽，可分段挖掘。反铲挖掘机沟侧开挖时，挖掘机停在沟侧，运输车辆停在沟端，动臂回转小于 90° 即可卸料。

正铲挖掘机可采用侧向开挖或正向开挖的方式作业。侧向开挖，车辆的运行路线位于挖掘机开挖路线的侧面，可左线行驶。正向开挖，运输车辆停在挖掘机后方，主要用于挖掘进口处。

5. 装载机

装载机是公路施工常用的一种机械，主要适用于土石方和松散物料的装载或自卸自运、清理场地和平整地面，以及推土、起重和牵引车辆等多种作业。

第五节 路基整修、检查验收与维修

一、路基整修

路基工程基本完成后，施工单位会同监理单位按设计文件和施工规范要求检查路中线、高程、宽度、边坡坡度和排水设施等，根据检查结果制定整修计划并进行整修。

1. 土质路基的整修

土质路基表面的整修可用机械配合人工切土和补土，并配合压路机碾压。深路堑边坡应按设计自上而下进行削坡整修，不得在边坡上贴补。填土经压实后，不得有松散、软弹、翻浆及表面不平现象，到设计标高后，宜用平地机刮平，路堤两侧超过设计高度部分应切除。

2. 边坡加固与整修

边坡需防护加固地段，应预留加固位置和厚度，使完工后的边坡与设计一致。当路堑边坡被雨水冲刷成沟槽时，应自下而上，分层挖台阶填筑并夯实。若填补厚度很小，又非加固边坡地段时，可用种植土填补并种草。当填方边坡出现冲沟或坍塌缺口时，应自下而上分层挖台阶加宽填补并压实，再按设计坡面修坡。

二、检查验收及质量标准

1. 中间检查

施工过程中当每一分项、分部工程完成后，应按设计文件及施工规范等进行中间检查。如路基原地面处理完毕，应检查基底处理情况；边坡加固前，应对加固方法、加固形式、填挖方边坡加固的适用性、边坡坡度是否适当等进行检查；若发现已完工路基受水浸淹损坏、取土及弃土超过设计、意外的填土下陷、填挖方边坡坍塌需增加土方及边坡加固工程数目时应进行中间检查。此外，在路基渗沟回填土前、路基换土工作完成后、各类防护加固工程基坑开挖后必须进行中间检查验收，检查不合格不得进行下一工序的施工。

2. 竣工验收

对路基进行竣工验收时，应对以下项目进行检查、验收：路基的平面位置、路基宽度、标高、横坡和平整度；边坡坡度及加固设施；边沟等排水设施的尺寸及沟底纵坡；防护工程的修建位置和各部尺寸；填土压实度及表面弯沉；取土坑、弃土堆、护坡道、截水沟、渗水井等的位置和形式；隐蔽工程施工记录等。这些项目的评定按《公路工程质量检验评定标准》进行。

3. 质量标准

（1）土方路基。土方路基施工应符合下列质量要求：路基必须分层填筑压实，表面平整坚实，无软弹和翻浆现象，路拱合适，排水良好，土的压实度、强度和路床的整体强度符合设计要求。挖方地段上边坡应平整稳定。路基土压实度及强度必须符合规定。

（2）石方路基。石方路基的质量要求：开炸石方应避免超量爆破，上边坡必须稳定，坡面的松石、危石必须清除干净。修筑填石路基应认真进行地表清理，逐层水平填筑石块，摆放平稳。填筑层厚度及石块尺寸应符合设计和施工规定，填石空隙用小石或石屑填满铺平，采用振动压路机分层碾压，填筑层顶面石块应稳定。路基顶部填筑石块的最大尺寸不应大于 15cm。路基表面应整修平整，边坡应顺直。

三、路基的维修

路基工程完工后，在路面施工前及公路工程初验后直至竣工验收终验前，路基如有损坏，施工单位应进行维修，并保证路基排水设施完好，及时清除排水设施中的淤积物、杂草等。对较长时间停工和暂时不做路面的路基，则应保持排水畅通；复工前应对路基各分项工程予以整修。

路面施工前应整修路基，使表面无坑槽，保持规定的路拱。若路堤经雨水冲刷或发生沉降时，应立即修补、加固或采取其他处理措施，并查明原因，做好记录。遇路堑边坡坍方时，应及时清除。未经加固的高路堤和路堑边坡以及潮湿地区的土质路基边坡上的积雪应及时清除，以免危害路基。当路基构造物有变形时，应详细查明原因，及时修复，使之保持稳定。路基工程完工后，每当大雨、连日暴雨或积雪融化期间，应控制施工机械和车辆在土质路基上通行；若不能避免时，应及时排干积水，整平压实。

第四章　石质路基施工

第一节　填石路基施工

填石路堤是山丘区公路的一种最常见、最普遍的路基形式。填石路堤的施工，除应考虑石料性质、石块大小、填筑高度和边坡坡度等因素外，还应注意选择正确地填筑方法。

1. 填料要求

填石路堤的石料来源主要是路堑和隧道爆破后的石料，要求石料强度不低于15MPa(用于护坡的200MPa)。最大粒径不宜超过层厚的2/3。在高速公路及一级公路填石路堤，路床顶面以下50cm范围内，填料最大粒径不得大于10cm，其他等级公路填石路堤，路床顶面以下30cm范围内，填料最大粒径不应大于15cm。

2. 填筑方法

城石路堤的填筑方式有倾填（含抛填）和逐层填筑、分层压实两种。

（1）倾填法。倾填法又可分为两种情况：一种是石块从岩面爆破后直接散落在准备填筑的路堤内；另一种是用推土机将爆破后堆置在半路堑上的石块或用自卸汽车从远处运来的爆破石块推入路堤。

高速公路、一级公路和铺设高级路面的其他等级公路的填石路堤不宜采用倾填式施工，而应采用分层填筑、分层压实的方法。二级及二级以下且铺设低级路面的公路在陡峻山坡段施工特别困难或大量爆破以挖作填时，可采用倾填方式将石料填筑于路堤下部，但倾填路堤在路床底面下不小于1.0m范围内仍应分层填筑压实。

填石路堤倾填前，路堤坡脚应用粒径大于扣的硬质石料码砌，码砌厚度为1~2m。

（2）分层填筑法。分层填筑法施工，又可分为机械作业和人工作业两种方法。

机械施工分层填筑时，高速公路及一级公路分层松铺厚度不宜大于50cm；其他公路不宜大于100cm。施工中应安排好石料运行路线，专人指挥，按水平分层，先低后高、先两侧后中央卸料，并用大型推土机摊平，个别不平处应配合人工用细石块、石屑找平。如果石块级配较差、粒径较大、填层较厚，石块间的空隙较大时，可于每层表面的空隙里扫入石渣、石屑、中砂、粗砂，再以压力水将砂冲入下部，反复数次，使空隙填满。

人工摊铺、填筑填石路堤，当铺填粒径25cm以上石料时，应先铺填大块石料，大面向下，小面向上，摆平放稳，再用小石块找平，石屑塞填，最后压实；铺填粒径25cm以下石料时，可直接分层摊铺，分层碾压。

3. 填石路堤的压实

填石路堤均应压实并宜选用工作质量12t以上的重型振动压路机、工作质量2.5t以上的夯锤或25t以上的轮胎压路机压（夯）实。当缺乏上述的压实机具时，可采用重型静载光轮压路机压实并减少每层填筑厚度和减小石料粒径，其适宜的压实厚度应根据试验确定，但不得大于50cm。采用重型振动压路机或夯锤压实填石路堤时，可加厚至1.0m。

填石路堤压实时，应先压两侧（即靠路肩部分）后压中间，压实路线对于轮碾应纵向互相平行，反复碾压。对夯锤应成弧形，当夯实密实程度达到要求后，再向后移动一夯锤位置。行与行之间应重叠40~50cm；前后相邻区段应重叠100~150cm。

填石路堤压实到所要求的紧密程度所需的碾压或夯压的遍数应经过试验确定。石料的紧密程度用12t以上振动压路机进行压实检验，当压实层顶面稳定，不再下沉，表面无轮迹时，可判为密实状态；采用重锤夯实时，可按重锤下落时不下沉而发生弹跳现象（为达到密实度要求。高速公路及一级公路填石路堤路床顶面下50cm（其他公路30cm）范围内应填筑符合路床要求的土，并应按土质路堤的有关规定进行压实。

第二节　石质路堑开挖

在石方路堑段全部采用爆破施工，爆破形式为小型松动爆破、预裂爆破和光面爆破相结合的爆破施工方法。完工后路槽平整度、边坡坡度等指标完全满足设计及规范要求，且外观效果非常好，一次通过完工验收。

一、方法特点

速度快。占用场地小。施工设备相对较少，可机械化作业，需要人员少。可全面展开施工，缩短工期，降低造价。对周围环境及建筑物影响可控，施工质量可靠。

二、适用范围

爆破施工方法适用于各种强度的石方开挖，包括路堑开挖、边坡修整、沟槽开挖等各种施工作业。

三、工艺原理

石方爆破施工通过炸药破碎岩体，松动岩石，为挖掘机的开挖创造条件，最终形成路基施工断面，达到施工目的。并且通过光面爆破技术形成的路堑边坡平整光洁，整体性好，对建成后的营运安全提供保障。

四、施工工艺流程及操作要点

（一）施工工艺流程

施爆区管线调查→炮位设计与设计审批→配备专业施爆人员→用机械或人工清除施爆区覆盖层和强风化岩石→钻孔→爆破器材检查与试验→炮孔（或坑道、药室）检查与废渣清除→装药并安装引爆器材→布置安全岗和施爆区安全员→炮孔堵塞→撤离施爆区和飞石、强地震波影响区内的人、畜→起爆→清除瞎炮→解除警戒→测定爆破效果（包括飞石、地震波对施爆区内外构造物造成的损伤及造成的损失）。

（二）施工操作要点

1. 爆破施工总体布置

根据地块地貌情况，先对开挖山体表皮植被进行清除。山体开采总体上采取中深孔爆破为主的台阶爆破取渣方法，同时根据不同地形、地貌和地质状况，辅以浅孔爆破的开采方法，对粒径大的石块采取二次解炮法和机械作业法解小；对边坡采用预裂爆破方法和机械法进行处理。创造多个作业面，尽量缩短设备展开时间。开工后，开辟上下山运输道路并修筑回填区域运输道路网，实现多台阶多作业面的立体作业，以加快施工进度，确保工期。将施工程序大致分为三个步骤，即植被清除、开山爆破、渣石挖装运输，如此循环，实行多作业面、多台阶同时作业的总体施工方案。

2. 爆破开挖施工

施工顺序：垂直方向上由上至下，纵向由东至西，随时根据实施条件进行爆破作业。对边坡采用小型爆破形式，确保边坡稳定。根据施工现场情况，采用以中深孔爆破为主，浅孔爆破为辅的施工方法。根据开挖区实际地形地貌、环境状况和山体的地形地质条件结合。考虑工程要求和工程特点，选择采用多台阶开采方式，开挖区自山顶开挖。根据开挖深度分几个台阶开挖，台阶高度 8~14 米。爆破开挖前，先行清除山体表面杂草，表土运至回填区域，而后进行爆破开挖。沿开挖区修筑上下山运输道路至山顶，而后采用推土机和爆破相结合的方法展开山顶平台作业面的开设与施工，待第一台阶工作面形成一定的规模后，再开拓下个台阶作业面，依次类推；整个作业空间上要逐步达到多台阶、多作业面同时展开的施工高峰，最大限度地利用空间与设备，提高开采效率，满足工期需求。根据进度整体要求，可将施工阶段大致分为两个阶段，即山体一次开挖阶段和分台阶开挖阶段。

实施浅孔爆破时，应兼顾整体台阶设计和边坡形成要求。

3. 爆破施工设计

爆破类型：根据地质及地形、地貌及沿线居民区很近等情况，爆破采用延长药包，以小型及松动爆破为主。本段主爆区拟采用浅孔爆破，一般钻孔深度控制在 2~3m 范围内。为保证开挖边坡的稳定性及边坡平整度，对于岩石挖方路段坡面 1~2m 范围内拟采用预裂爆破或光面爆破技术。

施工措施：根据现场实际情况，主要采取以下技术措施进行爆破作业。

（1）底孔爆破。主要用于 2.0 米以下，路基面上的预留保护层的开挖，主要考虑到路基的整体性。

（2）浅孔梯段爆破。主要用于 5.0 米以下的岩石开挖爆破，如岩石为整体灰岩，边坡宜采用光面爆破。开挖深度大于 5 米以上的路堑（以灰岩为主），路堑边坡一律采用预裂爆破和光面爆破，以保证边坡的整体性及稳定性。

（3）根据现场的实际爆破情况，岩石的破碎程度，产生理想的块度等来决定采用直孔及斜孔爆破。

（4）爆破采用微差及挤压爆破技术，以减少震速对民房的影响。路堑开挖的岩石爆破，应从上至下分层进行。周边眼采用低密度、低爆速、低猛度、高爆力的炸药，并采用毫秒雷管或导爆索同时起爆。当炸药用量较多，对围岩影响较大时，可分段起爆。

4. 光面爆破及预裂爆破施工措施

光面爆破施工措施。光面爆破采用毫秒起爆方式，开挖工作面的岩石爆破时，从上至下分层进行。周边采用低密度、低爆速、低猛度、高爆力的炸药，并采用毫秒雷管或导爆索同时起爆。当炸药用量较多，对围岩影响较大时，采用分段起爆。周边眼宜采用小药卷连续装药结构或间隔装药结构，眼深小于 2m 时，采用空气柱反向装药结构。

预裂爆破施工措施。光面爆破采用毫秒起爆方式；预裂炮孔直径与炸药卷直径的比值（不偶然系数）以在 2~3 之间，并且不小于 2；预裂爆破的线装药密度及孔距等参数在符合上条要求下，通过试验确定。每排试验至少有 5 个预裂炮孔；预裂爆破采用高威力炸药连续或间隔装药。在非均匀介质的炮孔中取不同的装药密度。炮孔底部适当加强或加密装药；炮孔上部适当减少装药；预裂炮孔必须同时起爆，并尽量缩短各炮孔的瞬间时差。预裂炮孔与主体炮孔在同一起爆网中起爆时，预裂炮孔提前起爆，时差一般取 50ms；石质较坚硬时适当减少时差；所有主体爆破孔与预裂面的距离均不小于 1m。

起爆顺序。爆破顺序为：先起爆光面预裂孔，再起爆主爆孔，最后起爆缓冲孔。

五、材料

岩石在工程上按其开挖的难易程度可分为软石、次坚石、坚石等三类。次坚石和坚石在施工上必须采用爆破，软石部分可采用撬棍或十字镐及大锤开挖，部分软石也必须采用爆破方法开挖。

六、质量控制

边坡的坡度符合设计要求，不得有大的突起和凹坑。爆破装药量要严格控制，保证没有过爆和欠爆。防止过爆造成边坡度增加而失稳或路堑底岩石松散影响路基强度和稳定性。欠爆造成边坡有明显突起，边坡平整度不符合要求，路堑底防止因欠爆标高不能达到设计要求，为修整带来困难。

七、安全防护措施

1. 成立现场安全指挥机构，做到分工明确，现场指挥小组主要负责方案的讨论，审批及现场交底等工作，组织召开有关单位参加的安全联席会议，听取和采纳有关爆破安全的意见及合理化建议，并监督方案的实施。

2. 爆破人员必须持证上岗，并做好爆破记录。

3. 做好爆破前的宣传动员、组织等工作。爆破前组织动员非爆破人员在规定的时间内安全撤离所规定的安全距离以外。

4. 在爆前认真做好最后一次检查，经现场主要负责人允许后，方可起爆。

5. 现场医务人员在爆前做好一切急救设施的准备工作。

6. 爆破时间宜选在对周围环境影响小的时间段进行，一般为上午 8：30—12：00，下午 4：30—6：00。如有特殊情况，经领导小组同意后爆破时间另行通知。

7. 爆破信号，使用警报器和口哨，具体信号规定由现场指挥小组统一规定。

8. 严格执行爆破器材的运输管理制度，领用余料当天退回，工地设防爆箱，设专人 24 小时看管，严格领用余退手续，账目日清。

9. 采用电雷管，应该一一检测，做到心中有数，保证起爆效果。

10. 在爆破前组织地方政府和村民一起对附近居民民房进行拍照鉴定，减少赔偿纠纷。

11. 爆破路段离居民点较近时，起爆前，在炮孔上覆盖稻草，防止飞石伤人。

12. 处理盲炮采用以下方法：（1）经检查确信炮孔的起爆线路完好时，可重新起爆。（2）打平行眼装药爆破，平行眼距离孔口不得小于 0.3m。（3）严禁在盲炮孔眼上打孔。

13. 同时，在施工期间对爆区还应采取以下的保护措施。（1）凡在爆区 50 米以内的建筑物、公用设施（如高压线、天然气管道、电缆线等）均属于爆破保护范围，爆前需通知有关单位、个人共同商讨保护办法。（2）在离爆破区 200 米处设立警戒标志，并设立专职警戒岗。（3）如公路在爆区 200 米以内，爆破时应中断一切交通，解除警报以后方可放行。

14. 为了保证施工的安全，对以下事项高度重视，提高安全意识。（1）如遇风、雨、雷、电式视线不清时，均不能进行爆破作业。（2）处理瞎炮，应严格按照有关规定执行（3）爆炸物品的购买、运输、储存、保管和使用，按有关爆破作业管理办理执行。（4）施工现场临时堆放爆燃物品，须经公安部门许可和批准。（5）爆炸物品每日账目必须清楚，使用量和出库量相符，做到日清月结。

八、环境保护措施

1. 严格执行环境管理体系标准，加强环境保护宣传、教育，建立完善的环保施工纪律，增加施工人员的环保意识和自觉性。

2. 减少弃方占地面积，对弃方堆放进行规划，做好完善的防护排水及绿化。

3. 设计时，控制爆破震动强度在较小等级，控制爆破飞石在较小范围。对裸露的石质边坡进行绿化。

第三节　坡面防护工程施工

坡面防护主要是保护路基边坡表面，以免受到降水、日照、气温、风力等作用的破坏，从而提高边坡的稳固性，在一定程度上还可美化路容。坡面防护设施一般不承受外力作用，要求坡体本身已经稳定。常用的坡面防护设施有植物防护和工程防护。

一、植物防护

植物防护的方法主要是在适于植物生长的路基土质边坡上种草、铺草皮和植树，利用植被覆盖坡面，其根系固结表土，从而防止水土流失，调节坡体湿度和温度，确保边坡稳定，并且具有绿化道路和保护环境的作用。植物防护是一种常用的坡面防护方法，主要有种草、植树、铺草皮等形式。

1. 种草

种草防护法是直接在边坡上撒播草籽，经浇水、保湿，使之成活。

（1）适用范围

适合坡面不陡于 1∶1，且坡面径流流速缓慢、坡面冲刷轻微且适宜于草类生长的土质边坡。经常或长期浸水的路堤边坡种草不易生长，故不宜采用此法。

（2）方法和要求

草种选择应考虑到当地的气候、土质和施工条件，并尽量与周边环境协调。应在温度、湿度较大的季节播种。播种的坡面应平整、密实、湿润。播种方法有撒播法、喷播法和行播法等。采用撒播法时，草籽应均匀撒布在已清理好的土质边坡上，同时做好保护措施。当边坡土质不适于草类生长时，可在边坡上面覆盖 10~15cm 厚的种植土层，并挖成小台阶，防止土层滑动，再种草。路堑边坡较陡或较高时，可通过试验，采用草籽与含肥料的有机质泥浆混合，用喷播法将混合物喷射于坡面。采用行播法时，草籽埋入深度应不小于 5cm 且行距均匀。坡面种草示意图如图 4-3-1 所示。播种后，应适时进行洒水施肥、清除杂草等养护管理，直至植物覆盖坡面。

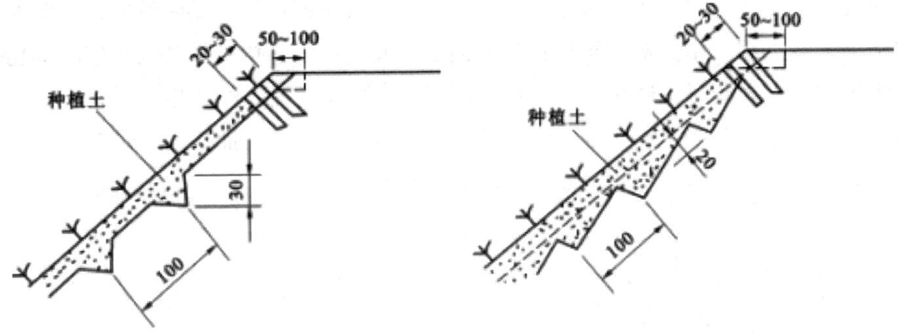

图 4-3-1　坡面种草示意图（单位：cm）

2. 植树

（1）适用范围

植树适用于坡率缓于 1：1.5 的边坡，或在边坡以外的河岸及漫滩外。公路弯道内侧边坡严禁栽植高大树木。

（2）方法和要求

植树形式可以是带状或条形，亦可采取连续式，即栽满防护和加固的全部区域，如图 4-3-2 所示。

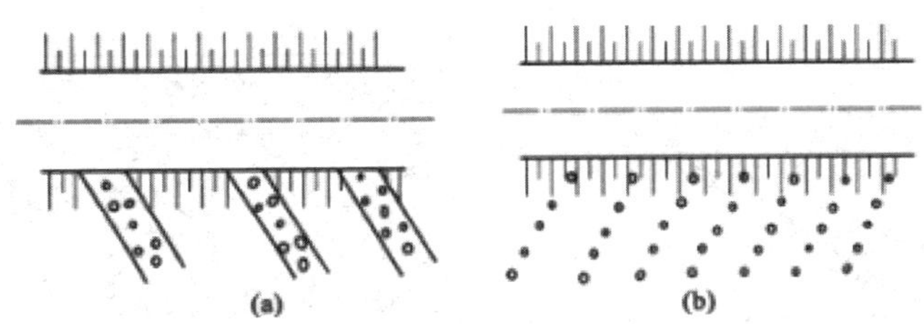

图 4-3-2　植树防护形式

（a）带状植树；（b）连续式植树

树的品种以根系发达、枝叶茂盛、生长迅速的低矮灌木为主。沿河路堤植树则以喜水、根深、杆粗的树种，并多排成行栽种，以起到导流、拦流、挑水、促使泥沙淤积和加固堤岸的作用。植树的平面布置应根据植树品种、作用，结合当地经验而定，城市或风景区的植物防护应与有关部门协调配合。

2. 铺草皮

（1）适用范围

铺草皮适用于需要快速绿化的边坡，且坡率缓于 1：1 的土质边坡和严重风化的软质岩石边坡。

（2）方法和要求

铺草皮需预先备料。草皮可就近培育，并将其切成整齐块状，然后移铺在坡面上。铺时应自下而上，并用竹木尖桩将草皮钉在坡面上，使之稳固。草皮根部的土应随草切割，坡面要预先整平。必要时，还应加铺种植土，草皮应随挖随铺，注意相互贴紧。

应根据具体条件分别采用平铺、水平叠置、垂直坡面或与坡面成一半坡角的倾斜叠置草皮，还可采用片石，铺砌成方格或拱式边框，再铺草皮，如图4-3-3所示为草皮防护示意图。

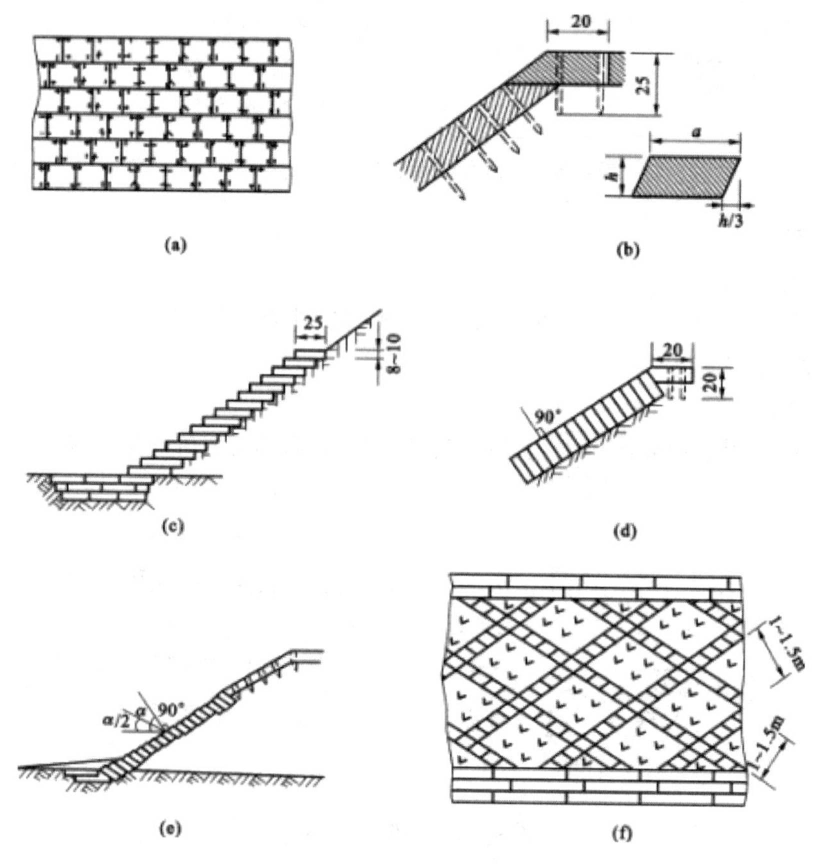

图4-3-3　草皮防护示意图

（a）平铺平面；（b）平铺剖面；（c）水平叠铺；

（d）垂直叠铺；（e）斜交叠铺；（f）方格式。

（图中h为草皮厚度，约5~8cm，a为草皮边长，约20~25cm）

平铺草皮应由坡脚向上铺设，并用竹木尖桩或带皮柳梢固定草皮。路堑边坡平铺草皮时，应铺过坡顶1m或铺至截水沟边；路堤边坡平铺草皮时，应铺过路肩外缘0.2m叠铺草皮适用于坡度不小于1：1的坡面上，每块草皮的尺寸以20cm×40cm为宜。为施工方便，多采用水平叠置形式。

方格式铺法是先将草皮平铺成与路线斜交成45°的方格状，坡顶和坡脚部分则铺设几条水平的带状，然后在方格内栽草或撒草籽。方格式铺法最为经济，但其坚固程度不及平铺和叠铺，常用于草皮供应不足的路段。铺草皮一般应在春秋季或雨季，并应随挖随铺。

4. 工程防护

工程防护适用于不宜于草木生长的陡坡面，采用砂石、水泥、石灰等矿质材料进行护面，一般采用抹面、捶面、喷浆、喷射混凝土、勾缝及坡面护墙等。

（1）抹（捶）面防护

1）适用条件

适用于石质挖方坡面，岩石表面易风化，但还比较完整，尚无剥落。如页岩、泥岩、泥灰岩或千枚岩等。

2）施工要点

①坡面岩体表面要冲洗干净，土体的表面要平整、密实、湿润。

②抹面分两次进行，底层抹全厚的 2/3，面层抹全厚的 1/3，捶面应经拍（捶）打使与坡面紧贴。厚度要均匀，表面应光滑。

③在较大面积上抹（捶）面时，应每隔 15~20m 长设置一道伸缩缝。

（2）喷浆、喷射混凝土

1）适用条件

喷浆施工简便，效果较好。适用于易风化而坡面不平整的岩石挖方边坡，厚度一般为 2cm。喷浆的水泥用量较大，重点工程可选用；比较经济的可用混合砂浆，如水泥、石灰、砂、水按质量比 1∶1∶6∶3 配合。喷浆前后的处理与抹面相同。

2）施工要点

①一般要求

a. 施工前，坡面如有较大裂缝和凹坑时，应先嵌补，使坡面平顺整齐；岩体表面要冲洗干净，土体表面要平整、密实、湿润。

b. 锚杆孔应冲洗干净，然后插入锚杆，用水泥砂浆固定。

c. 铁丝网应与锚杆连接牢固，均不得外露并与坡面保持设计规定的间隙。

d. 喷层厚度应均匀，喷后应养护 7~10d，喷层周边与未防护坡面的衔接处应做好封闭处理，并按有关规定留够试件。

②喷射水泥砂浆

a. 边坡喷浆防护用水泥砂浆的配合比应按照图纸规定。如图纸未作规定，砂浆强度应不低于 M10。

b. 喷浆前应先试喷，以确定合适的配比及施工方法，然后方可大面积施工。

c. 大面积喷浆应沿线路方向每隔 20~25m 设置一道伸缩缝，缝宽 20mm。

d. 喷射水泥砂浆的施工工艺可参照喷射混凝土的工艺要求。

③喷射混凝土

a. 施工前应先确定喷射混凝土的施工工艺（干式、湿式）、混凝土的配合比及选择使用的喷射机具。喷射混凝土前应先进行试喷，调整回弹量、确定混凝土配合比及施工操作程序，然后方可大面积施工。

b. 喷射混凝土的混合料配合比应符合下列规定：

b1. 水泥与集料的质量比宜为 1∶4~1∶45；

b2. 砂率 45%~55%；

b4. 水灰比宜为 0.40~0.45；

b5. 速凝剂掺量应通过试验确定。

c. 混合料宜随拌随用。不掺速凝剂时，存放时间不应超过 2h；掺速凝剂时，存放时间不应超过 20min。

d. 混合料在运输、存放过程中，应严防雨淋、滴水及大块石等杂物混入，在装入喷射机前应过筛。

e. 喷射混凝土应分段、分片由下而上进行。作业开始时，应先送风，后开机，再给料；结束时，应待料喷完后，再关机。向喷射机供料时应连续均匀，机器正常运转时，料斗内应保持足够的存料。喷层厚度应均匀，应符合图纸要求的厚度。

f. 喷射开始时，应减小喷头至受喷坡面的距离，并调节喷射角度，以保证铁丝网与岩面间混凝土的密实性。

g. 喷射时应保持混凝土表面平整，呈湿润光泽，无干斑或滑移流淌现象。

h. 喷射后，当采用普通硅酸盐水泥时，养护应不少于 10d；当采用矿渣硅酸盐水泥或火山灰硅酸盐水泥时，养护不得少于 14d，喷层周边与未防护坡面的衔接处应做好封闭处理。

i. 喷射混凝土应符合图纸规定的厚度，并按图纸规定或监理工程师指示，设置伸缩缝及泄水孔。

j. 喷射混凝土的回弹物不能收集起来放入下批配料中，以免影响喷射混凝土质量。

k. 下列情况应暂停喷射施工：

k1. 雨天冲刷新喷面上的水泥，造成混凝土脱落；

k2. 气温低于 +50℃；

k3. 大风妨碍喷射手进行工作。

④锚杆

a. 施工中严格按照如下顺序进行：清理边坡、设置锚杆孔、清孔、注浆、放入锚杆、安装端头垫板、进行其他坡面施工。

b. 锚杆孔成孔及清孔应视不同地质条件选取合适的方法。

c. 锚杆杆体使用前应平直、除锈、除油。

d. 注浆用砂浆配合比：水泥：砂宜为 1∶1~1∶2，水灰比宜为 0.38~0.45。

e. 砂浆应拌和均匀，随拌随用，一次拌和的砂浆应在初凝前用完，并严防石块、杂物混入。

f. 注浆开始或中途停止时间超过 30min 时，应用水或稀水泥浆润滑注浆罐及其管路。

g. 注浆时，注浆管应插至距孔底 50~100mm 处，并随砂浆的注入缓慢匀速拔出；杆体插入后，若孔口无砂浆溢出，应及时补注。

h. 杆体插入孔内长度不应小于图纸规定的95%，锚杆安装后，不得随意敲击，3d内不得悬挂重物。

i. 每段工程应取代表性段落对锚杆进行抗拔试验，要求锚杆抗拔力大于图纸规定，通过试验修正施工参数，指导大面积施工。

j. 挂网应符合图纸规定。可用直径2mm普通镀锌铁丝制成，也可用高强度聚合物土工格栅或钢筋网。

（3）勾缝、灌缝

适用于岩石较为坚硬，风化程度不大的边坡，以防止水分渗入岩体内，危及边坡稳定。采用勾缝、灌缝对岩体坡面进行防护时，施工前应将缝内冲洗干净，并依缝宽和缝深分别按下列要求施工：

1）岩体节理多而细者，宜用勾缝，砂浆应嵌入缝中，与岩体牢固结合。

2）缝宽较大时，宜用砂浆灌缝，插捣密实，灌满至缝口抹平。砂浆体积配合比可用1：4或1：5。

3）缝宽而深时，宜用混凝土灌缝，振捣密实，灌满至缝口抹平。混凝土体积配合比可用1：3：6或1：4：6。

（4）砌石护坡

砌石护坡适用于边坡坡度缓于1：1的各类土质及岩质边坡。当坡面受地表水流冲蚀产生冲沟，表层溜塌或剥落时，均可采用砌石防护。砌石防护分干砌片石护坡和浆砌片石护坡。

1）干砌片石护坡

在因雨、雪水冲刷，发生流泥与溜塌的路基边坡、桥涵附近坡面与岸坡、地面排水沟渠等处可干砌或浆砌片石加固。如图4-3-4所示。

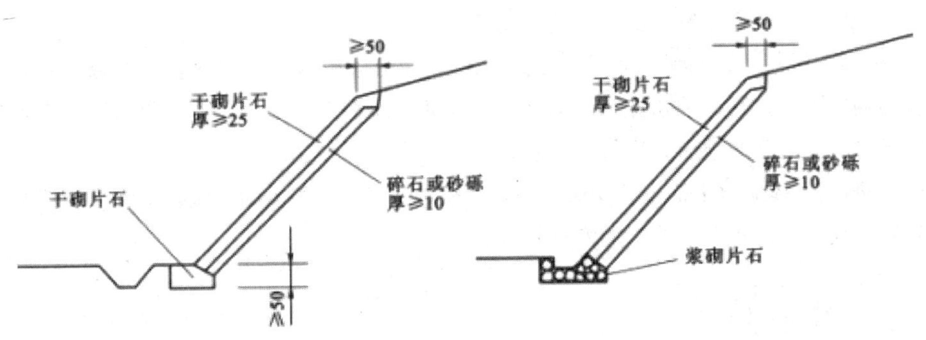

图4-3-4　干砌片石护坡（单位：cm）

片石护坡时，要求坡面稳固，先垫以砂垫层，然后自下而上平整地铺砌片石。片石应逐块嵌紧并错缝，厚度一般不小于20cm。干砌所用石料、强度和尺寸应符合污土砌体的规定，并宜就地取材和选用，干砌片石亦可砂浆勾缝，以防水浸并提高整体强度。

2）浆砌片石护坡

适用于各种易风化的岩石边坡，特别是当流速较大（如 4~5m/s），波浪作用较强，以及可能受到漂浮物等的冲击作用时，可采用浆砌片石防护。

浆砌片石护坡砌筑前需将坡面整平、拍实，边坡坡度不宜陡于 1∶1。路堤边坡上采用浆砌片石护坡时，应在路堤沉实后施工，以免因路堤的沉落而引起护坡的破坏。

浆砌片石护坡的厚度一般为 0.2~0.5m，用于冲刷防护时，根据流速大小或波浪大小确定，最小厚度一般不小于 0.35m，在冻胀变形较大的地质边坡上护坡底面应设置 0.10~0.15m 厚的碎石或砂砾垫层。砌筑片石时应注意砂浆饱满，接缝交错，坡面平整，勾缝严密，及时养护。

浆砌片石护坡每长 10~15m 应留一道伸缩缝，缝宽约 2cm，缝内填塞沥青麻筋或沥青木板等材料，在基底土质有变化处，还应设置沉降缝，可考虑将伸缩缝与沉降缝合并设置。

（5）护面墙防护

护面墙是浆砌片石的坡面覆盖层，用于封闭各种软质岩层和较破碎的挖方边坡。要求墙面紧贴坡面，表面砌平，厚度可不同，石料应符合要求。护面墙除自重外，不承受其他荷重，亦不承受墙背土压力。

浆砌片（块）石护面墙的修筑应符合下列要求：

1）砌体砌筑前应测量放样，施工时应立杆挂线或用样板控制，并要经常复核验证，以保持线形顺直，砌体平整。

2）护面墙修筑前应先清除边坡松动岩石，清出新鲜面，边坡上的凹陷部分挖成台阶后，应以墙体相同的污土砌补，不可回填土石或干砌片石。

3）墙背与坡面应密贴结合，砌体应咬口紧密、错缝、砂浆饱满，不得有通缝、叠砌、贴砌和浮塞，砌体勾缝应牢固和美观。

4）护面墙基础应设在可靠的地基上，埋置深度应在当地冰冻线以下 0.25m，承载力不宜小于 30kPa，如果不够，应采用加强措施。

5）根据图纸规定的伸缩缝和沉降缝的长度，应分段砌筑，其泄水孔、耳墙、砂砾反滤层应与墙体同步进行。泄水孔可预留孔洞，反滤层应在砌高一层后即填筑一层，当达到耳墙位置时，应清理边坡后先进行耳墙砌筑。

6）护面墙砌体应自下而上逐层砌筑，直至墙顶。当为多级墙时，应在上墙边坡清刷完后，先砌上墙，这样有利于施工的安全和进度。

二、冲刷防护

冲刷防护主要针对水流对路基破坏作用而设，起防水治害和加固边坡堤岸的双重功效。冲刷防护设施有直接防护和间接防护两类。

1. 直接防护

直接防护设施有植物防护、砌体护坡、抛石防护、石笼防护等四种。

（1）植物防护

即采用种草、铺草皮、植树等措施减缓水流对路基边坡的作用，具体内容已在前面介绍。

（2）砌体护坡

通常采用砌石，砌体可以用单层式或双层式。双层式的上层厚度为0.25~0.35m，下层厚度为0.10~0.25m。单层厚度应不小于0.30m。

砌体护坡采用干砌或浆砌片石，干砌适合水流较平顺，受冲刷较小，允许流速在2~4m/s；浆砌适合流速为4~6m/s，或堤岸受水流冲刷、波浪作用强烈，一般有流冰或漂浮物撞击时采用。当缺乏石料时，可采用混凝土预制块。预制块的平面尺寸一般为1~4m，厚度为8~20cm。

堤岸砌体护坡的基础容易产生破坏，要引起足够的重视。砌体护坡的基础应采用浆砌片石或混凝土，基础应埋置在冲刷线以下0.5~lm处。为防止冲刷，可以采用慢石护脚。当冲刷较为严重时，应结合抛石、石笼等进行护脚，必要时可采用打桩等，以稳定基础。

（3）抛石防护

1）适用条件

抛石防护适用于经常浸水且水深较大的路基边坡或坡脚以及挡土墙、护坡的基础防护。抛石一般多用于抢修工程。抛石防护是通过向坡脚抛掷块径较大的石料，在坡脚处形成护脚，所以也称为抛石垛，如图4-3-5所示。抛石边坡坡度和选用石料块径应根据水深、流速和波浪情况确定，石料块径应大于30cm，坡度不应陡于所抛石料浸水后的天然休止角，厚度不应小于所用最小石料块径的两倍。

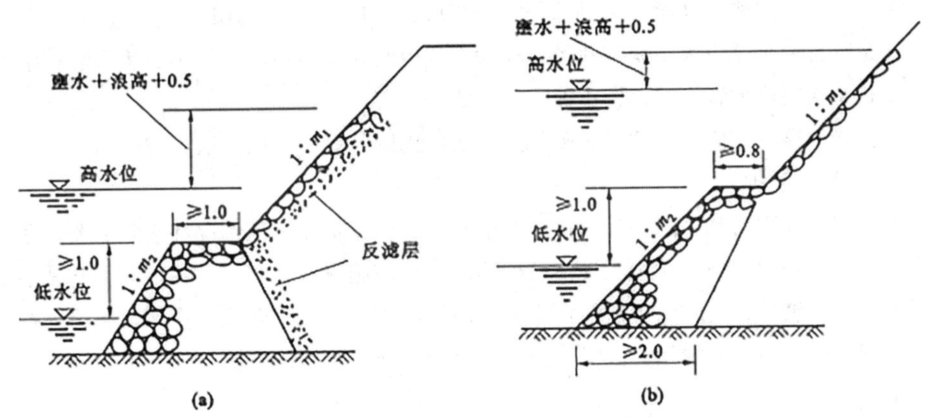

图4-3-5 抛石防护示意图（单位：m）

（a）新堤石垛；（b）旧堤石垛

2）施工要点

①所抛石料应质地坚硬、耐冻且不易风化崩解。

②抛石块径的选择应与当地水深与流速相适应，其块径应大于0.3m，并小于设计要求抛石厚度的1/20。

③抛石防护除防洪抢险外，应于枯水季节施工。

④抛石时宜用不小于计算尺寸的大小不同的石块掺杂抛投，使抛石保持一定的密实度。

（4）石笼防护

石笼防护是在镀锌铁丝、高强聚合物土工格栅或竹木笼中装入石料，然后抛向坡脚，在坡脚处形成一定体积的护脚，以防止冲刷基础，如图 4-3-6 所示。

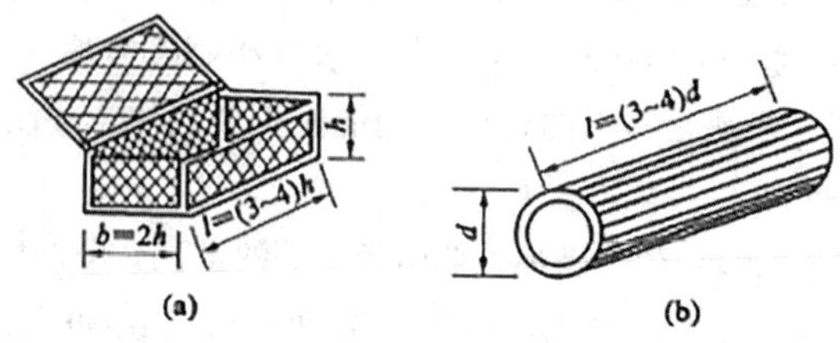

图 4-3-6　石笼的形式

（a）箱形笼；（b）圆柱形笼

1）适用条件

石笼防护适用于受水流冲刷和风浪侵袭，且防护工程基础不易处理或沿河挡土墙、护坡基础局部冲刷深度过大的沿河路堤坡脚或河岸。石笼内所填石料应采用密度大、浸水不崩解、坚硬且未风化石块，块径应大于石笼的网孔。

2）施工要点

①编笼应采用镀锌铁丝。基脚部分宜用箱形笼，边坡部分宜用圆柱形笼。

②笼装石块直径应大于笼网孔径。较大石块应装在笼的边部，较小石块可装在中部。

③石笼基底应大致平整，较小孤石应予清除。

④安置石笼时，应做到位置正确、搭叠衔接稳固、紧密，以保证其整体作用。

（5）间接防护

为防护与加固路基，除各种直接防护措施外，根据堤岸水流情况和实际需要，还可在必要条件下，采取丁坝、顺坝等导治结构物的间接措施来改变水流，用以消除和减缓水流对堤岸的直接破坏，同时，可促使堤岸近旁缓速淤积，起到安全保护作用。导治结构物主要是设坝，按其与河道的相对位置，一般可分为丁坝、顺坝或格坝。

（6）丁坝

丁坝适用于宽浅变迁性河段，用以挑流或减低流速，减轻水流对河岸或路基的冲刷。丁坝长度应根据防护长度、丁坝与水流方向的交角、河段地形、水文条件及河床地质情况等确定，垂直于水流方向上的投影长度不宜超过稳定河床宽度的 1/4。

用于路基防护的丁坝宜采用漫水坝或潜坝，丁坝与水流方向的交角以小于或等于 90°为宜。

当设置群坝时，坝间距离不应大于前坝的防护长度。丁坝间的河岸或路基边坡所能承受的容许流速小于水流靠岸回流流速时，应缩短坝距，或对河岸及路基边坡采取防护措施。

（7）顺坝

顺坝适用于河床断面较窄、基础地质条件较差的河岸或沿河路基防护，以调整流水曲度和改善流态。顺坝与上、下游河岸的衔接应使水流顺畅，起点应选择在水流匀顺的过渡段，坝根位置宜设在主流转向点的上方。

第四节　路基石方爆破

一、爆破作用原理

为了爆破某一岩体，在其中或表面放置的一定数量的炸药，称为药包。按药包的形状或集结程度不同，可以分为集中药包、延长药包和分集药包三种。

1. 药包在无限介质内的作用

药包在无限介质内爆炸时，炸药在瞬间内通过化学反应转化为气体状态的爆炸产物。由于膨胀作用，体积增加数千倍甚至上万倍，形成高温高压，产生的冲击波以每秒上千米的速度，自药包中心按球面等量向外扩散，传递给周围介质，使介质产生各种不同程度的破坏和振动现象。这种现象随着距药包中心的距离增大而逐渐消失。按破坏程度的不同大致可分为四个爆破作用区。

（1）压缩区。R 压表示压缩圈半径，在这个作用圈范围内，介质直接承受药包爆炸所产生的极其巨大的作用力。如果介质是可塑性的土，便会遭到压缩形成空腔；如果是坚硬的脆性岩石，便会被粉碎。以 R 压为半径的球形区称为压缩区。

（2）抛掷区。R 压至 R 的区间为抛掷区。该区介质的原有结构受到破坏而分裂成碎块，而且爆炸力尚有余力，足以使这些碎块获得运动速度。如果在有限介质内，这些碎块的一部分会向临空面方向抛掷出去。

（3）松动区。R 至 R 的区间为松动区。该区爆炸力大大减弱，能使介质结构受到不同程度的破坏，但没有较大的位移。

（4）振动区。R 松至 R 的区间为振动区。微弱的爆破作用力不能使该区介质产生破坏，只能产生振动现象。振动圈以外，爆破作用能量将逐渐消失。

2. 药包在有限介质内的爆破作用与爆破漏斗

药包在有限介质内爆炸时，在具有临空的表面上都会出现一个爆破坑，一部分炸碎的土石被抛至坑外，一部分仍落在坑底。由于爆破坑形状如同漏斗，称为爆破漏斗，爆破漏斗的形状和大小，不但与药包量大小、炸药性能、介质的性能等有关，同时，还与临空面的数量和所处的边界条件有关。

二、影响爆破的主要因素

药包在介质中爆炸时，介质被抛掷和松动的体积或破碎的程度称为爆破效果。影响爆破效果的因素主要有以下几种：

（1）炸药的威力。一般在坚石中，宜用粉碎力大的炸药，如 TNT、胶质炸药等，爆破后岩石破碎程度较大，但破坏范围一般较小；在次坚实、软石、裂缝大而多的岩石中，以及松动爆破中，宜用爆力大而粉碎力较小的炸药，如硝胺类炸药；开采料石，则宜用爆力和猛度都较小的炸药，如黑火药。

（2）炸药用量。药量少了，达不到预期的效果。药量多了，不但造成浪费，而且会出现飞石过远、裂缝增多、边坡坍塌等超爆现象。因此，药量应适中。

（3）地形条件。在爆破工程中，地形的陡坦程度及临空面数量，对爆破效果影响也很大。地形越陡，临空面数目越多，爆破效果越好；反之，爆破效果差。

（4）地质条件。地质条件是指岩石性质和岩层构造。岩石性质包括岩石的密度、韧性和整体性等，是确定岩石单位耗药量和能否采用大爆破的主要依据；岩石构造主要指岩石的层理产状等，往往会对爆破的范围、爆破漏斗的形状和大小产生重大影响。

（5）其他因素。装药的密实度、堵塞炮眼和导洞的质量、爆破技术的熟练与正确程度等对爆破效果均有影响。

三、炸药、起爆器材及起爆方法

（一）炸药

炸药是一种化学性质不稳定的物质，在外力的作用下（如冲击、摩擦等），易发生爆炸。爆速高达每秒几千米，爆温高达 1500~4500℃，压力超过 10 万个大气压，因此，具有非常大的破坏力。炸药的性质用以下指标描述：

1. 炸药的威力

一般用爆力和猛度来衡量。爆力是指炸药破坏一定量介质的能力；猛度是指炸药爆炸时，将一定量岩石粉碎成细块的能力。

2. 炸药的敏感度

指炸药在外能作用下发生爆炸的难易程度，包括爆燃点、撞击敏感度、摩擦敏感度和起爆敏感度。炸药的敏感度受其密度、湿度、粒度和杂质含量的影响。

3. 炸药的安定性

指炸药在长期存储时，保持其原有物理化学性质不变的能力。

（二）炸药的分类

炸药的种类繁多，爆破工程中常用的可分为如下两类：

1. 起爆炸药

起爆炸药是一种爆炸速度极高的烈性炸药，爆速可达 2000~8000m/s，用以制造雷管。起爆炸药又可分为正起炸药和副起炸药。正起炸药对热能和机械冲击能均具有强烈的敏感性，如雷汞、黑索金、泰安等；副起炸药须由正起炸药起爆，其爆速甚高，可加强雷管的起爆能量，如三硝基甲硝胺，四硝化戊四醇等。

2. 主要炸药

用以对岩石或其他介质进行爆炸的炸药称为主要炸药。它的敏感性较低，要在起爆炸药强力的冲击下才能爆炸。它可分为：缓性炸药，爆速为 1000~3500m/s，如硝铵炸药、铵油炸药；粉碎性炸药，爆速为 3500~7000m/s，如梯恩梯、胶质炸药等。道路工程中，常用的主要炸药的成分和性能如下：

（1）黑色炸药。由硝酸钾、硫黄、木炭（配比为 75：10：15）所组成的混合物。它对火星和碰击极其敏感，易燃烧爆炸，怕潮湿，威力小，适用于开采石料。

（2）梯恩梯（TNT）炸药。TNT 或称三硝基甲苯，淡黄色针状结晶体，熔铸块呈褐色，敏感度低，安定性好，耐水性强，爆炸威力大，适用于爆破坚硬的岩石。但本身含氧不足，爆炸时产生有毒的一氧化碳，不宜用于地下作业。

（3）胶质炸药。由硝化甘油和硝酸铁（有时用硝酸钾或硝酸钠）的混合物，另加人一些木屑和稳定剂制成的。可分为耐冻、非耐冻两种。工业上常用的是硝化甘油及二硝化乙二醇含量各为 62% 和 35% 的耐冻胶质炸药。它对冲击、摩擦和火星都很敏感，如果湿度较高或储存时间过久，容易分解、渗油和挥发。此时对外界的作用更敏感，受冻后尤其危险，它是一种危险性较高的炸药。但胶质炸药威力大，不吸湿，有较大密度和可塑性，适合于水下和坚石使用。

（4）硝胺炸药。是目前石方爆破中广泛应用的一类炸药。主要品种有煤矿铁梯炸药、岩石按梯炸药、露天钱梯炸药等。道路工程中常用的岩石硝胺炸药由硝酸铵、梯恩梯和少量木粉组成，其配合比为 85：11：4，具有中等威力和一定的敏感性，在 8 号雷管作用下可以充分起爆，是安全的炸药。但是，它有吸湿性与结块性，受潮后敏感性和威力显著降低，同时产生毒气。

（5）铵油炸药。是硝酸铁和柴油（或加木粉）的混合物，通常两者比例为 94.5：5.5，当加木粉时，其比例为 92：4：4。这是一种廉价、安全、制造简单、威力比硝铵炸药略低、敏感性低的炸药，具有结块性和吸湿性，使用时不能直接用 8 号雷管起爆，须同时用 10% 的硝铁炸药做起爆体，才能使其充分起爆。

（6）浆状炸药。是以硝酸钱、梯恩梯（或铝、镁粉）和水为主混合而成的一种糨糊状炸药，其威力大，抗水性强，适用于深水爆破（坚硬岩石），但需烈性炸药起爆。

（三）起爆器材及起爆方法

1. 起爆器材

道路施工常用的起爆器材是雷管，按引爆方式不同可分为火雷管和电雷管两种。

（1）火雷管：也称普通雷管，用导火索引爆，按其装药量的多少编号，常用的 6 号雷管相当于 1g 雷汞的装药量。

（2）电雷管：由电流引爆，按其起爆时间可分为即发型和迟发型。即发型电雷管同时点火同时起爆。迟发型电雷管同时点火，但不同时起爆，按其推迟起爆时间长短可分为 2s、4s、6s、8s、10s、12s 数种。

2. 起爆方法

（1）导火索起爆：导火索起爆是先将导火索点燃，引爆火雷管，从而使全部炸药引起爆炸。雷管内装的都是烈性炸药，遇撞击、按压、摩擦、加热、火花都会爆炸。因此，在运输、保管、使用中要特别注意，要轻拿轻放，不可随便乱扔。

（2）电力起爆：电力起爆是利用电雷管中电力引火剂的通电发热燃烧使雷管爆炸，从而引起药包爆炸。电力起爆的电源有放炮器、干电池、蓄电池、移动式发电站、照明电力线路或动力电力线等。电力起爆网中，电雷管的联结方式有串联、并联和混合联三种。电力起爆所用电线必须采用绝缘完好的导线。

（3）导爆索起爆：导爆索（又称传爆线）起爆就是利用导爆索的爆炸直接引起药包的爆炸。导爆索其外形与导火索相似，直径 4.8~5.8mm，药芯系烈性炸药做成，有良好的防水性能，浸在水中 12h 仍能爆炸。导爆索爆速快（6800~7200m/s），主要用于深孔爆破和药室爆破，使几个药室能做到几乎同时起爆，可以提高爆破效果。由于导爆索着火较困难，使用时须在药室外的导爆索上捆扎一个 8 号雷管来起爆。

（4）塑料导爆管起爆：由内涂引爆炸药的塑料导爆管组成的起爆网络与药包连接，通过雷管、导火索、引火头等能产生冲击波的器材激发导爆管，从而起爆药包。导爆管本身很安全，可作为非危险品运输。一个 8 号雷管能激发 30~50 根导爆管，效率高，成本低，安全可靠。

（5）钢纤炮（炮眼法）

指炮眼直径和深度分别小于 7cm 和 5m 的爆破方法。

用于工程分散、石方量少时，如整修边坡、清除孤石。

（6）深孔爆破

指炮眼孔径大于 75mm，深度在 5m 以上（一般深度为 8~12m），使用延长药包的爆破。炮眼需要用大型凿岩机或穿孔机钻孔。多用于石方数量大且集中的情况。爆破后有 10%~25% 的大石块需第二次爆破，进行破碎，以便于清方。

（7）药壶炮

指在深 2.5~3m 以上的炮眼底部用少量炸药经一次或多次烘膛，使炮眼底部扩大成药壶形（葫芦形），将炸药集中装入“药壶”中进行爆破。适用于结构均匀致密的硬土、次坚石、坚石。当炮眼深度小于2.5m，或在节理发达的软石，岩层很薄，渗水或雨季施工时，不宜采用。

（8）猫洞炮

指炮眼直径0.2~0.5m，深度2~6m，炮眼成水平或略有倾斜，用集中药包进行爆破的方法。最佳使用条件是：岩石为Ⅴ~Ⅶ级，阶梯高度最小应大于炮眼深度的两倍，自然地面坡度在70度左右。

（9）微差爆破

指两相邻药包或前后排药包以毫秒的时间间隔（一般为15~75ms）依次起爆。

（10）光面爆破和预裂爆破

光面爆破是在开挖限界的周边，适当排列一定间隔的炮孔，在有侧向临空面的情况下，用控制抵抗线和药量的方法进行爆破，使之形成一个光滑平整的边坡。

预裂爆破是在开挖界限处，按适当间隔排列炮孔，在没有侧向临空面和最小抵抗线的情况下，用控制药量的方法预先炸出一条裂缝，使拟爆体与山体分开，作为隔震减震带，起保护开挖界限以外山体或建筑物的作用。

（11）洞室炮

威力大，效率高，可缩短工期，节约劳力。

根据地形条件和路基横断面形式，可分别选用以下洞室炮：

1）扬弃爆破（平坦地形的抛掷爆破）

使用于平坦地形或地面坡度小于15度的地形，如平地拉槽路堑，石质为软石时，较少采用。

2）斜坡地形的抛掷爆破

自然地面坡度在15~50度间，岩石较松软时，可采用。

3）抛坍爆破

适用于自然地面坡度大于30度的半填半挖断面。

4）定向爆破

利用爆能将大量土石方按指定的方向，挪移到一定的位置并堆积成路堤的一种爆破方法。减少了挖、装、运等工序，生产率极高。

5）松动爆破

主要适用于不宜采用抛掷爆破的次坚石、软石路基，或配合机械化清方的地段。

（四）各种爆破方法的选用原则

1. 全面规划，综合组织炮群

应利用地形和地质的客观条件和石方集中的程度，全面规划，综合组织炮群，确定那些地段采用什么炮型（一般，中心挖深大于6m时，采用洞室炮，3~5m时采用药壶炮，3m以下采用钢纤炮）。

2. 利用有利地形，扩展工作面

从路基面开挖，先用小炮炸开工作面，逐渐形成高阶梯，为深孔炮、药壶炮或猫洞炮创造有利条件。

3. 综合利用小炮群，分段、分批爆破

在半填半挖的斜坡地形，采用一字排炮。

路线横切小山包时，采用钢纤炮三面切脚，改造地形后，在中间用药壶炮。

路基加宽、阶梯较高的地形，采用上下互相配合的小炮群。

对拉沟路堑，采用两头开挖时，可用垂直炮眼揭盖，水平炮眼扫底的梅花炮。

机械化清方时，如遇坚石，可用眼深 2m 以上的钢纤炮，组合成 30~40 个多排多层炮群，或采用深孔炮，在坚硬岩石中，为使岩石破碎程度满足清方要求，可以采用微差爆破或间隔药包。遇软石或节理发育的次坚石，可用松动爆破。

（五）爆破作业

1. 爆破器材的安全检查

炸药的含水量要求：黑火药＜ 1%，硝酸铵＜ 3%，铵油炸药＜ 5%。

雷管应符合规定要求，外形完整，加强帽不脱落变形，无药粉漏出。火雷管的发火孔处不得油铜锈。必要时应做试爆鉴定。

导火索和传爆线应做燃速试验，其燃速应稳定一致，否则不能在群炮中使用。

2. 炮位选择和钻眼

分人工、机械钻眼两种。

人工钻眼工具，钢纤、大锤、注水工具和掏石粉的小勺。

机械钻研设备有凿岩机，有风动式和电动式。

炮眼打成后，应将其中石粉、泥浆清除干净，用稻草火塞子将孔口赛好，避免石渣、泥块等落入。

3. 装药、堵塞炮眼与引爆

装药是一项要求细致而危险性很大的工作，应由熟练的炮工担任。装药时，无关人员应撤离危险区。

装药与堵塞工作应连续快速进行，以免炸药受潮，降低威力。

用木片或竹片（不得使用铁器）堵塞炮眼：材料为干细砂土、砂、黏土等。最好用一份黏土、三份粗砂。

所有炮眼堵塞完毕后，应布置安全警戒，疏散危险区内人员、牲畜，封闭所有与爆破地点相通得路径，做好点火引爆得准备。

点火引爆：由指定得点火人员按规定路线同时点火，点火时应用草绳、香火引燃导火索，禁止用明火。

电雷管的引爆用接通电源的方法引爆。

4. 瞎炮处理

立即查明原因，研究采用妥善处理得方法。

产生原因：一般有雷管、导火索受潮失效，导火索与雷管接头脱开，堵塞炮眼时导火索被拉断，炮眼潮湿有水，点炮时漏点等。

处理瞎炮时，先找出瞎炮位置，在其附近重新打眼，使瞎炮与新炮一起爆炸。如瞎炮为小炮且为一般炸药时，可用水冲洗处理。

5. 清理渣石

可用人工、机械进行，应严格按操作规程要求进行，以避免炸送得山石坍塌，造成伤人毁物事故。炸落得岩石体积过大，可进行二次爆破，以便于清运。

四、石质路基爆破施工

石方开挖采用松动控制爆破，爆破后用挖掘机、自卸汽车运输于填筑路基段。

1. 控爆施工

为确保安全爆破，保证路堑边坡的设计尺寸及稳定性，浅挖路段石方采用浅孔松动爆破，空压机供风，凿岩机钻眼，非电雷管起爆。深挖路段石方采用深孔松动控制爆破，空压机供风，潜孔钻机钻孔，非电毫秒雷管微差起爆。爆破后的石方弃置及运输同土方，利用其填筑路堤时，粒径处理达到规范要求标准。

2. 技术措施

变高边坡爆破为多级台阶爆破，起爆顺序由下向上；单层台阶先竖孔后平孔。

浅孔松动爆破山体实施纵向松动爆破，最小抵抗线方向与线路方向平行。对于深孔爆破，爆破方向向着边坡方向。

通过起爆网路参数改变临空面方向，达到控制飞石方向的目的；采用小抵抗线大孔距爆破施工，以爆炸应力波引起的切向拉应力超过岩石抗拉强度而使岩石破裂，控制飞石。

爆破施工时，对邻近民房的防护，采用排架防护和在待爆岩面上覆盖炮被的双重防护。排架骨架采用 ϕ40 钢管以扣件连接而成，骨架内侧以 ϕ10 钢筋与骨架绑扎形成防护网，钢筋网内侧布钢丝网，钢丝网内侧挂草袋，整个排架防护网采用地锚和斜撑予以固定。炮被为双层，底层为尼龙网，面层采用胶帘管。

3. 爆破施工

（1）爆破参数选择

深孔爆破孔网参数根据不同地段及岩石风化软硬程度，通过试爆确定。试爆时的孔网参数见《孔网参数表》。

表 4-4-1　孔网参数表

炮孔类型	梯度高度 H（m）	最小抵抗线 W（m）	孔距 a（m）	排距 b（m）	孔深 h（m）	孔径 d（cm）	超钻 h′（m）	炸药单耗 g（kg/m^3）	线装药密度 c（m）
主炮孔	≤ 8	3.0	3.0	2.5	≤ 8	100	0.1h	0.4	
光爆孔	＜ 8		1.0		＜ 12	100	0.1h		0.8

（2）布孔、钻孔

根据实际地形和施工断面情况，按照试爆确定的孔网参数布孔、钻孔。

石质路堑施工中，为保证施工时不影响邻近民房安全，采用直孔、斜孔、边孔结合，纵向临空爆破，边坡光爆。主炮孔采用“方格”型，光爆孔采用“一字”型。

钻孔过程中严格控制好钻孔深度及钻孔精度。钻孔深度误差不超过 5%，钻孔角度误差不超过 1° 或方向误差不超过 3%。钻孔结束后，由技术人员使用专用的炮孔测深仪及炮孔角度测试仪进行检查并填表记录，超过允许误差时重新钻孔。检查合格的炮孔用木塞进行封口，以防异物落入孔内。

（3）装药前的准备

检查孔位是否符合要求。

检查孔深。用炮孔测深仪对炮孔进行检查，发现有卡孔时，用炮棍清理，无效时可用钻机清孔或重新钻打孔。

对水孔应将孔内积水排净，排不净时，采用防水炸药。

（4）起爆药包的制作和装药

雷管聚能穴朝向起爆药包。

起爆药包直径接近炮孔直径，长度大于炮孔直径，不小于自身直径的 2 倍。

起爆药包的位置放在炮孔底部，即使在装药过程中产生中断，也能保证底部装药全部起爆。

炮棍用木棍、竹竿或塑料杆制作，直径比炮孔小 10~20mm，以便给出孔线（导爆管、导爆索）留有空隙，为获得良好的装填质量，一次压装一个药卷，避免装药空隙增大，装药质量变差，同时不捣固起爆药包。

装药结构根据孔深和用途分别采用 3 种不同的形式：

孔深≤ 8 米时，采用连续装药结构；孔深＞ 8 米时，采用间隔装药结构；边坡光爆孔采用不偶合装药，药卷绑扎在导爆索上。

堵塞采用黏土或砂加黏土，堵塞长度满足 $L \geqslant 30d$（d 为炮眼直径），堵塞时，每填入 0.3m

时，用木棍逐层捣固密实。

（5）起爆网路

起爆网路采用孔内微差、孔外瞬发。

爆破指挥人员要在确认周围的安全警戒工作完成后，方可发出起爆命令；

爆破指挥人员应严格执行预报、警戒和解除三种统一信号。并由爆破指挥人员统一发出。防护、警戒人员应按规定信号执行任务，不得擅离职守；

要指定专人核对装炮、点炮、响炮记数；

起爆后确认炮数响完，并由爆破作业人员检查结束后，方可发出解除信号，撤除防护人员。如不能确认炮数响完，须待最后一炮响过 15min 后进行检查，确认安全，方可解除警戒。如发生瞎炮要设立防护标志，禁止在其附近作业，做到未经处理不得拆除防护标志。

（6）瞎炮处理

应由原装炮人员当班处理，如不可能时，装炮人员应在现场将装炮情况、炮眼方向、装药数量交代给处理人员；

只有对瞎炮孔内的爆炮线路、导火索、导爆管等检查完好，方可重新起爆。

重新起爆前，应检查瞎炮的抵抗线情况，并布置警戒；

严禁用拉动导火索或雷管脚线的方法取出雷管；

硝铵类炸药可用水冲灌炮眼，使炸药失效；

禁止在瞎炮的残孔内，重新打眼爆破。

瞎炮处理后，应认真检查、清理残余未炸的爆破器材，确认安全方可撤除警戒标志。

（7）挖运清底

爆破后，使用挖掘机分多个工作面进行挖装，15t 自卸汽车运输至填土区或弃土区。

第五节　特殊路基施工

一、高填深挖方路基施工

（一）概述

高填深挖方路基施工是路基工程中的一个重点，是控制工程进度的关键。由于挖方路堑是由天然地层构成的，天然地层在生成和演变的长期过程中，一般具有复杂的地质结构。路基大断面的开挖施工，

破坏了原有的山体平衡，边坡太陡，废方堆弃太近，草坡栽种、护面铺砌施工不及时，排水不良等都会引起路堑边坡失稳、滑坍，严重时甚至影响整个工程进度。所以施工方案

的确定，直接关系到工程质量和进度。

高填方路基填筑后，往往比其他地段路堤容易产生病害，所以，施工时必须采取有效措施，保证质量。

（二）施工准备

1. 测量放样

路基施工前，根据设计图、施工工艺和有关规定恢复的路线中线桩、钉出路基用地界桩、路堤坡脚、路堑坡顶、边沟、取土坑、护坡道、弃土堆等的具体位置桩。以定出路基轮廓。在路堤坡脚外缘每隔 20m 一个桩，桩上注明桩号，定出路堤坡脚线。

道路中线桩直线部分每 20m 一个，每 100m 设一个永久性固定桩，曲线部分除 20m 设一整里程桩外，曲线的起点、终点、圆缓点、缓圆点都设置固定桩。在中线桩施测后，进行横断面测量，然后根据路基横断面图及实测标高进行边桩放线。在横断面的坡顶点位置上，钉边桩。经过准确放样后，提供放样数据及图表，报监理工程师审批。

2. 施工前的复查和试验

路基施工前，对路基工程范围的地质水文情况进行详细调查，通过取样试验确定其性质和范围。

按照《公路路基施工技术规范》的规定，对施工段落的土样做下列试验项目：

（1）液限、塑限、塑性指数、天然稠度和液性指数；

（2）颗粒大小分析试验；

（3）含水量试验；

（4）密度试验；

（5）相对密度试验；

（6）土的击实试验；

（7）土的强度试验。

3. 排水设施

由于水是造成路堑各种病害的主要原因，所以保证施工过程中及竣工后的有效排水显得尤为重要。具体操作如下：

（1）在路堑开挖前做好截水沟，土方工程施工期间修建临时排水沟。临时排水设施与永久性排水设施相结合。

（2）路堑施工时，注意经常维修排水沟道，保证流水畅通。

（3）引走一切可能影响边坡稳定的地面水和地下水，在路堑的线路方向上保持一定的纵向坡度（单向或双向）以利排水。

（4）填方路段在路基坡脚开挖排水沟，排水沟与当地排水设施贯通，每施工一层及时在路基顶面设置拦水埂，在路基边坡上修建排水槽，将路基顶面积水排至排水沟中排走。

4. 填方路段准备

高填方地段施工前，仔细对填方区进行现场勘查，掌握填方区地质情况，对于特殊地基，根据设计和施工规范的要求，按特殊地基处理。

方法进行基底处理，一般情况下则在基底中部填筑透水性较好的材料；对于一般原地面，先将原地面树木杂草及腐殖土清除，并疏干积水、晾晒、平整，然后用压路机碾压到规范要求的压实度。

5. 挖方路段准备

挖方路堑施工前核实挖方工程量及挖方调运线路图，路堑施工要做好排水设施，利用截水沟或临时排水沟，防止雨水侵入路堑和及时排出堑内雨水。

（三）施工工艺

1. 挖方施工

一般情况下挖方大于 8 米处设置 2 米宽的平台，并开挖平台沟，平台沟为 40 × 40 厘米，挖深每超过 8 米设一级平台，平台沟较长时，应设置急流槽，将平台沟的水引入边沟，截水沟尽量少设。

2. 土方路堑的开挖方式

土方路堑开挖根据路堑深度和纵向长度，开挖方式可以分为横挖法、纵挖法及混合式开挖法三种。

3. 挖方路基机械化施工

结合工程实际情况选用配备合理的施工机械以满足施工要求。

4. 注意事项

（1）土方开挖不论开挖工程量和开挖深度的大小，均应自上而下进行，不得乱挖超挖，严禁掏洞取土。

（2）路堑施工注意边坡的修整、稳定及防护，深路堑应随开挖深度分层做好防护，做到开挖一级防护一级，从上往下防护。开挖时，根据路面标高反算开挖边线，从路面顶每开挖 8m 设置落碎台，在落碎台上设置平台沟。山体开挖作业严禁采用爆破，在靠近设计坡面 3~5 米范围内，对于岩质坡体应采用光面爆破或人工开挖，对于土质坡体严禁爆破作业，以尽量避免或减小边坡爆破施工给岩体结构和坡面稳定造成破坏作用。工程地质不良时，采取应急措施或设置必要的防护工程，防止边坡失稳或坍塌。

（3）作业面段落的划分：设置合理的作业面，采用机械化流水作业，以加快工程进度、机械效率和质量要求。汽车运输道路应保证通车，会车不受影响。

（4）每一配套组内配一名机械保养工，以便随时进行检修，或配有专用维修车辆，工地通过对讲机联系，发现故障，及时维修。

（5）严格执行机械操作、驾驶、保养、安全各项规章制度。

（四）填方施工

高填方地段计划采用填土路堤，填料采用挖掘机及装载机装车，大吨位自卸汽车运输；采用分层水平填筑、分层压实、严格控制压实层厚≤ 30cm，推土机配合平地机平整的施工方案；压实度采用灌砂法检测；测量组进行沉降稳定观测。

填方高度 12~20 米时，设一级填方平台，顶面以下 8 米处设一宽度为 1.5 米的绿化平台；填方高度小于 12 米时，路基顶面以下 0~8 米边坡坡率采用 1 ∶ 1.5，8 米以下耕地及借方区边坡坡率采用 1 ∶ 1.75。对于陡坡，高填路基应在斜坡上沿斜面逐级开挖水平长度为 2 米的台阶。台阶平面向内坡度为 3%。

1. 施工方法

（1）填方区上料

运料前，挖方区的填料经试验合格后使用。采用挖掘机或装载机装车，自卸汽车运输到填方区。汽车卸料时，安排专人指挥，按每层 30cm 的压实厚度计算卸料密度，由远及近进行卸料，一层料卸完后，即停止卸料，进入摊铺和整平阶段。

（2）填方的平整

当填方区一层填料上料完成后，按层厚 30cm 的松铺厚度、采用推土机初步摊平，并在初平后的填料上来回碾压，完成初步压实，以利于平地机平整。每层初步平整完成后，再用平地机进行精平，并形成一定的路拱以利排水。对机械无法到达边角处采用人工找平。

（3）填方的压实

在经过平地机精平后的填层面上采用大于 20 吨位振动式压路机碾压。碾压时，直线段由两边向中间，小半径曲线段内侧向外侧，纵向进退式进行，横向接头重叠 1/2 轮迹，纵向碾压轮迹重叠 1~2m，压路机的行驶速度控制在 4km/h 之内，初压时采用静压，然后微振再强振，其压实遍数均由试验人员现场检测压实度控制，使路基压实度满足设计要求。

（4）压实度检测

以灌砂法为主，高填方压实度采用重型击实标准，核子密度仪辅助的方式进行检测。路堤填筑前，每种填料按试验规范要求取样进行土工试验，确定土样的最大干密度和最佳含水量；各填层所测得的压实度必须符合路基填筑压实度规范要求，否则要继续进行碾压，或对填料进行含水量分析，看是否在最佳含水量 ±2% 的范围之内，若偏大或偏少，则分别采取翻松晾晒和洒水湿润等措施进行处理后，重新进行碾压，直至符合要求为止。

（5）沉降稳定观测

施工前，在离路基沉降区范围以外的稳定区域埋置 2 至 3 个观测基点，用全站仪及水准仪精确定出基点的标高及基线的方位；在路基两侧的路堤坡脚处、坡脚以外 2m 和 4m 处每隔 200m 分别对称埋置 3 个测点，测点用 15 × 15 × 150cm 的钢筋混凝土桩制成。在路基填筑前根据基点的标高及基线的方位用全站仪观测定出测点的初始位置，并做好记录；在路基填筑过程中，每天对测点进行一次观测（测点位移变化不大时，可 3 天一次或 7 天一次），并记录观测数据。当测点的水平和竖向位移超出规范要求的值时，地基沉降处于不稳定状态，这时必须立即停止填筑，并采取相关措施进行处理，待路基稳定后方可继续填筑。

2. 注意事项

（1）严格控制填层厚度和填筑宽度。每层初平完成后，对填层厚度进行检查，确保每层填筑的厚度控制在 30cm 之内，以防填土沉降过多，发现超厚现象及时采取相关措施减薄。推土机在初铺时，摊铺的宽度比设计宽度加大 50cm，以保证路基边部压实。

（2）路堤填筑时，做到工地现场随时有领工员值班，对路堤填筑进行实行全过程指挥，使填层厚度、平整度、压实度等处于良好的受控状态，保证填筑过程符合规范要求。

（3）严格控制填层土质，选择经试验合格的填料进行填筑，含有有害杂质及未经处理的劣质土不得使用。当填料为不同土质时，采取不同土质分别填筑的方式，每种填料连续填筑层累计厚度不小于 50cm。将强度较小、透水性差的土填在下层，强度较大、土质较好的优良土填于上层。

（4）严格进行压实度的试验检测。每填完一层由队部试验室负责进行检测，经理部中心试验室经常性地对压实薄弱环节进行抽检，发现压实度不合格的情况，及时采取适当的措施进行处理，必要时采用强夯处理，确保路基的填筑压实符合规范要求。

（5）结合永久排水做好施工期间的临时排水工作。每层填筑完毕后，在填层面做成 2%~4% 的横向路拱，并在路基两侧做土埂排水，土埂开槽排出路面积水，并在开槽处沿边坡用砂浆做急流槽，使雨水顺急流槽排入边沟，不至于冲刷边坡。路堤坡脚及时做好临时或永久性排水沟，保证路基边坡排水通畅。

（6）严格控制路堤渗水部分的填筑材料，选取水稳性高及渗水性好的填料进行填筑，防止渗透动水压破坏路堤边坡的稳定。

二、软土路基施工

（一）软土路基处理

地基处理之前，应设置永久性平面和高程控制基点，测定边界范围，开挖两侧排水沟，疏通排干地表积水，清除场内杂物杂草。并按设计做好抽水、清淤、回填工作。

1. 换填

用挖掘机将挖出需换填的土层，用自卸车运到指定的弃土场，并将底部整平，当底部起伏较大时，可设置台阶或缓坡，并按先深后浅的顺序进行换填施工。底部的开挖宽度不小于路堤宽度加放坡宽度。根据换填所处的位置按设计要求的填料进行分层填筑，并碾压达到相应的压实标准。换填的范围和深度应符合要求，当设计与实际情况不相符时，应按有关规定办理变更设计。机械清淤要预留 30~50cm 的土层由人工清理。

2. 抛填片石

片石采用不易风化石料，一般粒径尺寸不小于 0.3m。当淤泥底层平坦时，抛投自地基中部向两侧逐渐进行，以便将淤泥从两旁挤出；淤泥底横坡陡于 1∶10 时，自高侧向低侧抛投，并在低侧边部多加抛投，使约有 2m 宽的平台顶面，片石抛出水面后，应用较小石块填塞垫平，用重型机械碾压紧密，然后分层铺设砂垫层及填土。

3. 袋装砂井

袋装砂井施工工艺流程见图 4-5-1，施工方法如下。

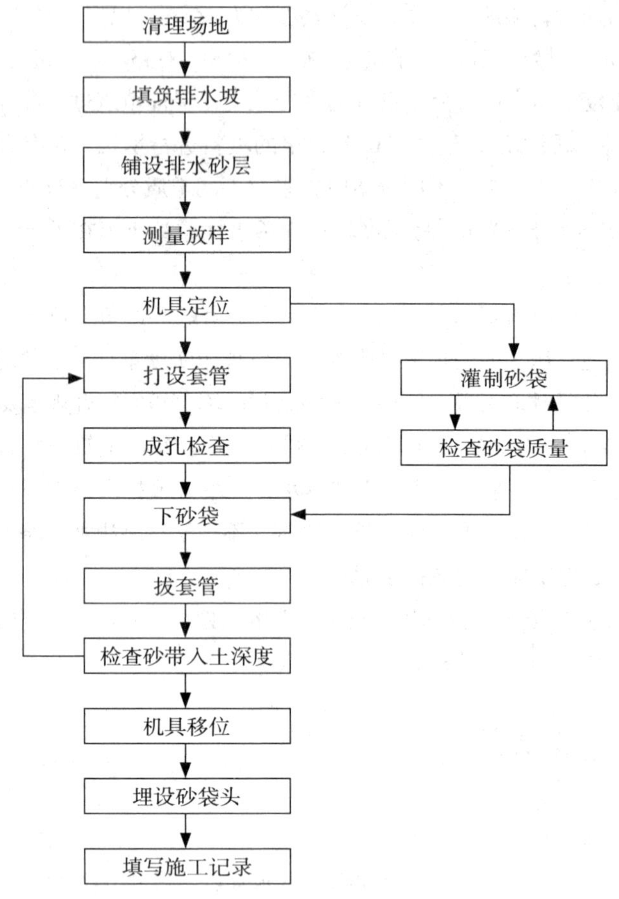

图 4-5-1　袋装砂井施工工艺流程图

排水坡及砂垫层的设置：首先清除加固范围内地面上的草皮及杂物，再用土质相同的土填成路拱或横坡，坡度不得小于 3%，并碾压密实（形成排水坡），密实度要求不小于 90%（或按设计密实度要求办）。然后在路拱或横坡上均匀地铺设 50cm 厚透水性好的粗砂层，表面应平顺，形成同土路拱或横坡相同的坡度，以利于袋砂井中排出的水能迅速从该砂层中流出。

桩机定位：根据袋砂井布置范围及间距，现场采用小木桩或竹板准确定出每个砂井位置，在套管入土时，再将其拔掉。

套管打入：使用 DZ30 振动桩锤配步履式打桩机架打设套管。

按从低处往高处打设的施工顺序，定位时要保证桩锤中心与地面定位在同一点上，并用经纬仪或其他观测办法控制桩锤导向架的垂直度。

套管顶端要有便于起吊钩的吊环或吊钩，并在套管上划出控制标高的刻度线。如套管接长时，在打设前要试接，要求连接处平顺密闭。活瓣式桩尖固定在套管上作为一个整体，套管的定位是利用桩机上的起吊设备将其吊起，上端送入桩帽中，下端用人扶住，准确安插在定位点上。

运、下沙袋：采用串联架子车运输沙袋，严禁在地上拖拉。下沙袋时，在套管口设置滚轮或滑槽，将沙袋缓慢顺直地放入套管中至设计深度。

拔出套管：沙袋到位后，即可起拔套管，起拔时启动振动器，连续缓慢地提升直到拔离地面。

袋头处理：套管拔出后，沙袋应露出井口 30cm 以上，并将其竖直埋入砂垫层中。若有高出砂垫层部分（在满足设计井深的情况下），经检查后将其割除，重新扎牢袋口。

4. 碎石桩

碎石桩主要用于粉细砂液化土路段软基处理，桩长穿透粉细砂层。采用振动成桩法、分层振实、间隔跳跃施工。

施工工艺流程见图 4-5-2，施工程序见图 4-5-3。

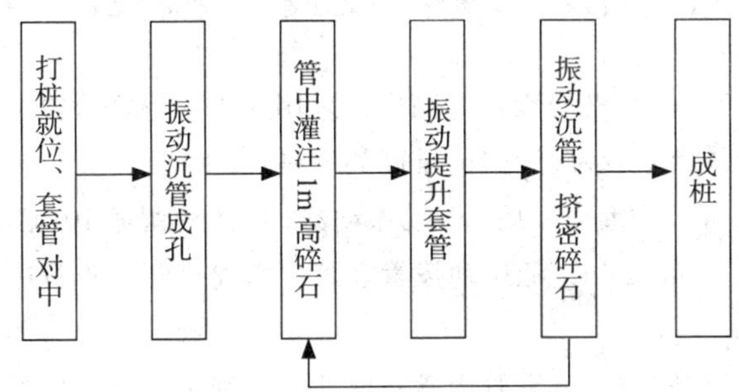

图 4-5-2　碎石桩施工工艺流程图

施工前做成桩试验，认真记录桩地灌入时间和深度、压入的碎石量和电流变化，确定正式施工时采用的参数，如密实电流、留振时间、填料量等。成桩按设计和规范要求对成桩效果进行抽检，复核地基承载力。

（1）施工准备：进行场地平整；将采用的施工设备、施工方法报监理工程师批准；碎石桩填料采用级配良好的碎石，进行材料试验，碎石含泥量不大于 5%，碎石最大粒径不超过 5.0cm。

（2）桩架就位：桩架就位必须平整、稳固，套管尖插在测设好的标桩上并与地面保持垂直，垂直度偏差不大于 1%。

（3）振动沉管：开动振动器，利用振动器自重和激振力将套管沉入软土层中，直至设计标高。

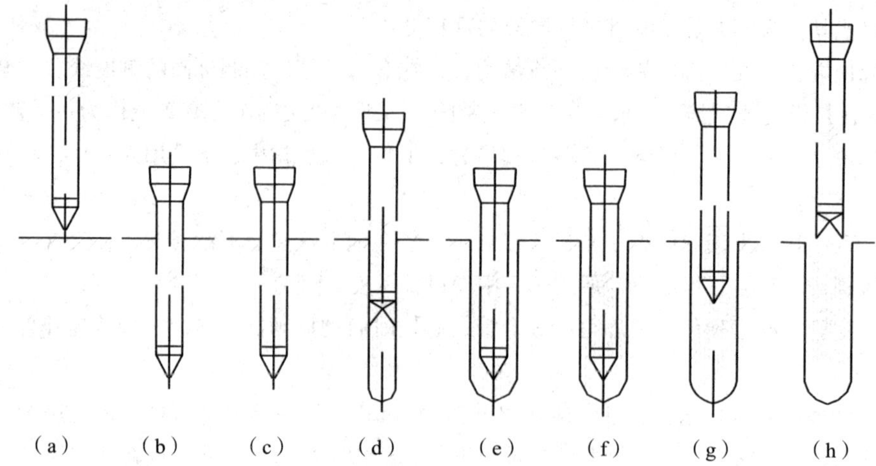

图 4-5-3 碎石桩施工程序图

(a)桩架就位，套管尖插在标桩上。(b)打设到设计标高。(c)灌入 1m 高碎石。(d)拔起套管，活瓣桩尖打开，碎石留在桩孔内。(e)将套管再次打至填筑层底标高。(f)灌入 1m 高碎石，边振边提升，完成一层碎石填筑。(g)重复(c)~(f)施工步骤。(h)拔出套管，完成碎石桩。进行下一层碎石填筑。

(4)管内灌入碎石：沉管至设计标高后，采用人工，将经检验符合要求的碎石分批灌入套管中。每次加料量一般为管内 1m 堆高的填料。

(5)振动拨管：碎石填灌完成后，开动振动器，在原地留振 10s 后，即边振动边拨管，拨管速度控制在 1.0~1.5m/min，随振动拨管套管尖活瓣打开，碎石进入桩孔，并被初步振实。

(6)振动沉管、挤密碎石：套管内碎石放完后，利用振动器自重和激振力将套管挤压入已填入桩孔碎石内，将碎石挤入周围土体并挤振密实。

(7)成桩：重复以上步骤，直至桩孔内填满碎石，拨出套管，桩架移位，进行下一根桩的施工。成桩后，及时按设计和规范要求进行试验检测。

5. 塑料排水板

塑料排水板施工工艺流程见图 4-5-4。

塑料排水板施工选择履带式插板机，在插板机上应安装排水板打设自动检测记录装置，采用履带式行走方式，要求机体对地基压强小，运转灵活，工作效率满足工期要求。塑料排水板各项力学指标必须符合设计要求。

(1)施工方法及要点

地表处理：清除影响砂垫层及塑料排水板施工质量的杂物，碾压密实度达到要求，并使基底有一定的拱度。

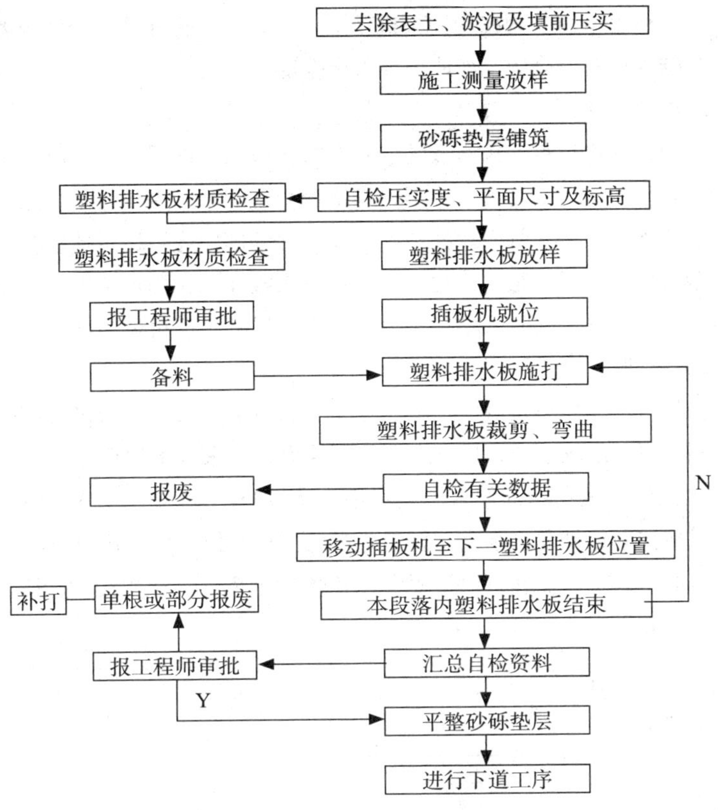

图 4-5-4　塑料排水板施工工艺流程图

（2）砂垫层的填筑：在已处理的基底均匀等厚地铺设透水性良好的砂垫层，表面要求平顺，有一定的横坡，平整压实达到标准。

（3）施工放样：按塑料排水板设计布置图准确逐桩放样。

（4）机械进场、组装：按插板深度要求，拼装安设机械，并按一定的插设顺序安排作业面，调试机械使其进入良好的工作状态，并备料就绪。

（5）插板机定位：插板机要求平稳、牢固，保证塔架、套管竖直，并用经纬仪控制其垂直度，将空心套管准确对准利用经纬仪测设且用小木桩标记的插板位置，在其入土时，再将小木桩拔掉。

（6）装靴：在空心套管内装入塑料排水板，在套管和塑料板上标注控制入土长度线，并将其端部与预制专用的钢靴相连，同时，拉紧塑料排水板，要求钢靴与套管口封闭良好。

（7）插设：将空心套管连同钢靴和塑料排水板插入预定标高处。钢靴起遮盖作用，可阻止泥沙进入空心套管。

（8）上拔：插设至设计标高处，立即上拔空心套管至原位，由于土对钢靴阻力，可把塑料排水板留入地下。

（9）切断移动：拔出后切断塑料排水板，排水板顶部深入砂垫层长度必须大于 0.3m

或符合设计要求。然后重新装靴移动插板机至下一桩位，并将外露部分弯曲埋入砂砾中，至此，一根塑料排水板打设完毕。如此循环直至全部完成。

（10）施工注意事项：

在插设过程中，如出现塑料排水板随空心套管被拔起（即回带）现象，说明钢靴与套管口封闭不严，有泥沙进入空心套管，塑料排水板与空心套管由于出现摩擦作用而出现回带。此时，应去掉钢靴，将套管内泥沙清除干净，保证内壁光洁，重新装靴封闭严实。也可能由于插下塑料排水板后拖延时间过长，塑料排水板在钢靴固定不牢、未拉紧等原因造成，这些故障需及时克服，同时，塑料排水板露出钢靴的长度可适当增大，提高上拔时的摩阻力作用，即可克服“回带”现象。

空心套管在机械工作状态良好时，如插不下去，可适当移位，若仍插不下去，说明地基下层出现硬层，可不继续下插，原则上不能影响设计要求排水效果。

排水板伸出孔口长度要保证伸入砂垫层不小于 0.3m，使其与砂垫层贯通，并将其保护好，要避免机械挂断，外露排水带不宜曝晒过久。排水板不可接长使用。

塑料排水板滤水膜在转盘和打设过程中，应避免损坏，防止淤泥进入板蕊堵塞输水孔，影响塑料板的排水效果。

6. 粉体喷射搅拌桩

粉体喷射搅拌桩施工工艺见图 4-5-5。

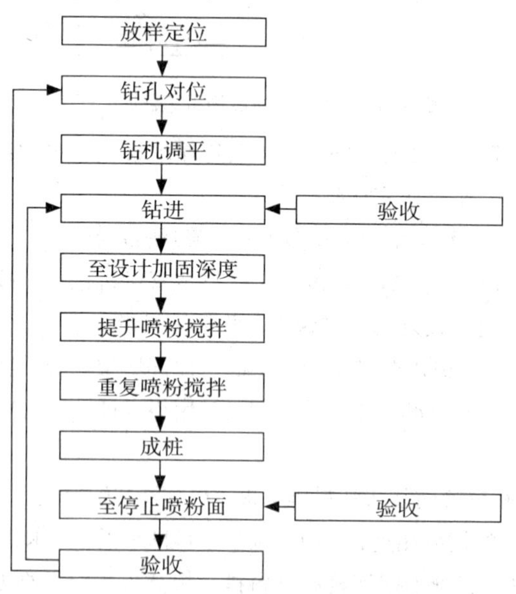

图 4-5-5　粉喷桩施工工艺流程图

粉体喷射搅拌法施工粉喷桩，其施工机械一般由搅拌主机、粉体固化材料供给机、空气压缩机、搅拌翼和动力部分等组成，选用国产 PH-5A 型粉体喷射搅拌机。施工方法如下。

首先，确认粉喷机主体的位置和搅拌机的垂直性，然后边旋转边搅拌，边钻进至加固深度。此时，不喷射加固材料，但是为了不使喷口堵塞，需连续不断喷出压缩空气，钻进到预定加固深度后，边提升边喷射加固材料。

（1）施工准备：现场测量定出粉喷桩加固范围及控制粉喷桩桩顶高程及桩长。对施工现场场地平整，要满足机械设备进出场需要，场地整平过程中，应充分考虑施工载荷，如施工用加长卡车、吊机及各种运输车辆，必要时可铺设垫层以提高场地承载力。

施工前，现场应清除各种地下地上障碍物。地下障碍物包括地下管线、树根、构筑物、孤石等，对地下管线电缆、给排水管道、树根等，根据设计需要需拆迁移走的应提前处理，以防施工时钻机无法下钻，甚至损坏钻头；地下构筑物应采取避让措施，定出位置，做好标记；孤石采取避让或排除措施等。地上主要是高压电线等设施，一般情况下，粉喷桩机械空中应保证 16~20 米的作业空间，此外，还应保证高压电线与施工机械之间有足够的安全距离。

（2）粉喷桩施工前应根据设计文件要求做室内配合比试验及现场成桩试验。

（3）放样定位：用经纬仪按设计文件定出平面位置，用小木桩标识；移动钻机，准确对位。用经纬仪检查，对位误差不得大于 50mm；

（4）钻机调平：利用支腿油缸调平钻机，钻机主轴垂直误差应不大于 1%；

（5）钻机钻进：启动主电动机，根据施工要求，以Ⅰ、Ⅱ、Ⅲ挡逐级加速的顺序，正转预搅下沉。钻至接近设计深度时，应用低速原位转动 1~2min。为保持钻杆中间的送风通道的干燥，从预搅下沉开始直到喷粉为止，应在轴杆内连续输送压缩空气；

（6）提升喷粉搅拌：在确认加固料已喷至孔底时，按 0.5m/min 的速度反转提升。当提升到设计停灰标高后，应慢速原地搅拌约 2min；

（7）重复搅拌：为保证粉体搅拌均匀，须再次将搅拌头下沉到设计深度。提升搅拌时，其速度控制在 0.5~0.8m/min 左右；为防止空气污染，在提升喷粉距地面 0.5m 处应减压或停止喷粉。在施工中孔口应设喷灰防护装置；提升喷灰过程中，须有自动计量装置。该装置为控制和检验喷粉桩的关键，应予以足够的重视；

（8）钻具提升至地面后，钻机移位对孔，按上述步骤进行下一根桩的施工。

（9）施工技术要求：

1）施工时严格按设计图纸要求施工，注意桩顶、桩间高程控制，保证制桩质量和长度；

2）施工时应严格注意机械传动部位，高压部位、油路、电路经常检查，保证正常工作状态；

3）施工前做好场地排水设施，使雨水或地表水及时排至场外，避免对施工产生不利影响；

4）钻头入土时应采用Ⅰ挡慢速钻进，入土无障碍时，根据上层软硬情况，可提高钻进速度；

5）钻到设计高程时，应在原位旋转后变速上提，同时进行送粉做到钻杆提升时边喷粉边搅拌、边提升的连续作业法，当提到地面时，应考虑桩顶粉喷孔位置高于钻头尖

20cm 左右的情况；

6）施工时垂直偏差不得超过规范要求。制桩时，不允许有断粉，如发生断粉现象，必须进行补喷，补喷时重叠处的长度应≥ 1m；

7）为了保证制桩质量，在桩顶高程处以下一定范围内复喷一次。钻头提升到设计桩顶高程时，关闭喷粉机送粉阀，并继续制桩上提，以保证桩顶部分的质量；

8）加料时应控制好材料用量，做好记录，施工时按实际用量做好记录。

7. 浆体喷射搅拌桩

浆体喷射搅拌桩施工工艺流程见图 4-5-6。浆体喷射搅拌桩施工程序见图 4-5-7，施工方法如下。

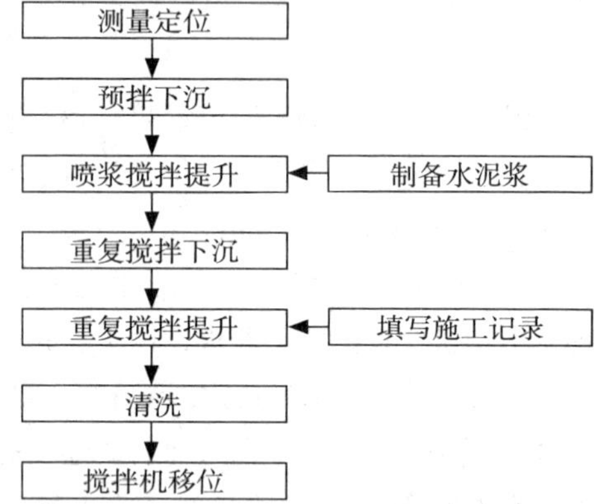

图 4-5-6　浆体喷射搅拌桩施工工艺流程图

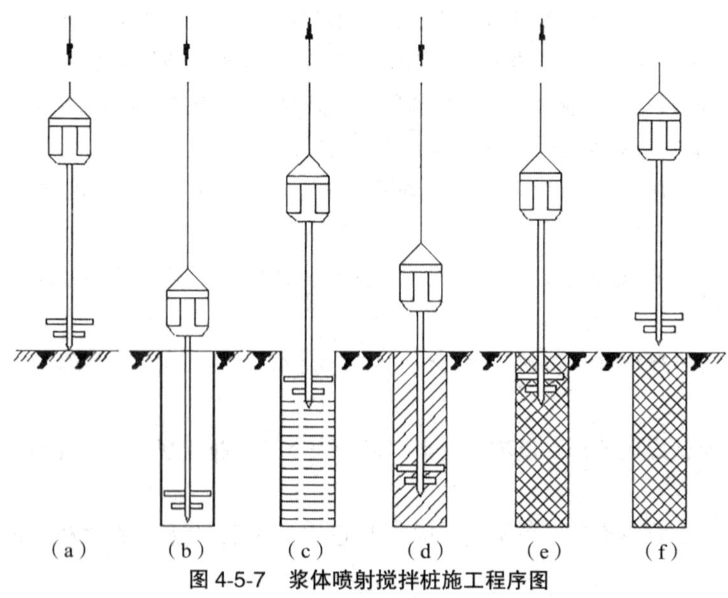

图 4-5-7　浆体喷射搅拌桩施工程序图

（a）定位下沉；（b）沉入到设计深度；（c）喷浆搅拌提升；（d）原位重复搅拌下沉；（e）重复搅拌提升；（f）搅拌完成行成加固体。

（1）试桩：按技术规范要求先做试桩，经检验合格后确定有关技术参数和施工工艺，经监理批准后用于指导施工。

（2）测量定位：平整场地，进行测量放样。根据施工放样，将搅拌桩机移到指定桩位，对中就位。

（3）预搅下沉：用输浆管将贮料罐砂浆泵同深层搅拌机接通，待搅拌机的冷却水循环正常后，启动搅拌机电机，使搅拌机借设备自重沿导向架搅拌切土下沉，下沉的速度可由电机的电流监测表控制，一般为 0.38~0.75m/min。如果下沉速度太慢，可从输浆系统补给清水以利钻进。

（4）制备水泥浆：待搅拌机下沉到一定深度后，即开始按设计确定的配合比和掺灰量拌制水泥浆，待压浆前将水泥浆倒入集料斗中。每根桩所需水泥浆量一次备够。

（5）喷浆搅拌提升：搅拌机下沉到达设计深度后，开启灰浆泵将水泥浆从搅拌机中心管不断压入地基中，边喷浆边搅拌边匀速提升，直至提出地面完成一次搅拌过程。施工时严格按照设计确定的提升速度提升搅拌机，搅拌机提升至设计加固深度的顶面标高时，集料斗中的水泥浆正好排空。

（6）重复上下搅拌：为使软土和水泥浆搅拌均匀，再次将搅拌机边旋转边沉入土中，至设计加固深度后，再将搅拌机边旋转边提升出地面。

（7）清洗：向集料斗中注入适量清水，开启灰浆泵，清洗全部管路中的残存的水泥浆直至基本干净。并将黏附在搅拌头的软土清洗干净。

（8）移位：重复上述步骤，进行下一根桩的施工。

8. 高压旋喷桩

高压旋喷桩施工工艺流程见图 4-5-8，使用的机具设备主要有：钻机、高压注浆泵、泥浆搅拌桶、高压输浆管等，施工方法如下。

（1）施工准备：首先，进行现场测量放样、平整场地；检修机械、设备，机具就位；接通电源和水路，进行机械试运转；备注浆所需材料。

（2）钻机就位：移动钻机至设计孔位，钻机保持水平，钻杆保持垂直，其倾斜度不大于 1.5%。

（3）射水试验：钻机就位后，首先进行低压射水试验，以检查喷嘴是否畅通，压力是否正常。

（4）钻孔：钻进时射水压力增大至 1MPa，钻孔至设计标高。

（5）制浆：按 1∶1~1.5∶1 的水灰比配制水泥浆，搅拌要充足，并经两次过滤后以备使用。浆液宜在旋喷前 1h 内配制。

（6）旋喷：钻孔至设计标高后，进行喷射注浆，待水泥浆从孔底冒出地面后，在一边提升一边进行喷射注浆，由下而上进行旋喷。当旋喷至桩顶设计标高时，继续喷浆 30 秒，最后用清水冲洗管路，防止凝固堵塞，完成旋喷将钻机移至新钻孔位置。

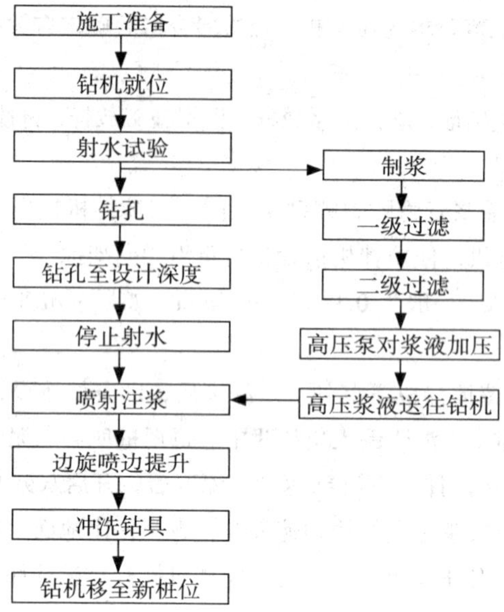

图 4-5-8　高压旋喷桩施工工艺流程图

（7）施工质量控制要点：

1）正式开工前应做试桩以确定合理的技术参数；

2）旋喷过程中，冒浆量小于注浆量的 20% 为正常现象，如超过 20% 或完全不冒浆时，应查明原因调整旋喷参数或改变喷嘴直径；

3）喷嘴直径、提升速度、旋喷速度、喷射压力、排量等参数等根据现场确定；对磨损的叶片要经常加焊或更换钻头叶片；

4）根据设计要求，应严格控制水泥浆配比，较软弱地层，要加大水泥用量，增加桩顶搅拌时间，以确保桩顶质量；在旋喷过程中，应防止水泥浆沉淀浓度降低。

5）钻杆旋转和提升必须连续不中断，拆卸接长钻杆或继续旋喷时要保持钻杆有 10~20cm 的搭接长度，以免出现断桩；相邻两桩施工间隔时间应大于 48h。

（二）软土及松软地基路堤填筑

在软土及松软土地基上修建路堤，填筑施工工艺和方法与一般路堤填筑基本相同，但由于地基土层强度低、压缩性大、渗透系数小等特性，在其上修筑路基时，地基的下沉问题突出，过大的沉降量影响轨道的稳定和平顺，而且持续时间较长，因此，为使其不影响列车高速、舒适、安全运行，软土路基填筑必须将工后沉降量和沉降速率控制在允许范围内。根据设计说明，设计时速 200km/h 地段，路基工后沉降量一般地段不大于 15cm，路桥过渡段不大于 8cm。所以，在软土及松软土地基上修建路堤，以达到“较小的瞬时沉降、充分的固结沉降、最小的工后沉降”的目的为最佳效果，为此，应根据设计要求做一段试验路堤，以鉴定设计参数和确定施工工艺。

1. 施工要点

做好地基处理检测和填筑质量控制：通过各种实验手段不断反馈施工信息，认真进行对地基加固效果的检测与观测。软土路基填筑所用填料应严格按照设计文件办理，施工时应对设计的取土场填料进行检测试验，符合设计要求方可使用。

2. 控制加载速率

根据软土的特性和设计加载情况，科学地预计软土固结所需要的时间，加载速率应通过试验得出。本着“地基处理要快，填筑加载要稳，预压时间要够”的原则，确定科学合理的施工工期。

3. 均匀加载控制

软土路基加载应采取均匀加载方式，特别要控制加速度的加载方式。在实施过程中当由于天气等原因无法做到均匀加载时，可分阶段进行均匀加载。在填筑初期，地基沉降对载荷十分敏感，特别是当载荷增加到土体所能承受的极限载荷时，这种敏感程度达到极致，此时，应严格控制所加载荷，必要时应停止加载，待经过一段时间的排水固结后再行施工。

4. 加宽填筑路基

施工时应充分考虑由于沉降的影响而必须加宽路基范围，施工时可根据路基横断面各位置沉降比值，推算出路肩、坡脚沉降量，并推导出近似计算路基加宽值的公式。此外，在计算路基加宽值时，还应考虑预压期沉降和工后沉降的影响。

5. 沉降与观测

路基段沉降观测，可通过在线路中心布置沉降板进行观测，要求纵向间距 200m，每段不少于 3 处；桥涵过渡段，第一块沉降板应从距台背 10m 处开始，其余为 50m 间距，同时两侧路肩边线上也应安装沉降板。水平位移采用在路基两侧坡脚外 2m 及 10m 处设两排水平位移观测桩，间距 10~20m，并在第二排桩外测设固定桩。水平位移用全站仪测量，精度为 1mm；沉降量用精密水准仪测量，精度为 1mm。填筑初期，每天早晚各一次，当发现位移值发生较大变化时，应适当增加观测频次。在填筑完成后的路基自然沉降期间，可适当减少观测频次。每次观测后应根据观测结果整理绘制“填土高—时间—沉降量”关系曲线图，对沉降趋势进行预报，指导施工。

三、膨胀土地区路基施工

（一）膨胀土的特性及判别依据

1. 膨胀土的特性

膨胀土是指土中黏粒成分主要由亲水性矿物（蒙脱石、伊利石等）组成，同时具有吸水膨胀、失水收缩两种变形的高液限黏土。膨胀土除具有一般黏性土的物理化学性质外，最重要的特性是多裂隙性、超固结性、强膨胀性与收缩性、快速崩解性及风化分带性。膨胀土常见的裂隙有竖向、斜交和水平三种。竖向裂隙有时露出地表，裂隙上大下小，并随深度而逐渐减小。有些水平裂隙充填有灰绿、灰白色黏土，裂面光滑，有些裂面有擦痕，显示出土块间相对运动的痕迹。

过去，误以为膨胀土是坚硬、压缩性小的良好天然地基，但经过大量工程实践，逐步查明这种土有吸水膨胀、失水收缩并往复变形的性质，对建筑结构物尤其是对轻型建筑、路基等具有破坏作用，并且不易修复。

膨胀土的含水量随季节变化，但总的看来，含水量大体在塑限左右变动，膨胀土多呈坚硬或硬塑状态，民间常用“天晴一把刀，下雨一团糟”来形容这种土的物理变化。在膨胀土层内，一般无地下水，上层滞水和裂隙水是膨胀土变形不均匀的一个内在因素。

2. 膨胀土的判别依据

关于膨胀土的判别，国内外尚不统一，根据多年来工程实践的经验总结和工程地质特征，自由膨胀率 $F \geqslant 40\%$ 和液限 $W \geqslant 40\%$ 的黏土质，可判断为膨胀土，但这并不是唯一的，最终决定因素是胀缩总率及膨胀的循环变形特征，以及与其他指标相结合的综合判别方法。

《铁路工程特殊岩土勘察规程》（TB10035）中膨胀土详判指标为：自由膨胀率 $F \geqslant 40\%$，蒙脱石含量 $M \geqslant 7\%$，阳离子交换量 CEC（NH^{4+}）$\geqslant$ 170mmol/kg。但蒙脱石含量及阳离子交换量作为鉴别指标，测试困难。

（二）膨胀土地区路基施工工艺

膨胀土改良措施及试验检测。

1. 膨胀土改良措施

强膨胀土一般不得用于路基填筑，弱—中膨胀土用作路基填筑材料，一般可采用生石灰进行改良。改良后的膨胀土要求胀缩总率不超过 0.7% 为宜。掺石灰后一般可使素土的 CBR 得到提高，含水量降低 3%~5%，最佳含水量一般提高 2%~4%，最大干密度一般下降 0.08 左右。

对膨胀土亦可采用土工膜封闭法处置，封闭形式有三种：①路基底部封闭，以防止毛细水上升而影响路基稳定；②路基全封闭，以保持路基土含水量不变；③路基顶面封闭，以防降水渗入路基。

（1）石灰质量

应采用生石灰，不宜采用过火石灰。但应注意欠火过多造成石块过多，消解率低下。在露天堆放的石灰应选择较高场地，应在雨前将石灰堆用土加以覆盖，或搭设临时雨棚予以储存，以防止石灰浸水浆化。

（2）石灰掺量

石灰掺量根据试验路段提供的参数决定，用量一般为干土：干石灰 =100：5~8。首次用量宜为石灰总量的 80%~90%，剩余石灰供雨后加拌或处理软弹使用。

（3）试验路段参数

在膨胀土地区路基施工前，修筑长不小于 200m 全幅路基宽度的试验段，以确定膨胀土路堤施工中的石灰掺量、松铺厚度、最佳含水量、碾压机具以及全部施工工艺。

2. 试验检测

利用膨胀土作路基填料或改良后作路基填料，必须配齐膨胀土及改良土的试验检测仪器。这些试验检测仪器有：液塑限联合测定仪、自由膨胀率测定仪、石灰剂量滴定仪等。

施工过程中，采用 EDTA 滴定法进行石灰计里控制。检测频率为每 2000 耐或一个独立作业段（少于 2000m³）面层随机检测 10 个样品，检测结果至少 80% 样品或者评定值大于等于规定值，认为掺配合格；掺配剂量不合格的，必须返工处理。石灰剂量经检测合格后，才能进行碾压施工。

改良土的强度（CBR）及路基压实度应达到相应区的规定，压实度的检验频率为一般土方路基的两倍，即每 200m 每压实层测 8 处。

（三）改良土填筑主要施工方法

1. 路拌法

适用于含水量 <30% 的膨胀土。为保证改良土拌和质量，可先在取土场增加挖掘机进行初步集中场拌，然后在路基上摊铺整平后，用路拌机路拌。主要步骤：

①初步消解生石灰，并在取土场用挖掘机初步集中场拌；

②在路基填筑作业面上划格初步场拌改良土；

③推土机推平；

④视情况补撒石灰，路拌机充分拌和（可用旋耕机配合）；

⑤平地机摊平、压路机碾压。

优缺点：土块小，适用于较短的连续晴天，可随即进行碾压；但仅适用于含水量略为偏大，有小块消解不彻底的生石灰块，需配备专用拌和机具。

2. 预先闷料法

适用于含水量 >30% 的土；在预计随后有连续雨天时采用。施工步骤：

①在路基作业面上填筑素土，推土机推平；

②按比例布生石灰（划格控制），用推土机履带初步压碎石灰块；

③推土机混推，集大堆闷料吸水；

④待土中灰块消解成粉状后抄拌上车（不宜长期存放致使石灰呈湿团状）；或者用推土机将料堆反复推、搓，旋耕机或路拌机配合作业，粉碎土块；

⑤视情况补撒石灰粉加拌，摊平、碾压。

优缺点：利于短暂晴天施工，长期雨天大方量闷料，吸水率大，可直接利用土方机械。但土团粒径难以控制。

3. 压实削切法

适用于缺乏拌和机具时，或在拌和未达到均匀度或生石灰消解不彻底但即将下雨时。步骤如下：

①将未拌和均匀或土块过大的混合土暂时压实，保持较大横坡，两侧开挖排水沟，防止雨水过多渗；

②待晴天表面水蒸发，且剩余石灰块消解爆发后，采用推土机分层削刮，再次集堆后摊铺碾压。亦可用推土机松动器翻松（也可用路拌机再次打松）晾晒、拌和后再碾压；

③混合土已拌和均匀但含水量仍然偏大，又即将下雨、急需压实时，应用重型压路机进行强压至“弹簧”状。晴天含水量降低后，在合适范围内可再次进行复压。如含水量仍偏高，应再次翻松晾晒后加压，但不得在表面土暴晒干枯后再进行复压；

④无论是素土还是改良土，出现局部软弹压实度不足时，应再次撒灰，翻松拌和后再碾压密实。

优缺点：能应急防雨，土块小，能充分利用各种土方机械，但如雨天过长时，含水量将增大。

（四）膨胀土地区施工注意事项

1. 膨胀土地区路基施工，应尽量避开雨季作业，路堤填筑要连续进行。路堤或路堑两侧边坡的防护封闭工程必须及时完成，做好膨胀土路基的防水、排水工作；

2. 路堤填筑区段地表潮湿时，必须挖去湿软土层，换填碎砾石土、砂砾或坚硬岩石碎渣，或将土翻开接石灰稳定并按规定压实，一般换填深度可控制在 1.2m 左右；

3. 用改良的膨胀土填筑时，应加强土的粉碎（粒径 5cm 以下）以及与石灰拌和的均匀性。石灰中不能消解的石块，应人工拣出，以防搅坏路拌机。碾压时，应保持最佳含水量，松铺厚度不得大于 30cm，直线段由两边向中央，超高段由内侧向外侧碾压。考虑到膨胀土路堤的沉降，路堤两侧应各加宽 30cm～50cm；

4. 严格控制未经改良直接用作路基填料的膨胀土的含水量，一般控制在略低于塑限含水量，碾压前必须检测含水量指标；

5. 膨胀土地区的路堑施工，挖方边坡不要一次挖到设计线，沿边坡预留厚度 30cm～60cm，待路堑挖完时，再削去边坡预留部分，并立即施做封闭防护。路堑路床应超挖 30cm～50cm，同时立即用非膨胀土或改良土回填，并按规定压实。

四、黄土地区路基施工

（一）黄土地区路基工程的特点

黄土是指第四世纪以来在干旱和半干旱地区沉积的、以粉粒为主、富含钙质的黏性土，呈棕黄色、灰黄或黄褐色。黄土覆盖世界大陆面积的 12% 左右，分布于温带沙漠外缘的半干旱地区、中纬度森林、荒漠草原地带，呈现断续分布。中国黄土的分布面积比世界上任何一个国家都大，而且黄土地形在中国发育得最为完善，规模也最为宏大。中国西北的黄土高原是世界上规模最大的黄土高原，华北的黄土平原也是世界上规模最大的黄土平原。中国黄土总面积达 63.1 万平方公里，占全国土地面积的 6%。

1. 黄土的工程特性

①黄土的孔隙比一般为 0.7~1.1，具有肉眼可见的大孔隙，并具有垂直节理，可保持天然垂直边坡；

②黄土的颗粒组成以粉粒为主，质地均匀，不含大于 0.25mm 的颗粒；

③黄土含有 10%~30% 的碳酸钙，有的黄土中含有大量钙质结核；

④黄土天然含水率低，干燥时比较坚固，遇水容易崩解、剥蚀；

⑤有些黄土具有湿陷性，受水浸湿后易溶盐的溶解破坏了土粒间的胶结作用，黏聚力减弱，在自重或外荷载作用下，产生湿陷性沉陷；

⑥黄土土质依据土的塑性指标进行分类：当塑性指数不大于 10 时，应定为砂质黄土；当塑性指数大于 10 时，应定为黏性黄土。

表 4-5-1　黄土的时代及其工程性质

<table>
<tr><th colspan="2" rowspan="2">时代</th><th colspan="3" rowspan="2">地层名称</th><th colspan="5">工程特性</th></tr>
<tr><th>湿陷性</th><th>抗水性</th><th>透水性</th><th>压缩性</th><th>直立性</th></tr>
<tr><td rowspan="2">全新世（Q4）黄土</td><td>近期（Q24）</td><td rowspan="3">新黄土</td><td colspan="2" rowspan="2">黄土状土</td><td rowspan="3">一般具有湿陷性</td><td rowspan="2">易冲蚀、潜蚀、崩解</td><td rowspan="2">中</td><td rowspan="2">高至中</td><td rowspan="2">直立性较差，不能维持边坡</td></tr>
<tr><td>早期（Q14）</td></tr>
<tr><td colspan="2">晚更新世（Q3）黄土</td><td colspan="2">马兰黄土</td><td>易冲蚀、潜蚀、崩解</td><td>中</td><td>中</td><td>直立性一般，不能维持边坡</td></tr>
<tr><td colspan="2" rowspan="2">中更新世（Q2）黄土</td><td rowspan="3">老黄土</td><td rowspan="2">离石黄土</td><td>离石黄土上部（Q22）</td><td rowspan="2">上部部分土层具有湿陷性</td><td rowspan="2">冲蚀、潜蚀、崩解较慢</td><td rowspan="2">弱</td><td rowspan="2">中至低</td><td rowspan="2">直立性强，能维持高、陡边坡</td></tr>
<tr><td>离石黄土下部（Q12）</td></tr>
<tr><td colspan="2">早更新世（Q1）黄土</td><td colspan="2">午城黄土</td><td>不具有湿陷性</td><td>冲蚀、潜蚀、崩解慢</td><td>弱</td><td>低</td><td>直立性强，能维持高、陡边坡，但易剥落</td></tr>
</table>

2. 黄土地区的路基工程特点

由于黄土特有的性质和黄土类型复杂，黄土地区的路基工程具有以下特点：

（1）黄土地貌有真独特的形态，形成所谓塬、梁、峁的地貌景观。由于冲沟发育，黄土地区山高谷深。因此，黄土地区路基多高填深挖，工程数量浩大。

（2）黄土路堑边坡容易产生变形。常见的变形有剥落、冲蚀、溜坍和崩塌。所以恰当地根据工点黄土类型和特性选择路堑边坡形式及边坡坡度是防止发生上述变形的关键。

（3）黄土高路堤容易产生下沉，一方面是由于黄土湿陷性造成的，另一方面也是由于黄土天然含水量小，难以达到要求的压实密度的缘故。

（4）黄土路堤边坡在雨水作用下容易产生冲蚀。

（5）由于黄土具有垂直节理、多孔隙及丰富的易溶盐，因此易使黄土产生陷穴。

（二）黄土地区路基的灾害和防治

黄十地区路基的灾害主要指黄土陷穴。

1. 成因

黄土地区修筑的路基在雨季时汇集大面积的雨水，沿着黄土的垂直节理和大孔隙向路基内部渗透、潜流，溶解了黄土中的易溶盐，破坏了黄土结构，导致土体不断崩解，水流带走黄土颗粒，形成暗穴，在水的浸泡和冲刷作用下，洞壁坍塌，逐渐扩大形成更大的暗穴或露于地表的其他形态的陷穴。特别是在地形起伏多变、地表径流容易汇集的地方，土质松散、垂直节理较多的新黄土中最易形成陷穴。

黄土陷穴的产生是受黄土的湿陷性及水的潜蚀淋溶作用的结果。黄土的湿陷性是产生陷穴的内在原因，水的潜蚀作用是产生陷穴的外部诱因。

黄土的自身特点，为陷穴产生提供了本质条件。

（1）湿陷性黄土是一种土质疏松、主要成分为粉土颗粒组成的特殊土，其细微颗粒极易遭受潜蚀；

（2）黄土中易溶盐含量丰富，对强度起作用的结构状碳酸钙，在含 CO_2 的水或酸性环境中，易受水溶蚀，破坏黄土的内部结构，使之变得松软，促进了地下水渗透，加速了渗流作用和机构潜蚀作用；

（3）大孔隙和裂隙发育，为水的渗透提供了便利通道，加速了机械潜蚀。

黄土地区特殊的水文气候条件，为陷穴的产生提供了有利的外部条件。该地区雨量很少，但较集中，全年暴雨多发生在 7、8、9 三个月，尤其在暴雨后，大量地表水迅速积聚，且有一定的水压力，水透过黄土像通过一个小吸管被吸下去。陷穴一般中间大，进口和出口小。微地形地貌特征，对陷穴产生也有一定影响。一般陷穴多发生在一边靠山，一边临深沟的地段，有时也发生在半填半挖路堑与路堤衔接处、桥涵台背填土处或者填土施工接岔处等。在地形起伏波折变化多的地方，特别是缓坡突然转为陡坡地段，也易形成陷穴。另外，黄土地区由于植被不发达，也为水的渗透提供了有利条件。

2. 类型

（1）根据黄土陷穴的成因划分

1）由地表浸水形成的陷穴：黄土经水浸润，可溶盐溶解，同时，水对黄土颗粒产生润滑作用，使黄土在水的冲力作用下发生变形位移和机械潜蚀，导致黄土下陷产生陷穴。

2）暗流的侵蚀作用形成的陷穴：地下暗流溶解了黄土中的可溶盐，使黄土结构遭受破坏，暗流又将细颗粒带走。在这种溶蚀和潜蚀作用下，使黄土中产生暗穴、暗洞、暗沟等。

3）因动植物和微生物作用引起的洞穴：植物根系深入土体，当植物枯死后，根系腐败遗留而成洞穴。也可以是老鼠、蛇、蚂蚁等动物挖掘出的洞穴等。

4）人为的洞穴：如坟墓、采矿的坑道、掏砂坑、窑洞等。

（2）根据黄土陷穴的形态划分

1）碟形地：具有直径数十米的椭圆形碟状凹地，深度一般为 2~3m，边缘较陡。多发生在黄土塬部分或没有排水坡度的地方。由于降水不断聚集，并沿着孔隙和节理逐渐下渗，黄土不断浸湿，在重力作用下陷而成。

2）漏斗状陷穴：产生在黄土塬边缘，或谷坡附近。常见成群分布，口径不过数米，底部有时还散布着小孔穴。由于坡面上径流的集中，水沿节理下渗潜蚀而成。

3）竖井状陷穴：陷穴边缘陡峭，口径与深度相差数倍。由于陷穴底部堆积着崩塌下的土块，随着地下水进一步的冲刷搬运逐渐加深，有时可达 20 多米，多发生在阶地的边缘径流汇合处。

4）串珠状陷穴：多沿沟床分布，一般发生在沟床的变坡处。沟壁塌落下来的土堆成为地表水径流的障碍物，当洪水季节，上游水流到此遭受堵塞，遂向下渗流而成。

5）暗穴：形态多种多样，可直可曲，忽大忽小，通常为陷穴的通道，也有单独成盲沟、暗河存在的，主要是由地下水的溶蚀和潜蚀而成。有些特殊的暗穴是人为因素造成的。

3. 黄土陷穴的分布规律

黄土陷穴的分布具有一定的规律性。从地貌看：在黄土塬的边缘、河谷阶地的边缘、冲沟两岸及河床中都常有陷穴分布。阶地边缘、河谷两侧多为坡积的松散黄土，易被冲蚀，因而离阶地斜坡和沟谷斜坡越近，陷穴越多。

从地层上看：在疏松的新黄土层中，尤其是现代上层湿陷性黄土地层，陷穴越多越明显。地层越早，陷穴发育也越受到限制。

4. 黄土陷穴的探查和防治

为了判断是否存在陷穴，可对可疑地段进行锥探。锥探时判别陷穴的两种情况：

（1）在紧密土壤中，下锥时，其土层对锥头的阻力大，因此，用很大力才能使锥杆进入土中。如锥头进入陷穴，土层对锥头的阻力突然消失，锥杆很快落下，就证明路基下部有陷穴。

（2）在疏松的土壤中，土层对锥杆的阻力很小，此时锥探者要精神集中、细心锥探，降低进锥速度，用“高提轻落”的方法，缓慢下锥。如遇到陷穴，土层对锥头的阻力突然消失，锥杆自动下落，并在感觉上也有不同，就证明路基下部有陷穴。

黄土陷穴的防治采取预防和处治相结合的原则，首先要查明陷穴的位置和导致其产生的水源，并做出定性和定量分析，根据具体情况具体对待。

陷穴的预防主要是指加强地表和路基排水，改善地表性质，整平坡面，消除坑洼，减少水的积聚和渗透；加强植被保护和水土保持，加强路基外雨水的截排和路基的防渗防漏（如采用土工合成材料等）；开展巡查，对容易发生陷穴的地带定期检查。

黄土陷穴的处治，主要是根据陷穴的大小分别采用灌浆、开挖回填等措施。陷穴较小的采用明挖，原土夯填；陷穴较大的灌泥浆，分两次进行，待第一次灌满泥浆干燥收缩后，再进行第二次灌浆塞空。

（三）路堤病害及其成因

路堤常见的病害主要有：路堤或基底沉陷、土桥病害、路堤局部坍塌与边坡滑动等。

1. 沉陷变形

路堤的沉陷变形有人为因素和地基因素。人为因素是指路堤本身填筑时，碾压达不到设计的压实度要求，这是路堤沉陷变形的主要原因之一。地基因素指由于自重或行车荷载的作用引起的固结沉降，湿陷性黄土浸水后引起湿陷变形。

2. 土桥病害

黄土桥系指跨越沟谷的高填路堤，坐落于嵝岘或冲沟之上。土桥改变了原来的水文、地质条件和地形地貌条件，加之车辆动荷载的作用，使得土桥与周围环境处于动态平衡之中。一旦某种因素失去平衡，将会产生土桥病害。水是引起土桥病害的根本原因，对土桥的破坏作用主要表现如下：

（1）地面水对土桥坡面的冲刷：当土桥顶面两侧排水沟、边沟及坡面缺少必要的保护措施时，每当雨季，土桥坡面及顶面水只能沿坡面漫流。加之土桥填土高度大，本身汇水面积大，加剧了土桥坡面的冲刷，轻则坡面冲沟纵横，重则导致坡脚水土流失、崩塌、乃至路基失稳。

（2）地面水对土桥体的直向溶蚀和潜蚀：下雨时，两岸斜坡和路面水从两端流向土桥桥面形成积水，这部分水主要通过向桥体下渗和蒸发而排除。在黄土的湿陷性作用下，水流溶解掉沉积在土颗粒表面的易溶盐和中溶盐以及胶结物，使水分子浸入土颗粒之间，破坏了土颗粒间的联结薄膜，使土的抗剪强度显著下降；当渗流速度较大时，会出现潜蚀，从而导致桥面翻浆、土桥不均匀沉降、裂缝扩大，甚至造成土桥滑塌等。

（3）洪水对土桥的破坏：土桥位于嵝岘和沟口处，沟内汇水面积较大，暴雨时土桥泄水涵洞不能及时将洪水排出，导致土桥上游临时性大量积水，浸泡土桥边坡，冲蚀掏挖原冲沟土层，造成湿陷成穴。

3. 路堤坍塌与边坡滑动

产生路堤坍塌与边坡滑动的主要原因有：路堤填筑质量不佳，表现为压实度达不到设计标准；边坡设计不当，即确定的设计边坡形式和坡度与实际情况不符；路堤地基土松软，当路堤高度大于临界值时，造成路堤整体滑动；边沟或边坡冲刷，边沟水冲刷掏空坡脚可造成路堤坍塌与边坡滑动。

（四）边坡病害及其成因

1. 边坡病害类型

公路路堑一般位于地面表层，开挖后暴露于大气中。受各种自然和人为因素影响，路堑边坡易发生破坏变形。

黄土路堑边坡变形破坏方式可分为剥蚀（包括剥落和冲刷）和滑塌（包括滑坍、崩坍、坡脚坍塌等）两种。

（1）边坡剥蚀

坡面剥蚀是黄土边坡变形的一种普遍现象，一般发生在各种黄土层中。虽然这种边坡变形不是坡体整体变形，但对路堑边沟危害较大，会引起其他更严重的边坡变形或破坏。在宁夏，黄土路堑边坡剥蚀十分严重。影响坡面剥蚀的因素主要土质特性、地质年代以及风化条件等。黄土含盐量不同、边坡所处位置不同等都会影响剥蚀程度。

（2）边坡滑塌

黄土边坡的破坏方式和规模与黄土层的构造特征密切相关。具有构造节理的黄土边坡，常呈现沿节理面滑落；具有垂直节理的黄土边坡，其破坏方式常呈现为坍塌；无构造节理的黄土边坡则主要为滑坡破坏。

2. 影响边坡稳定的因素

影响边坡稳定的因素主要有坡度、坡长、土壤硬度、植被状况和护坡工程等。

（1）坡度：地面坡度是决定径流冲刷能力的基本因素之一，而径流冲刷能力则是影响边坡稳定性的重要原因，径流冲刷能力越强，对边坡的破坏越大。坡度与径流冲刷能力的关系为：在一定的范围内，坡度越大，径流冲刷能力越强，侵蚀量也越大。然而，存在一个临界坡度，超过临界坡度，侵蚀量随坡度的增加反而减小。目前，对临界坡度的研究还没有统一的结论，有人认为临界坡度为 26°~28°，而有的研究认为在 40° 左右。

（2）坡长：已有资料证明，在相同降雨条件下，坡长越长，它的径流量也越大。坡长越长，侵蚀量越大，边坡越不稳定。同时，坡长增加也加重了重力侵蚀。

（3）土壤硬度：因为影响土壤硬度的因素与土壤的透水性、抗蚀性、抗冲性有密切关系，所以，土壤硬度也是影响边坡稳定性的重要因素之一。已有研究表明，土壤抗冲性随土壤硬度的减小而减弱，土壤硬度的大小又决定了植物的生长情况，而植物对边坡具有很强的保护作用。

（五）黄土地区路基施工

1. 工程措施

以地基处理为主，消除黄土的湿陷性，提高地基的承载力，防止地基湿陷。

常用的地基处理方法有：土或灰土垫层、土桩或灰土桩、强夯法、重锤夯实法、桩基础、预浸水法等。

各类地基的处理方法都应因地制宜，通过技术比较后合理选用。

对于Ⅱ级以上湿陷性黄土地基处理如采用土或灰土垫层、土桩或灰土桩、桩基础预浸水法，存在工作量大、花费劳力多、施工现场占地大、工期长、造价高等缺点。近几年来，强夯法以其处理地基施工简便、速度快、效果好、造价低等优点，在全国湿陷性黄土地区得到广泛应用和推广。

2. 地基处理

地基处理目的是破坏湿陷性黄土的大空隙结构，改善土的力学性能，消除或减小地基因偶然浸水而引起的湿陷变形，也可以采用桩基础。对于非自重湿陷性黄土场地，桩端打入压缩性比较低的非湿陷性土层中；对于自重湿陷性黄土地基，桩端打入可靠持力土层中。

3. 防水措施

消除黄土发生湿陷变形的外因。要求做好建筑物在施工及长期使用期间的防水、排水工作，防止地基土受水浸湿。如果湿陷性黄土地基能确保地基不受水浸湿，那么地基即使不处理，也不会发生湿陷。

4. 结构措施

它包括使建筑物构造布置简单、加强上部构造的整体刚度、预留沉降净空等措施来减小不均匀沉降或使结构适应地基的湿陷变形。

5. 使用维护

使用期间，对建筑物和管道应经常进行维护和检修，确保防水措施的有效发挥，防止地基浸水湿陷。

6. 注意事项

（1）必须在设计或施工中采取有效措施来保证搅拌桩复合地基各参数能达到各自的设计值，否则设计的可靠度会降低。如桩端为硬土，或桩长超过临界桩长时，（桩间土承载力折减系数）取值高于规定，就必须采取设置褥垫层或其他方法使桩间土发挥较高的强度；选用较高的桩体强度时，就必须采取增加水泥用量、掺加外加剂、复搅等措施，才能保证设计与预期的实际结果比较一致。

（2）施工中未达到强度要求，有必要进行复搅。复搅是在桩的一部分或桩的全长重复搅拌一次，其作用是：①改善桩体的均匀性。如第一次注浆不均匀时，可通过复搅调节，提高桩长方向上的均匀程度，也使桩截面内的均匀性得到改善。②现场不同桩段有不同的水泥掺入比，使不同桩段有不同的桩身强度。

（3）加强施工管理。因为桩体的固化材料需由压缩空气作载体，而气体流速、流量受土层情况的影响，人工难以调节，所以施工机械应采用带有自动控制喷浆、喷粉的装置，以消除施工中一些人为因素，便于监督检查，避免由于喷浆和喷粉不均匀或者喷浆量、喷粉量未达到设计要求而发生断桩问题。

（4）现场施工中应勤于检查，严格监督。深层搅拌桩属于一种柔性桩，桩身检测较困难，施工时如果质量有疏忽，就可能发生断桩现象。目前用低应变动测法检测搅拌桩的质量得到了肯定，可用此法或结合抽芯取样检测法控制质量。

五、冻土地区路基施工

全球分布着广阔的多年冻土，地球上多年冻土面积约占陆地面积的 25%。中国多年冻土面积约占国土面积的 22.4%，青藏高原多年冻土区是世界上中、低纬度地带面积最广、厚度最大、温度最低的冻土区，其面积约 150 万平方公里，约占中国多年冻土区总面积的 70%。

国际上在多年冻土区修筑铁路已经有了一百多年的发展史。世界上第一条横贯西伯利亚冻土区的铁路，自 1892 年开始兴建，至今已运营了近百年。目前，俄罗斯共有约 15000km 铁路通过多年冻土区；在加拿大也有三条铁路干线自南向北穿越冻土带，其中通过冻土区的长度约 2000km，已经开通运营二十多年；在美国阿拉斯加南部的苏厄德至中部的费尔班克斯多年冻土区，也修建了全长 750km 的阿拉斯加铁路。这些在高纬度冻土区修筑的铁路有成功的经验，也有失败的教训，但都在不同程度上推动了人们对冻土问题的研究，加深了人们对冻土性质的认识。应该指出的是这些高纬度冻土与高原冻土在性质上还有一定的区别。

在我国，20 世纪 50 年代就大体确认了东北地区多年冻土分布的南北区间。针对青藏公路的高原冻土问题，中科院冰川所、交通部第一公路勘察设计院及青海省公路设计院等单位从 60 年代起就进行了一系列的研究。70 年代初，开始了将青藏公路的砂石路面改为黑色沥青路面的改建工程建设，并对青藏公路沿线的多年冻土开展了试验研究，进行了路基、路面、桥涵及房建等与冻土之间相互作用的研究，特别是对水热和力学过程、各类工程建筑物基础的稳定性和各种适应高原寒冷环境条件的路面、路基结构等的研究更加深入。在 20 世纪 90 年代主要对路基下多年冻土的融化深度、顶板埋深、高含冰量冻土、厚层地下冰在垂直与水平方向的分布规律、冻土岛与融区的准确分布界限、路基下的温度场分布以及其变化趋势、不同冻土类型与路基之间的相互作用以及适应性等进行了研究，在广度、深度和精度上均比以前有较大的提高。

针对青藏铁路的高原冻土问题，铁道部于 1960 年成立了青藏高原铁路科学技术研究所，对冻土铁路工程技术开展了全面、系统的研究工作。经过路内外有关科研、设计部门的共同努力，取得了一定的研究成果。青藏铁路的科研工作从 1960 年开始，由中科院冰川所、铁道部高原所和路内有关高等院校联合对昆仑山至唐古拉山青藏公路沿线多年冻土区自然环境和冻土特征进行全面考察，并由铁道部高原所在风火山地区建立了冻土定位观测站，为开展冻土工程系统深入的研究打下了基础。在 1963 年至 1972 年的 10 年间，铁道部科学研究院西北研究所、铁道部第一勘测设计院和中科院冰川冻土所紧密合作，开展了高原气象、多年冻土地温场、冻土热学、冻土力学等冻土基本性质和参数的试验研究，在风火山大东沟坡地修建了试验路堑、地下冰地段自埋式挡墙等试验工程，联合开展了冻土地区路基、桥涵、房屋基础、隧道、给排水等工程项目研究，并取得了一定的成果。

（一）冻土的工程性质

冻土是一种温度强敏感土体土质，含有地下水，这是与其他岩土最为本质的区别。温度的变化会导致冻土一系列的力学行为变化，这种变化常常是复杂的，并直接影响到以冻土为载体的工程构筑物的稳定性。具体地讲，温度的正负变化可使土体中水分发生改变，这一过程对于土体的强度和变形特性而言，可导致质的变化，并直接引发建构筑物地基失稳，产生冻胀、融沉、融陷等灾难性后果。

冻土温度的变化受到气候、冻土岩性和地理环境及人为因素的影响。对于青藏高原的冻土，近年来青藏公路沿线冻土地温监测结果表明，70 年代到 90 年代青藏公路沿线的季节冻土、融区及岛状多年冻土区的地温升高了 0.3~0.5℃，连续多年冻土区年平均地温升高了 0.1~0.3℃，天然状态下北界向南退化 0.5~1.0km，南界向北退化 1~2km。工程作用下，多年冻土北界向南退化约 5~8km，南界向北退化约 9~12km。由此可见，加于冻土自然退化趋势之上的工程引起的冻土退化现象更为剧烈。此外，青藏公路沿线大部分钻孔多年冻土层下限附近自下而上的热流大于自上而下的热流，二者比值为 0.91~1.8，这将必然导致冻土下限的抬升，即冻土厚度的减薄。对于青藏铁路而言，不当的工程措施、施工工艺造成的冻土退化、年平均地温升高、地下冰融化、多年冻土上限下降等都会直接影响和威胁路基、桥涵、桥基等稳定性。此外，铁路建筑是百年大计，在考虑工程作用影响下的局部冻土变化的同时，全球气候变化的影响也须加以重视。根据已有的研究成果，可知如果未来 50 年年均气温及表层地温升高 0.5℃，将主要影响到厚度小于 30m 的多年冻土层，其年均地温将升高 0.6℃，面积将减少 12~16%。IPCC（政府间气候变化专门委员会）2001 年发布的预测称“全球表面温度预计在 1990—2100 年间升高 1.4~5.81℃”。青藏高原是全球变化的“启动器”和“放大器”，其升温可能更多于全球平均值。最近的预测结果表明，青藏高原现今存在的岛状冻土在未来的 30~50 年将有 80%~90% 退化，冻土面积减小 10%~15% 左右；多年冻土下界将抬升 150~350m，现今过渡型冻土年均地温高于 -0.8℃的地区将产生深埋藏冻土或冻土消失；亚稳定型及稳定型冻土年均地温将升高 0.5~0.7℃，其厚度有所减薄，但面积不发生变化。考虑到未来青藏高原地区降水可能增加，可以在一定程度上减弱冻土的退化，但青藏高原在未来 30~50 年内的退化趋势将是明显的。

（二）多年冻土的工程地质问题

由多年冻土引起的特殊工程地质问题，主要有融沉、冻胀和冰锥、冻胀丘、融冻泥流、热融滑坍、热融湖塘、沼泽湿地、厚层地下冰等不良地质现象。融沉是指多年冻土融化，使建在多年冻土区的建筑物地基变形和破坏，主要表现为路基下沉、路基向阳侧边坡和路肩开裂及下滑、路堑边坡溜塌等。冻胀是土体冻结时产生的最重要的物理系力学过程，是因为水由液体变成了固体，体积膨胀增大而产生的，表现为地表的不均匀升高变形。伴随土的冻胀，在建筑基础表面将作用冻胀力而产生冻胀变形，严重时将引起建筑物的破坏。

在诸多不良冻土地质现象中，对温度变化最为敏感、对铁路路基的修筑影响最大而且不容易绕避的主要是厚层地下冰，其融化时产生大的下沉量会引起工程建筑物的严重变形和破坏。

“冻胀”和“融沉”是高原多年冻土区工程建筑物破坏的主要原因，也是铁路建成后影响其安全运营的主要问题。实际工程中最基础和关键的问题是对多年冻土进行工程分类，从而有针对性的采取不同工程措施，使冻土的“冻胀”和“融沉”控制在一定范围内。多年冻土根据平面分布特征可分为片状（含局部融区）和岛状多年冻土；根据剖面特点可分为衔接的和不衔接的多年冻土；根据总含水率可分为少冰冻土、多冰冻土、富冰冻土、饱冰冻土、含土冰层，当冻土中冰层厚度大于 25cm 时称为厚层地下冰；根据易溶盐含量或泥炭化程度可分为盐渍化冻土和泥炭化冻土；根据体积压缩系数和总含水率可分为坚硬冻土、塑性冻土和松散冻土；根据年平均地温可分为高温冻土和低温冻土。

（三）冻土地区铁路路基工程的发展

在冻土地区进行铁路工程建设所面临的困难，不仅在青藏高原表现明显（尽管该区更具有复杂性和困难性），在世界上其他冻土地区同样存在，只不过突出的程度和特点不同而已。尽管如此，世界上在多年冻土地区仍修筑了许多铁路干线。在北美，铁路网主要分布在多年冻土区的南部，但在马尼托巴和魁北克多年冻土地区也建立了干线。在冻土地区修筑铁路最多的是世界冻土第一大国俄罗斯。20 世纪 20~30 年代，俄罗斯开始在多年冻土地区修筑铁路，60~70 年代达到了高潮，已建成的 1800km 以上的铁路干线共有 7 条，其中最著名的是第一条横贯西伯利亚大铁路，从莫斯科出发到太平洋海岸的符拉迪沃斯托克，是世界上最长的连贯铁路，全长 9446km。西伯利亚大铁路在东西伯利亚外贝加尔靠东部地段穿过了多年冻土区，此线跨越多年冻土区达 2200km 以上。20 世纪 70 年代末期建成的新西伯利亚铁路贝加尔—阿穆尔铁路（简称贝阿铁路）干线则通过多年冻土带 3500km 以上。正在建设的别尔卡基特—托莫特—雅库茨克铁路，全长 817km。1984—1995 年已完成了别尔卡基特—托莫特段路基工程，长 375km，属富冰多年冻土地区。

我国在多年冻土区兴建的铁路工程有大小兴安岭地区两条主要铁路干线：牙林线和嫩林线，穿越的多年冻土共有 500km 左右；西部地区有两条铁路，其一是青海海西热水线，其二是穿越天山的南张铁路。但上述铁路在建成后都不同程度地出现了冻融病害，以贝阿铁路为例，从 1984—1990 年，线路路基的变形数量增加了 4 倍，每年的增长幅度为 25%~53%。1981 年线路上出现 738 处路基变形，总长 224.2km。1989 年线路出现 3645 处路基变形，总长为 1138.9km。1990 年变形线路长达 1154km，即实际上有 1/3 的线路路基需要治理和进行大修，路基变形病害包括冻胀、沉陷及边坡失稳，有时不同病害同时出现在同一个地方。

（四）多年冻土路基结构研究

1. 路基的基本设计原则

（1）保护冻土原则

对于路基而言，保护冻土原则是指应用该原则设计、施工的路基在规定的使用年限内，能保持其热稳定性，即人为上限始终控制在指定的深度范围内，保持其下卧多年冻土的冻结状。

（2）控制融化原则

对路基而言，控制融化原则是指在设计使用年限内允许所设计的路基基底（或边坡）在多年冻土逐渐完全融化或产生局部融化，而且经融化下沉变形量计算，可以将融化速率和深度控制在路基稳定性所允许的变形范围之内。

（3）破坏冻土原则

对路基而言，破坏冻土原则是指在设计文件中规定在施工过程中将基底（或边坡）多年冻土融化或清除（全部或达到设计深度），并将融化后的水份疏干。

2. 多年冻土的路基形式和防护措施

路基是由路堤、路堑及其交界处的填挖过渡段（浅堑、零断面、低路堤）组成的。路堤具有不破坏或少破坏地表天然状态、施工季节调节余地大、施工程序和作业安排较简单、施工质量易于控制和对不同冻土状态适应性较强等优点。

由于路堑的开挖对多年冻土区天然地层的热平衡状态扰动最大，尤其是暖季施工的高冰冻土地层，边坡和基底所暴露的高含冰冻土，融化后将引起边坡滑坍、基底沉陷等病害，因此按保护冻土原则设计的路堑须采用一定的措施以建立新的热平衡体系，保持路堑的稳定。其主要措施就是设置边坡保温层和进行基底换填。

位于横坡陡于 1∶2.5 的斜坡上的路基，可设支挡建筑收回坡脚。为减少水平冻胀力的影响，也为减轻劳动强度和提高施工质量，规定高原多年冻土区路基不采用重力式挡墙，而采用预制拼装化的轻型、柔性挡墙。

冻土路基防融沉冻胀目前有多种解决的办法与技术，一是适当提高路基填土高度，用天然土保温，这种方法价廉，可普遍采用；二是在路基埋设工业保温层（PU，EPS 等）埋设 5~10cm 保温板，在工程实践中均取得良好的工程效果；三是埋设通风管，就是在路堤中埋设直径 30cm 左右的混凝土横向通风管，可以有效降低路基温度；四是采用抛石路基，即用碎块石填筑路基，利用填石路基的通风透气性，隔阻热空气下移，同时吸入冷量，起到保护冻土的作用；五是在少数极不稳定冻土地段修建低架旱桥，工程效果有保证，但造价高；六是地基土换填，换填方法是用粗砂、砾石等粗粒土置换冻胀性或融沉性地基土，以达到消减地基土的冻胀或融性；七是采取排水隔水措施，无论是地表水还是地下水，它的流动和侵入都会带来大量的热，使多年冻土融化，上限下降。在季节融化层的冻结过程中，丰富的水分引起地基工程强烈的冻胀，适合的条件下可能形成冻胀丘、冰锥等不良冻土现象。

（五）多年冻土地区路基工程的施工技术

1. 保温法在青藏高原多年冻土区道路工程中的应用

保温法是调控传导的工程措施，通过修筑路堤、设置保温层可以有效地增加土体热阻，减少路基下多年冻土的换热量，从而延缓冻土退化，在一定时间内起到保护冻土的作用。50 多年来各国科学家对保温法进行了大量的室内实验、野外试验和数值模拟研究，但研究缺乏系统性，因此保温法是否可行、到底在工程中应该如何应用保温法仍是一个困扰冻土工程界的问题。采用现场观测试验、室内实验和数值模拟相结合的手段，对典型路基用保温材料 PU 和 EPS 的长期可靠性、保温路基设计参数、保温法的适用条件和范围、保温路堑换填设计参数、冻土保温路基的变形场特征、保温板热棒复合结构路基的保护冻土效果及其应用的可行性等进行了深入的探讨，取得的主要成果如下：

（1）室内测试结果和现场试验路监测资料均表明：在青藏高原特殊的气候、太阳辐射、水分和行车荷载等条件下，路基中的保温材料能够克服以上影响，其物理力学性质保持稳定，可以在多年冻土区道路工程中长期可靠使用。

（2）数值计算结果表明，对于沥青路面保温路基，在满足荷载要求条件下，保温板埋设越浅，保温效果越好。现场长期监测结果表明，保温板的埋设深度在路面下 40～50cm 可以保证 EPS 保温板的隔热性能稳定。对于使用期的铁路路基，采用低埋深保温板结构更佳。

（3）保温路基在修筑后，其下人为上限一般都大幅上升，若干年后趋于稳定。路基下冻土地温逐渐升高，保温路基下多年冻土处于一种退化状态。对于低温多年冻土地区，保温材料的使用可以延缓多年冻土退化，加强路基的热稳定型，延长路基的使用年限。而被动保护冻土的保温措施不宜在年平均气温或表面温度较高的高温多年冻土区路段使用。

（4）多年冻土区保温路基沉降变形与路基下伏多年冻土的温度状况紧密相关。基于冻土路基热弹塑性融沉压缩本构模型，进行了温度场和变形场的单向耦合分析，对保温路基的结构稳定性进行了验证。计算结果表明，公路保温路基的年均沉降量和总沉降量均小于路基的容许沉降变形，可以保证路基结构稳定性和行车要求。铁路保温路基年均沉降量也小于 2.0cm，可以保证青藏铁路多年冻土段的正常运营，可以满足结构稳定性要求。

（5）采用一次二阶矩法和蒙特卡洛法对路堑换填深度的可靠度评估结果表明，对于多年冻土区砂砾下垫面路堑，单纯采用砂砾换填不能保证路基下多年冻土的热稳定性。如采用保温换填可以大幅提高路堑的可靠性，采用 10cm 的 EPS 保温层，则可以保证最大融化深度不超过设计深度。

（6）保温板热棒复式结构充分利用了两种措施的优点，可以更好地提高保护冻土的效率。计算结果表明，在未来 50 年气温上升 0.2℃的条件下，在年平均气温为 -3.5℃或地表温度为 -1℃的青藏铁路沿线多年冻土地区，复式结构路基可以抵消气候变暖的影响，可以保证路基下伏冻土不发生融化，从而可以保证路基的稳定性。

2. 热棒路基施工技术

热棒是保温法中具体的一种。在多年冻土区，热棒的用途比较广泛：

（1）降低地基低温，防止多年冻土融化

安装热棒后，可采集大气中冷量、冷冻地基多年冻土，消除施工和运营带来的热干扰，防止多年冻土融化。

（2）提高地基冻土的冻结强度、抗碱强度和抗压强度

冻土的力学强度是负温度的函数。热棒冷冻地基多年冻土后，冻土温度降低，地基中软弱土体的强度和抗渗性提高。

（3）减小和消除基础冻胀

热棒的径向冻结作用，使水平方向的冰透镜体不能形成，从而减小和消除基础冻胀。对于桩基，由于冻结强度提高，桩基抗冻胀稳定性加大。

（4）防止多年冻土的退化

不连续多年冻土地段，热棒可冷却地基土体，降低地基低温，防止冻土退化。

六、冬季、雨季路基施工

路基工程施工应该尽量避开冬季及雨季施工。如果由于工期等要求必须安排在冬季及雨季进行施工，则应当根据实际情况，采取必要的措施来保证冬雨季施工的路基工程能够满足设计文件及相关施工技术规范的要求，从而保证整个道路的施工质量。

无论是进行冬期还是雨期施工，在施工前，都要由施工单位项目总工程师编制冬期或者雨期施工方案，填写施工方案报审表，报监理工程师进行审核，审核合格后，施工单位要严格按照经过监理工程师审核的施工方案规定的施工工艺进行施工。

冬季以及雨季施工，应该根据季节特点和施工段的地质地形条件，制定合理的施工方案。雨季施工应该做好临时排水措施，最好是能够与永久排水设施相连接。冬季及雨季施工应该更加重视安全管理，制定安全施工应急预案，做好气象信息的收集工作，避免灾害和事故发生的可能性。在进行冬季以及雨季施工前必须做好各项准备工作。

（一）冬季施工

1. 冬季施工前的准备工作

冬季施工准备进入冬期施工前，应预先作好下列准备工作：

①根据年度计划和施工组织设计，确定冬期施工的工程项目；

②收集当地气象台（站）历年气象资料，设置工地气象观测点，建立观测制度，及时掌握气象变化情况；

③作好防寒工作，配齐保暖设施，配足取暖的材料，并注意防止煤气中毒；

④选择满足低温起动的机械设备，做好防冻工作，并采取防滑措施；

⑤储备足够冬期施工所需物资、材料；

⑥编制冬期施工方案及技术措施，对有关人员进行技术交底或培训。

2. 路基的冬季施工

在反复的冻融地区，昼夜平均气温在 -3 度以下且持续 10d 以上，或者昼夜平均气温虽然在 -3 度以上但冻土没有完全融化时，均应按照冬季施工进行组织施工。

3. 相关施工技术规范规定

高速公路、一级公路的土质路堤和地质不良地区二级以及二级以下公路路堤不宜进行冬季施工。河滩低洼地带、可被水淹没的填土路堤不宜进行冬季施工。土质路堤路床以下 1m 范围内，不得进行冬季施工。半填半挖路段、填挖交界处不得在冬季施工。

4. 路基基底的处理

（1）应该在冻结前将表层清理完成，挖好台阶。还应该采取相应的措施防止冻结，在填筑前，应该将基底范围内的积雪或者冰块清除干净。

（2）对于需要换土或者补填的路段的基底，应该采用合适的材料进行回填，并且应该及时整平碾压。将基底处理合格后，应该采取必要的措施进行保温处理，防止基底冻结。

5. 填土路堤施工

填土路堤施工应该符合以下相关规定：

（1）首先是填料的选择。填料应该选择未冻结的砂性土、碎石、卵石土等具有良好透水性的材料，含水量过大的黏性土不得用做冬期填料。

（2）填筑路堤应该按照路堤全宽进行填筑，填筑时每层的虚铺厚度应该比正常季节薄 20%~30%，并且松铺厚度在 30cm 以下，当天完成填筑的路段应该当天碾压完成。如果中途停止填筑，应该将填筑层及边坡整平，采取覆盖措施防止受冻，在恢复施工时，应该将表层的冰雪清除干净，并进行补充碾压。

（3）当填筑顶面高程距离路床顶面 1m 以下时，采用压路机碾压密实后应该停止填筑，在填筑层顶面采取措施，防治受冻，等冬季过后，整理复压，再分层填筑至路床设计高程，等冬季过后，进行下步施工前，进行补充碾压。

6. 挖方路基施工

挖方段的边坡不能一次挖至设计线，应该预留一定厚度的覆盖层，等到正常施工季节后再修整到设计坡面。

路基挖至路床顶面 1m 以上时，在挖完临时排水沟后，应该暂停开挖，等到冬季过后再进行开挖。

冬期开挖路堑，必须从上向下开挖，不许从下向上掏空挖“神仙土”。冬期开挖路堑应该在每天开始时先挖阳面，待气温回升后再挖阴面。如果在开挖过程中遇有地下水，应该及时挖沟排水。

（二）雨季施工

1. 雨季施工前的准备工作

雨季施工准备进入冬期施工前，应预先作好下列准备工作：

（1）做好施工现场排水，防止暴雨袭来形成水灾。

（2）加强水泥材料，机械设备的防雨保护工作，落实好防御措施，避免雨淋水泡造成损失。

（3）加强值班力量和雨情监测，做到有备无患，确保雨季施工安全。

2. 雨季施工路段的选择

（1）路基施工地段一般应该选择丘陵和山岭地区的砂类土、碎石土和岩石地段和路堑的弃方地段。

（2）排水困难地段及重黏土、膨胀土地段严禁在雨季进行施工。

3. 雨季施工的准备工作

（1）对选择进行雨季施工的路段进行详细的调查研究，根据实际情况编制具有指导性的雨季施工组织计划。修建施工便道，保持晴雨畅通。

（2）办公、库房、机械停放场地、生产设施等都应该设在最高洪水位以上地点或者高地上，并远离泥石流沟槽冲击堆一定的安全距离。

4. 填方路堤

（1）填料应该选择透水性良好的砂类土、砂砾等。利用挖方土做填料，含水量符合要求时，应该随挖随填及时进行碾压。而对于含水量过大又难以晾晒的土，不得用做雨季施工的路堤填料。

（2）雨季进行路基填筑需要借土时，取土坑的设置不宜离路基太近，以保证路基的稳定性。路堤应该分层进行填筑，当天完成填筑的路段应该当天完成碾压。

（3）雨期路堤施工路段除施工车辆外，应该严格控制其他车辆在施工场地通行。在填筑路堤前，应该先挖好排水沟，保证路堤不受雨水浸泡。如果原地面松软，应该采取换填措施。

（4）路堤应该分层填筑，每层的表面做成 2%~4% 的横坡，以便下雨时及时排除地面水。

5. 挖方路基

挖方边坡不宜一次挖到设计坡面，应该预留一定厚度的覆盖层，等到雨季过后再修整到设计坡面。雨季开挖路堑，当挖至路床顶面以上 300~500mm 时应停止开挖，并且应该在两侧挖好排水沟，等到雨季过后再施工。当雨季开挖岩石路堑时，爆破的炮眼宜水平设置。

结构物基坑在雨季开挖后未能及时施工时，应该采取防止浸泡的措施，如果有必要，应该在雨后对基坑的地基承载力进行再次检测，来确定是否满足设计要求。制定雨季施工安全方案，做好防洪抢险的准备工作。

第五章　路面工程施工

第一节　路面施工主要机械设备

路面机械是指在公路建设中完成路面材料的生产与施工的机械设备。由于路面是用多种材料铺筑而成的多层建筑物，采用的筑路材料种类繁多，加之施工方法多样，因此路面工程施工机械的品种多种多样，其范围涉及大多数工程建设机械、运输车辆、化工和发电设备，甚至农业机械等。本章所介绍的路面机械主要是公路路面工程专用机械，即主要用于修建路面的机械。

路面机械的发展与路面施工新技术、新工艺、新材料的发展密切相关，两者相辅相成，均在不断地发展。20 世纪六七十年代国外路面机械发展的主要特点是大型化，到 80 年代初期各种路面机械都已形成规格齐全的系列化产品。之后，虽然新机种时有出现，但主要发展特点是对已有机械的局部构件进行不断的改进和提高，主要表现在广泛采用液压传动技术、电子技术，实现机电液一体化，提高自动化控制程度，提高机械操作性能及舒适性，提高施工质量，减轻环境污染。

为改变公路建设行业苦、脏、乱的现象，各国更加重视路面机械的自动化和智能化，主要表现在普遍采用激光、超声等非接触传感技术、计算机技术，使操作更加省力、容易、舒适。不仅大型机械实现自动化控制，小型机械也实现自动化，增加随机质量自动检测控制系统，既保证工程的质量，又能提高施工效率。

路面机械根据其结构、性能、用途可以有多种分类方法。如果根据路面结构层，按照机械用途路面机械可分成面层施工机械、基层施工机械、沥青材料加工处理设备、石材集料加工处理设备等四类，如图 5-1-1 所示。

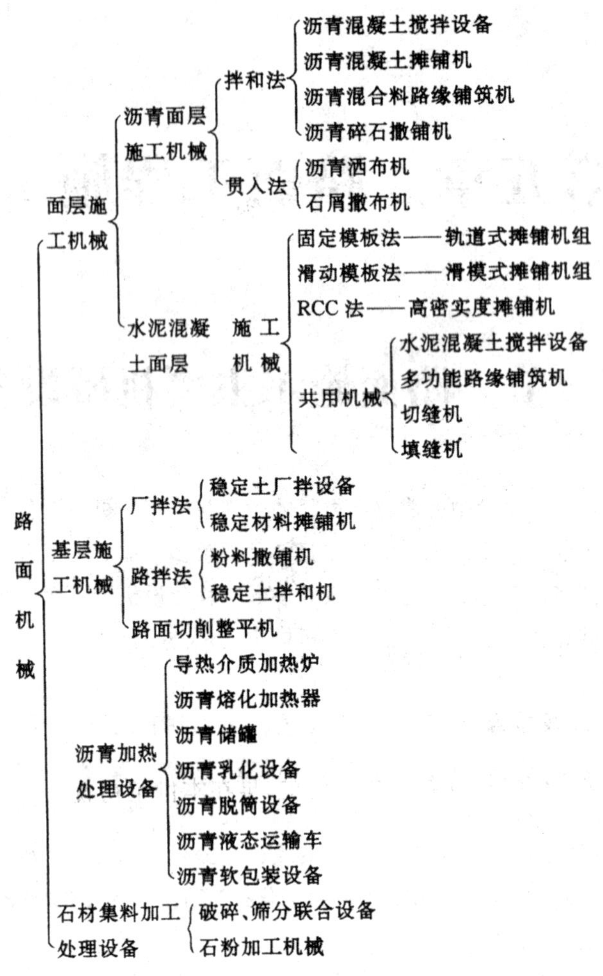

图 5-1-1　路面机械分类

在修筑道路和机场时需要对基层的土壤进行加固，使基层有一定的承载强度，能够承受车辆给予公路的负荷。为了达到这种目的，在基层土壤中加入各种不同剂量的稳定材料（稳定剂），以使基层土壤获得所要求的稳定性和强度。稳定土拌和机械就是由于最初用于处理基层而发展起来的一种专用施工机械。

因此，稳定土拌和机械的主要功能即是将土粉碎，与稳定剂（石灰、水泥、沥青、乳化沥青或其他化学剂）等均匀拌和，以提高土的稳定性，形成稳定混合料，用来修建稳定土路面或加强路基。

目前，稳定土拌和机械是公路、城市道路、广场、港口码头、停车场、飞机场的基层、底基层施工中必不可少的专用机械设备。使用稳定土拌和机械不仅可以节省优质土，就地取材，避免长途装运输，降低施工成本，加快施工进程，更重要的是可以满足路基或路面的施工技术要求，并且保证施工质量。

稳定土拌和机械按其设备与拌和工艺可分为稳定土厂拌设备和稳定土拌和机两类。下面将对两种设备分别作以介绍。

一、稳定土厂拌设备

1. 功能与分类

稳定土厂拌设备是路面工程机械的主要机种之一，是专用于拌制各种以水硬性材料为结合剂的稳定混合料的搅拌机组。由于混合料的拌制是在固定场地集中进行，使厂拌设备具有物料计量精度高、级配准确、拌和均匀、节省材料、便于计算机自动控制、统计、打印各种数据等优点，因而被广泛用于公路和城市道路的基层、底基层施工，也适用于货场、停车场等需要稳定材料的工程，是当前高等级公路修筑中的一种高效能的路面基层修筑设备。

稳定土厂拌设备可根据主要结构、工艺特性、生产率、机动性及拌和方式等进行分类。

（1）根据生产率大小，稳定土厂拌设备可分为小型（生产率小于 200t/h）、中型（生产率 200~400t/h）、大型（400~600t/h）和特大型（生产率大于 600t/h）等四种。

（2）根据设备拌和工艺和方式可分为非强制跌落间歇式、非强制跌落连续式、强制间歇式和强制连续式等四种。强制连续式又可分为单卧轴式和双卧轴式。在诸多形式中，双卧轴式最常用。

（3）根据设备布局及机动性可分为移动式、分总成移动式、部分移动式、可搬式、固定式等多种形式。

（4）根据物料计量形式可分为容积计量和电子动态称重计量拌和设备两种。

移动式厂拌设备是将全部装置安装在一个专用的拖式底盘上，形成一个大型的半挂车，可以随时转移施工地点。设备从运输状态到工作状态，不需要吊装机具，仅依靠自身的液压机构就可以实现部件的折叠和就位。这种厂拌设备一般具有中、小型生产能力，多用于工程量小、施工地点分散、经常移动的公路施工工程。

分总成移动式厂拌设备是将各主要总成分别安装在几个专用底盘上，形成两个或两个以上的半挂车或全挂车形式。各挂车分别被拖动到施工现场，依靠吊装机具将设备安装、组合成工作状态，并可根据实际施工现场条件合理布置。这种形式多在大、中型设备中采用，适用于工程量较大的公路施工工程。

部分移动式厂拌设备是将主要部件安装在一个或几个特制的底盘上，形成一组或几组半挂车或全挂车，依靠拖动来转移工地，将小的部件采用可拆装搬运的方式，依靠汽车运输完成工地转移。这种形式在大、中型厂拌设备中采用，适用于城市道路和公路施工工程。

可搬移动式厂拌设备是将各主要总成分别安装在两个或两个以上车架上，各自装车运输实现工地转移，再依靠吊装机具将几个总成安装、组合成工作状态。这种形式在小、中、大型厂拌设备中采用，具有造价低、维护方便等特点，适用于各种工程量的城市道路和公路施工工程。

固定式厂拌设备固定安装在预先选好的场地上，形成一个稳定土生产基地。因此，一般规模较大，具有大、特大生产能力，适用于工程量大且集中的城市道路、公路施工工程。

2. 稳定土厂拌设备的技术特点

稳定土厂拌设备在技术上已经相对较为完善。在集料的计量方面大多采用了电脑控制，实现了骨料、水泥和水的自动配比，具有计量准确、可靠性好、搅拌均匀、操作方便、环保等优点。但在结构方面需安装在固定地点作业，整机庞大，占地面积大，还需配置运输车辆和装卸机械才能将成品料运至施工现场，因此使用成本高。目前，稳定土厂拌设备在技术上也有新的发展。

（1）颗粒含水率快速连续检测技术

含水率对稳定土的力学性能和施工质量影响很大。原材料的含水率受气候影响而变化，特别是砂料、粉煤灰等细料的变化更大，这将直接影响到成品料的含水率和骨料级配的准确性。因此，必须及时测出原材料的含水率，并通过准确控制供水和供料量，使成品料的各项配比保持稳定，从而保持成品料的质量。目前，该项技术已取得很大的进展，电容式、中子式、红外线等粒料含水率快速连续检测仪已推向市场，正在提高可靠性和检测的适用范围，降低成本，尽快普及使用。

（2）既能连续又能间歇强制拌和的多用途厂拌设备

为了扩大厂拌设备的使用范围，一些厂家正在研制具有连续搅拌作业和间歇搅拌作业两种功能的厂拌设备，使其不仅能拌制稳定材料，也能拌制各种水泥混凝土混合料。通过键盘操作转换物料的计量程序，实现物料的连续计量与输送或分批计量与输送。在连续计量时，搅拌机中叶桨安装成常用的卧式双轴强制连续搅拌机，能生产稳定土；在间歇计量时，搅拌机中的几个叶桨改变安装角（反向），使物料在搅拌机中循环搅拌（搅拌时间按需要设定），能生产水泥混凝土等。该设备的关键技术是物料的计量控制技术和搅拌机的多功能特性，也是未来的发展方向。

（3）无衬板搅拌机

目前，针对稳定土的特性和连续搅拌的作业特点，研制成无衬板搅拌机。无衬板搅拌机的工作原理与有衬板的一样，但两者的抗磨机理不同。无衬板搅拌机最大限度地加大了叶桨与机体之间的间隙。搅拌机工作时，在机体与叶桨之间的间隙中形成一层几乎不移动的混合料层，起到衬板的作用，保护机体不受磨损。这种无衬板搅拌机，机体一般设计成平底斗形，具有结构简单、制造容易、质量轻、造价低、生产率高、物料不产生阻塞和挤碎现象、搅拌均匀等优点。

（4）组成部件间的搭配灵活多样

多数厂家的稳定土厂拌设备是由多个总成相互组配而成的，在保证设备基本性能的前提下，其部件可以根据用户实际需要进行不同的组合。总体布置形式也可根据施工场地而变化，可布置成“一”字形或“丁”字形，因而使稳定土厂拌设备结构多样化，布局更为灵活，更能满足用户的多种需求。

（5）设备大型化

随着施工作业机械的不断发展，也在要求稳定土厂拌设备向大型化的方向发展，设备的生产能力要不断提高。

（6）结构模块化

随着科技的发展，稳定土厂拌设备的组成部分均已系列化，为固定式稳定土厂拌设备的生产制造提供了有利条件。

（7）拌和范围扩大

稳定土厂拌设备的拌和范围得到了较大的改善，使设备的利用更加有效，不仅能够搅拌稳定土，还可以搅拌其他的混合料，如碾压混凝土、乳化沥青混凝土等。

3. 主要结构与工作原理

稳定土厂拌设备主要由矿料（土壤、碎石、砂砾、粉煤灰等）配料机组成 1. 矿料皮带输送机 2. 结合料（水泥、石灰）存储配给总成 3. 搅拌器 4. 水箱及供水系统 5. 电气控制系统 6. 成品料皮带输送机 7. 成品料 8. 储料斗等部件组成（如图 5-1-2 所示）。由于厂拌设备形式较多，结构布局多样，因此，各种厂拌设备的组成也有所不同。

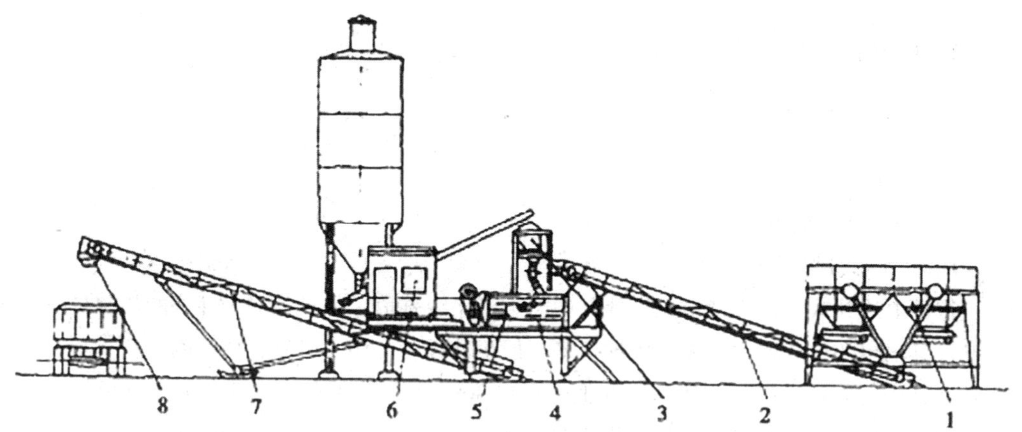

图 5-1-2　稳定土厂拌设备结构示意图

1- 矿料配料机组；2- 矿料皮带输送机；3- 结合料储存配给总成；4- 搅拌器；
5- 供水装置；6- 电气控制系统；7- 成品料皮带输送机；8- 储料斗

稳定土厂拌设备，一般采用连续作业式叶桨搅拌器进行混合料的强制搅拌。其基本工作原理为：把各种不同规格的矿料用装载机装入配料机组 1 的各料仓中，配料机组 1 按规定比例连续按量将矿料配送到矿料皮带输送机 2 上，再由矿料皮带输送机 2 输送到搅拌器 4 中；结合料（也称粉料）由结合料存储配给总成 3 连续计量并输送到矿料皮带输送机 2 上或直接输送到搅拌器 4 中；水经流量计计量后直接泵送到搅拌器 4 中；通过搅拌器 4 将各种材料拌制成均匀的成品混合料；成品料通过成品料皮带输送机 7 输送到储料斗 8 中，或直接装车运往施工工地。

4. 稳定土厂拌设备的选型

（1）稳定土厂拌设备选型依据

设备选型的目的在于挑选技术先进、经济合理和使用安全可靠的最好设备，以保证工程任务按时按量的完成。合理选择施工机械的依据是工程量、施工进度计划、施工条件、现有机械的施工状况及相应的配套情况等。

一般来说应注意遵循以下原则：

1）设备应能适合工作的性质、适合施工对象的特点、场地大小和运输条件等施工状况，应能充分发挥设备的效能。所选设备的生产能力，应能满足施工强度的要求，施工质量应能满足设计要求。

2）设备在技术上应是先进的，能满足施工中的要求，即结构先进、性能可靠、生产率稳定、易于检修，并具有良好的安全性能和环保性能等。

3）设备的购置和运转费用要少，能源消耗要低，并通过技术经济比较，优先选用生产率高，单位产品费用低的设备。

4）所选用的设备技术含量要与使用、维护能力相适应，以此来充分发挥其潜在效能。

（2）稳定土厂拌设备参数及关键部件的选择

1）稳定土厂拌设备的生产率 Q（t/h）可按下式计算：

$$Q=\frac{3600Uq_c}{t}$$

式中：U——搅拌器应有的有效容积，m³；

q_c——混合料密度，t/m³；

t——拌和时间，s；

根据上述公式，计算稳定土厂拌设备的生产率标称值，是设备综合性能的最终体现，一般以其输出的生产能力的大小表现出来。但为使设备平稳、可靠、持续的运行，设备在实际运行中的设定生产率一般为标称生产率的 80%~90%，此值也即为设备的实际稳定生产能力。此值与施工中的生产率实际需求值加以比较后，才能对设备的标称生产率进行有效确认，从而选定合适的配套设备，并充分发挥其效能。

2）计量系统的选择

按照计量系统的不同可将计量分为两类：一种采用体积式计量，另一种采用质量式计量。质量计量系统是在体积计量系统的基础上，用电子传感器测出物料单位时间内通过的质量信号，并根据质量信号调节皮带输送机的转速。因此，质量式计量比体积式计量准确度要高。

对于集料的计量来讲，体积式计量包括储料斗、调速皮带输送机和集料皮带机。其输送量如下：

$$Q=rBHv$$

式中：Q——单位时间集料输送量，t/h；

r——集料比重，t/m³；

B——出料门宽度，m；

H——料门开启高度，m；

v——皮带机速度，m/h；

由上式可知，集料的计量是由料门开启高度和皮带调速机的速度来确定的，但由于物料的匀质性、储料仓压及环境因素的影响引起的比重改变以及供料不均，皮带打滑都易引起物料的输送量的改变，偶然超差较大，严重影响配料精度，配料精度可达 3%~4%。这种计量系统结构简单、操作方便，但不能直观显示瞬时流量和累计质量，出现误差不易被发现。由于制造成本低，目前被应用在低等级的路面施工中，基本能够满足施工要求。

集料的质量计量系统在每个配料口下方均装有一台由微机控制的调速定量皮带秤，当集料通过皮带计量秤的有效计量段时，其质量通过称重框架加到传感器上，由称重传感器将其转化成电信号，同时安装在皮带秤上的速度传感器将检测到的皮带速度转换成电信号，二者被输入到微机，经计算处理后显示集料的瞬时流量值和累计质量值，并送出瞬时流量值的模拟信号。该信号与微机的设定值比较，输出信号送到控制器以控制调速电机，修正物料给料量，使之与设定值相等。由于该动态计量过程具有封闭的反馈、比较、运算环节，其计量精度可达 1%~2%。该系统的计量精度高、操作方便，但制造成本高，可应用于高等级公路的稳定土厂拌设备和连续式混凝土搅拌设备中。

对于水泥计量系统，体积式计量采用螺旋输送机或叶轮给料机对水泥进行计量和输送，通过改变驱动电机的转速来调整水泥的输送量。由于缺少直观显示，只能靠经验和现场称量进行标定。因此，称量超差较大，且不易发现，计量精度不稳定，水泥浪费严重，但制造成本低，价格便宜。

质量称量法采用螺旋电子秤对水泥进行计量和输送。通过微机对测量结果的处理，调节驱动电机的速度，达到控制精度的目的。

减重称量法在水泥仓出口处装有给料蝶阀，下面与水泥计量斗相连，并在计量斗内装有传感器和可调速的螺旋输送机。通过微机控制蝶阀的开关，并称量重量采样，调节螺旋输送机的转速来控制计量精度，且计量精度高，不受环境的干扰。

水的计量方法有体积式计量法和减重称量法两种。

体积式计量法采用的是水泵和可调流量阀，即通过调节流量阀改变水的流量。受水泵的转速、水压的影响，该法计量精度不稳定、计量误差较大，但结构简单、制造成本低，在一些场合仍在使用。

减重称量法由上下液位器控制给水装置加水，控制水的计量精度。该计量方法计量精度高、标定方便，但结构复杂、成本高，计量误差可控制在 ±0.5% 以内，在连续式混凝土和稳定土搅拌设备中得到应用。

5. 稳定土厂拌设备的施工工艺

（1）施工准备

1）材料：根据施工的要求及搅拌的稳定土的类型，选择添加剂，如水泥、石灰、粉煤灰，凡饮用水（含牲畜饮用水）均可用于稳定土施工。

2）机具设备：连续式稳定土厂拌设备、振动筛土机、装载机、自卸汽车、推土机、洒水车等。

3）作业条件：技术人员和操作工人全部到位；质量合格的石灰（水泥）和土料准备充足，不同粒径的矿料应分别堆放；拌和系统机械设备安装调试正常，计量器具符合要求；现场试验室已经验收合格；集中拌和场地已清理整平，道路畅通，水电供应能满足生产要求。

4）技术准备：在稳定土层施工前，应取有代表性的土样进行下列土工试验：颗粒分析，液限和塑性指数，击实试验，砾石的压碎值试验；根据配合比调试厂拌设备电机转速或电子秤平数，确定厂拌设备每个料斗出料的流量。

（2）操作工艺

1）工艺流程图

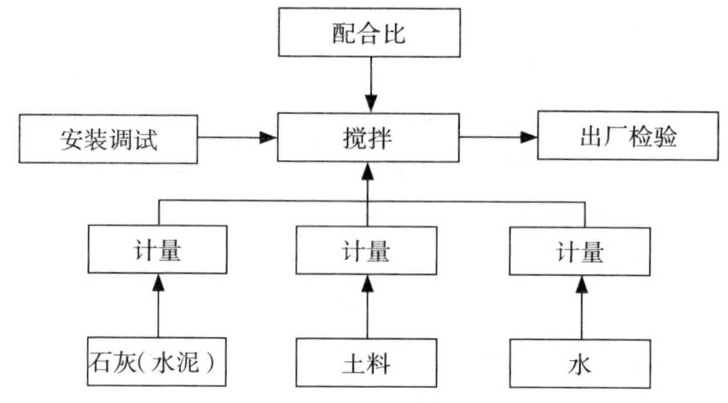

图 5-1-3　工艺流程图

2）操作方法

拌和站的安装和调试，设备安装要由机械员和电工共同完成。设备安装后，必须进行试运转，排除各种可能的故障，并掌握设备的运行规律。

3）搅拌

稳定土试拌要根据调试好的参数进行稳定土拌和，以确定拌和机的各项参数是否合理。正式生产在调试完毕后，即可安排机械设备进行拌和。

4）季节性施工

冬季施工时稳定土应掺加防冻剂，其掺加量应根据施工及养生期的最低温度经试验确定；雨季施工时要减少现场存料数量，边生产边进料，料堆搭建遮雨篷或盖苫布，并沿料堆周围开挖排水沟，加强含水量控制。

（3）质量标准

1）基本要求

稳定土中粒径大于 20mm 的土块不得超过 10%，且最大土块的粒径不得大于 50mm，不得含有未消解颗粒及粒径大于 10mm 的石块。应根据原材料的含水量变化、集料颗粒变化及时调整拌和用水量，稳定土应拌和均匀、色泽一致。

2）实测项目（如表 5-1-1 所示）

表 5-1-1　厂拌灰土质量检验标准

检测项目			允许偏差或允许值		检测方法和频率
			国标、行标	企标	
石灰稳定土	石灰的钙镁含量	生石灰	≥ 70	≥ 70	滴定法，同一批次 200t 一组
		消石灰	≥ 55	≥ 55	
水泥稳定土	水泥的强度等级		≥设计强度等级	≥设计强度等级	散装水泥同一批次每 500t 一组；袋装水泥同一批次每 200t 一组
	水泥的凝结时间		符合设计要求	符合设计要求	
稳定土 7d 无侧限抗压强度			符合设计要求	符合设计要求	2000m² 一组
稳定土含水量			± 3%，以最佳含水量计	± 3%，以最佳含水量计	1000m² 一组
石灰（水泥）剂量			+1.5% -1.0%	+1.5% -1.0%	500m² 一组或每一小时

注：稳定土无侧限抗压强度检测中，试验结果的平均抗压强度 R 应符合公式 1 的要求。

$R \geq R_d / (1 - Z_a C_v)$

式中：R_d——设计抗压强度；

C_v——试验结果的偏差系数；

Z_a——标准正态分布表中随保证率（或置信度 a）而变的系数，高速公路和一级公路应取保证率 95%，即 Z_a=1.645；其他公路应取保证率 90%，即 Z_a=1.282。

（4）应注意的质量问题

防止添加剂的用量上下波动幅值过大，确保机械设备性能稳定。生产前要对原材料进行含水量试验，确定拌和用水的掺量。在生产过程中要严格控制原材料的稳定，以确保稳定土的均匀性。

（5）质量记录

施工过程中试验数据的记录，如土的液塑限试验记录；含水率检测记录；无侧限抗压强度试验记录；击实试验记录；配合比设计单。

二、稳定土拌和机

1. 功能与分类

稳定土拌和机是一种在行驶过程中，以其工作装置——转子就地完成对道路施工现场土壤的切削、翻松、破碎作业，并将土与加入的稳定剂（沥青、乳化沥青、水泥、石灰等）均匀拌和的机械。

稳定土拌和机主要用于道路工程中的稳定土基层的现场拌和作业。由于路拌法就地取材、施工简便、成本低廉，有厂拌法不可替代的优点。稳定土拌和机现场拌和的取样检测表明，对灰土（石灰、土壤）、灰沙（石灰、砂）等小颗粒稳定材料，当稳定剂散布均匀时，性能良好的稳定土拌和机通过一次或两次作业即可达到质量要求。目前国内缺少性能理想、使用方便的粉料撒布机械，施工中多采用手工倾倒稳定剂，再人工或机械刮平的作业方式完成粉料（即干稳定剂）的撒布。由于粉料撒布的精确性与均匀性难以保证，因而在一定程度上影响了稳定土拌和机的拌和效果。期望随着计量精确、撒布均匀的粉料撒布机械的开发和应用，路拌施工法将会获得更好的应用前景。

根据结构特征，稳定土拌和机的分类及其特点如下：

（1）按行走系形式，分为履带式、轮胎式和复合式（履带与轮胎结合），如图 5-1-4a）、b）、c）所示。履带式稳定土拌和机质量大，附着性、通过性好，但机动性差。轮胎式稳定土拌和机机动性好、转场方便。复合式稳定土拌和机结构较复杂。

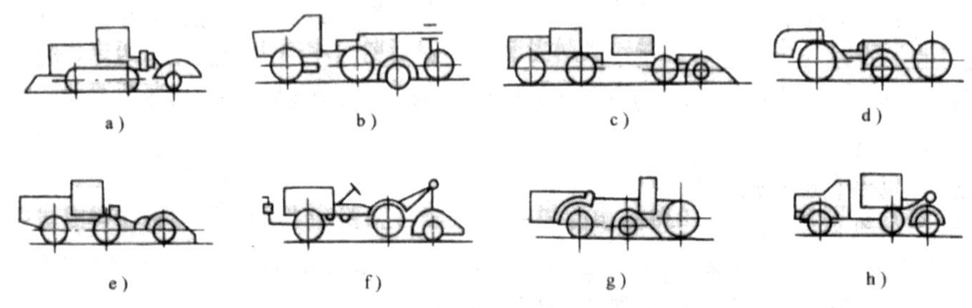

图 5-1-4　稳定土拌和机类型

a）履带式；b）轮胎式；c）复合式；d）自行式；
e）半拖式；f）悬挂式；g）中置式；h）后置式

（2）按移动方式，分为自行式、半拖式和悬挂式，如图 5-1-4d）、e）、f）所示。自行式稳定土拌和机总体尺寸小、结构简单、质量轻。半拖式和悬挂式稳定土拌和机的主机可以一机多用。

（3）按动力传动形式，分为机械式、液压式和混合式（机械、液压结合）。机械式稳定土拌和机属传统结构形式，其设计理论较为成熟，制造、装配、维护简单，但消耗材料多、质量大，机械的性能较差。液压式稳定土拌和机的优点较多，如结构紧凑、质量轻、可无级调速、调速范围大、布置灵活、基本不受机械结构的限制、运转平稳、工作可靠、能自行润滑、寿命较长、易实现过载保护和自动化、操纵方便省力等。液压传动是稳定土拌和机的发展方向，越来越多的稳定土拌和机采用液压传动。但液压传动的稳定土拌和机对制造精度和维护质量要求较高。混合式传动的稳定土拌和机属过渡机型，即吸取液压传动的优点，在机械传动结构基础上，部分采用液压元件，以提高稳定土拌和机的性能。

（4）按工作装置在机械上的位置，分为中置式和后置式，见图 5-1-4g）、h）所示。一般来说，中置式稳定土拌和机的轴距较大，转弯半径大，机动性较差。后置式稳定土拌和机更换转子及拌和铲容易，维修保养方便，但其整机的纵向稳定性较差。

（5）按转子旋转方向，分为正转和反转两种。正转，即转子由上而下切削土壤，其切削及拌和阻力小，消耗功率小。反转，即转子由下而上切削土壤，对土壤破碎好，并可反复拌和，因此稳定土的拌和质量好。

2. 稳定土拌和机的技术特点

稳定土拌和机是在专用的机械底盘上加装拌和装置来进行稳定土拌和的专业机械，具有机动性强、节约运输成本、生产率高及拌和均匀性较高等优点，但与高等级公路的施工规范技术条件要求相比，稳定土拌和机还存在不足之处。

现代优良的稳定土拌和机除了在提高性能和可靠性外，正朝着多功能转子的方向发展，即使用一种综合型的刀具来完成松土拌和及硬土翻松等作业，避免用户更换转子的困难。近年来，国外先进机型在行走系统和转子系统间设置了功率自动调节装置，自动控制机器在负荷变换的情况下始终保持发动机在额定工况下工作，还设有拌深自动调节装置等。这些自控装置的设置大大提高了机器的综合性能，减轻了司机的操作强度。

稳定土拌和机技术发展方向是：

（1）趋向选择大功率柴油机作为动力。由于道路寿命与基层处理关系很大，高等级公路一般要求拌和宽度大于 2400mm、拌和深度达 400mm，而且对拌和质量要求很高，因此稳定土拌和机趋向大功率。

（2）行走与作业均采用液压传动。由于稳定土拌和机作业负荷大，且工况复杂多变，要求行走和作业功率能互相补偿，使发动机功率得到充分利用。此外，还需要无级变速。只有液压传动才能满足这些要求。

（3）广泛采用先进的自动控制技术。例如，功率自动平衡装置、稳定剂自动喷洒比例系统以及拌和深度自动检测装置等都将得到广泛的应用，使稳定土拌和机的性能完善、操作方便。

（4）逐渐向多功能方向发展。随着工业发达国家公路干线或高速公路的完成，旧路面的翻修日趋增多，因此要求稳定土拌和机不仅能完成稳定土拌和作业，还应具备类似沥青路面的铣刨、再生以及挖沟等功能，实现一机多用，提高稳定土拌和机的设备利用率。

（5）进一步完善稳定土拌和机的功能。在大功率稳定土拌和机上采用转子侧移装置，便于路缘、弯道、路肩等的拌和、铣刨作业。在转子罩壳上安装振动尾板，使拌和后的材料得到预压，并可减少水分的挥发，便于下一步的压实作业。

（6）提高稳定土拌和机操作的方便性和舒适性。仪表、操作手柄、按钮等集中布置，驾驶室密封、减振隔音、设置空调，实现微机处理与显示等。

（7）提高稳定土拌和机的安全性。主要指提高驾驶室的抗倾翻性能等。

3. 主要结构与工作原理

如图 5-1-5 是后置式全液压轮式稳定土拌和机，其结构特点是：整体车架刚性悬挂，偏转车轮转向方式：前桥为摆动转向桥，后桥为驱动桥；行走系统为变量泵—定量马达—两档机械变速驱动；转子系统为变量泵—定量低速大扭矩马达直接驱动；转子和行走系统间通过液压控制方式连接，根据超载时转子系统压力的变换自动调节行走速度限制超载。具有结构简单、维修使用方便等优点。

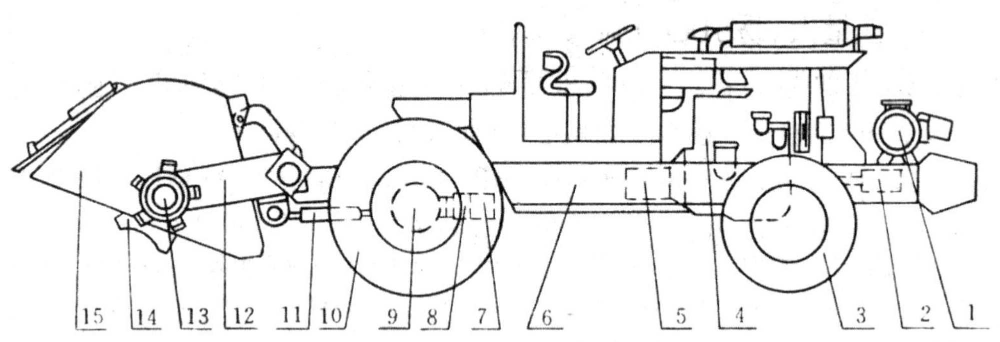

图 5-1-5　后置式全液压稳定土拌和机

1- 液体喷洒泵；2- 行走液压泵；3- 前轮；4- 发动机；5- 转子液压泵；
6- 车架；7- 行走马达；8- 变速箱；9- 驱动桥；10- 后轮；11- 转子举升油缸；
12- 举升臂；13- 转子马达；14- 转子；15- 罩壳

4. 工作装置

稳定土拌和机的工作装置，主要由转子及转子架、转子升降液压缸、罩壳及其后斗门开启液压缸等组成（如图 5-1-6 所示）。稳定土拌和机行驶时，通过转子升降液压缸使整个工作装置抬起，离开地面。拌和作业时工作装置被放下，其罩壳支撑在地面上，此时转子轴颈借助于罩壳两端长方形孔内的深度调节垫块支撑在罩壳上。罩壳形成一个较为封闭的工作室，拌和转子在其内完成粉碎、拌和作业。下面将对转子作详细介绍。

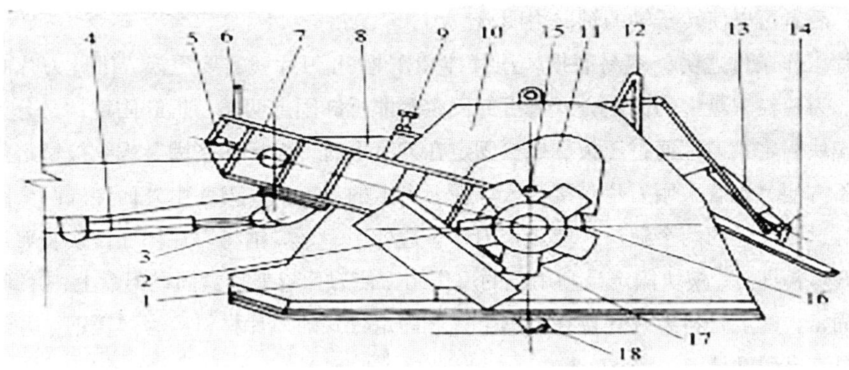

图 5-1-6　稳定土拌和机工作装置

1- 分土器；2- 液压马达；3- 举升轴；4- 举升液压缸；5- 保险箱；6- 深度指示器；7- 举升臂；8- 牵引杆；9- 调整螺栓；10- 罩壳；11- 护板；12- 后斗门开度指示器；13- 后斗门开启液压缸；14- 后斗门；15- 注油口；16- 溢油口；17- 放油口；18- 转子

图 5-1-7 所示为稳定土拌和机转子结构示意图，它由转子轴及轴承、刀盘及刀片等组成。

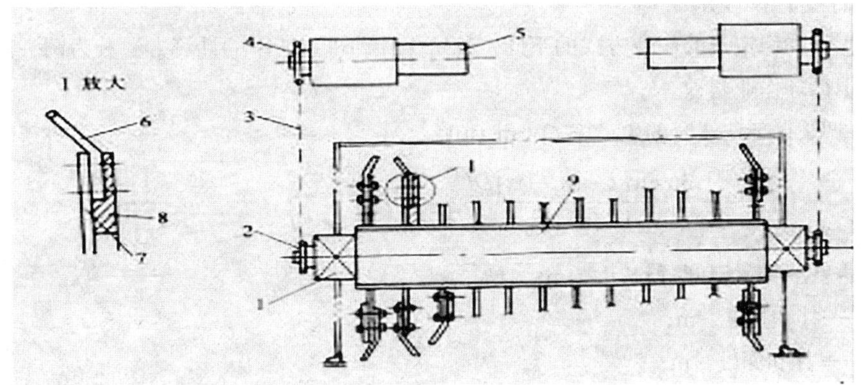

图 5-1-7　转子结构示意图

1- 轴承；2.4- 链轮；3- 链条；5- 液压马达；
6- 弯头刀片；7- 刀盘；8- 压板；9- 转子轴

转子轴的长度由拌和宽度决定，一般较长，要求其质量轻、刚度大、强度高。转子轴的结构形式有：采用无缝钢管；钢板卷焊；组合式——用螺栓将中间拌和轴与两端轴连接在一起。前二种为整体式，刚度、强度大，后者制造简单、拆装方便。

转子轴的支承方式随转子轴结构而异：整体式转子轴多采用剖分式滑动轴承，便于转子轴拆装；组合式转子轴宜采用调心滚子轴承，便于转子轴两端轴颈的调心对中。

刀盘通常是焊接在转子轴上，要求其刚度大、强度高。刀盘的数目由拌和宽度而定，一般不少于 10 个。每个刀盘的刀片数目一般为 4 把或 6 把。刀片在转子轴上一般布置成螺旋形，以便保证拌和及受力均匀。螺旋可为 2 头、3 头或 4 头，可同一方向，也可左、右螺旋，后者可以使转子轴的轴向力明显减小。

刀片工作条件恶劣，容易磨损，连续拌和作业 8h 刀片就需要更换，因此刀片必须拆装方便。刀片在刀盘上的固定方式有拆卸固定和非拆卸固定两类。拆卸固定，又分为螺栓固定和楔块固定：刀片通过压板、螺栓固定在刀盘上时，螺栓往往因其螺纹被稳定剂粘死而拆卸不方便，也有采用刀片直接插入焊在刀盘上的刀库内，刀库由外面穿入两个固定螺栓，并穿过刀片上的两个缺口，然后在刀库短边处用一开口销将刀片挡住，换装刀片时只需抽出开口销即可；楔块固定是利用土的反作用力使刀片越来越紧固在刀盘上，拆卸方便。非拆卸固定，一般是将刀片焊接在刀盘上，该固定方式的刀片材料应为弹簧钢，并经热处理使其具有高耐磨性。

5. 稳定土拌和机的选型

（1）目前，稳定土拌和机的种类较多，市场上主要使用的是轮胎式路拌机，且传动系统向着全液压的方向发展。根据不同的施工条件，选择稳定土拌和机的拌和转子的旋转切削方向：在较松的土层上进行拌和作业时，可以采用正转方式；在坚硬的土层上进行拌和作业时，多采用反转方式。

（2）生产率计算

根据拌和稳定土的作业方式的不同，稳定土拌和机生产率的计算方法分为调头循环作业和倒退循环作业两种。

1）调头循环作业时的生产率 Q（m^3/h）

$$Q=\frac{3600\left[nb-(n-1)x\right]DL}{n(t_1-t_2)+(n-1)t_3+nL/v}$$

式中：L——拌和路段长度，m；

b——拌和宽度，m；

D——拌和深度，m；

v——稳定土拌和机作业速度，m/s；

x——拌和时重叠宽度，一般取 $x=0.1$m；

t_1——转子切入土壤时间，一般取 t_1=10～25s；

t_2——转子提升时间，一般取 t_2=5～10s；

t_3——稳定土拌和机调头时间，一般取 t_3=20～30s。

2）倒退循环作业时的生产率 Q（m^3/h）

$$Q=\frac{3600\left[nb-(n-1)\right]DL}{n(t_1+t_2)+\dfrac{nL}{v}+\dfrac{nL}{v_r}}$$

式中：v_r——稳定土拌和机倒退行驶速度，m/s。

根据生产率的计算结果，选择合适的稳定土拌和机进行作业。

（3）影响稳定土拌和机生产率的因素分析

影响稳定土拌和机生产率的因素有发动机功率、拌和宽度、拌和深度、切削速度、进距等。

1）发动机功率是决定稳定土拌和机生产率的主要因素。由于稳定土拌和机作业时行走速度很低（约 0.03~0.1m/s），因此所需功率很小，同样消耗在计量、喷洒系统的功率也很小。因此，发动机功率大小及能否正常发挥是影响稳定拌和机生产率与拌和质量的主要因素。

2）拌和宽度是稳定土拌和机的一个重要性能参数，它取决于转子的工作长度。拌和宽度是一个受多因素影响的参数，如发动机功率、路基或路面宽度、机械结构等。作业宽度一般等于拌和宽度加上重叠量的整数倍。为了使拌和的稳定土层平整、且能拌到路边，拌和宽度应大于机械的轮距。为保证稳定土拌和机的生产率和作业质量，应认真选择合适的拌和宽度。

3）拌和深度是稳定土拌和机的主要性能参数之一。拌和深度取决于发动机功率及路基、路面的施工工艺设计要求。如果路基稳定层厚度为 25cm、30cm、40cm 及软地基处理，则需要大的拌和深度。拌和深度大的稳定土拌和机也可以进行浅层拌和作业；拌和深度小的稳定土拌和机对深层地基进行拌和时，则需要分层作业。

4）切削速度是拌和铲刀尖运动时的牵连速度和圆周运动相对速度的向量和。当相对速度牵连速度之比大于 10（一般均大于 10）时，可近似地取圆周速度为切削速度。实验证明，切削速度与拌和质量、生产率、发动机功率有关：提高切削速度有利于提高稳定土的拌和质量和生产率，但过大的切削速度使拌和功率消耗过大、拌和均匀性下降。

5）进距是指拌和铲在单位时间内向前进给的距离。选择进距的原则是首先要满足拌和质量的要求，为了提高生产率，应取较大的进距，而大的进距必须用较高的切削速度才能保证拌和均匀性。此外，进距的选择还与土的性质有关，即拌和松软土时可选较大的进距，反之应选较小的进距。

6. 稳定土拌和机的施工工艺

（1）选择作业机械设备

根据施工要求选择合适的机械设备，如稳定土拌和机、压路机、装载机、推土机、自卸车等相关的作业机械。

（2）原材料准备

根据施工要求选择土料厂及所需要的拌和添加材料。

（3）施工前的准备

1）下承层的验收

下承层表面平整、坚实，具有规定的路拱，下承层的平整度和压实度符合规范规定。

2）洒水湿润路基顶面

用洒水车将下承层洒水湿润，注意洒水时不能过干或过湿。

3）测量放样

按图纸放出中桩和边桩，对路中心桩进行二次放样工作，以取得准确的平面位置，然后把中线桩位引到路肩两侧路槽边缘线外 1m，以辅助控制中心桩位，同时进行固桩工作，以免在结构层施工期间有中心偏位现象发生。

4）备土、铺添加料（如水泥，粉煤灰，石灰等）

备土要按照松铺厚度将土摊铺均匀一致，铺土后，先用推土机大致推平，然后放样用平地机整平，清余补缺，保证厚度一致，表面平整。

备添加料前，用压路机对铺开的松土碾压 1~2 遍，保证备添加料时不产生大的车辙，严禁重车在作业段内调头。铺添加料前在灰土的边沿打出格子标线，然后人工将添加料均匀地铺撒在标线范围内。

（4）拌和

采用专用的稳定土拌和机进行路拌法施工，铧犁作为辅助设备配合翻拌。

1）土的含水量小，应首先用铧犁翻拌一遍，使添加料置于中、下层，然后洒水补充水分，并用铧犁继续翻拌，使水分分布均匀。考虑拌和、整平过程中的水分损失，含水量应适当大些（根据气候及拌和整平时间长短确定）。土的含水量过大，应用铧犁进行翻拌晾晒。

2）水分合适后，用平地机粗平一遍，然后用灰土拌和机拌和第一遍。拌和时要指派专人跟机进行挖验，每间隔 5~10 米挖验一处，检查拌和是否到底，对于拌和不到底的段落，及时提醒拌和机司机返回重新拌和。

3）桥头两端在备土时应留出 2 米空间，将土摊入附近，拌和时先横向拌和两个单程，再进行纵向拌和，以确保桥头处土拌和均匀。第二遍拌和前，宜用平地机粗平一遍，然后进行第二遍拌和。若土的塑脂高，土块不易拌碎，应增加拌和遍数，并注意下一次拌和前要对已拌和过的土进行粗平和压实，然后拌和，以达到拌和均匀，满足规范要求为准。压实的密度愈大，对土块的破碎效果愈好，采用此法可达到事半功倍的目的，否则即使再多增加拌和遍数也收效甚微。拌和时拌和机各行程间的搭接宽度不小于 10cm。

（5）整平

用平地机、结合少量人工整平。最后一遍整平前，宜用洒水车喷洒一遍水，以补充表层水分，有利于表层碾压成型，最后一遍整平时平地机应“带土”作业，切忌薄层找补，备土、备添加料要适当考虑富余量，整平时宁刮勿补。

（6）碾压

碾压采用振动压路机和 15~18t 三轮静力式压路机联合完成。整平完成后，先用振动压路机由路两侧向路中心碾压，碾压时后轮应重叠 1/2 轮宽，一般碾压 4~5 遍，压路机的碾压速度，头两遍以采用 1.5~1.7 公里/小时，以后用 2.0~2.5 公里/小时，至无明显轮迹。总之，碾压时须遵循“由边到中，先轻后重，由慢到快”的原则。

（7）检验

对碾压完成路段取样检验压实度，压实不足要立即补压，满足压实要求。成型后的两日内完成平整度、标高、横坡度、宽度、厚度检验，检验不合格要求采取措施予以处理。

（8）接头处理

碾压完毕的端头应立即将拌和不均、标高误差大或平整度不好的部分挂线垂直切除，保持接头处顺直、整齐，下一作业段与之衔接处铺土及拌和应空出 2 米，待整平时再按松铺厚度整平。桥头处亦按上述方法处理，铺土及拌和应空出 2 米，先横拌 2 遍再纵拌，待整平时再按松铺厚度整平。

（9）养生

不能及时覆盖上层结构层的含添加料土，养生期不少于 7 天，采用洒水养生法，养生期间要保持灰土表面经常湿润，养生期内应封闭交通，除洒水车外禁止一切车辆通行。灰土完成后经验收合格，即可进行下道工序施工。

三、沥青混凝土搅拌设备

（一）功能与分类

沥青混凝土搅拌设备是沥青混凝土路面施工中主要配套机械设备之一，它的主要用途是将一定温度下的道路施工用不同粒径的集料（骨料）、填料（矿粉）和一定温度下的沥青按规定的比例要求搅拌而制成符合施工技术规范的沥青混合料，适用于公路、城市道路、机场、码头、停车场、货场等施工工程。常用的沥青混合料有沥青混凝土、沥青碎石、沥青砂等。沥青混凝土搅拌设备是沥青混凝土路面施工的关键设备之一，其性能直接影响到所铺筑的沥青路面的质量。

沥青混凝土搅拌设备可按生产能力、搬运方式、工艺流程等方法进行分类。

1. 按生产能力

沥青混凝土搅拌设备可分为小型（生产率在 40t/h 以下）、中型（生产率在 40~400t/h）和大型（生产率在 400t/h 以上）三种。

2. 按搬运方式

沥青混凝土搅拌设备可分为移动式（将设备装置于拖车上，可随施工地点转移，多用于公路工程）、半固定式（将设备装置在几个拖车上，在施工地点拼装，多用于公路施工）和固定式（设备作业地点固定，又称沥青混凝土加工工厂，适用于工程集中、城市道路施工工程）三种。

3. 按工艺流程

沥青混凝土搅拌设备主要可分为间歇强制式（集料的加热烘干为连续进行，混合料的搅拌是强制周期性进行的。按目前国内的规范要求，高等级公路建设应使用间歇强制式）和连续滚筒式（骨料的加热烘干和混合料的搅拌均在同一个滚筒中连续进行的。多用于普通公路、场地建设）两种。

（二）沥青混凝土搅拌设备的技术特点

沥青混凝土搅拌设备在国外已有很久的历史，早在20世纪初就已经问世。经过长期的发展，特别是电子技术的日益完善以及计算机技术和信息处理技术的突飞猛进，沥青混凝土搅拌设备在发达国家已经发展到很高的技术水平，并仍在不断改进。

1. 生产能力系列化

目前，国际市场沥青混凝土搅拌设备型号规格十分齐全，有小时产量几吨的小型设备，也有小时产量上千吨的大型设备，使用较多的是350t/h以下的各种中小型设备。随着沥青混凝土材料的商品化，沥青混凝土的制备朝着专业工厂化方向发展，沥青混凝土搅拌设备的生产能力也日趋大型化，间歇强制式搅拌设备生产能力最高可达700t/h，连续滚筒式搅拌设备生产能力最高可达1200t/h。

2. 技术性能先进化

为适应工程对于成品质量的需要，满足社会对于节能、环保的要求，设备的各项技术指标越来越高。目前骨料和粉料的计量精度间歇强制式搅拌设备达0.5%，连续滚筒式搅拌设备达1%；沥青计量精度间歇强制式搅拌设备达0.33%；连续滚筒式搅拌设备可达0.5%；热效率可达80%~85%；粉尘排量都可控制在50mg/m^3以内。

3. 控制操作自动化

不论是间歇强制式还是连续滚筒式搅拌设备，其控制系统均采用计算机管理，并设置微机程控与手动相结合的控制方式。设备的工艺流程可在显示器屏幕上模拟显示，且具有故障自动诊断报警功能，有生产过程中的各种数据显示打印功能。另外，还可储存大量的级配配方供需要时更换。

4. 设备要求环保化

随着社会的发展，各国有关环保的法规愈来愈多，要求也愈来愈高，因此，对沥青混凝土搅拌设备的噪音和污染控制要求以及燃油消耗的要求也愈来愈严格。

（三）总体结构及工作原理

1. 间歇强制式沥青混凝土搅拌设备

间歇强制式沥青混凝土搅拌设备总体结构如图5-1-8所示。其基本构成：冷骨料配料及供给装置、干燥筒总成、热骨料提升机、振动筛分装置、矿粉贮存及供给装置、称量、搅拌及成品料输送系统、除尘系统、气动系统、沥青贮存及供给系统、电气控制系统。

其工作原理是：不同粒径的骨料经冷骨料贮存配料装置1初配后，由冷骨料皮带输送机2输送到冷骨料烘干加热筒3进行加热烘干至一定温度后，由热骨料提升机4提升至热骨料筛分贮存装置5进行二次筛分，筛分后的骨料按粒径的大小分别贮存在热骨料仓的分隔仓中，然后，在电气控制系统的操纵下，按设定的比例先后进入热骨料计量装置6内进行累加式称量，直至达到设定要求。同时，贮存在石粉供给及计量装置7中的矿粉以及储存在沥青供给装置 8 中的热沥青分别由矿粉螺旋输送机和沥青循环泵输送至矿粉称量斗和沥青称量桶中。计量完成后的骨料、矿粉以及沥青被先后投入到搅拌器 9 内进行搅拌，搅拌完成后形成的沥青混合料，通过成品料输送系统送入到成品料贮存仓 10 进行储存或直接卸入运输车辆中。沥青混凝土搅拌设备在运行过程中产生的粉尘、废气和水蒸气，经除尘装置 11 过滤后排入大气中。

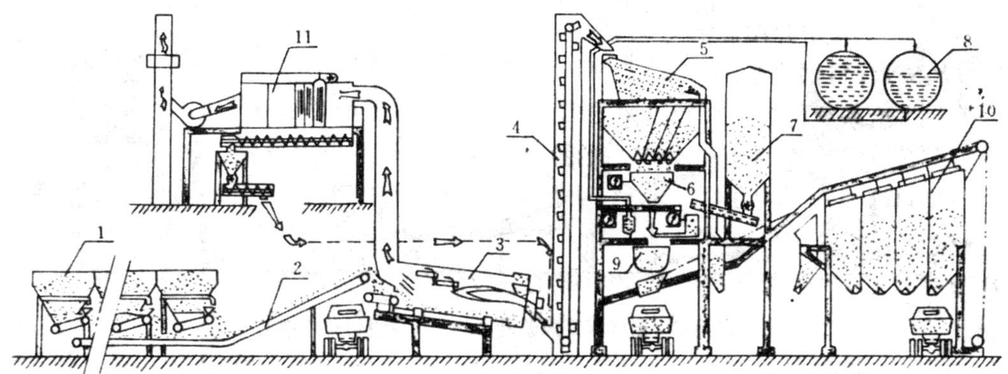

图 5-1-8　间歇强制式沥青混凝土搅拌设备总体结构

1- 冷骨料贮存配料装置；2- 冷骨料皮带输送机；3- 冷骨料烘干加热筒；4- 热骨料提升机；5- 热骨料筛分贮存装置；6- 热骨料计量装置；7- 石粉供给及计量装置；8- 沥青供给装置；9- 搅拌器；10- 成品料贮存仓；11- 除尘装置

由于结构上的特点，间歇强制式沥青混凝土搅拌设备能保证矿料的级配，集料与沥青的比例可达到相当精确的程度，另外也易于根据需要随时变更集料级配和油石比，所以拌制出的沥青混凝土质量好，可满足各种施工要求。因此，这种设备在国内外使用较为普遍。但其缺点是工艺流程长、设备庞杂、建设投资大、耗能高、搬迁困难、对除尘设备要求高（有时所配除尘设备的投资高达整套设备费用的 30%~50%）。

2. 连续滚筒式沥青混凝土搅拌设备

连续滚筒式沥青混凝土搅拌设备总体结构如图 5-1-9 所示。主要由以下部分组成：料供给及配料计量装置、烘干—搅拌筒总成、矿粉贮存及计量供给系统、沥青储存及供给系统、除尘系统、成品料输送及储存系统、电气控制系统。

其工作原理是：不同粒径的骨料经冷骨料贮存及配料装置 1 计量后，由冷骨料皮带输送机 2 送至烘干—搅拌滚筒 3 内，骨料在烘干—搅拌滚筒 3 的前部被烘干加热至要求的温度。与此同时，石粉供给系统 4 中的矿粉经计量装置计量后，被连续的输送至烘干—搅拌滚筒 3 内。经过烘干加热后的骨料与矿粉，以及来自沥青供给系统 5 经过计量后的沥青，在烘干—搅拌滚筒 3 的后部被混合搅拌，形成的沥青混合料由成品料输送机 7 运至成品料贮存仓 8 中储存待运。烘干—搅拌滚筒 3 产生的油烟和含尘气体经除尘系统 6 过滤后排入大气中。需要说明的是，为了提高混合料的配合比精度，冷骨料在进入烘干—搅拌滚筒 3

之前，有些设备常配备骨料含水量测试仪，测试冷骨料含水量的数据被动态的输入到电气控制系统中的计算机中，由计算机换算出干骨料的实际重量，并根据干骨料的实际重量动态的自动调节矿粉和沥青的添加量，从而达到准确控制混合料配比的目的。

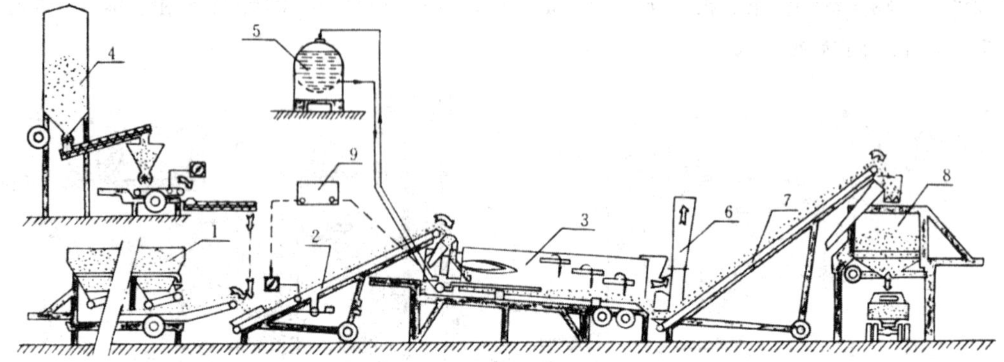

图 5-1-9　连续滚筒式沥青混凝土搅拌设备总体结构

1- 冷骨料贮存及配料装置；2- 冷骨料皮带输送机；3- 烘干—搅拌滚筒；
4- 石粉供给系统；5- 沥青供给系统；6- 除尘系统；7- 成品料输送机；
8- 成品料贮存仓；9- 油石比控制仪

与间歇强制式沥青混凝土搅拌设备相比，连续滚筒式沥青混凝土搅拌设备工艺流程大为简化，设备也随之简化。不仅搬迁方便，而且制造成本、使用费用和动力消耗可分别降低 15%~20%、5%~12% 和 25%~30%。另外，由于湿冷集料在烘干—搅拌滚筒内烘干、加热后即被沥青裹敷，使细小粒料和粉尘难以逸出，因而易于达到环保标准的要求。

3. 沥青混凝土搅拌设备电气控制系统

电气控制系统是沥青混凝土搅拌设备的关键组成部分，其自动化程度的高低标志着整套设备的先进程度，同时也直接影响整机性能。该系统通常具有手动、半自动和全自动控制功能，主要由四个基本系统构成：设备供电及起停控制子系统；燃烧及温度控制子系统；物料配料及输送子系统；计算机监督控制子系统。它们既相互独立，又相互关联，与沥青混凝土搅拌设备的机械本体及其执行机构构成一个有机的整体。图 5-1-10 为它们之间的关系框图。

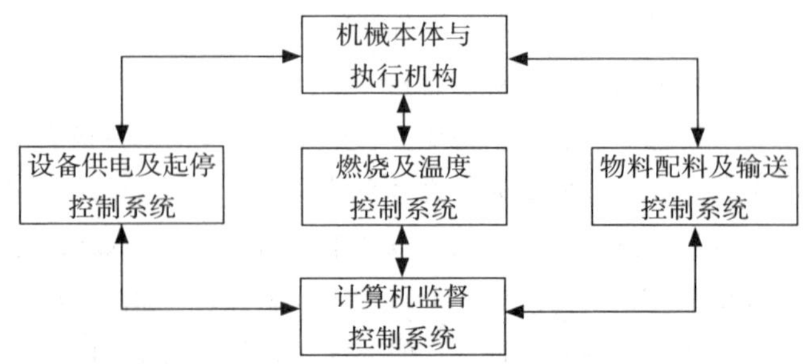

图 5-1-10　总体系统框图

设备供电及起停控制子系统的主要功能是向机械本体及其执行机构提供动力电源，以及按要求发出起动和停机的信号。

物料配料及输送控制子系统的主要功能除了向机械本体的执行机构发出执行信号外，还负责从机械本体采集物料重量等传感器信号，并按设定的配比要求进行物料计量、搅拌，搅拌后形成的成品混合料在控制系统的指挥下输送至成品料贮存仓储存。

燃烧及温度控制子系统的主要功能是控制烘干滚筒的燃烧器的起停，并根据从烘干滚筒出料口处采集的骨料温度的高低，调整燃烧器油门的大小，保证干燥后的骨料温度达到设定要求。

计算机监督控制子系统的主要功能是提供操作直观的人机交互界面，该子系统通常具有设备运行监控、生产数据信息管理与编辑，以及远程通信等功能。

（四）沥青混凝土搅拌设备的选型

间歇强制式沥青混凝土搅拌设备将冷料的烘干与混合料搅拌分开进行，冷湿集料在烘干筒内加热后，需经筛分、存储，再经热骨料计量装置精确计量，然后才输入强制式搅拌器内，与一定配合比的矿粉和热态沥青强制拌和，形成级配均匀的沥青混凝土。采用间歇强制式沥青混凝土搅拌设备拌和沥青混合料，虽然工艺流程较连续滚筒式时间长，耗能较大，除尘困难，但其级配精度较高，含水量较低，能完全满足高等级路面对铺筑材料的要求。我国高等级沥青路面所用的沥青混凝土普遍采用的是强制式拌和工艺进行生产。

国内生产的连续滚筒式拌和设备无论是从性能指标还是从自动控制程度方面与间歇强制式拌和设备相比仍有一定差距，加之我国的集料加工企业的规模普遍较小，生产的集料规格差异性大，因而现行施工规范上不允许使用此种拌和设备进行高等级沥青混凝土路面所用的沥青混凝土的生产，故此处仅对间歇强制式沥青混凝土拌和设备的选型进行介绍。

1. 设备形式的选择

一般把沥青混凝土拌和设备分为固定式、半移动式和移动式三大类。对于半移动式和移动式拌和设备，要求其移动性能好，转移工地后能迅速安装，投产时间快。为了移动方便，一般是将组成设备的各部分分成一个或几个移动单元，每个移动单元都有一个金属结构的拖车架。

固定式拌和设备，一般也被设计成模块化结构，大大方便了拆装和搬运。同一生产量的拌和设备，移动式的价格比固定式的贵很多，商品沥青混凝土供应基地和高等级公路养护中心一般选择固定式拌和设备，经常要进行工地转移的公路施工单位则根据需要和实力选购半移动式或移动式拌和设备。

2. 设备生产能力的选择

沥青混凝土拌和设备的生产率是设备选型的重要指标。选型时根据工程任务计算出摊铺机每小时所需的混合料量，同时还要考虑料场砂石集料含水率对加温脱水时间的影响。集料含水量过高，加温时间过长，无疑将降低拌和设备的生产能力，因此应根据不同类型的集料进行试验，选用最佳含水量的集料进行配比拌和，满足对混合料生产率的要求。间歇强制式搅拌设备的生产能力可按下式计算：

$$G = 3.6m\eta CK / T$$

式中：G——搅拌作业生产能力，t/h；

m——搅拌器每份搅拌料额定质量，kg；

η——平均时间利用系数，取 0.8～1；

C——环境温度系数，$C = 0.8 + t / 100℃$（t 为搅拌作业时的环境温度，℃）；

K——骨料含水量系数，$K=1.5 - 10\omega$（ω 为搅拌作业所用骨料的含水量，%）；

T——搅拌器额定工作循环时间，s。

3. 冷料配料系统的选择

砂石料在进入烘干筒前应进行初配，它关系到砂石料加热温度的稳定性和振动筛分后各热料仓的平衡。按国内当前公路施工的实际情况，一般选用四个冷料仓即可满足需要，但可视实际情况再增加一个用于细料或添加剂的冷料仓。

砂石料的初配是由冷料配料系统下面的给料器来完成的，要求给料器按一定的流量连续均匀地供料。冷料配料系统和给料器有往复式、链板式、电磁振动式和皮带式四种。

电磁振动给料器通过改变振幅来调整供料量，这种给料器体积小、安装方便、消耗功率小、不需要润滑，便于集中控制，但对于砂料效果较差。因此，一般电磁振动给料器配碎石料仓用，对砂料仓则采用皮带给料器，它有强制给料的作用。为了防止湿的砂料在料仓内结拱、堵塞，应在料仓壁上再装置一个振动器，这样就能保证砂料均匀连续供给。为了保证在砂石料总的输出量变化时，各种料的级配比仍保持不变，应选用既能统一控制，又能单个控制的结构。另外在选择冷料仓的容量时应注意料斗的宽度，保证装载机铲斗能与之匹配。

4. 计量系统的选择

热骨料计量装置：现代沥青混凝土搅拌设备中，热骨料计量装置多采用电子累加重量计量装置，该装置将每次所测得的重量经过转换送入电子仪器放大、显示和输出控制信号。由于在电子仪器上预先选好各种材料的给定值，因此可以自动控制执行机构来启闭各储料斗斗门。

石粉计量装置：石粉的计量多采用电子秤来测定。称量时螺旋供料器与叶轮给料器的电机同时旋转，螺旋供料器给称量斗供料，料量达到设定值后供料螺旋停转，称量斗斗门开启，矿粉被卸至搅拌器内。计量值可从控制台的称量数字显示器上读出。

沥青计量装置：沥青计量装置可分为称重式沥青计量装置和容积式沥青计量装置。称重式沥青计量，一般使用不同类型的电子秤进行称量，具有测量误差小、测量灵敏度高的优点，但其结构和线路复杂、易出故障，不便于检修和电子元件购置困难等直接影响生产。另外液态沥青罐出、入口的连接和进罐时的冲击力，使电子秤的计量很难达到要求的精度。同时在灰尘较大的环境里使用电子秤，也很难保证电子秤的准确性，尤其是地处沿海地区施工中，对电子秤更不利。

容积式计量方法即按液态沥青的比重，用体积定量计算其用量。该种计量方法不受液态沥青进罐时的冲击力影响也不受灰尘和环境的限制，计量准确，不会产生冒罐喷油现象，不易出现故障，能保证生产的连续性。使用容积式计量装置时，液态沥青罐结构和线路都很简单，便于检修、操作方便、成本低、经济效益较大。

5. 拌和缸的选择

拌和设备的生产能力在很大程度上取决于拌和缸的容积，拌和缸容量和生产能力的对应关系如下表 5-1-2 所示。

表 5-1-2　拌和缸容量和生产能力对应关系

拌和缸容量（kg）	生产能力（t/h）	拌和缸容量（kg）	生产能力（t/h）
500	30~40	3000	180~240
1000	60~80	4000	240~320
2000	120~160	—	—

拌和缸的搅拌方式将直接影响搅拌质量。目前大多采用双卧轴式强制搅拌缸，每根轴上有 6~8 对搅拌臂，拌和桨叶和轴中心安装成 45° 角，同一根轴上相邻的两对拌和臂相错角度为 90° 或 45°（角度小有利于拌细矿料），两根轴上对应的拌和臂也相错 90° 或 45°。物料投入到拌和缸之后，在拌和桨叶旋转运动的带动下沿轴线做推进运动，垂直轴线又有交叉运动，因而得到最佳的搅拌效果。

6. 除尘方式的选择

沥青混凝土拌和设备生产过程中会产生大量的粉尘，可供用户选择的除尘装置有三种类型：干式除尘器、湿式除尘器和布袋除尘器。

干式除尘器一般是利用旋风原理制成的，由多个旋风筒（圆锥形）组成。含烟尘的气流以一定的速度切向进入除尘器的旋风筒做旋转运动，在离心力的作用下，较大颗粒的粉尘（粒径在 20μm 以上）被甩到筒壁上滑落下来掉到底部，再由螺旋输送机回收利用。这种除尘器的效率为 93%，经过除尘后的气体粉尘含量在 300g/m³ 左右。

湿式除尘器的工作原理是：带粉尘的气体进入除尘器后在文丘里喉管处与喷成雾状的水相遇，粉尘被水黏附而和气体分离。与此同时，混杂在气体中的重油燃烧气体也溶于水中，使空气得以净化。这种除尘器的除尘效率为 95%，经过除尘后的气体粉尘含量在 200mg/m³ 左右。通常湿式除尘器作为二级除尘装置和干式除尘器配套使用，主要用来除去粒径在 5~20μm 之间的粉尘。国外厂家提供的湿式除尘器都有一个水循环系统，以解决水的消耗量大的问题，但用户需准备水池。湿式除尘器主要的问题是含尘废水易引起二次污染，使用时产生的废水对钢铁也有腐蚀作用，因此水中需添加中和剂并定期更换用水。

布袋除尘器是一种高效除尘装置，利用有机纤维或无机纤维织物做成过滤袋，将废气中的粉尘滤出。对于粘附有粉尘的布袋是通过反向自动通入压缩空气，将粉尘抖落下来，再由底部的螺旋输送机回收利用。布袋除尘器对布袋的要求较高，要求能耐 200℃高温，而且需具有一定的韧性。这种除尘器能除去粒径在 0.3μm 以上的粉尘，除尘效率为 95%~99%，经过除尘后的气体粉尘含量为 100mg/m³ 左右。

布袋式除尘器由于价格较贵，管理维修也较为复杂，所以只用于生产能力为 60t/h 以上的大、中型拌和设备及环保要求较高的地方。生产能力小于 60t/h 的沥青拌和设备一般采用二级除尘法。

7. 成品料仓安装位置的选择

成品料仓相对主机的位置不同，可分为旁置式和下置式。旁置式是指成品料仓在主机搅拌缸旁边，而下置式是指成品料仓在主机搅拌缸的下方。

旁置式的优点是安装方便、整机高度相对较低、重心也较低、且操作人员容易观察混合料的质量情况。缺点是需要增加一套从搅拌缸到成品料仓的小车输送系统，这不但易造成成品料降温快，而且由于拉动小车的链条频繁运动，容易损坏，导致小车失控下滑而出现事故。

下置式由于增加了整机的高度，不但增加了钢材的用量和设备的安装难度，而且加大了防台风、防雷电工作的难度，但却省了一套运送成品料的小车系统，不仅使整机结构简单，而且降低了故障率。

两种结构方式各有利弊，用户应根据具体使用情况加以选择。

8. 燃油的选择

砂石料的烘干、加热需要消耗大量的热能，沥青混凝土拌和设备是筑路机械的“油老虎”，生产每吨沥青混凝土成品料的柴油消耗量是 6.5~7kg 左右（受石料的含水量影响）。因此，在选择燃油类型时，必须考虑市场燃油价格的稳定性，以免使投资的沥青混凝土拌和设备使用成本过高而使回收期延长。有些厂家提供用重油或煤代替柴油的拌和设备，这样可以大大降低沥青混凝土拌和设备的使用成本。

（五）沥青混凝土搅拌设备的施工控制技术

1. 沥青混凝土原材料的准备及沥青混凝土施工配合比的选择

沥青、砂、石、粉料等原材料必须符合质量要求，配合比必须经过一定数量混合料的试拌，才能基本稳定下来，也才能指导实践。如果石料料源不稳定，就不可能稳定下来，这时只能依靠沥青拌和设备上的操作人员适时调整了。切实可行的配方能使混合料中沥青含量、矿料级配既符合要求，又能最大限度地减少溢料，提高设备产量，这样才能带来效益。以混凝土为例，外加剂防水混凝土所用的外加剂均须预先备足，其他材料亦应一次备足供用。选择混凝土配合比的工作应在施工前两个月进行，使之不影响备料及施工。

2. 沥青混凝土的拌和

在正式拌和成品前，为了预热壳体，要用热砂石料预拌 2~3 次，矿料与填料在拌和筒内应预先干拌 10~15s 后再喷入沥青正式拌和。在拌和中，应保证料斗和料仓的供料均匀以防溢仓或串仓。

在拌和过程中要经常检查计量装置的准确性，还要保证计量时机的合适。计量时机过早，由于热集料从干燥筒到达热料仓的时间（一般为 2min）要长于计量时间（约 45s），计量时容易发生“等料”现象；计量过晚，则容易发生溢料现象。还应保证冷料和热料按确定的配合比供料，以保证计量时各仓料量的均匀，拌和过程尽量保持连续性，减少停机、开机次数，因为拌和初期材料组成不易稳定，容易引起混合料配比失调。

矿料在烘干时，如含水量大时，烘干时间就应相对延长。当烘干筒达到一定温度后才能起动冷料输送机和配料给料装置，并保持供料均匀。

做好拌和时间的确定工作。对于拌和的均匀性要求拌和时间越长越好，但拌和时间过长会造成沥青的老化，应经试验确定。对不同混合料的组成，拌和时间也不同。根据实践，细料及石粉较多的混合料拌和时间要相对延长，沥青含量高的混合料拌和时间可相对缩短。

3. 加强成品料的控制

为了保证成品料的质量，需及时检验成品料，如出现花白料、结团成块或严重的粗细料分离现象，应立即停止施工，及时对配料及拌和作业进行调整，如提高集料加热温度，或增加拌和时间，或减少矿粉用量等等。此外还应经常测定成品料的温度，成品料温度过高将导致沥青老化，温度过低使石料、沥青包裹不均匀出现花白料，混合料的残余含水量过大。虽然拌和机有自动控制系统和记录，但是为防止仪表失误，每拌制 3~5 缸应测试一次成品料的出料温度，出料温度应在 140℃~165℃。过低的温度影响拌和料的质量，而且不利于摊铺碾压；过高会引起沥青老化、结焦。应配贮料仓对成品料进行保温、储存，但不宜长时间储存，最多不超过 72h 或温度降低不超过 10℃。

四、沥青混凝土摊铺机

（一）功能与分类

沥青混凝土摊铺机是沥青路面专用施工机械，它的作用是将拌制好的沥青混凝土材料均匀地摊铺在路面底基层或基层上，构成沥青混凝土基层或沥青混凝土面层，经压路机进一步碾压成型。摊铺机能够准确保证摊铺层的厚度、宽度、路面拱度、平整度，因而广泛用于公路、城市道路、大型货场、停车场、码头和机场等工程中的沥青混凝土摊铺作业，也可用于稳定材料和干硬性水泥混凝土材料（RCC）的摊铺作业。它可大幅度降低施工人员的劳动强度，减少压路机的碾压遍数（约减少 2/3），加快施工进度，降低工程成本，又可提高所铺路面的质量。

1. 按摊铺宽度

沥青混凝土摊铺机可分为小型、中型、大型和超大型四种。

小型：最大摊铺宽度一般小于 3600mm，主要用于路面养护和城市巷道路面修筑工程。

中型：最大摊铺宽度在 4000~6000mm 之间，主要用于一般公路路面的修筑和养护工程。

大型：最大摊铺宽度一般在7000~9000mm之间，主要用于高等级公路路面工程。

超大型：最大摊铺宽度为12000mm，主要用于高速公路路面施工。使用装有自动调平装置的超大型摊铺机摊铺路面，纵向接缝少，整体性及平整度好，尤其摊铺路面表层效果最佳。

2. 按行走方式

摊铺机分为拖式和自行式两种。其中自行式又分为履带式、轮胎式两种。

拖式摊铺机：拖式摊铺机是将收料、输料、分料和熨平等作业装置安装在一个特制的机架上组成的摊铺作业装置，工作时靠运料自卸车牵引或顶推进行摊铺作业。它的结构简单、使用成本低，但其摊铺能力小、摊铺质量低，所以仅适用于三级以下公路路面的养护作业。

履带式摊铺机：履带式摊铺机一般为大型摊铺机，其优点是接地比压小、附着力大，摊铺作业时很少出现打滑现象，运行平稳。其缺点是机动性差、对路基凸起物吸收能力差、弯道作业时铺层边缘圆滑程度较轮胎式摊铺机低，且结构复杂、制造成本较高。履带式摊铺机多为大型和超大型机，用于大型公路工程的施工。

轮胎式摊铺机：轮胎式摊铺机靠轮胎支撑整机并提供附着力，它的优点是转移运行速度快、机动性好、对路基凸起物吸收能力强、弯道作业易形成圆滑边缘。其缺点是附着力小，在摊铺路幅较宽、铺层较厚的路面时易产生打滑现象，另外它对路基凹坑较敏感。轮胎式摊铺机主要用于城市道路和已有道路的罩面，在中小型摊铺机上广泛应用。

3. 按动力传动方式

摊铺机分为机械式和液压式两种。

机械式摊铺机：机械式摊铺机的行走驱动、输料传动、分料传动等主要传动机构都采用机械传动方式。这种摊铺机具有工作可靠、维修方便、传动效率高、制造成本低等优点，但其传动装置复杂，操作不方便，调速性和速度匹配性较差。

液压式摊铺机：液压式摊铺机的行走驱动、输料和分料传动、熨平板延伸、熨平板和振捣器的振动等主要传动采用液压传动方式，从而使摊铺机结构简化、重量减轻、传动冲击和振动减缓、工作速度等性能稳定，而且便于无级调速及采用电液全自动控制。随着液压传动技术可靠性的提高，在摊铺机上采用液压传动的比例迅速增加，并向全液压方向发展。全液压和以液压传动为主的摊铺机，均设有电液自动调平装置，具有良好的使用性能和更高的摊铺质量，因而广泛用于高等级公路路面施工。

4. 按熨平板的延伸方式

摊铺机分为机械加长式和液压伸缩式两种。

机械加长式熨平板：它是用螺栓把基本（最小摊铺宽度的）熨平板和若干加长熨平板组装成所需作业宽度的熨平板。其结构简单、整体刚度好、分料螺旋（亦采用机械加长）贯穿整个摊铺槽，使布料分布均匀。因而大型和超大型摊铺机一般采用机械加长式熨平板，最大摊铺宽度可达 8000~12500mm。

液压伸缩式熨平板：液压伸缩式熨平板是靠液压缸伸缩无级调整其长度，使熨平板达到要求的摊铺宽度。这种熨平板调整方便省力，在摊铺宽度变化的路段施工更显示其优越性。但与机械加长式熨平板相比其整体刚性较差，在调整不当时，基本熨平板和可伸缩熨平板间易产生铺层高差，并因分料螺旋不能贯穿整个摊铺槽，可能造成混合料不均而影响摊铺质量。因而，采用液压伸缩式熨平板的摊铺机最大摊铺宽度不超过 9000mm。

5. 按熨平板的加热方式

分为电加热、液化石油气加热和燃油加热三种形式。

电加热：由摊铺机的发动机驱动的专用发电机产生的电能来加热，这种加热方式加热均匀、使用方便、无污染，熨平板和振捣器受热变形较小。

液化石油气（主要用丙烷气）加热：这种加热方式结构简单、使用方便，但火焰加热欠均匀、污染环境、不安全，且燃气喷嘴需经常清洗。

燃油（主要指轻柴油）加热：燃油加热装置主要由小型燃油泵、喷油嘴、自动点火控制器和小型鼓风机等组成，其优点是可以用于各种工况，操作较方便、燃料易解决，但同样有污染，且结构较复杂。

（二）沥青混凝土摊铺机的技术特点

现代沥青混凝土摊铺机已成熟地应用了机、电、液一体化技术，使沥青混凝土摊铺机具有结构合理、功能完善、性能稳定、安全可靠、易于维修等优点，其结构及技术特点大致有以下几点。

1. 机电液一体化摊铺机已成为主流

现代摊铺机已发展成为集机电液为一体的先进设备，电气控制是机电液一体化的支柱，通过电气控制将液压系统设计的各个执行元件的动作有机地联系起来，进行协调和量的精确控制。

2. 供料速度自动控制

通过超声波传感装置连续监测熨平板挡板前的混合料数量，控制刮板输送器和螺旋分料器的驱动机构，使其相应地增减速度，达到均匀、稳定、连续地供料。

3. 作业速度自动控制

利用脉冲传感器、信号放大器和比例控制阀等测定摊铺机的行驶速度，并通过反馈调节液压系统的流量来控制摊铺机的行走速度，使其不受施工条件变化的干扰，保持作业速度的稳定，从而提高摊铺路面的平整度效果。

4. 作业平整度自动调平

利用超声波或激光等非接触式调平装置和技术，使摊铺机作业平整度进一步提高。该自动调平装置对公路施工条件的适应性很强，其最小分辨率已达到纵向高度不大于

±0.3mm、横向坡度不大于 ±0.02%。

5. 抗离析摊铺技术日趋成熟

为解决离析难题，20 世纪末至 21 世纪初，几种抗离析摊铺机相继问世，抗离析摊铺技术日趋成熟。所采取的措施是：①采用螺旋叶片全埋输料方法，大小粒料能被均匀输送，使推铺层宽度方向上粒料均匀，以避免横向离析；②螺旋分料器前面导料板的离地间隙可调整，能减少粒料向基层表面滚落，使摊铺层厚度方向上粒料均匀，以避免竖向离析；③螺旋高度可多级调整，可对摊铺层表层的粒料起到再次连续搅拌作用，使推铺层厚度方向上粒料均匀，以避免竖向离析；④合理设计反向叶片、料槽宽度、螺旋支撑，改善输料阻滞现象，以避免纵向带状离析；⑤合理设计刮板宽度和料斗形状，减少料斗收合时的集料量，减少大粒料滚落成堆，以避免窝状离析。

6. 改善操作人员劳动条件

为了减轻摊铺机野外露天作业的操作人员的劳动强度、提高其工作舒适性，正在进行研究全自动和无人驾驶的摊铺机，并已取得一定进展。

（三）结构与工作原理

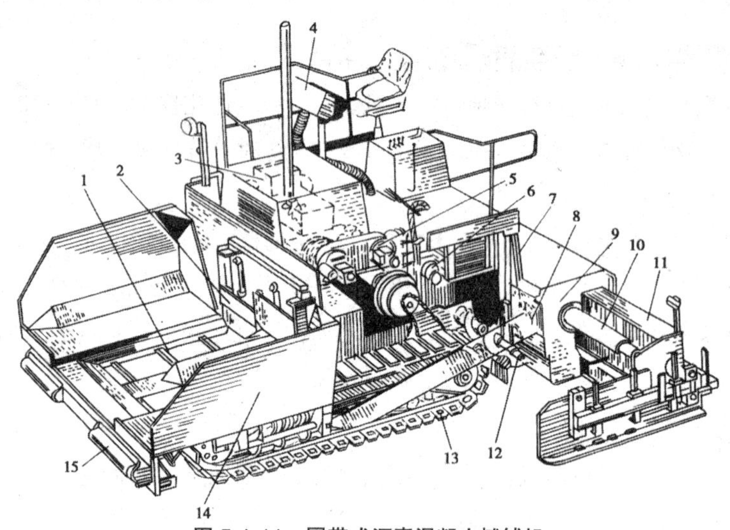

图 5-1-11　履带式沥青混凝土摊铺机

1- 液压独立驱动双排刮板输送器；2- 闸门；3- 发动机；4- 操作台；5- 带差速器和制动器的变速器；6- 轴承集中润滑装置；7- 大臂升降液压油缸；8- 大臂（牵引臂）；9- 带有振动器和加热器的振捣熨平装置；10- 熨平装置伸缩液压油缸；11- 伸缩振捣熨平装置；12- 独立液压驱动双排螺旋分料器；13- 履带行走装置；14- 接收料斗；15- 顶推辊

1. 总体结构

一般说来，沥青混凝土摊铺机是由主机和熨平装置两大部分以及连接它们的牵引大臂组成的。主机用以提供摊铺机所需要的动力和支承机架，并接收、储存和输送沥青混合料给螺旋分料器。

熨平装置 9 主要包括振实机构、振捣机构、熨平板、厚度调节器、路拱调节器和加热系统。熨平板是对铺层材料作整形与熨平的基础机件，并以其自重对铺层材料进行预压实。厚度调节器为一手动调节装置，用以调节熨平板底面的纵向仰角，以改变铺层的厚度。路拱调节器是一种位于熨平板中部的螺旋调节装置，用以改变熨平板底面左右两半部分的横向倾角，以保证摊铺出符合给定路拱要求的铺层。加热系统用于加热熨平板的底板以及相关运动部件，使之不与沥青混合料相粘，保证铺层的平整，即使在较低的气温下也能正常施工。振捣机构和振实机构则先后依次对螺旋分料器分摊好的铺层材料进行振捣和振实，予以初步压实。

2. 工作原理

作业前，首先把摊铺机调整好，并按所铺路段的宽度、厚度、拱度等施工要求，调整好摊铺机的各有关机构和装置，使其处于“整装待发”状态。装运沥青混合料的自卸车对准接收料斗 14 倒车，直至汽车后轮与摊铺机料斗前的顶推辊 15 相接触，汽车挂空挡，由摊铺机顶推其运行，同时自卸车车厢徐徐升起，将沥青混合料缓缓卸入摊铺机的接收料斗 14 内。位于接收料斗 14 底部的刮板输送器 1 在动力传动系统的驱动下以一定的转速运转，将料斗 14 内的沥青混合料连续均匀地向后输送到螺旋分料器 12 前通道内的路基上。螺旋分料器 12 则将这些混合料沿摊铺机的整个摊铺宽度向左右横向输送，分摊在路基上。分摊好的沥青混合料铺层经熨平装置 9 的振捣梁初步捣实，振动熨平板的再次振动预压、整形和熨平而成为一条平整的有一定密实度的铺层，最后经压路机终压而成为合格的路面（或路面基层）。在此摊铺过程中，自卸车一直挂空挡由摊铺机顶推着同步运行，直至车内混合料全部卸完才开走，另一辆运料自卸车立即驶来，重复上述作业，继续给摊铺机供料，使摊铺机不停顿地进行摊铺作业。

3. 摊铺机的主要工作装置

（1）螺旋分料器

螺旋分料器位于摊铺机后部的摊铺槽内，其功用是将刮板输送器输送到摊铺槽中部的沥青混合料，左右横向地分送到摊铺槽的全幅宽度上。螺旋分料器由两组对称布置的螺旋轴、螺旋叶片、连接套筒、反向叶片等组成，如图 5-1-12 所示。

两组螺旋轴上的螺旋叶片的旋向相反，以使混合料由摊铺槽中部向两端输送。为控制料位高度，左右两端设有料位传感器。螺旋叶片采用耐磨材料（耐磨合金钢或耐磨激冷铸铁）制造，或进行表面硬化处理。左右两根螺旋轴支承在机架上，其内端装在后链轮或齿轮箱上，由左右两个传动链或锥齿轮分别驱动（液压传动亦如此），转速可相同，也可不同，以适应左右摊铺宽度、摊铺厚度和摊铺速度等不同要求。螺旋分料器分主节段和加长节段，它们分别与熨平板的主节段和加长节段的长度相适应，加长节段用来摊铺加宽的摊铺带，为了改善对沥青混合料的输送，其叶片尺寸常比主节段的稍大些。螺旋分料器的总长度应为摊铺宽度的 90%，以避免沥青混合料拥挤于两端，使整个宽度获得厚度、密实度均匀的铺层。若摊铺比标定摊铺宽度窄的路面，则可采用切割履板堵住螺旋外端的方法，使螺旋分料器有效工作长度变短，即切割履板有数档堵截长度，使用时将履板置于摊铺槽内，使其不同排档的销钉插入侧板的水平孔中，侧板向内侧移动不同的距离，从而使摊铺宽度有不同程度的缩短。

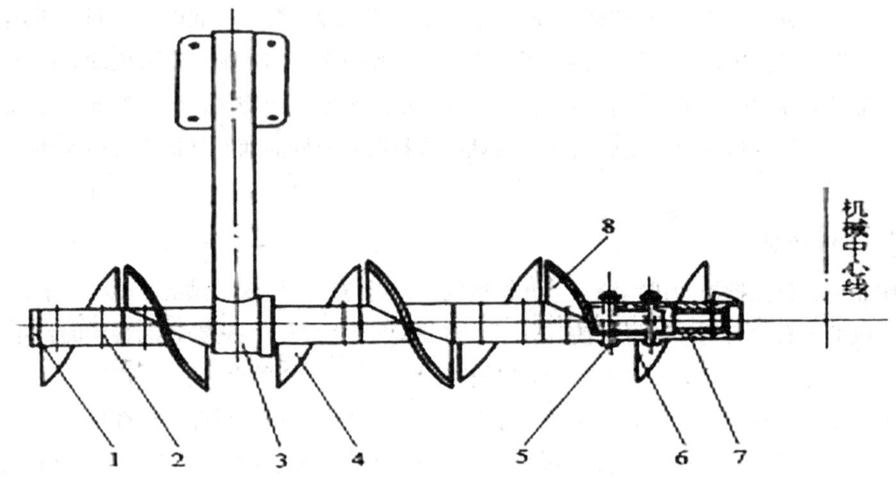

图 5-1-12　螺旋分料器

1- 盖板；2- 螺旋轴；3- 支架；4- 螺旋叶片；5- 螺栓；
6- 连接套筒；7- 中间螺旋轴；8- 中间反向叶片

螺旋分料器一般是固定安装在机架后壁的下方。为适应不同摊铺厚度的需要，有的摊铺机螺旋分料器可调节离地高度，例如，美国 Barber 公司生产的 SA-150 型沥青混合料摊铺机，其螺旋分料器可有 150mm 的高度调整幅度。

螺旋叶片是易损件，为减少摊铺机维修费用，德国 ABG 公司生产的 TITAN 型摊铺机螺旋分料器采用组合式结构，即利用螺栓将螺旋叶片固定在螺旋叶桨上，如图 5-1-15 所示。

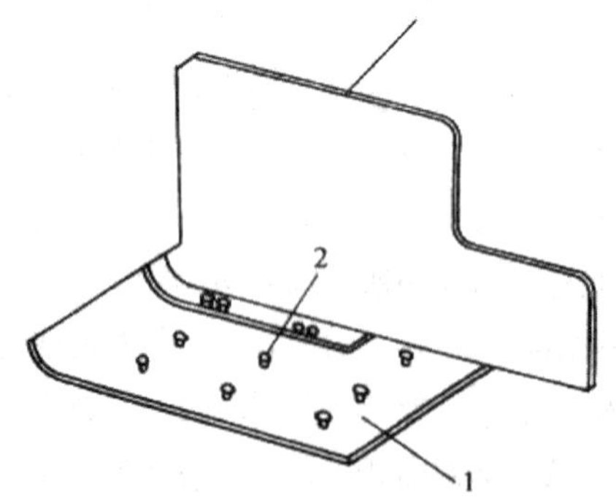

图 5-1-13　切割履板

1- 履板；2- 销钉；3- 侧板

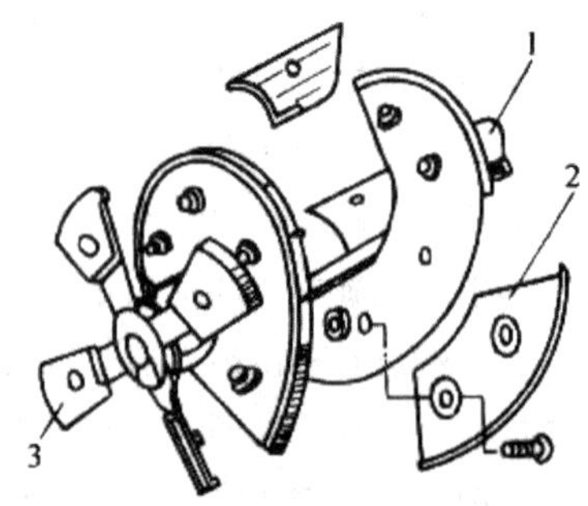

图 5-1-14 组合式螺旋分料器

1- 轴；2- 可换叶片；3- 螺旋叶桨

（2）振捣熨平装置

振捣熨平装置是沥青混凝土摊铺机的主要工作装置之一，其功能是将摊铺槽内全幅宽度的沥青混合料摊平、捣实和熨平。对捣实和熨平这两道工序，在一般的自行式沥青混凝土摊铺机上，大多采用两种方案和相应的工作装置：先用振捣梁进行预捣实，再由熨平板整形、熨平，或是用振动熨平板同时进行振实和整形、熨平。这两种方案的主要区别是前者紧贴在熨平板前面有一根悬挂在偏心轴上的振捣梁，可对沥青混合料进行低频捣实，而后者则以装在熨平板上的振动器代替振捣梁，由熨平板本身振实铺层。这两种形式的熨平板本身的结构则基本相同。

一般沥青混凝土摊铺机的振捣熨平装置由牵引大臂、振捣梁、熨平板、厚度调节机构和拱度调节机构等组成。

左右牵引大臂铰接在机架的中部，整个振捣熨平装置是依靠升降液压油缸悬挂在机身后部，摊铺作业时在铺层上呈浮动状态。熨平板两端设有垂直螺杆结构的摊铺厚度调节机构，牵引大臂铰接点处设有多组连接孔的牵引板，通过不同的连接位置以调整熨平板的初始工作角。

熨平板框架内部设有铺层拱度调整机构，由螺杆、锁定螺母和标尺等组成。旋转螺杆时可以使两熨平板上端分开或合拢，从而使熨平板中部抬起或下降；熨平板底面形成水平、双斜坡、单斜坡三种形式，以满足摊铺三种不同断面的路面需要，新式摊铺机则采用液压调整机构。

（四）沥青混凝土摊铺机的选型

沥青混凝土摊铺机的选型就是根据道路的设计宽度、摊铺工艺及摊铺质量等要求，综合选择沥青混凝土摊铺机的最大摊铺宽度、最大摊铺厚度、摊铺速度、摊铺机生产率（t/h）、摊铺成型精度和摊铺成型质量。摊铺机的行走方式及其各自的优缺点前面已经叙述，此处仅介绍其摊铺能力（摊铺宽度、摊铺速度、摊铺厚度）及关键部件的选择。

1. 摊铺机的摊铺能力

沥青混凝土摊铺机的理论摊铺能力一般很大，实际摊铺量取决于摊铺速度、宽度和厚度等三个方面。沥青混凝土摊铺机的生产率是以每小时所摊铺混凝土的吨数来计算的，可由下式求得。

$$Q = 60Bhv_p\rho \quad (\mathrm{t/h})$$

式中：B——摊铺机最大摊铺宽度，m；

h——摊铺层的厚度，m，取 h=0.1m；

v_p——摊铺的工作速度，m/min，一般取 4~6；

ρ——碾压后混合料的密度，t/m³，ρ=2.0~2.35。

（1）摊铺宽度

我国现有高速公路路面施工中，单幅宽度一般在 10~14m，匝道宽度可达到 17~20m。对此过分强调选择摊铺宽度超过 12m 的大型摊铺机，以达到一次性全幅无纵向接缝的摊铺方式，可能会造成摊铺材料的过度离析。产生这种情况的主要原因大概有：摊铺宽度过大，螺旋分料器运送距离较长，会造成粗细料的离析；摊铺宽度增大，平均到料上的振捣力减小，预压实度减小；初压实度的减小，导致重型压路机不能紧跟压实，严重影响了平整度。

故此时，较有效的摊铺方式是采用双机并行作业。一般建议摊铺机选型时的熨平板的宽度不大于 9m，路宽大于 9m 时，采用纵向接缝的办法分次摊铺，此时应尽量保证纵缝在路面的纵向标志之上。此外还应注意避免上下层之间纵缝的重合。

（2）摊铺速度

由于我国通常采用高密实度的熨平板，故宜采用较低的摊铺速度。实际施工经验表明，4~8m/min 的作业速度可使结构层有较好的平整度和较高的作业效率。实际施工过程中应尽量保持摊铺速度恒定、精确的恒速控制，必须采用电子控制装置，通过速度传感器不断检测摊铺速度，并预设的速度进行比较，通过调整行走变量泵来实现速度的恒定控制。

（3）摊铺厚度

每层沥青混合料的铺筑厚度一般小于 150mm，摊铺厚度在 0~300mm 的摊铺机就能完全满足施工要求，这与目前摊铺机的产品性能基本吻合，没必要对摊铺厚度做太高的要求。摊铺厚度大（大于 250mm）的工况仅适用于基层稳定材料的摊铺，因此只有少数的摊铺机（如德国的 ABGTATAN525）的摊铺厚度达到 400mm。同时还应注意摊铺厚度的增加，将导致施工的初压实度减小，施工层的平整度和压实度难以保证。

2. 关键部件的选择

（1）供料系统

摊铺机的供料系统的功率将占到总功率的 50% 以上，输料量与生产率之间的匹配影响路面的平整度。有的摊铺机可以实现螺旋分料器正反向旋转，使料槽内的混合料可以向两边集中或推向单边，不会导致产生离析的阻料现象，且螺旋高度可调等。

实际施工过程中，为了保证摊铺的平整度、均匀度和预压实度，保证料槽内的料位高度稳定，必须选择性能良好的料位器。超声波、红外线料位器应是最佳选择。

（2）熨平板

熨平板有机械加长式和液压伸缩式两种。机械加长式的整体刚度较好，抗变形能力强，在进行宽幅摊铺时有一定的优势，因此在宽幅摊铺和基层大负荷摊铺时应选择机械加长式熨平板。液压伸缩式熨平板具有安装方便的特点，适合在摊铺宽度多变、障碍物较多的场合使用，一般用于市政工程和高速公路的养护。

（3）振捣器

摊铺机大多设有振捣器，用于摊铺层的初步捣实。单振捣梁式结构简单，但预压实效果差，双振捣梁式有较好的预压实效果。振捣梁的振幅和频率应根据摊铺厚度、混合料类型、温度及初压实度的要求进行调整。

（4）振动器

摊铺机熨平板内部一般设有振动器，用来激振熨平板，使之产生一定的振幅和频率，从而对摊铺层进行再一次的振实。振动器的振幅和频率应容易改变和调整。

（5）自动找平系统

自动找平系统按照自动找平方式不同可以分为挂线控制找平、机械式浮动梁找平、声呐非接触平衡梁找平和 RSS 非接触式激光扫描自动找平方式。应根据施工路况综合选择自动找平系统。在狭小的区域施工时，滑靴因不会出现碰撞，是一种理想的选择；在障碍物较多的施工路段，使用机械式纵坡传感器探测钢纤是常用易行的选择。对于大范围长距离的摊铺，多探头超声波数字找平仪和长距离激光纵坡传感器则可以保证较长路段整体的平整度。选择自动找平系统时主要应考虑找平精度、配备的电器元件的质量和配套厂家、配备的找平装置基准类型、控制方式的选择等因素。德国的 VOGELE、美国的 BLAW-KNOX 和意大利的 MRINI 公司的自动找平装置是自行开发研制的，其他的大都是向美国或瑞典的专业电器生产厂家购置的自动找平传感器，控制的精度和灵敏性均可满足高速公路的平整度和路面的几何形状要求。

（五）沥青混凝土摊铺机的摊铺工艺

1. 摊铺作业前摊铺机结构参数的调整

沥青混凝土摊铺机的结构参数主要有熨平板的宽度、拱度、螺旋分料器的长度、熨平板工作角、振捣器和振动器的振幅及频率等。

熨平板的安装宽度及拱度的设定应根据路面的设计要求而定。调整时，应考虑到施工过程中可能出现的接缝重叠以及熨平板的变形。调整螺旋分料器的长度时，应注意使其长度小于熨平板的宽度，通常熨平板宽度两侧的挡板间各留约 50cm 的空隙，以减小混合料的挤压和叶片的磨损。熨平板的工作角度直接影响其摊铺厚度，工作角越大则摊铺厚度越大，一般工作角的大小是根据摊铺厚度及试铺来确定。调节过程中应注意每调节一次后应至少让摊铺机行驶 5~6m 后，再测量摊铺厚度；不可调节后马上测其摊铺厚度，因为调整工作角到平稳摊铺需要一段时间。沥青混凝土摊铺机的振动频率一般在 0~60Hz 连续可调，振幅大约在 0~4mm，由于沥青混合料的固有频率大约在 40~50Hz，将熨平板的工作频率调至此范围内可使颗粒处于振动状态，减小摩擦阻力，利于提高初压实度，振幅是由材料的抗变形能力及熨平板的频率自动生成的，无须设定；振捣器的振幅和频率应根据摊铺厚度、混合料类型、温度要求、初压实度等因素决定。当铺层较厚，混合料粒径较大，温度较低，要求的初压实度较高时，应采用大振幅和较高的频率，反之则用较小振幅。振捣频率一般较低，保证摊铺机每前进 5mm 振捣一次即可，一般在 0~25Hz 范围内调节。

调整完成后还要进行试验路段的摊铺，测量摊铺完成后的拱度、平整度及初压实度，检测其是否达到要求，如果偏差太大，还要继续进行调整。

2. 摊铺起步

摊铺机的起步在整个过程中是技术性最强、要求最高、难度最大的工作。起步的好坏直接影响到接缝的平整度、压实度和连接质量。

经过试铺确定摊铺机的工作参数后还应对路基的标高与平整度进行确定。路基对沥青摊铺层的平整度起着决定性的作用。由于路基的较大凹陷和凸起无法通过摊铺机自动找平系统来一次性消除，特别是当凸起接近或高于以标高为基准的摊铺层厚度时，熨平板因其具有浮动特性而被凸起处抬高，使铺层的平整度产生较大的偏差，因此，除用专用摊铺机完成的稳定层外，对稳定层也应进行测量。当局部的凸起或凹陷与基准标高差距较大时必须进行处理，稳定层的凸起不得大于摊铺层厚度的 1/2。

摊铺机的起步有两种情况：在某一沥青层第一次摊铺的起步和在已铺层上对接时的起步。前者需将摊铺机驶至始铺处，让熨平板前沿位于起铺线后约 10cm 处，并在其下至少垫两块厚度与该层松铺厚度相同的木板支撑住熨平板；后者需将熨平板置于已铺层上，并让熨平板前缘与接口平行，其下应垫厚度等于已铺层厚度与压实厚度之差的木板。熨平板就位后就可对其进行预热，加热温度应达到或者略低于所铺混合料的温度。

摊铺起步完成后，摊铺机的熨平板应处于浮动状态，从而保证正常摊铺过程中的平整度。

3. 搭接式摊铺工艺的应用

由于混合料会产生离析等原因，在施工规范中已明确提出，大宽度铺层不允许一次摊铺成形。但随着公路事业的发展，高等级、多车道公路将越来越多，因此搭接摊铺技术的应用将越来越广泛。

（1）接缝的产生及处理

摊铺层的接缝分为纵向接缝和横向接缝。纵向接缝通常是由于两幅或多幅摊铺而形成，并有两台摊铺机梯队作业的热料对热料的“热接缝”和一台摊铺机作业的热料对冷料的“冷接缝”之分。横向接缝产生于暂停铺筑的地方，一般为“冷接缝”。纵向接缝应尽可能地采用“热接缝”——由于梯队作业时两幅的混合料的温差不大，摊铺层接缝处材料尚可挤压并能较好地黏结，故只要选择合适的搭接量即可获得良好的搭接质量。在万不得已而采用冷接缝时，应使用熨平板的平端板或（冷却后）用切割机切齐，使其形成平接缝，使后来的搭接易于控制。

（2）纵向冷接缝的施工

接缝施工中的许多错误均发生在摊铺第二幅时。为获得好的效果，其搭接量应为 2cm，最大 3cm。然而，实际操作中 6~8cm 甚至超过 10cm 的重叠量并不少见。若搭接量过大，会对整个摊铺层及接缝造成两种负面影响：一是由于碾压会产生摊铺层沉降，尽管沉降量小于沥青混凝土的粒径，但搭接过大将导致粒料破碎，并可能使冷层边缘的组织结构受到破坏；二是熨平板的浮动将受到干扰，熨平板在铺筑好的那一侧并不是由沥青混合料来支撑，而是由搭接区域的高度迫使其抬高的，显而易见，即使经过碾压此区域的密实度也必然会降低或出现压痕。因此，对接缝的正确摊铺方法应是将搭接量控制至尽可能的小，而不是过去普遍认为的 10cm 以下。

（3）搭接量的自动控制

在实际施工中，用人工控制使搭接量均匀一致的方法非常困难。目前，国外已经研究出一种称为边缘跟踪仪的自动控制装置，它的跟踪臂由第一幅摊铺层的边缘引导，在摊铺过程中与跟踪仪预置的搭接量进行比较，当产生偏差时，跟踪仪发出电脉冲信号控制伸缩熨平板，实现搭接量的自动控制，但是这种跟踪仪只适用于伸缩式熨平板。

4. 表面黏结料过度集聚的处理

（1）黏结料集聚的成因

在使用高密实度熨平板摊铺耐磨层时，如果获得的马歇尔密实度超过 98% 时，将在摊铺层表面发生黏结料的过度集聚。由于表面析出的黏结料主要为沥青或改性沥青，其中的骨料极少，从而导致摊铺层的强度不足，形成早期破坏现象。

（2）消除黏结料集聚的方法

降低摊铺层密实度，可通过降低高密实度熨平板的振捣梁与振动器的频率来实现，这样同时消除了表面黏结料的过度集聚。要获得摊铺层表面良好的组织结构，高密实度熨平板实现的马歇尔密实度平均值就应控制在 95% 以下。摊铺耐磨层时，应降低熨平板的压实能量，避免黏结料的集聚。

5. 离析的产生与防止

（1）离析产生的原因

混合料在运动过程中，如拌和、装料、运输、卸料以及分料等过程中，各种粒径的级配骨料的滑落速度不同，粗粒料相对细粒料因黏结面积小而黏结力较小，同时粗粒料又因其重力大于粒料之间的黏结力的几率较高而较细料更快地滑落，从而产生离析，这是离析发生的内因。搅拌、分料过程中，粒料受力方向和大小的改变是离析发生的外因。内外因的共同作用使混合料形成离析的倾向。

离析对摊铺层可产生不良影响，使整体强度和稳定性降低。粗料集中时，摊铺层的粒料间因沥青黏结面积小而使黏结力减小，导致粒料相互易于脱离，从而使道路的防水功能大大地降低；细料集中时，由于缺乏骨料而使摊铺层的强度不足、弯沉偏大，易于产生泛油及拥包等现象。

（2）避免混合料离析的方法

避免混合料离析的方法多是以降低混合料在运动过程中的下降高度和时间为方法，主要有以下几点：

a. 减少混合料在运动过程中的下降高度和时间是减少离析的关键，自卸车接料时，应分堆接料，切忌一次完成；b. 摊铺过程中，自卸车向料斗中卸料时应一次举升完成，同时要求混合料在进入料斗前应进行一次拌和；c. 在布料仓内，混合料的高度应稳定地保持在螺旋叶片的 2/3 处；d. 在满足混合料供给量的前提下，尽可能地降低螺旋分料器的高度；e. 螺旋分料器要保持连续稳定地向两边分料，使混合料再次得到均匀的拌和；f. 在条件允许的情况下，应尽可能地采用大直径、低转速的叶片；g. 若自卸车能连续供料时，应尽量减少摊铺机料斗的收放次数；h. 尽可能不采用超大宽度的、一次摊铺成型的施工方法等。

五、沥青洒布车

（一）功能与分类

沥青洒布车是一种历史最长的路面工程机械。在采用沥青贯入法或沥青表面处治法铺筑、养护沥青（或渣油）路面时，沥青洒布车可用来运输和喷洒各种液态沥青（热态沥青、乳化沥青和渣油等），也可向就地破碎的土壤喷洒沥青结合料，用来修建稳定土路面。

沥青洒布车在工程中也可作为沥青和乳化沥青等的运载工具，因此常被称作“沥青撒布车”。沥青洒布车在公路、城市道路、机场、港口码头、水库工程等工程中被广泛应用。

沥青洒布车可按其用途、沥青容量、运行方式、喷洒方式及沥青泵的驱动方式等进行分类：

1. 按用途沥青洒布车可分为养路用和筑路用两种。养路工程使用的沥青洒布车贮料箱容量一般不超过400L，而筑路工程使用的沥青洒布车一般为1000L以上，有的高达6000L。

2. 按运行方式沥青洒布车可分为手推式、自行式和拖式三种。

（1）手推式沥青洒布车是将沥青贮箱（有的直接用200L油桶）、洒布设备装置在手推车上，洒布能力一般在30L/min以下，用于道路养护作业。

（2）自行式沥青洒布车的工作装置与操纵机构等安装在工程运输车(一般为载货汽车）或专用汽车底盘上。其沥青洒布的动力，可直接利用汽车发动机，也可另备一台专用发动机，以便提高洒布质量。前者少用一台发动机，但因沥青泵转速与汽车车轮转速相互关联，难以精确调整沥青洒布率，致使沥青洒布数量及质量的控制精确度欠佳。后者目前国外多用。

（3）拖式沥青洒布车是将所有有关部件和设备装置在一辆拖车上，一般都为单轴二轮拖车，由牵引车牵引运行作业。其沥青贮箱容量大多为400~600L，并可用喷燃器加热贮箱内的沥青，进行保温。动力装置一般为小型的风冷柴油机，洒布能力一般在30L/min以上。这种沥青洒布车大多用于道路养护和小面积的洒布作业。

3. 按喷洒方式，沥青洒布车可分为泵压洒布和气压洒布两种形式。

泵压洒布式是利用齿轮式沥青泵将沥青从沥青箱内吸出，并以一定压力将其从洒布管中喷出。气压洒布式是将空气压缩机制备的压缩空气，输入气密性和耐压性良好的沥青箱内，迫使沥青经洒布管喷洒出去。

4. 按沥青泵的驱动方式沥青洒布车可分为汽车发动机驱动和独立发动机驱动两种形式。

根据道路施工要求，对沥青洒布车的作业性能有如下基本要求：

1. 在沥青熔化基地能将热态沥青吸出，或转输沥青。

2. 将热态沥青迅速运往工地，并保持其工作温度（420~440K），沥青温度降低时能对其重新加热。

3. 洒布沥青时有足够的喷洒压力（300~500kPa），使沥青喷洒均匀，并能调节其洒布率。

4. 洒布作业结束时能抽空管路中的残留沥青，以免造成沥青凝固、堵塞管路和喷嘴问题。

（二）沥青洒布车技术特点

1. 沥青洒布车技术进步

中国于20世纪50年代，由苏联引进技术并开始生产沥青洒布车。其主要特点是：

（1）沥青采用火管加热。

（2）采用容积式沥青泵。

（3）用更换多喷嘴、喷杆的方式改变喷洒宽度。

（4）采用调节车速与沥青泵转速的匹配关系来达到预定的洒布量。

（5）这种技术在国内几乎保持到20世纪90年代都没有显著变化。

随着黑色路面的迅速发展、通车里程不断增加、施工工艺的改变和施工质量要求的不断提高，对沥青洒布车的数量需求越来越多，技术要求也越来越高。

沥青洒布车的主要技术进步有以下几个方面：

（1）导热油加热方式取代了传统的火管加热方式。

（2）洒布杆采用折叠和液压伸缩方式改变洒布宽度，取代了以往通过更换不同长度洒布杆改变洒布宽度的方式。

（3）液压传动技术的引入，改变了以往机械式沥青洒布车洒布量调节范围过小的缺点，现在的沥青洒布车洒布量范围可以在0.3~3kg/m² 范围内连续可调。

（4）电子技术的应用使得沥青洒布车向智能化方向发展。

（5）先进的测控技术可以消除动力半径变化和地面滑转等因素对洒布量的影响，使洒布精度进一步提高。

2. 沥青洒布车控制技术

控制系统根据沥青洒布车产品的技术定位，体现出形式的多样性、技术性能的差异性。主要体现在：

（1）多输出、多输入系统（脉冲测速、雷达测速等）。

（2）综合控制（喷洒、加热、自动清洗等）。

（3）控制精度要求。

（4）Can-bus 总线。

（5）多回路闭环 PID 控制。

（6）GPS 定位、GSM 远程通信和故障诊断等功能。

（7）高温、高振动的恶劣条件下的高可靠性。

（三）主要结构与工作原理

自行式沥青洒布车是将整套的自动沥青撒布机构安装在载货汽车底盘上，并利用汽车发动机的动力完成各项工作。多用于新建路面工程，尤其适用于工程量大或沥青熔化基地距离筑路工地较远的施工中。自行式沥青洒布车主要由保温沥青箱、加热系统、传动系统、循环洒布系统、操纵机构及检查、计量仪表等部件组成。

沥青洒布车的主要工作流程：由沥青泵从沥青熔化池中将热沥青吸入贮箱中；运输到工地现场，通过加热系统将沥青加热到工作温度；操纵控制机构，开启喷洒阀门；通过洒布管、喷嘴，利用沥青泵将沥青按一定的洒布率及一定的洒布压力喷洒到路面上。作业结束后，操纵沥青泵反向运转，将循环管路中的残留沥青吸送到沥青箱中。

沥青洒布车的主要工作装置为循环一喷洒系统，它由沥青泵、带球节的循环—洒布管道和大小三通阀等三部分组成。其作用有两个：一是通过沥青泵、循环管向沥青贮箱内吸入沥青液；二是完成热沥青的洒布作业。由于伸入沥青贮箱内的加热火管只是与部分沥青接触，为了使全部沥青能得到均匀加热，必须使贮箱内沥青在循环管内不断流动，每次洒布作业结束时还需要吸空洒布管内的余料，以及转输沥青液。

（四）沥青洒布车的使用技术与生产率计算

1. 沥青洒布车的使用要点

沥青洒布车的正确使用包括合理操作和正常维护，既是提高其生产率、洒布质量的关键，又是减少其故障、损坏，延长其使用寿命的重要保证。由于沥青具有易燃的特性，沥青洒布作业通常是在气温高的情况下进行，沥青洒布车有时（指气温较低时）使用明火烘烤沥青泵等，所以沥青洒布车在使用过程中要特别预防火灾的发生。

沥青洒布车在工作前，首先要检查沥青泵是否被冷沥青凝固，如发现有凝固现象，则需用手提喷灯将其烤热熔化，直到泵能运转自如为止。

利用虹吸管或沥青泵对沥青储料箱加注沥青，加注时通过测油量指示器观察油箱中油位，充油完毕后，将洒布车开到沥青喷洒地段。

将喷管根据作业要求调至合适高度，一般为离地面 25cm 左右。通过开闭喷嘴开关来完成不同洒布作业要求。

可根据泵的生产率、洒布宽度及洒布量确定洒布车的行进速度，如表 5-1-3 所示。为保证喷洒质量，应先确定沥青泵在某转速下的流量值，然后再调整相应的车速，并力求其稳定行驶。

表 5-1-3 沥青洒布车工作速度

洒布车（L/m²）	泵生产率（L/min）					
	1090	870	651	560	447	337
	洒布宽度为 2.5m 时的洒布车行驶速度（m/min）					
1.5	290	232	174	150	126	90
2	218	174	133	112	89	68
2.5	174	139	106	90	70	56
7	62	50	38	32	26	19

工作中若用燃烧器加热沥青时，应经常观察沥青温度，并保证在循环系统中能连续循环。

每次喷洒完毕均要将循环—洒布系统管道中的残余沥青排吸尽；当天工作完毕，应将沥青储料箱、沥青泵和管道用煤油或柴油冲洗干净。

2. 提高洒布质量的技术措施及部分企业产品

沥青必须适量、均匀地喷洒在路面上，尤其是表面处治作业，否则会影响路面的使用寿命。为提高沥青洒布质量，应保持沥青在其工作温度范围内进行喷洒，并且调整好喷嘴的喷射角（20°~30°）和离地高度（25cm 左右），保证洒布宽度和毗邻喷洒的重叠量（横缝为 10~15cm，纵缝为 20~30cm）。沥青洒布车的喷雾角是靠一定压力来保证的，洒布时要保持沥青泵的转速恒定，为此，现代沥青洒布车的洒布管应做成全循环式，并配置卸压阀。

随着公路建设事业的发展和新技术的出现及应用，沥青洒布车行业有了进一步的发展。

意大利玛森萨公司的高黏稠沥青洒布车是一种真正意义上可用于改性沥青的沥青洒布专用设备，其计算机控制系统用以监视并自动调整喷洒压力，以保证恒定喷洒率；副发动机独立驱动保证稳定的动力，可在运输过程和洒布作业时加热，以适应恶劣的路况要求。

法国来区维尔公司的沥青洒布车，采用全自动控制，无论洒布何种黏度沥青，均可获得高精度的洒布计量；不受车速和洒布宽度变化的影响；沥青采用导热油或直接加热；折叠式喷管，最大洒布宽度 6.2m，可配置手工喷洒装置。

瑞典洒威公司的沥青洒布车采用电脑控制，工作速度稳定，沥青泵流量控制精确，喷嘴高度自动调节、系统集中控制，可以满足纵向和横向洒布要求，

西安达刚公司的沥青洒布车可以喷洒高黏度改性沥青、热沥青和乳化沥青；喷嘴采用高压空气清洗；洒布宽度可自由调节；每个喷嘴可独立控制开闭；喷嘴设计可进行三重叠喷洒；喷洒过程有计算机控制。

杭州美通的洒布车包括普通型、智能型两大系列。其与长安大学合作开发的智能型沥青洒布车控制系统根据输入的洒布量和洒布宽度以及沥青种类给出推荐档位和车速，再根据实测速度自动调节沥青泵转速，使之达到设计喷洒精度。其沥青洒布量每平方米小于 0.5kg 时均匀性控制表现良好。

3. 沥青洒布车的生产率计算

$$G=\frac{60V_1k}{T}$$

式中：G——洒布车生产能力，L/h；

V_1——沥青罐的有效容量，L；

k——时间利用率；

T——沥青洒布车工作时每一循环所需的总时间，min；

$$T = T_1 + \frac{S}{v_1} + \frac{S}{v_2} + T_2 + T_3 + T_4$$

式中：T_1——在沥青基地注满一罐沥青所需时间，min，一般 10~15；

S——沥青基地到工地之间的距离，km；

v_1、v_2——重载与空载时的行驶速度，km/min；

T_2——洒完一罐沥青所花时间

$$T_2 = \frac{V_1}{v_0 qb} = \frac{V_1}{Q}$$

v_0——喷洒时的工作速度，km/min；

q——洒布定额，L/m³；

b——洒布宽度，m；

V_1——罐的有效容量，L；

Q——泵的流量，L/min；

T_3——沥青洒布车在沥青基地和工地的调车时间，min，一般 T_3=4~6；

T_4——沥青洒布车在工地的洒布时间，min，一般取 T_4=5~6。

六、水泥混凝土搅拌设备

（一）功能与分类

水泥混凝土搅拌设备是制备新鲜混凝土料的成套专用机械。其应用流程是将水泥混凝土的原材料—水泥、水、砂、石料和附加剂等，按预先设定的配合比，分别进行输送、上料、储存、配料、称量、搅拌和出料，最终生产出符合质量要求的成品混凝土。这种设备广泛用于道路、建筑、水坝、码头、机场等工程施工。

水泥混凝土搅拌设备，按其生产能力和自动化程度高低可分为大、中、小型混凝土搅拌设备。大型混凝土搅拌设备主要是用于预搅拌混凝土工厂和混凝土制品厂的混凝土搅拌楼，生产率可达 100~200m³/h，且均采用计算机控制，自动化程度很高；中型混凝土搅拌设备主要是作为中小型建筑工程和道路修建工程现场使用的各种混凝土搅拌站，其生产能力一般为 60~100m³/h；小型混凝土搅拌设备主要指那些适用于零散浇筑的简易式单机站，生产率一般在 20m³/h 以下，控制方式以程序控制和手动控制较常见。

按其现场安装和搬运方式，又可分为固定式搅拌设备和移动式搅拌设备。其中固定式搅拌设备因其整体布置形式的不同，又可分为垂直式搅拌设备和水平式搅拌设备两种；移动式搅拌设备因其移动的方式不同，可分为拆迁式、拖行式和集成式三种。

垂直式搅拌设备，属大容量高效率搅拌设备，其材料可直接提升到位于顶层的储料仓，然后靠材料的自重下落至各道工序，故又称为重力式或单阶式搅拌设备。其优点是占地面积小、易实现自动控制、生产率高。缺点是结构较复杂、制造成本高。

水平式搅拌设备，用装载机将集料送入骨料仓，经称量配料后再次提升加入搅拌机。这种设备因其集料需经两次运送才能装入搅拌机，故又称为双阶式或低阶式搅拌设备。其优点是结构简单、投资少、建筑高度低。缺点是材料需经过二次提升、作业时须有供料配套设备。

拆迁式混凝土搅拌设备一般将骨料仓、水泥仓和搅拌机等分设成几个大部件，由几辆货车分别装运到使用现场，然后再组装使用。

拖行式混凝土搅拌设备是把水泥仓、搅拌机和骨料仓等工作部件，设计成可以折叠起来的结构，并在底架安装行走轮系，由牵引车牵引转移。

按所采用的搅拌主机的工艺特征分类，可分为自落式搅拌设备和强制式搅拌设备两大类。

自落式搅拌设备的搅拌过程，是靠搅拌筒体内壁上设置的刮料叶片在随筒体转动时，将砂、石、水泥和附加剂等组成材料提升到一定高度，在物料自重作用下沿叶片的斜面向下滑落产生相互混合而实现均匀拌和的。这种搅拌设备适用于建筑工程中坍落度低、骨料粒径大的混凝土。它主要有两种结构形式，一种如我国现有的JZ型双锥反转出料式搅拌机，另一种是可倾翻式搅拌机，其出料方式是将搅拌筒倾翻一定角度，使已拌好的混凝土混合料从筒口倒出。

强制式搅拌设备区别于自落式搅拌设备的显著特点，是它所采用的搅拌机是强制式单机，如立轴圆盘式搅拌机、单卧轴搅拌机、双卧轴搅拌机等，通过安装在搅拌轴上的若干对铲板（或叶片）将砂石、水泥和水等材料进行强制性铲、刮、翻来实现物料搅拌。其优点是搅拌作用剧烈、搅拌时间短、搅拌质量好。这种搅拌设备可拌制低塑性混凝土，适用于水泥混凝土路面工程等。

若按搅拌过程的生产方式区分，还可以分为周期式搅拌设备和连续式搅拌设备。周期式搅拌设备的特征是物料的供料、搅拌、出料是分批进行的，即它的称量、配料机构按设计容量将物料分批送入搅拌机，搅拌机按设定的时间搅拌后，然后进入下一循环。

连续式混凝土搅拌设备，虽然国外早有研究，但实际用于生产则是近十几年的事。它区别于周期式搅拌设备的特征是供料、搅拌及出料都是连续进行的。因而，必须配置精确的计量装置，才能生产出合格的混凝土。

若按混凝土搅拌设备的操作方式分类，也还可以分成手动式、半自动式和全自动式三大类。

（二）水泥混凝土搅拌设备技术特点

随着商品混凝土的大力推广，以及建筑规模的大型化、复杂化和高层化对混凝土质量不断提出的高要求，有力地促进了混凝土生产设备在使用性能和技术水平方面的迅速提高。目前大部分水泥混凝土搅拌设备均已采用了电子计算机自动控制和电视屏幕监控技术，对配合比的选择、上料、称量、搅拌、出料、骨料含水率的测定、配合比的调整以及各种数据的储存记录等全部实现了自动控制。一些先进的混凝土搅拌场（站）还设置有对粗细骨料粒度分布进行调整的粒度补偿、对骨料表面含水率的补偿、容量变更控制、骨料精称控制、废水回收浓度补偿等控制手段，从而能够得到比较高的配合比精度。现代水泥混凝土搅拌设备不仅技术性能先进、自动化程度高、生产的混凝土质量有保证，而且产品的品种规格齐全，供用户选择的余地较大。

国内产品除了配备有技术性能比较先进的搅拌主机外，还设置了水泥、砂、石料、水和附加剂等所有材料的储存、输送、称量、投放和出料等一系列工作装置，并由单板机或微电脑对生产过程实施程序化全自动控制。结合我国的实际情况，一些科研机构又陆续开发研制出生产率为 20~75m³/h 的 6 种不同规格形式的混凝土搅拌站，不仅采用微机控制技术，“双掺”料位显示，而且具有配合比预选、落差补偿、砂石含水率测定和容量变更、原始数据记录、储存等一系列自动功能。目前定型生产的产品包括带有微机自动控制的成套设备和单机人工上料的小型料站等。

水泥混凝土搅拌设备主要有下列几个方面的现代技术特点：

1. 主机结构形式

一些著名生产厂家在原有的自落式和强制式两种基本结构形式的基础上，先后推出了无叶片搅拌机、行星式搅拌机、超临界转速搅拌机、滚筒式搅拌机、带振动装置的搅拌机、声波搅拌机和自落—强制搅拌机等等。这些新型搅拌主机在降低耗能和提高搅拌质量以及对多品种骨料的适应性等方面都有良好表现。

2. 搅拌工艺的改进

目前水泥混凝土搅拌设备在技术性能和操纵控制方面都已达到近乎完美的程度。一些工业发达国家对传统搅拌工艺进行了改进，它们几近同时在各自的国家研制成功双层立轴式搅拌机，这种搅拌机具有上下两个相互独立的搅拌筒，将原来的一次搅拌出料改为两次搅拌出料。有些生产厂家依据相同的二次搅拌理论，先后开发研制出恒功率变速搅拌机和双速搅拌机，使两次搅拌工艺能在同一个搅拌筒中完成，得到异曲同工的效果。与此同时，美国和日本的一些制造公司还在传统的周期式搅拌工艺的基础上，开发研制出连续式混凝土搅拌设备，并已在施工工程中推广应用。

3. 设备的多功能、大型化

为了适应国际市场多样化的使用需求，以及建筑规模越来越大的发展趋势，国外厂商极尽所能：

一方面不断完善产品的服务功能，如增设空调、水冷及热搅拌设备，以适应酷暑和严寒的气候条件；进一步改进质量监控体系，以确保产品质量，降低使用成本；改善工作环境，保证操作安全，以便符合安全卫生法规要求等等。

另一方面，进一步加大生产能力，以适应工程规模发展的需要。

（三）主要结构与工作原理

水泥混凝土搅拌设备的类型和品种虽然很多，其结构组成和安装方式也不尽相同，但都是由上料机构、集料储存装置、计量装置、搅拌主机、卸料装置和辅助设备组合而成的。

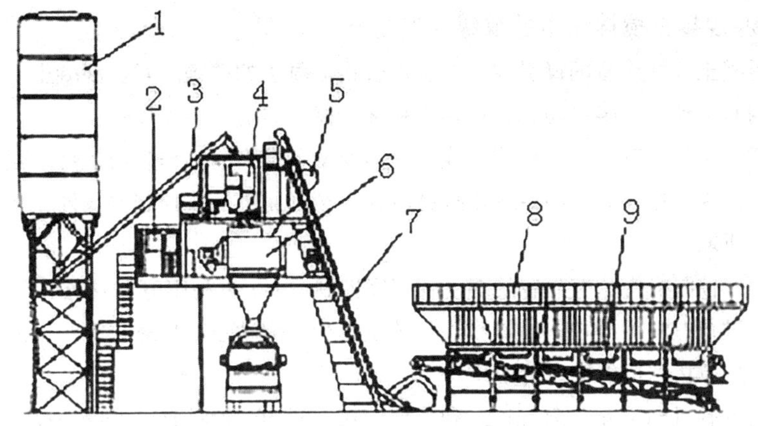

图 5-1-15　混凝土搅拌站总体结构简图

1- 水泥筒仓；2- 控制系统；3- 螺旋输送机；4- 水泥称量斗；
5- 斗式提升机；6- 搅拌机；7- 上料导轨；8- 集料仓；9- 皮带输送机

1. 垂直式水泥混凝土搅拌设备

垂直式水泥混凝土搅拌设备的基本结构主要由皮带输送机、螺旋输送机、斗式提升机、回转配料器、骨料仓、水泥筒仓、骨料称量斗、水泥称量斗、水称量斗、搅拌机、成品料储存斗、控制台以及其他辅助装置组成。

垂直式水泥混凝土搅拌设备的工艺流程为：砂、石骨料由皮带输送机提升到搅拌楼的顶部，通过回转配料器送入骨料仓的各个储料斗，水泥则经由下部螺旋输送机和斗式提升机装进水泥筒仓，水和添加剂通过专设的泵和相应的管路直接送入称量容器，从而完成上料和储存工序。称量是由骨料称量斗、水泥称量斗和水（含添加剂）称量斗分别进行的，经过称量的各种材料一起投入设在进料槽下方的搅拌机里进入搅拌工序，成品料可以直接卸进运输车内或送入成品料斗暂存。

2. 水平式水泥混凝土搅拌设备

水平式水泥混凝土搅拌设备的基本结构主要由存储装置（包括砂石骨料、水泥、水和添加剂的存储设备）、集料一次提升机构、称量机构、集料二次提升机构、搅拌机、成品料斗、控制台以及辅助设备等组成。

水平式水泥混凝土搅拌设备的工艺流程为：砂、石骨料经一次提升装进骨料仓，骨料仓的个数不少于 3~4 个，根据级配设计中骨料品种的多少确定，斗容一般为 2~3m³/个。同样，水泥经一次提升装进水泥筒仓备用，砂、石骨料的称量斗置于骨料仓的下方，便于骨料仓直接投料，一般采用累计称量的方式进行骨料计量。经称量的骨料放入提升斗中，经二次提升加进搅拌机中，水泥由筒仓底部的料门经斜架式螺旋输送机提升到位于搅拌机上方的水泥称量斗中，进行单独计量，计量过后直接投入搅拌机。水和附加剂分别由水泵和附加剂泵，从储存箱直接输入搅拌机，搅拌机的卸料口下方一般设有容量不大的成品料储存斗，用于运输车辆间隔期间的成品料暂存。

3. 水泥混凝土搅拌设备的操纵控制方式

水泥混凝土搅拌设备的操纵控制是生产合格混凝土的关键因素。混凝土搅拌设备的操纵控制机构有手动式、半自动式、自动式和微机控制的全自动式几种。

手动式控制机构基本是手柄式操作。它需要配备较多的操作人员，劳动强度大，设备精度低。目前除了在一些简易的单机搅拌场还继续延用手柄式控制方式外，几乎都已被较先进的方式所取代。

半自动式控制机构具有简单的继电器程序控制功能，可利用电力或压缩空气，对供料、搅拌和卸料进行有限间接控制，操作人员数量较少，劳动强度相对减小。目前，这种控制方式在中小型单机站仍然被广泛采用。

自动式控制机构是介于全自动式和半自动式之间的一种具有可编程序控制器的自动化程度较高的控制方式。它对材料能够进行自动供料和称量，并能按设定的程序自动进入搅拌和卸料工序，只是补料、称量和搅拌仍需分别设专人监视和操作，彼此间的联络由一人总管。

全自动式控制机构是微型计算机加可编程序控制器方式，是目前大中型混凝土搅拌楼（站）较多采用的控制方式。全自动控制方式为混凝土搅拌设备整体技术性能的提高和现代化的质量管理提供了可靠的手段，它不仅利用微电脑的智能化服务，把操作人员从繁重复杂的体力和脑力劳动彻底解放出来，而且某些系统的服务功能是人力所达不到的。全自动控制的主要功能有以下内容：

（1）混凝土配合比自动计算和调整功能：微机控制系统能根据给定的原材料物理参数和数学模型，自动计算出混凝土的配合比，并能适应商品混凝土多用户多配比的使用要求，迅速有效地转换配合比。系统中常可存储 32~64 种不同的配合比，供随时调用。

（2）砂、石含水率的自动补偿功能：为了提高配合比的精度，全自控混凝土搅拌设备大都采用了中子法、高频介电常数法及微波等形式的骨料表面含水率测定仪器，对砂、石骨料表面的含水率进行实测、记录，并经控制中心对多含的水分进行扣减或减水补砂运算。

（3）对物料的粗、精称量和超称处理功能：为提高称量精度、减小投料冲击引起的称量误差，进料斗门具有开度控制，粗称开度大。当称量达到预定值的 90% 时，开度减小，开始振动喂料到足称；如果发现由意外落料冲击产生超称，系统具有扣称功能，即在向搅拌机投料时能将多称部分截留在称量斗中，转入下个循环使用。

（4）对称量、投料、搅拌和出料实现顺序自动控制功能：有些全自控系统设有动态模拟显示装置能把从配料到卸料的全过程实现动态模拟显示，并具有精度较高的定时控制装置，能保证各工序按预定程序和时间准确无误地往复循环。

（5）对可能发生的主要机械故障和电器故障进行监视和报警功能：全自控混凝土搅拌设备，一般都设有对主要机械和电器仪表的工况监视仪器。对生产过程中出现的异常情况能够及时报警，并打印出故障信息，以便维修。

（6）快速自动打印、记录功能：能对生产过程中的各种有关信息和数据进行快速自动打印和记录，为科学管理提供了依据和保证。比如打印用户单位、每罐混凝土生产的日期、时间、配合比和数量、混凝土标号、已拌立方数、砂石含水率等“每罐信息”，实时打印出该用户各物料耗量的累计值、总混凝土立方数、需拌总数、已拌总数、已拌立方数等“批信息”，以备查考。

（四）水泥混凝土搅拌设备的选配

1. 搅拌机型

混凝土搅拌楼选配应以强制双卧轴或行星立轴为主要机型，这是国际公认搅拌速度和效率最高、搅拌效果最好的机型，也可使用单卧轴或单立轴搅拌机。

2. 搅拌楼的配备

每台搅拌楼应配备齐全自动供料、称量、计量、沙石料含水率反馈控制、有附加剂加入装置和计算机控制自动配料操作系统设备和打印设备。每台搅拌机还应配齐生产所必需的外置设备：3~4 个砂石料仓、1~2 个附加剂池、3~4 个水泥及粉煤灰筒仓。使用袋装水泥时应配备拆包和水泥输送设备。搅拌场应配备适量装载机或推土机供应砂石料。

3. 间歇和连续式搅拌楼对比

从间歇式搅拌楼和连续式搅拌楼比较来看，间歇式搅拌楼是每锅单独称料的，因此，搅拌精确度高于连续式搅拌楼，弃料少，宜优先选配间歇式。

七、水泥混凝土摊铺机

（一）功能与分类

水泥混凝土摊铺机是修筑水泥混凝土路面的主导施工机械，也是铺筑机场跑道、停机坪、水库坝面等设施的关键设备。随着公路、市政和航空事业的发展，为了提高水泥混凝土路面的施工速度和施工质量，水泥混凝土摊铺设备不断得到发展和应用。其主要工艺流程是把已经搅拌好的水泥混凝土料均匀、平整地摊铺在路基上，再经过振实和光整作面等工序，使之形成符合标准规范要求的混凝土路面。为此，水泥混凝土摊铺机应满足以下技术要求：

1. 布料必须均匀，不能产生骨料离析现象；

2. 摊铺在路基或其他作业面上的虚方混凝土料，能够留出均等的余留厚度，以确保经振实和光整工序后符合规定的铺筑厚度；

3. 能对所铺设的混凝土层进行充分而有效的振实，确保路面或设施的内在质量；

4. 所铺筑的路面或设施，应达到表面平整度的设计要求，误差应控制在标准规范之内。

水泥混凝土摊铺机的施工方法一般有固定模板法和滑动模板法两种：前者是最早采用

的施工方法，主要特点是靠固定在路基上的边模轨道控制摊铺厚度和平整度；后者是当今世界比较先进的施工方法，其特点是通过随机移动的滑动模板一次成型路面，生产效率高。在给定摊铺宽度（或高度）上，能将新拌混凝土混合料进行布料、计量、振动密实和滑动模制成型并抹光，从而形成路面或水平构造物的处理加工机械统称为滑模式水泥混凝土摊铺机。

水泥混凝土摊铺机按其行走方式的不同，可以分为轨道式摊铺机和履带式摊铺机。轨道式摊铺机采用固定模板铺筑作业，而履带式摊铺机采用随机滑动的模板进行施工，所以又分别称之为固定模板式摊铺机和滑模式摊铺机。

按摊铺作业的功能和施工对象，水泥混凝土摊铺机也可以分为路面摊铺机、路缘边沟摊铺机和路基修整机等。在结构形式上，有的从属于滑模式，有的从属于轨道式。

（二）水泥混凝土摊铺机技术特点

1. 水泥混凝土摊铺技术概要

由于电子技术和液压技术的飞速发展，为摊铺机的研制和开发注入了新的活力。电—液比例控制技术、传感器技术和电子随动技术等一批新技术成果的发明被采用，很快让水泥混凝土摊铺机的自动化程度和综合技术性能提高到一个新的水平。当今比较先进的滑模式摊铺机，采用履带行走，自带滑动成型模板，自动导向，自动找平，且集布料、整平、振实、光整等各种自动作业功能于一身，一次成型，可以达到很高的生产效率。

早在国内，由山西省交通科学研究所和山西省公路局联合研制的“J”形轨道式水泥混凝土摊铺机，及由交通部规划设计院和江阴交通机械厂联合开发的“S”形轨道式水泥混凝土摊铺机，先后于 1990 年 10 月、1991 年 11 月通过省、部级技术鉴定，研究成果达到了国内外同类产品的先进水平。由西安公路交通大学和黄河工程机械厂、天津工程机械研究所共同承担的国家 " 八五 " 攻关项目——开发研制 HTH7900 型滑模式水泥混凝土摊铺机，开始对滑模式水泥混凝土摊铺机进行探索和研究。

2. 水泥混凝土摊铺机现代技术特点

滑模式水泥混凝土摊铺设备作为水泥混凝土路面施工中高效、省力、文明、优质的现代化手段，自 60 年代问世以来就得到了不断的发展和完善。随着对路面交通量和交变载荷认识的深化，不同道路设计要求的传力杆结构和拉杆结构的进步，机器与施工现场适应性要求的提高，以及现代科学技术的迅猛发展，滑模式水泥混凝土摊铺设备的创新和改进相继出现，大大开拓了滑模摊铺设备的应用市场。其创新和改进多数表现在其结构和工作装置上，例如多功能滑模摊铺机设备、零隙滑模摊铺机、传力杆自动打入装置和改进的路面精度装置等。计算机控制技术、激光制导技术和远红外线控制技术等现代科学技术为滑模摊铺设备的高精度控制和高自适应性提供了较大的发展空间。

水泥混凝土摊铺机的主要现代技术特点如下：

（1）一机多用的特点。例如路缘成型机具有多种工作装置，可以用来承担路缘石铺筑、隔离墙铺设、路边排水沟及人行道路面铺筑等多种施工任务。

（2）产品较先进的综合性能。例如有的在滑模摊铺机上应用了犁式布料器，这种布料器具有布料均匀、不卡料等优点；有的为了提高大型滑模摊铺机的转向精度，成功设计与传感器相匹配的程序逻辑控制器，在弯道施工中，与传感器控制履带行使方向的同时，程序逻辑控制器可控制液压系统将更多的液压油引向机器快速的一边，然后再流到慢速的一边，可使两边履带的压力油分配比达 10：90（或 90：10），从而非常精确地控制机器按施工半径要求进行施工，铺筑出圆滑平整的弯道路面。

（3）产品的高效率大型化。为了适应目前水泥混凝土路面工程修筑规模日益增大和路面技术等级不断提高的需要，国外一些著名厂家已开发出发动机功率在 430kW 以上，宽度达 21.3m，最大摊铺厚度达 762mm，生产率达 540~2100m^3/h 的大型滑模摊铺机。

（三）主要结构与工作原理

1. 轨道式水泥混凝土摊铺机

轨道式水泥混凝土摊铺施工方法是指采用两条固定模板或轨道模板（钢制或混凝土）作为路面侧面支撑和路型定位，模板顶面作为表面基准，在两条固定边模中对混凝土路面进行摊铺、捣实、成型和拉毛养生的施工技术。

轨道式摊铺机由行走机构、传动系统、机架、操纵控制系统和作业装置等构成。作业装置包括布料机构、计量整平、振动捣实和光整作面机构。虽然各类轨道式摊铺机的结构形式各具特点，所采用的作业执行机构也不尽相同，但每一种摊铺机都是由若干上述机构的有机组合。

轨道式摊铺机的优点是结构简单、造价低廉、工作可靠、容易操作、故障少、易维修以及对混凝土要求较低等，因此至今仍然受到许多发展中国家的青睐。其缺点是自动化程度较低，铺筑的路面纵坡、横坡、平整度和转弯半径的精度，在很大程度上取决于钢轨和模板的铺设质量，钢轨模板需要量大、装卸工作频繁而笨重。

轨道式摊铺机，因其作业方式、执行机构和整体功能的差异，又可进一步分为列车型轨道摊铺机、综合型轨道摊铺机和桁架型轨道摊铺机。

2. 滑模式水泥混凝土摊铺机

滑模式摊铺机是一种自动化程度高、技术性能先进的施工机械。一般由机架、履带行走装置、操纵控制系统和悬挂在机架下面的一整套作业装置组成，可以完成混凝土路面铺筑的绝大多数工序，如布料、虚方计量、密实、提浆、实方计量、成型、抹光等。它的基本组成部分包括：动力系统、传动系统、行走系统、摊铺工作装置、控制系统、主机架和辅助装置。

与轨道式摊铺机相比，在使用性能方面主要有以下优点：

（1）整机采用全液压驱动，操纵控制系统采用电 - 液伺服、传感器自动控制技术，只需 1~2 人即可胜任施工作业。

（2）摊铺路面时，路拱、纵坡、横坡和弯道均可通过调整成型板和导引机构自动实现。整个路面可以全幅施工，一次成型。

（3）生产准备工作简单，无须铺设模板和轨道，只需架设钢丝基准导引拉线即可施工。

滑模式摊铺机的结构较为复杂，操纵技术难度较大，对操纵人员的素质要求比较高。同时对所用混凝土的级配和坍落度等技术指标的要求也比较严格。这些也给它的具体应用造成一定局限。从经济技术角度来看，滑模式施工适合于大规模的高速公路水泥混凝土工程。

滑模式摊铺机因其主机功率的大小和作业宽度、作业对象的不同，其行走机构有双履带、三履带和四履带等几种形式。

滑模式摊铺机的工作原理是：滑模摊铺机上所有部件根据所摊铺水泥混凝土路面的各种要求，摊铺出高密实度、保证弯拉强度、完成路面所有钢筋配置、光滑规矩的外形尺寸和严格的平整度技术要求的水泥混凝土路面。工作前，根据需要选择传感器的安装方式，将水平传感器和转向传感器安装在预定的基准线上；工作过程中，摊铺路面的高程和方向由传感器根据导线自动控制。螺旋分料器将其前方的水泥混凝土均匀地分布在滑模摊铺机的前面，摊铺机以设定的工作速度前进，计量闸门控制进入振动仓的水泥混凝土的数量。液压振捣器以一定的振捣频率将大骨料压入成型模板以下位置，并使混凝土进一步密实。随着摊铺机的前进，成型模板依靠自身的重量将振捣过的水泥混凝土挤压成型。中间拉杆插入装置和侧拉杆插入装置根据需要在成型模板的前部和侧部插入拉杆；最后，由抹光盘对已成型的路面进行搓揉，以消除表面气泡和少量麻面等缺陷。

操纵控制机构关系到摊铺机各作业机构能否正常工作，所以是摊铺机的核心组成部分。对摊铺机的操纵控制，基本包含两个方面的工作内涵。其一是随机对各作业机构，诸如布料机构、整平机构和振实作面机构等下发指令，令其按照作业工况的变化作相应调整，以期达到最佳的施工效果；其二是对所铺筑路面的几何形状，如路面的线形、路拱、纵坡、横坡和平整度等进行随机调控，使之达到设计要求。

对轨道式摊铺机而言，由于路面的几何形状在很大程度上由模板和导轨的铺设质量来保证，因而其操纵控制的任务就比较单一，主要是对各作业机构实施手柄式操作，而且有些机型，如列车型轨道摊铺机，各作业机构又分设在几台单机上，操纵起来比较容易。但对滑模式摊铺机来说，因其结构比较复杂，集各种作业职能于一体，摊铺速度快，工效高，其操纵控制的难度较大，因而多采用先进的传感器、电—液伺服机构和全液压自动控制等装置，使其操作程序大为简化，易于掌握。

下面就滑模式摊铺机自动控制系统的工作原理作概略介绍：

（1）传感器的分类及其工作原理：传感器是摊铺机自动控制系统的核心元件，无论实现自动转向还是自动调平，都离不开传感器的工作。传感器实际上是一个人工智能元件，它可以代替人工感知和判断路基的高低变化和转弯要求，并能随机向液压系统发出工作指令，及时改变供油通路和流量，以适应变化了的作业工况，因而传感器的工作精度和质量，决定了滑模摊铺机的性能和水平。目前在摊铺机上采用的传感器分两种类型，一类是电—

液控制式的电控传感器，一类是机液伺服控制式的液控传感器。

1）液控传感器的工作原理：和电控传感器不同的是，液控传感器能把所感受到的路基高度或转向的改变，直接输出液压信号来改变高压油的通路，进而控制相应的液压缸按照指令动作。省去了一些中间转换环节，使系统为之简化，从而提高了系统的控制精度。

2）电控传感器工作原理：电控传感器的工作原理如图 5-1-16 所示。它是将感受到的路基高度变化或转向改变的情况，以电信号形式给出，通过相应的放大电路控制电磁阀动作，从而改变高压油通路来控制相应的调平油缸或转向油缸的运动。这种传感器技术比较成熟，应用也比较普遍。

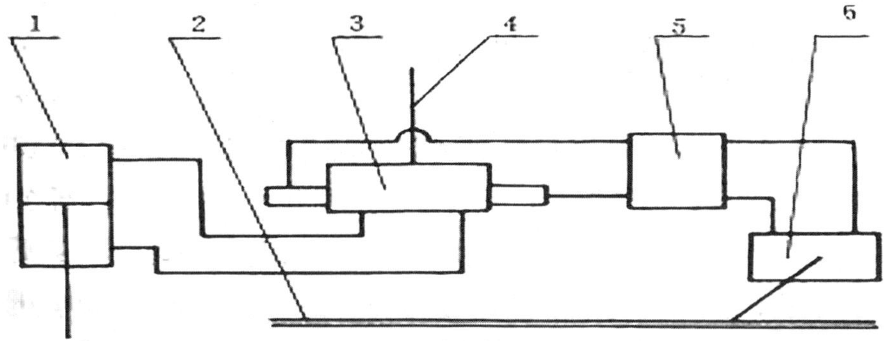

图 5-1-16　电控传感器工作原理示意图

1- 执行油缸；2- 基准导向钢丝；3- 电磁阀；
4- 高压油路；5- 放大器；6- 电控传感器

（2）电—液自动控制系统工作原理：电—液自动控制系统是滑模式摊铺机采用较多的操纵控制形式，由自动调平系统和自动转向系统两部分组成。下面就它们的控制原理作简要介绍。

1）电—液自动调平系统：图 5-1-17 所示为电—液自动调平原理简图，其中省略了一些辅助线路，以便于更加直观地了解主控元件的工作过程。图中虚线所包容的部分是电控传感器，它是由滑叉 1，配重 2，微型开关 3、4 和限制开关 5 等组成。两个微型开关通常处于断开状态，当滑叉摆动时，某个开关即被接通，其动作十分灵敏，可以感受到滑叉沿导向线运动中任何轻微的摆动。微型开关的一端通过限制开关 5 和转换（手动或自动）开关 7 与电路的正极相连；另一端分别通过接线 9 和 10 与电磁换向阀 8 的 A 端和 B 端的线圈相接，并经由 A、B 线圈接负极。电磁换向阀 8 是其中一个升降油缸的控制阀。

当转换开关 7 处于“自动”状态时，正极经由接线 11 和限制开关 5 通到传感器的微型开关 3 和 4，此时如果路基出现低凹，履带下陷，则沿导向线移动的滑叉就会朝上摆动，使微型开关 3 接通，电流就会经由接线 10 通向电磁阀 A 端线圈与负极形成回路，从而电磁阀控制高压油进入升降油缸的上腔，使机架抬高。反之，如果路基出现凸起使履带上扬，则滑叉就下摆，接通微型开关 4，电源就会经由接线 9 和电磁阀 B 端线圈接通，控制高压油进入升降油缸的下腔，使机架降低。如此控制，动作不止，始终保持机器沿预定的水平标高行驶。

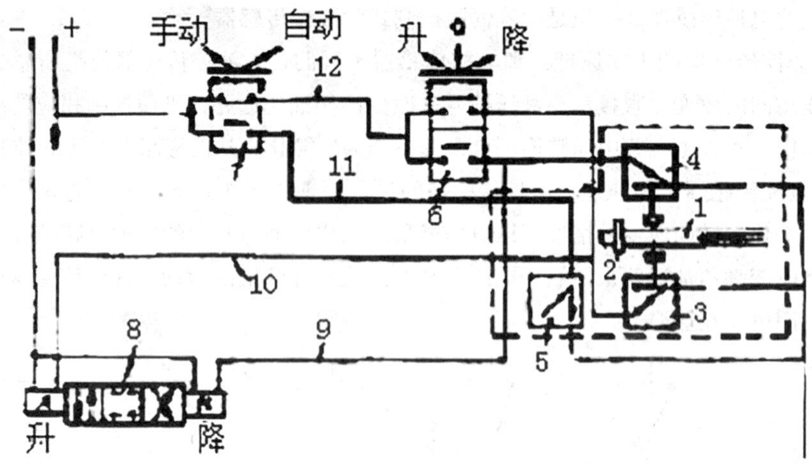

图 5-1-17　电—液自动调平原理示意图

1- 滑叉；2- 配重；3.4- 微型开关；5- 限制开关；6- 手动升降开关；
7- 转换开关；8- 电磁换向阀；9、10、11、12- 接线

当转换开关 7 处于“手动”状态时，接线 11 被切断（即图示情况），电源经由接线 12 通向手动升降开关 6，并沿接线 10 及 9 连接电磁阀的 A、B 端。此时传感器被脱开而失去控制作用，机器的升降便由手动开关 6 直接操纵。手动操作回路在自动化控制系统中也是不可缺少的组成部分。

在实际应用中，自动调平系统分单边控制、双边控制和无导引线控制 3 种形式。其工作原理分别是：单边控制形式是在摊铺机前进方向的一侧设置基准导向线，由安装在机器一侧的纵向调平传感器和安装在机器中部的横坡传感器实施联合控制。当纵向传感器将一侧的高度误差信号传送到系统中，经过处理放大，指令电磁阀动作，接通相应的油路，使油缸执行一侧的调整动作。此时，将会产生一个附加的横坡信号，这一信号被横坡传感器所感知，并迅速传送到系统处理中心，经过放大处理后，指令另一侧的电磁阀动作，使该侧油缸执行调整，直到机器回复到原来的横向位置，调平动作结束。当未设导向线的一侧发生高差变化时，虽然纵向传感器未直接得到信号，横坡传感器会首先感知到坡度的变化，同样会按照上述的控制过程最终实现调平。双边控制形式也称为“四点控制”，是在摊铺机的两侧各设置一根基准导向线，并在机器的两侧各安装两个调平传感器，分别控制高程。横坡则由两侧的基准导向线保证，此时横坡传感器被解除。这种控制方式，增加了布设基准导向线的麻烦，一般情况下较少采用。只有在弯道较多时，为了避免因采用单边控制产生的厚度增值，使路面平整度恶化，才采用双边控制。此外，由于在弯道曲线段以内，无法将导向线架设成连续曲线，只能尽力缩短标桩的间距，使之形成由若干段小直线组成的折线。无导引线控制形式用在已铺路面或其他构筑物适宜作为基准的场合，因而无须架设基准导引线。传感器通过拖架或拖靴在已铺路面或构筑物上滑行，实现对标高和坡度的控制。

（3）基准导引线的装设及作用：基准导引线是传感器工作的基础，其安装精度会直

接影响路面的摊铺质量，因此，装设导引线的工作不容忽视。

基准导引线一般选用直径为 2.0~2.5mm 的钢丝为宜。它在路基上的安装是靠标桩、夹线标等组件进行固定，标桩与标桩之间的最佳距离为 6~8m，在弯道处则依据弯道半径大小而定，一般取 0.8~1.0m。基准导引线的安装高度以所铺路面的厚度加 0.3~0.6m 为宜。为了保证基准导引线在衔接处的平滑过渡，其始点到第一个标桩的距离及终点到最后一个标桩的距离为 4~6m，在弯道上为 1.2m。标桩的走向必须与路面设计中心线保持平行，并且距新铺路面一侧的水平距离要适中，一般控制在 0.8~1.2m 的范围。基准导引线每次张拉长度不宜超过 200m，张拉力不小于 80kg，安装标高误差应小于 2mm。

（四）水泥混凝土摊铺机的选型使用与生产率

1. 水泥混凝土摊铺机选型

高速公路、一级公路施工，宜选配能一次摊铺 2~3 个车道宽度的滑模摊铺机。二级及以下公路路面的最小摊铺宽度不得小于单车道设计宽度。硬路肩的摊铺宜选配中、小型多功能滑模摊铺机，并宜连体一次摊铺路缘石。滑模摊铺机可按表 5-1-4 的基本技术参数选择。

表 5-1-4　滑模摊铺机的基本技术参数表

项目	发动机功率（kW）	摊铺宽度（m）	摊铺厚度（mm）	摊铺速度（m/min）	空驶速度（m/min）	行走速度（m/min）	履带数（个）	整机自重（t）
三车道滑模摊铺机	200~300	12.5~16	0~500	0~3	0~5	0~15	4	57~135
双车道滑模摊铺机	15~0200	3.6~9.7	0~500	0~3	0~5	0~18	2~4	22~50
多功能单车道滑模摊铺机	70~150	2.5~6.0	0~400 护栏高度 800~1900	0~3	0~9	0~15	2，3，4	12~27
路缘石滑模摊铺机	≤ 80	<2.5	<450	0~5	0~9	0~10	2，3	≤ 10

滑模摊铺机选型的具体要求是：

（1）高速、一级公路推荐整幅滑模摊铺。高速公路、一级公路施工，宜选配能一次摊铺 2~3 个车道宽度的滑模摊铺机。《施工规范》推荐并提倡高速公路、一级公路尽量使用整幅 12.5m 宽度的大型滑模摊铺机，以减少纵向连接纵缝部位的不平整及存水现象。

（2）二级公路推荐 9m 宽度的滑模摊铺机。二级及以下公路路面的最小摊铺宽度不得小于单车道设计宽度。同时《施工规范》推荐在二级公路上有条件时，采用中央设路拱的 8~9m 宽度的滑模摊铺机。一般情况下，在三、四级公路水泥混凝土路面上，由于软路肩宽度不足，履带行走宽度及设置基准线位置不够，不适宜使用滑模摊铺机施工。滑模摊铺机与技术，在我国仅适用于二级以上高等级公路水泥混凝土路面的施工。

（3）硬路肩推荐与路缘石连体摊铺。硬路肩的摊铺宜选配中、小型多功能滑模摊铺机，并宜连体一次摊铺路缘石。

无论是哪种设备，首先必须满足施工路面、路肩、路缘石和护栏等的基本施工要求；其次摊铺机本身的工作装置要齐全，应配备螺旋或刮板布料器、虚方高度控制板、振动棒、夯梁或振动搓平梁、抹光盘、侧向打拉杆及同时摊铺双车道的中部打拉杆装置等。

2. 水泥混凝土摊铺机的正确使用

滑模式摊铺机的调整正确与否，将直接影响水泥混凝土路面的摊铺质量，因此，在摊铺机进行施工作业前或作业中，必须根据工程施工的需要，对摊铺机进行必要的调整。

（1）计量板的调整

计量板的位置直接决定了进入摊铺机的水泥混合料数量，过多过少都会影响到摊铺质量。计量板的调整，一般由操作手在施工中根据进入振动料仓的料位来控制。施工作业前，可以将计量板调整到高于成形盘 100mm 的高度，保持振动仓料位基本恒定。

（2）振动棒的调整

振动棒的调整对摊铺路面的密实度、振动均匀性及后期路面质量的影响都比较大。振动棒的调整内容包括：振动棒的振动频率，振动棒的间距，侧距和振动棒的位置高度等。

振动棒的振动频率一般在 100~200Hz 范围内调整。振动棒振动频率偏高一点好，最好不低于 120Hz。振动棒的布置一般要求间距为 50cm，侧距 15cm。振动棒的位置与成形模板前边沿齐平，即振动棒在路表面平行滑动。但研究表明，如果间距和侧距过大、振动棒的位置过高，使路面振实的均匀性差，下部的间隙率比上部的明显增大。所以，现在推荐的振动棒布置为：间距 38cm，侧距 13cm。棒头埋入路面以下 10cm。为了克服振动棒埋入路面以下在振动棒移动时其所占空间多被砂浆填充，从而造成纵向收缩裂缝的弊病，一般采取振动棒倾斜安装，即棒头下倾 10°。

（3）振捣夯板的调整

振捣夯板的位置、振动频率和振幅等都可以根据需要进行调整。振捣夯板的振动频率可以在 0~137 次/min 的范围内调整。振捣频率应根据摊铺速度来确定，速度高时用较高频率，速度低时用低频率。振捣夯板的振幅有三个：13mm、19mm、25mm。振捣夯板的振幅应根据施工需要来确定，一般以 25mm 比较好。

振捣夯板的位置应低于成形模板 5~10mm，过低、过高都不好。过高提浆性能差，过低增加摊铺机运行阻力。一般情况下，振捣夯板较低的一边应比成形模板最低的边沿低 6mm。

（4）成形整平装置的调整

成形模板的调整分为水平调整和位置调整。水平调整是将成形模板调成水平，调整时在模板底部设置两条基准线，一条在成形模板的前端，另一条在后部调节器的正下方。在基准线中间和成形模板后部斜坡 35cm 处，安放一个 12.7mm 厚的垫板，用作计量基准。模板水平调整要分两半来调整，先从一半的前基准线调平，再调后基准线；调平一边后再调另一边，最后检查整个模板水平。若无路拱，则将模板指针调到零。

3. 水泥混凝土摊铺机的生产率计算

$$Q = 60HBu_pK_B$$

式中：H——摊铺厚度，m；

B——摊铺宽度，m；

u_p——摊铺工作速度，m/min；

K_B——时间利用系数，K_B=0.80～0.85。

第二节　路面的分类和路面结构

一、路面技术分级

路面的技术等级主要是按面层的使用品质和材料组成等划分的。目前我国的路面分为四级。

1. 高级路面

它包括由沥育混凝土、水泥混凝土、热拌沥青碎石和整齐块石或条石等面层所组成的路面。一般适用于交通量大、行车速度高的公路。

2. 次高级路面

它包括由沥青贯入式，冷拌沥青碎（砾）石、沥青表面处置和半整齐块石或条石等面层组成的路面。一般适用于交通盆较大、行车速度较高的公路。

3. 中级路面

它是包括由水结碎石、泥结碎石、级配砾（碎）石、不整齐块石等作面层的路面。一般适用于中等交通的公路。

4. 低级路面

它包括由各种粒料或当地材料改善土所筑成的路面，例如炉渣土、砂砾土等。一般适用于交通量小的公路。

二、路面分类

从路面力学特性出发，路面可分为下述两类：

1. 柔性路面

柔性路面是指刚度较小，抗弯拉强度较低，主要靠抗压、抗剪强度来承受车辆荷载作用的路面。它主要包括用各种基层（水泥混凝土除外）和各类沥青面层、碎（砾）石面层、块石面层所组成的路面结构。

2. 刚性路面

主要是指水泥混凝土作面层或基层的路面结构，刚性路面与柔性路面的主要区别在于路面的破坏状态和它分布荷载到路基上的状态有所不同。此外，采用二灰（石灰和粉煤灰）或水泥稳定土或水泥处治砂砾基层，这些基层的特性是前期强度较低，但随着时间的推移其强度和刚度不断增大。我们把这类基层称为半刚性基层。而把含有这类基层的路面结构称为半刚性路面。

三、路面结构

（一）路拱横坡度

为了使路面上的雨水能及时排除，路面的表面通常做成中间高、两边低的形状，称为路拱。考虑到行车的平稳性，目前常用的路拱形式是二次抛物线形或直线形。从路中心到路面边缘的平均坡度叫路拱横坡度，路拱横坡度的大小与路面类型、公路等级和当地气候有关。路肩横坡度应比路面横坡度大 1%~2%，以利于迅速排水。路肩全宽或部分宽度表面一般采用硬路肩，以形成平整、坚实、不透水的表面。

（二）路面结构层的划分

由于行车荷载对路面的作用随着深度而逐渐减弱，同时，路基的湿度和温度状况也会影响路面的工作状况。因此，从受力情况、自然因素等对路面作用程度的不同以及经济的角度考虑，一般将路面分成若干层次来铺筑。

1. 面层

直接承受车轮荷载反复作用和自然因素影响的结构层叫面层，可由 1~3 层组成。高等级路面的面层常由 2~3 层组成，分别称为表面层、中面层和底面层。中、低级路面如砂石路面面层上所设的磨耗层和保护层亦包括在面层之内。

2. 基层

基层是设置在面层之下，并与面层一起将车轮荷载的反复作用传布到底基层垫层和土基中。底基层是设置在基层之下，并与面层、基层一起承受车轮荷载反复作用，其次是承重作用。

3. 垫层

它是底基层和土基之间的层次，它的主要作用是加强土基、改善基层的工作条件。修筑垫层常用材料有两类：一类是用松散粒料；另一类是用整体性材料。

4. 联结层

联结层是在面层和基层之间设置的一个层次。主要作用是加强面层与基层的共同作用或减少基层的反射裂缝。联结层所用的材料一般是沥青贯入式和沥青碎石。

为了保护沥青路面的边缘，一般要求基层较面层每边宽出 25cm，垫层也要较基层每边宽出 25cm。

第三节　路面基层（底基层）施工

基层是沥青面层下铺筑的主要承重层，而在基层施工中出现原材料质量不合格、拌和不均匀、摊铺不平整、离析、压实不密实等质量缺陷严重影响了施工质量，特别是横向裂缝这一质量缺陷更是造成日后路面破坏的主要原因之一，为避免或减少这一缺陷，水稳碎石嵌挤密实结构更为被公路施工更多地采用。

一、准备工作

（一）施工机械

必须配备齐全的施工机械和配件，做好开工前的保养、试机工作，并保证在施工期间一般不发生有碍施工进度和质量的故障。路面基层施工，一律要求集中厂拌、摊铺机摊铺，按层次施工。同时必须配备足够的拌和、运输、摊铺机械，特别是压实机械。要求具备轻型和重型稳压压路机与轻型和重型振动压路机，以确保基层施工质量。水泥稳定碎石施工一般要求单幅梯队摊铺作业，因而必须配备以下主要施工机械。

1. 拌和站

首先根据工程施工工期、进度的需要确定所配置拌和机的型号，一般需配置产量不小于 500T/H 型的拌和机，拌和机产量要保证其实际生产能力（生产量的 80%）超过实际摊铺能力的 10%~15%，确保施工现场的连续摊铺作业，拌和站料仓的数量应与规定的备料档数相匹配，宜比规定的备料档数增加一个，料仓下面应安装称量精度达到 ±0.5% 的电子秤，料仓上口必须安装钢筋网盖，筛除超出粒径规格的集料及杂物，料斗之间用挡板隔开，挡板高度不小于 1m，防止规格集料混杂。由于本项目各分部水稳拌和站建立后均外请检测计量机构进行过标定，针对标定结果各分部应进行试生产自检，直至混合料级配置稳定并达到配合比设计的规定要求。

2. 摊铺机

要根据路面基层设计宽度、厚度、参考摊铺机的参数选用合适的摊铺机械。基层施工一般采用两台摊铺机梯队作业，所以要求摊铺机性能一致，最好能同一机型，这样对摊铺拌和料的松铺系数有较好的控制，以保证基层厚度一致，完整无缝，平整度良好。

3. 压路机

压路机的吨位和台数必须与拌和机及摊铺机的生产能力相匹配，以保证施工正常连续进行。采用 18～22T 轮胎振动压路机或 12～13T 双钢轮双驱压路机。

4. 自卸车

数量必须与拌和设备、摊铺设备、压路机相匹配，并根据运距远近随时增减车辆数量，避免因车辆太多致使拌和料在料车上放置时间过长，或因车辆太少不能保证作业面连续作业。

5. 洒水车

能满足现场摊铺及压实进度即可（最少配备 2 辆）。

6. 水泥钢制罐仓

罐仓内应配有水泥破拱器，以免水泥起拱停流，施工水泥稳定碎石一般需 2 个 100T 罐仓，以保证水泥的储存量，确保拌和站正常生产。以上机械至少满足每个工点，每日连续正常生产及工期要求。

二、质量检测主要仪器

必须具有足够的试验室仪器、现场高程测量设备（水准仪）及中心放线仪器（全站仪）以满足现场及试验室质量检测。

三、材料要求

1. 水泥

水泥一般采用强度为 32.5 级的水泥，禁止使用早强水泥、快硬水泥以及其他受外界影响而变质的水泥。路面基层宜采用强度等级较低的水泥，水泥各龄期强度、安定性等应达到相应指标要求。水泥的初凝时间、终凝时间应根据施工情况、具体要求，一般初凝时间大于 4 小时，终凝时间大于等于 6.5 小时，小于等于 10 小时。

2. 碎石

碎石压碎值不大于 26%，集料的颗粒组成应符合有关试验规范规定，骨料应指定专一料场进料。

3. 水

水符合现行《生活饮用水卫生标准》（GB5749）的饮用水可直接作为基层材料拌和与养生用水。遇到可疑水源，应委托有关部门化验鉴定。

四、施工工艺

（一）试验段铺筑

为了保证路面基层的施工质量，需对基层下承层进行检测、测量、平整度的测试，确保施工中各个环节合理组合，在铺筑基层之前，经监理工程师批准后，做 200~300m 的试验路段，由两台摊铺梯队作业，应避免纵向接缝。试铺段检验验证的主要内容如下：

1. 验证用于施工的集料配合比例：

（1）调试拌和机，分别称出拌和机各料斗投送不同规格的碎石、水泥、水的质量，测量其计量的准确性。

（2）调整拌和时间，保证混合料均匀性。

（3）检查混合料含水量、集料级配、水泥集料的比例、混合料试件 7 天无侧限抗压强度。

2. 松铺系数。

3. 确定标准施工方法：

（1）混合料配合比的控制。

（2）混合料摊铺方法和适用机具，包括摊铺机的行进速度、摊铺厚度的控制方式、梯队作业时摊铺机的间隔距离（不超过 30m）。

（3）含水量的增加和控制方法。

（4）压实机械的选择和组合，压实的顺序、速度和遍数。

（5）拌和、运输、摊铺和碾压机械的协调和配合。

（6）密实度的检查方法，初定每一作业段的最小检查数量。

4. 确定每一作业段的合适长度。

5. 施工组织及管理体系、质保体系人员等。

6. 质量检验内容、检验方法和检验频率。

7. 试铺段质量检测：试铺段的检验频率应是标准中规定频率的 2~3 倍。

（二）施工现场准备

1. 清除作业面上的浮土、积水等。对下承层进行检测、测量、平整度测试符合要求后，再将作业面表面洒水湿润。

2. 开始摊铺的前一天要进行测量放样，按摊铺机宽度与传感器间距，一般在直线上间隔为 10m，在平曲线上为 5m，做出标记，并打标导向控制线支架。根据基层标高和松铺系数架好摊铺厚度控制线，确保用于控制摊铺机摊铺厚度控制线的钢丝拉力（不小于 800N）且保证钢丝张拉力足够大，当摊铺机电脑感应器经过钢丝时不会产生下垂变形。

（三）混合料拌和

1. 开始拌和前，拌和场必须有足够的原材料储备。

2. 每天开始拌和之后，出料时要在拌和机投料运输带上取样检查是否符合给定的配合比，进行正式生产之后，每天上、下午检查一次拌和情况，检查其配比、集料集配、含水量是否变化。高温作业时，早晚与中午含水量要有区别，要按天气温度变化及时调整，一般在上午 10 点左右至下午 3 点左右含水量提高 0.5~1.5 个百分点。

3. 拌和机出料不允许采取自由跌落式的落地成堆、装载机运输的办法。一定要配备带活门漏斗的料仓，由漏斗出料直接装车运输，装料时运输车必须前后移动，最少分三次装料，避免混合料离析，一般先装前面再装后边，最后装中间并且不宜装得过满。

（四）混合料的运输

1. 运输车辆在每天开工前，要检查其完好情况，装料前应将车厢清扫干净。运输车辆数一定要满足拌和出料与摊铺数量的需要，并略有富裕防止车辆抛锚。

2. 应尽快将成品拌和料运输至铺筑现场。混合料应用篷布覆盖，减少水分损失以及运输过程中的污染。如运输车中途发生故障，必须立即排除，当有困难时，车内混合料必须转车；若混合料总时间过超过水泥凝结时间，该车混合料应予作废。

（五）混合料的摊铺

1. 摊铺前应检查摊铺机各部分运转情况，而且每天坚持重复此项工作。

2. 调整好传感器与导向控制线的关系。严格控制基层厚度和高程，保证横坡度满足设计要求。

3. 摊铺机应尽量做到连续摊铺。如果拌和机生产能力较小或有特殊情况时，在用摊铺机铺筑混合料时，应采用最低速摊铺，一般摊铺机不要停机待料。摊铺速度控制在 1m/min。

4. 基层混合料摊铺应采用两台摊铺机梯队作业，两台摊铺机的摊铺应有一定的搭接宽度，不小于 10cm，施工纵缝要错开车轮迹带，一前一后应保证速度一致、摊铺厚度一致、松铺系数一致、摊铺平整度一致、振动频率一致等，两机摊铺接缝平整，特别是要控制好平整度和厚度。

（1）“一层平层层平”，因此将下承层清理干净后，用三米直尺检测下承层平整度，同时测量下承层断面高程，将部分严重不合格处进行人工或机械处理。下承层的平整度及高程符合要求后，这样保证了新铺筑基层的平整度和厚度。

（2）尽量选用性能、动力均相同的两台摊铺机进行梯队铺筑，这样能很好地控制其松铺系数，型号、品牌不同的摊铺机其浮动熨平板的重量以及振捣密实情况均不同，松铺系数不好控制，压实后容易影响铺筑的平整度。

（3）尽量安排专人指挥运输车倒车卸料，在摊铺过程中保证摊铺机连续不停，运输车倒车卸料时车轮胎避免与摊铺机相撞，保证 10cm 左右的距离卸料。

（4）将高程导向控制线用紧线器拉紧，若不紧，当摊铺机传感器经过时控制拉线受到压力可能变形，这样摊铺机铺筑的厚度及平整度就会变化。

（5）安排专人用3m直尺紧跟摊铺机铺筑完成初压后进行人工找平，然后进行终压。

5. 摊铺机的螺旋布料器应有三分之二以上埋入混合料中。为减少离析，可对摊铺机进行改进，在铰拢前方加装胶皮板，防止粗骨料的滑落受料斗内应存有一定数量的拌和料不能摊铺干净。并尽量减少受料斗两侧板的翻起次数。

6. 摊铺机后面应设专人尽量消除集料离析现象，特别应该铲除局部粗集料“窝”，并用新拌和混合料填补。

7. 由于本地温度高，空气干燥，摊铺现场配备一定数量喷水壶进行局部补水。

8. 对于桥头的处理，作为施工中的薄弱环节，应派专人负责。首先将下承层清理干净，把混合料人工铺筑好，用3m直尺人工平整，然后进行碾压，在压实过程中到边、到位，消除死角。

（六）混合料的碾压

1. 每台摊铺机后面应配有振动压路机、三轮或双钢轮压路机进行碾压，一碾压长度一般为50~80m。碾压段必须层次分明，设置明显的分界标志。

2. 碾压应遵循生产试验路段确定的程序与工艺。注意稳压要充分，振动不起浪、不推移，一般先用双钢轮压路机稳压，后用振动压实，振动压实时遵循先轻后重，振动压实后用静力压路机碾压最后用胶轮压路机稳压。另要安排试验室人员及时（采用灌砂法）检验压实度，不合格时，应重复重点碾压。

3. 压路机碾压时应重叠1/2轮宽。

4. 压路机倒车换档要轻且平顺，不要拉动基层，在第一遍初步稳压时，倒车后尽量原路返回，换档位置应在已压好的路段上，在未碾压的一头换档倒车位置错开，要成齿状，出现个别涌包时，应设专人进行铲平处理。

5. 压路机碾压时建议行驶速度，第一遍为1.5~1.7km/h，以后各遍应为1.8~2.2km/h。

6. 压路机停车要错开，而且相距不小于3米，应停在已碾压好的路段上，以避免破坏基层结构。

7. 严禁压路机在已完成的或正在碾压的路段上掉头和急刹车，以保证稳定碎石基层表面不受破坏。

8. 严格控制碾压含水量，在最佳含水量 ±1% 时及时碾压。

9. 拌好的混合料要及时摊铺碾压，碾压宜在水泥初凝时间内完成，达到要求的压实度，基层表面应无明显痕迹。

10. 为保证基层边缘的压实度，基层摊铺应有一定的超宽并保证路肩宽度及夯实度。

（七）横向接缝的处理

1. 水泥稳定碎石基层在每天摊铺压实完成后应立即将横向接头用人工刻出，刻接头时要用6米直尺在压好的基层上检测，将由压路机压实造成推移的部分全部刻出，一般在0.75~1米左右，以保证新铺基层与已压实完成基层的平整顺接。

2. 在重新开始摊铺混合料前，首先用人工将横向接头处清扫干净，然后浇洒水泥浆，有利于新铺混合料与已压实完成基层横向接头断面的连接，然后用垫木将摊铺熨平板垫至松铺厚度开始摊铺。

3. 压路机压实时，应首先在已压实的基层上跨缝横向碾压，并逐渐向新铺筑层上直至碾压密实，再进行纵向碾压。

4. 碾压完毕，接缝处纵向平整度应符合规范要求。

（八）养生及交通管制

1. 基层碾压完毕并经压实度检测合格后立即开始养生，即进入养生阶段，也可以根据《公路沥青施工技术规范》的规定喷洒透层油进行养生。如果不能及时喷洒透层油，要求基层应采用复合防渗土工布予以覆盖，保持基层在养生期限内始终湿润，保湿养生不得少于 7 天，特别注意复合防渗土工布之间的搭接完整，避免漏缝，覆盖后应用砂土等材料成网格状堆填，局部有破损时，应及时更换，以防水分丢失；上承层结构层施工前，下承层必须覆盖、不得暴晒。要求在整个养生期间保持碎石表面湿润状态。

2. 在养护初期，严禁洒水车在路面上停留和调头，严禁其他车辆通行，碾压质检合格完成后，严禁水车原地停留造成积水浸湿表层破坏。

3. 在基层养生期间应严格交通管制，除洒水车外尽量禁止车辆在基层行驶。

4. 综合考虑本地区气候条件，在养生过程中应适当补水。

五、基层施工质量控制要点

在水泥稳定碎石厂拌及运输、铺筑、碾压、养护过程中，应注意以下主要施工环节的质量控制。

（一）拌和站

1. 日常目测

检查以下内容，发现问题及时采取措施，包括停机处理：

（1）料斗筛是否设置或损坏、变形，是否振动或堵塞，下料应保证畅通，疏通人员是否盯岗、负责；

（2）出料口是否设置过滤筛，位置是否得当，孔隙是否满足要求（一般用钢筋焊接制成，间距一般 4 厘米），并设专人负责；

（3）检查水泥出口是否流通，根据出料数量计算水泥用量，并与水泥统计进料单进行符合比较，保证用量准确；

（4）检查拌和材料堆放界限是否清楚，立有标牌，堆放是否均匀，石质、粒径、颜色是否符合技术要求，包括含杂质情况等；

（5）如果所用材料规格多而料仓不足时，需要掺配的材料应事先在场地内按比例掺拌均匀，然后再装入料仓内；

(6)观察作业机械是否熟练，配合是否良好，如装载机装料是否及时、到位、外溢现象，否则应调整装载机型号和数量；

(7)检查供水系统，特别是水的流量控制要准确，并采取试验室实测数据与目测、手攥相结合的方法进行有效控制；

(8)检查铲装材料不可收底使用；

(9)检查进出道口是否畅通；

(10)检查雨后排水系统；

(11)检查试验仪器、设备是否齐全、完好，满足技术要求；

(12)检查确定的岗位负责人是否到场，特别是试验人员业务水平应满足需要；

(13)注意各岗位操作人员的工作水平、业务能力和质量意识、工作态度，责任心是否强，及时进行信息反馈并报告驻地。

2. 做好试验检测工作，要求准确、及时

(1)原材料进料前要及早选样、送样检测，水泥选择初、终凝时间较长一点的；集料规格应先通过试配、满足技术规范要求的混合料级配后，再按该规格进行进料控制。

(2)拌和料开机前要进行混合料级配和最佳含水量检测（一般控制高出 1%~2%），正常开机后按频率要进行试件制作、按规范要求进行养护（标养）和抗压强度试验；所有试验要做好原始记录；同时，还应结合工地现场摊铺、压实情况及其他反馈信息，进行含水量和级配的适当调整；

3. 其他

(1)检查拌和料运输是否及时（主要指水泥初凝时间到来前），有无压车或运输能力不足，要求进行拌和料运输覆盖，防尘保湿；

(2)注意拌和料运输过程的车辆损坏，一旦滞留时间超过初凝，不得发往现场，要与现场建立及时的通信信息，注意车辆编号，进行往来登记；

(3)严格控制开机、停机时间，特别要求日落前摊铺压实完毕，合理安排停机时间；

(4)注意收听天气变化，禁止雨天施工。

（二）施工现场

日常目测检查以下内容，发现问题及时采取措施，包括停工处理。停工处理的几种情况如下：

一是拌和站故障停机；二是发生返工现象且工作量较大时；三是施工主要作业机械故障又短时间内不能修复时。

1. 对达到龄期底基层钻孔取芯，实测其强度、厚度，检测均匀度完整性，确认质量合格后方可进行基层施工。

2. 合理组织人员进行清扫，特别注意病害（表层缺水失养成型强度低等）及作业段接茬的处理，铲除病害后一般随水泥稳定碎石摊铺施工时处理，若厚度 10 厘米以上应单独填料压实。

3. 清扫完毕或摊铺前要保持洒水湿润（应采用压力式洒水车，洒水均匀、到位，不留死角，要求配备洒水壶对薄弱部位进行人工补洒、喷洒；严禁洒水不及时造成曝晒，影响工程质量。

4. 人工培肩夯实，采用方形枕木并用钢纤固定顺直，内裹塑料薄膜（防止水分损失影响强度）保证路面宽度，必须保证路肩的宽度和夯实度。

5. 采用两台摊铺机同向施工，前后间隔一般保持 10 米左右，保证厚度、平整度；每台摊铺机两侧安排两名民工，铲除绞笼前集中骨料和履带前混合料，要求均速、连续施工。铺筑按试验段确认的松铺系数，严格厚度要求，按松铺厚度要求制作检测工具（一般采用 8 厘米钢筋在设计插入厚度处焊接横杆），不断进行检测控制，发现问题立即纠正。

6. 碾压时除了坚持“紧跟、高频、低振”的原则外，要尽量相对拉长碾压的距离，以便清除由于压路机自身带来轮子前进产生的横向涌包。

7. 专人负责质量检测，机械摊铺在拌和料供不应求时因停顿而产生波浪，因此压实后宜用 6 米铝合金杆加密量测平整度，发现波浪拉松表层、铲平，重新压实并跑光，压实成型后及时进行压实度、平整度、高程等指标检测，各项质量指标必须达到规范要求。

8. 每日施工段接头处理时，横竖向要刨直平茬接缝要求刷水泥浆，摊铺后要横向先搭半轮压实，然后纵向压实，注意接茬平整度，注意上一作业段重复压实时不能振动，以免造成破坏。

六、离析控制措施

离析通常为骨料离析。骨料离析是指基层混合料中大粒径骨料分别聚集，处于较为明显的不均匀混合状态，离析的危害性很大，可对基层质量造成多方面的影响。在近几年，基层特别是嵌挤结构的水泥稳定碎石在摊铺过程中，经常出现离析现象，离析现象的成因是复杂的，通常由原材料、摊铺机结构、供料方式、摊铺技术和基层混合料质量等多方面原因形成。通过大量事实证明，如果对施工过程进行科学合理的控制，则可以有效减少离析现象的发生，从而大大提高基层的质量。基层混合料产生离析的主要原因及防止措施具体如下：

1. 原材料的原因

骨架密实型级配中集料占 80% 以上，且 1.0~3.0cm 碎石占集料的 30% 以上，所以要严格控制大料径碎石把好材料进场关。另外也可掺加一定比例的 1.0~2.0cm 碎石，满足连续级配的要求（掺加比例根据试验室筛分确定）。

2. 拌和的原因

（1）若混合料拌和机拌和过程中振动筛局部发生破裂，会使混合料有部分超过规格大粒径骨料，因此应对其经常检查，必要时更换振动筛。

（2）拌和时间短或搅拌机拌叶脱落也可能导致混合料拌和不均匀。因此，应经常检查拌和机中的相关部件，并严格控制拌和时间，注意观察混合料中是否有明显的大骨料与小骨料聚集的现象。如果发现，应及时查明原因，及时处理。

3. 装料的原因

（1）储料筒向运输车装料时，由于重力及高度的原因，大骨料滚落在两边及前后，形成骨料的第一次集中。为改变这种状况，应分别向运输车的前、中、后三处堆装，这样在向自卸车卸料时大骨料和小骨料可以再次混合，同时要控制储料筒与运输车之间的高度，尽量减小放料时的高差。

（2）储料筒要一次一放，严禁经常开着的“细水长流”现象。

4. 运输的原因

运输过程中的颠簸，也可造成大粒径骨料的集中，同时，由于运输过程中料堆表面与空气接触，致使混合料表面大量水分散失，减少了表层混合料之间的粘阻力，导致大粒径碎石集中下滑。所以，在为拌和场地选址时，要尽量使拌和场地与摊铺现场距离不要太远。同时，应适当平整运输通道、降低行驶速度，使运输过程中，尽量减少颠簸；对料堆要采取保湿措施（尤其是较长距离的运输），比如要覆盖篷布等。

5. 倾倒的原因

混合料卸向摊铺机时，大骨料滚落在料斗两侧，因此应将车厢大角度、快速升起，使混合料整体下滑，以避免大骨料向外侧滚动和堆积。

同时摊铺机在摊铺完成一辆运输车时不宜将料斗收起，应始终保持料斗内存在 1/3 的拌和料，使新卸料和料车料斗内 1/3 的拌和料重新混合，可一定程度上减少拌和料的离析。

6. 摊铺机的自身原因

（1）应正确操作料斗收放，绝对避免料斗内固定积料过多和翻动过快。

（2）摊铺机摊铺速度均匀、平稳，搅拢速度要均匀，严禁忽快忽慢。

（3）挡板尽量低，下面用胶皮接地，防止大粒径骨料经搅拢搅拌滚落。

（4）螺旋布料器的分析。

摊铺机产生离析的主要环节在螺旋分料过程中，作业中功率消耗最大的环节也在螺旋分料过程中（约为整机的 50%~60%）。摊铺机在设计过程中，主要考虑功率因素，使螺旋分料器中的物料表面位于螺旋直径的 1/2~2/3 处。按照这种情况，当用于大宽度、大厚度摊铺时，由于输料量加大，而螺旋只有位于物料内部的部分才有输料能力，因此为满足作业要求，只能将转速提高。这样，高速旋转且暴露在物料以上的螺旋布料器顶端就会向物料层上部的空间抛送物料。这是分料过程中形成离析的主要原因。通过在施工现场的观察，可以十分清楚地看到这一点。

基于以上分析，为避免基层混合料产生离析，在摊铺中应采取如下措施：尽量采用具有大直径、低转速螺旋布料器（低速大扭矩马达）的摊铺机；降低螺旋布料器的高度，并使混合料的高度超过螺旋布料器（即埋满面料器）。这样就可以提高螺旋布料器的输送率，降低转速，减少不同物料颗粒之间的惯性差异，同时因为布料器埋于混合料内，可以对物料实现二次搅拌，降低前期离析程度，位于混合料中的布料器向两侧沿整个断面挤出物料，而不是向上或向下倾推物料，这样可以减少不同宽度位置上的横向离析和物料上下滚动产生的纵向离析，螺旋布料器上部不暴露在空间，也不会由于上抛而产生基层离析。

（5）摊铺完成后出现粗集料窝采用人工处理，换填新料。

另外，在摊铺中对表面出现的离析现象应及时补救。如采用人工细筛的方法，筛出适量细料撒在出现离析的表面层上，或铲除集料窝换填新拌和料，并及时碾压，这样就可以缓解离析的影响。

七、施工质量控制

确保基层的施工质量符合设计文件和技术规范要求是基层施工的首要任务，施工过程中应采取有效措施控制施工质量，如建立、健全工地现场试验、质量检查与工序间的交接验收制度。各工序完成后应进行相应指标的检查验收，上一道工序完成且质量符合要求方可进入下一道工序的施工。施工质量控制的内容包括原材料与混合料技术指标的检验、试验路铺筑及施工过程中的质量控制与外形管理三大部分。

1. 原材料与混合料质量技术指标试验

基层施工前及施工过程中原材料出现变化时，应对所采用的原材料进行规定项目的质量技术指标试验，以试验结果作为判定材料是否适用于基层的主要依据。原材料技术指标试验项目及试验方法参见前述有关的内容。

2. 铺筑试验路

为了有一个标准的施工方法作指导，在正式施工前应铺筑一定长度的试验路，以便考查混合料的配合比是否适宜，确定混合料的松铺系数、标准施工方法及作业段的长度等，并根据铺筑试验路的实际过程优化基层的施工组织设计及施工机械的组合。

3. 质量控制与外形管理

基层施工质量控制是在施工过程中对混合料的含水量、集料级配、结合料剂量、混合料抗压强度、拌和均匀性、压实度、表面回弹弯沉值等项目进行检查。外形管理包括基层的宽度、厚度、路拱横坡、平整度等，施工时应按规定的频度和质量标准进行检查。

第六章　路面基层施工

第一节　填隙碎石的施工

一、填隙碎石

用单一尺寸的粗碎石做主集料，形成嵌锁作用，用石屑填满石间的孔隙，增加密实度和稳定性，这种结构称填隙碎石。填隙碎石可适用于各等级公路的底基层和二级以下公路的基层。

（一）材料要求

填隙碎石用作基层时，碎石的最大粒径不应超过 53cm。用作底基层时，碎石的最大粒径不应超过 63cm。粗碎石可以用具有一定强度的各种岩石或漂石轧制，也可以用稳定的矿渣轧制。材料中的扁平、细长和软弱颗粒不应超过 15%。粗碎石的颗粒组成应符合表 6-1-1 的规定。

表 6-1-1　填隙碎石、粗碎石的颗粒组成

编号	标准尺寸	通过下列缝隙的质量百分率（%）							
		65	53	37.5	31.5	26.5	19	16	9.5
1	30~60	100	25~60		0~15		0~5		
2	25~50		100		25~50	0~15		0~5	
3	20~40			100	35~70		0~15		0~5

轧制碎石时所得的 5mm 以下的细筛余料（即石屑）是最好的填隙料，填隙料宜具有表 6-1-2 的颗粒组成。

表 6-1-2　填隙碎石料的颗粒组成

筛孔尺寸	9.5	4.75	2.36	0.6	0.075	塑性指数
通过百分率（%）	100	85~100	50~70	30~50	0~10	小于 6

用作基层的粗碎石的集料压碎值不大于 26%；用作底基层的粗碎石的集料压碎值不大于 30%。

（二）施工程序

1. 准备下承层

不论填隙碎石结构层下面是底基层、垫层或土基，都要求严整坚实，无松散或软弱地点，平整度、压实度、路拱横坡度、控制标高都要符合规范规定的要求。

2. 施工放样

在下承层上恢复中线。直线段每 15~20m 设一桩，平曲线段每 10~15m 设一桩，并在两侧路肩外设指示桩。同时要进行水平测量。在两侧指示桩上标出基层边缘的设计标高。

3. 备料

根据结构层的宽度、厚度及松铺系数（1.20~1.30）计算粗碎石的用量，填隙料的用量约为粗碎石重量的 30%~40%。

4. 运输与摊铺粗碎石

将料用车辆运到下承层上（注意堆放距离），然后用平地机或其他适合的机具将粗碎石均匀地摊铺在预定的宽度上，并检验松铺厚度。

5. 撒铺填隙料和碾压

（1）干法施工（干压碎石）。

①初压。用 8t 两轮压路机碾压 3~4 遍，使粗碎石稳定就位。在直线段上，碾压从两侧路肩开始，逐渐错轮向路中心进行。在有超高路段上，碾压以内侧路肩逐渐错轮向外侧路肩进行。错轮时，每次重叠 1/3 轮宽。在第一遍碾压后，应再次找平。初压终了时，表面应平整，并具有要求的路拱和纵坡。

②撒铺填隙料。用石屑撒布机或类似的设备将干填隙料均匀地撒铺在已压稳的粗碎石层上，松厚约 2.5~3.0cm

③碾压。用振动压路机慢速碾压。将全部填隙料振入粗碎石间的孔隙中。如没有振动压路机，可用重型振动板。

④再次撒布填隙料。用石屑撒布机或类似的设备将干填隙料再次撒铺在粗碎石层上，松厚约 2.0~2.5m。用人工或机械扫匀。

⑤再次碾压。用振动压路机碾压，碾压过程中，对局部填隙料不足之处，人工进行找补，将局部多余的填料扫除，使填隙料不应在粗碎石表面局部地自成一层。表层必须能见粗碎石。

⑥设计厚度超过一层铺筑厚度，需在其上再铺一层时，应扫除一部分填隙料，然后在其上摊铺第二层粗碎石及填隙料。

⑦填隙碎石表面孔除全部填满后，用 12~15t 三轮压路机再碾压 1~2 遍。在碾压过程中，

不应有任何翻动现象。

（2）湿法施工（水结碎石）。

①开始的工序与干法施工相同。

②粗碎石层表面孔隙全部填满后，立即用洒水车洒水，直到饱和为止。

③用 12~15t 三轮压路机跟在洒水车后面进行碾压。在碾压过程中，将湿填隙料继续扫入所出现的孔隙中。洒水和碾压应一直进行到细集料和水形成粉浆为止。

④干燥碾压完成的路段要留待一段时间，让水分蒸发。结构层变干后，表面多余的细料，应扫除干净。

填隙碎石施工完毕后，表面粗碎石间的孔隙既要填满、填隙料又不能覆盖粗集料而自成一层，表面应看得见粗碎石。碾压后基层的固体体积率应不小于 85%，底基层的固体体积率应不小于 83%。填隙碎石基层未洒透层沥青或未铺封层时，禁止开放交通。

二、泥结碎石

采用单一尺寸的碎石和一定比例的塑性指数较高的黏性土，经过碾压密实后形成的结构层。泥结碎石结构由于施工简便和造价较低，仍在我国现有低等级公路中占有相当大的比重。

1. 材料要求

（1）石料。可采用轧制碎石或天然碎石。轧制碎石的材料可以是各种类型的较坚硬的岩石、圆石或矿渣。碎石的扁平细长颗粒不宜超过 20% 并不得有其他杂物。碎石形状应尽量采用接近立方体，并具有棱角的为宜。

（2）黏土。泥结碎石路面中的黏土主要起黏结和填充空隙的作用。塑性指数较高的土，黏结力强而渗透性弱。其缺点是胀缩性大。反之，塑性指数低的土，则黏结力弱而渗透性强，水分容易渗入。因此，对土的塑性指数一般在 18~27 之间为宜。黏土内不得含腐殖质或其他杂质，黏土用量不宜超过石料干重的 20%。

2. 施工方法与程序

泥结碎石路面的施工方法，常用灌浆法和拌和法两种，其中灌浆法修筑的效果较好。灌浆法施工，一般可按下列工序进行。

（1）准备工作。包括放样、布置料堆，整理路槽和拌制泥浆。泥浆按水土体积比 0.8~1：1 进行拌制，过稀或不均匀，都将直接影响到结构层的强度和稳定性。

（2）摊铺石料。将事先准备好的石料按松铺厚度一次铺足。松铺系数为 1.2~1.3 左右。

（3）初步碾压。初碾的目的是使碎石颗粒经初碾压紧，但仍保留有一定数量的空隙，以便泥浆能灌进去。因此以选用三轮压路机或振动压路机碾压为宜。碾压至碎石无松动情况为佳。

（4）灌浆。在初压稳定的碎石层上，灌注预先调制好的泥浆。泥浆要浇得均匀，数量要足够灌满碎石间的孔隙。泥浆的表面与碎石齐平，但碎石的棱角仍应露出泥浆之上，必要时，可用竹扫帚将泥浆扫匀。灌浆时务必使泥浆灌到碎石层的底部，灌浆后 1~2h，当泥浆下注，孔隙中空气溢出后，在未干的碎石层表面撒嵌缝料。以填塞碎石表面的空隙，嵌缝料要撒得均匀。

（5）碾压。灌浆后，待表面已干而内部泥浆尚处于半湿状态时，再用三轮压路机或振动压路机继续碾压，并随时注意将嵌缝料扫匀，直至碾压到无明显轮迹及在碾轮下材料完全稳定为止。在碾压过程中，每碾压 1~2 遍后，即撒铺薄层石屑并扫匀，再进行碾压，以便碎石缝隙内的泥浆流到表面与所撒石屑黏结成整体。

拌和法施工与灌浆法施工不同之处，是土不必制成泥浆，而是将土直接铺撒在摊铺平整的碎石层上，用平地机、多桦犁或多齿耙均匀拌和，然后用三轮压路机或振动压路机进行碾压，碾压方法同灌浆法。在碾压过程中，需要时应补充洒水，碾压 4~6 遍后，撒铺嵌缝料，然后继续碾压。直至无明显轮迹及在碾轮下材料完全稳定为止。泥灰结碎石路面结构层施工程序与泥结碎石相同。

第二节　级配类路面结构层的施工

一、混合料的配合比设计

在修筑级配路面结构层之前，必须对材料的级配组成进行调查。如料场的材料（包括天然砂砾或碎石）能完全符合规定的级配要求，而且塑性指数也在 6 或者 9 以下，则这种材料可直接使用。如材料不能完全符合规定的级配标准，则应针对其不足之处分别采用掺配、筛除或加土破碎等方法，使其达到规定标准。因此，需要进行混合料的配合比设计。

二、施工程序与方法

级配砾（碎）石路面结构层一般采用拌和法施工。

（1）准备工作。包括整修路槽和清底放样。下承层（土基或垫层）的压实度、标高、路拱横坡、平整度、弯沉值等指标均应满足规范规定值。

（2）备料。按一定路段长度（20~50m）所需的石、砂及黏土数量进行备料。石料可直接卸在路槽内，砂及黏土堆在路肩上。堆料时，应考虑便于后续工序如拌和及运料等工作。

（3）铺料。石料是级配砾（碎）石结构的主要材料，为了保证混合料拌和均匀，宜先摊铺大石料，然后摊铺小石料，最后细料（砂或石屑）。

（4）拌和与整形。混合料拌和均匀是修好级配路面的重要一环。拌和可采用平地机或拖拉机牵引多桦犁进行。犁拌和作业长度，根据压路机的工作能力和气温高低，每段宜为 300~500m。用平地机拌和时，每个作业段长度宜为 300~500m。拌和时边拌边洒水，使混合料的湿度均匀，避免大小颗粒分离。混合料拌和均匀后，即可将混合料整平并整理成规定的路拱横坡度。

（5）碾压。混合料整形后，应在接近最佳含水量情况下立即碾压，以免水分蒸发，可采用 12t 以上三轮压路机、振动压路机或轮胎压路机进行碾压。碾压时，后轮应重叠 1/2 轮宽，并必须超过两段的接缝处。后轮压过路面全宽时，即为 1 遍，碾压一直进行到要求的密实度为止。在碾压过程中要经常检查含水量与压实度。

（6）铺封层。碾压结束后，路表常会呈现骨料外露而周围缺少细料的麻面现象，在干燥地区作面层时，路表容易出现松散。为了防止产生这种缺陷应加铺封面，其方法是在面层上浇洒黏土浆一层，用扫帚扫匀后，随即覆盖粗砂或石屑。用轻型压路机碾压 3~4 遍，即可开放交通。近年来，为了改善级配砾（碎）石结构的水稳性，也为了适应高等级公路基层的要求，出现了只采用碎石和石屑两种规格的材料按一定比例混合而成的级配碎石基层。它的施工方法是将各种材料按其粒径由大到小分三层摊铺，其配合比按摊铺虚厚控制。石屑摊铺完后，用洒水车均匀洒水，洒水量按比最佳含水量约大于 1% 进行控制，然后用拌和机拌和。拌和后，用平地机整形，用压路机碾压。

级配碎石结构层施工时要注意：集料级配要满足要求，配料必须准确，特别是细料的塑性指数必须符合规定。掌握好虚铺厚度，路拱横坡符合规定。拌和均匀，避免粗细颗粒离析。当采用 12t 以上三轮压路机时，每层压实厚度以不超过 15~18cm 为宜，当采用重型振动压路机或轮胎压路机时，每层压实厚度可为 20~23cm。

第三节　半刚性路面基层的机械化施工

施工机械化在我国高等级公路特别是高速公路施工中已变为现实，公路施工正在由劳动力密集型产业向技术密集型产业过渡，这是我国公路建设事业发展的一个重要里程碑。

一、半刚性路面垂层、底基层的施工工艺

在公路建设中，半刚性基层、底基层稳定土混合料的施工广泛采用两种方法，即路拌法和厂拌法，选用哪种方法，应根据公路设计施工技术规范要求及施工单位所拥有的机械设备来决定。例如一级公路和高速公路，规范规定：除直接铺筑在土基上的底基层下层可用稳定土拌和机进行路拌施工外，其上各层必须采用集中厂拌法拌和、摊铺机摊铺作业，更不允许用人工拌和施工。

下面以厂拌法为例，阐述半刚性路面基层的施工及其施工工艺。

1. 施工工艺流程

半刚性路面基层施工的工艺流程可简述为：准备下承层→施工放样→厂拌稳定土混合

料→运输到施工现场→摊铺→碾压→接缝和“调头”处理→养生。

2. 主要施工机械及对机械的技术要求

按上述施工工艺流程，所用主要施工机械有：装载机或皮带集料输送机、稳定混合料拌和机、自卸汽车、摊铺机或平地机、振动压路机及轮胎压路机、洒水车。

（1）稳定混合料拌和机

在集中厂拌法施工中，稳定土混合料拌和机是关键设备之一。国内施工应用的稳定混合料拌和机有两种形式：强制连续式稳定混合料拌和机和自由跌落式稳定土拌和机，高等级公路路面基层施工必须使用强制连续式拌和机。

（2）摊铺机

在修建高等级公路的路基时，应使用专用的稳定混合料摊铺机进行摊铺，也可以使用沥青混凝土摊铺机进行摊铺。但某些进口的沥青摊铺机由于综合性能及设计方面的原因，在摊铺稳定混合料时易造成材料离析；在宽幅度摊铺时熨平板两端部摊铺材料的均匀密实度较差，影响整体平整度。

（3）自动平地机

优良的平地机同样可以进行混合料的摊铺，但要达到设计高程则需进行多次的刮平、修正，且使用平地机容易造成粗细集料离析，甚至把粗集料刮推至路面边缘而造成流失。因此，和摊铺机相比，在保证铺层厚度、设计高程、节约混合料和时间方面，平地机都处于劣势。目前我国使用的一些进口平地机具有动力换档装置，速度快，操作灵活简便，使操作者能集中精力于平整作业，因而较有利于保证工程的施工质量。

（4）压实设备

压实机械是道路工程的重要施工设备。选用性能优良的振动压路机、普通压路机和轮胎压路机对保证工程质量是极为重要的。如何根据工程需要选择压路机，应从分析压路机的性能参数方面着手。

①机重和静压力。

②压实速度。

③振幅和频率。

④振动轮的宽度与直径。

⑤振动轮的数量。

⑥振动质量。

⑦振动轮的驱动方式—主动或被动。

⑧振动换向同步装置。

⑨机架和振动轮的重力比。

二、机械组合与配表

用稳定混合料修建道路的底基层与基层，必须采取科学的组织与管理，针对不同的稳

定混合料，按照施工工艺及规范要求，制定出相应的组织管理措施，尤其是搞好施工机械能力的配套协调，这是保证工程质量的重要手段。施工组织方案应建立在流水作业的基础上，各工序要紧密衔接，特别要尽量缩短从拌和、摊铺到碾压成型所用的时间。对于某些稳定混合料，从拌和到碾压完毕规定有一定时间的限制，其目的是保证稳定混合料有一个良好的初凝期。

建设高等级公路，要求使用技术先进的施工机械，尤其是先进的路面机械，并实现施工作业的高度机械化，其目的在于：①完全达到高等级公路设计和施工规范的要求；②保证和提高工程质量；③提高施工速度缩短工期；④节约原材料。

1. 稳定混合料机械化施工的组合方式

在高等级公路施工中广泛采用下列两种机械组合方式：

（1）A 型机械组合：拌和设备 + 自卸汽车 + 推土机 + 平地机 + 压路机；

（2）B 型机械组合：拌和设备 + 自卸汽车 + 摊铺机 + 压路机。

2. 两种路面机械化施工组合方式评价

B 型机械组合的优势：

（1）用摊铺机一次摊铺成型，能按规范要求保证各结构层的厚度和标高；

（2）保持混合料级配均匀，无离析现象，铺层厚度均匀、平整；

（3）能保证在限定的时间内完成从加水拌和至碾压成型的全部工艺程序；

（4）能保持最佳含水量，这是保证工程质量及碾压密实度的最重要条件；

（5）节约材料，防止混合料流失；

（6）摊铺作业速度较快，摊铺碾压衔接较紧，雨季也能很好地施工；

（7）表面看成本高，机械磨损严重，但如将节约的混合料和因速度快而完成的工作量等考虑在内，进行综合比较后就会发现，使用摊铺机的 B 型机械组合的经济效益是高的。

A 型组合的缺陷：

（1）工序较复杂，推土机、平地机需往返多次进行推刮和平整作业，易造成表面层颗粒料被刮起或造成混合料离析，在一定程度上影响稳定混合料的级配。

（2）用推土机、平地机进行摊铺，作业时间长，如果摊铺的是水泥稳定混合料，可能会对水泥的初凝期有影响。

（3）多次推刮作业，难以保持混合料的最佳含水量，从而影响压实度指标；

（4）铺层厚度和均匀性难以保证，设计标高也难于控制；

（5）整平、修刮作业中，大粒料多被刀片刮起并积于接缝处或是丢弃都将造成混合料损失。

当然，使用技术先进、性能优良的平地机，当机手技术熟练时，可在一定程度上弥补这种组合的缺陷。

通过上述比较分析可以看出，用稳定混合料修建高等级公路的基层和底基层应采用摊铺机进行摊铺作业，而一般公路则可采用平地机进行摊铺。

三、机械化施工应注意的几个问题

1. 机械设备生产能力协调配套问题

这里包括两个方面的含意：其一为机械本身生产能力的配套，以形成真正的机械化施工工艺流程，充分发挥各种机械的效能；其二为施工组织调度，配套组织合理、科学，工序间衔接有序，以充分体现机械运行间的协调性。例如稳定材料拌和设备与摊铺能力的协调配套问题，一般摊铺机的摊铺能力都大，因此保证供料以使摊铺机连续作业就成为首要因素。

2. 控制和保持最佳含水量问题

在稳定混合料中，无论是水泥土，还是石灰土或二灰土等，都要求在规定时间内完成整个作业过程，其主要原因是为了保证这些材料的初凝期，而水分又是其重要条件。要实现此目的，其一是拌和设备能按规范要求加入定量的拌和用水，并保持混合料与水的均匀混合，使各种材料颗粒间含有合适的水分；其二是减少运输过程中水分的丢失，尤其是气候炎热时应采取防止水分丢失的措施，如缩短运输周期、覆盖防晒苫布，或采取增加1%~2%含水量的预防措施；其三是尽快摊铺、尽快碾压，减少水分丢失，一旦水分丢失要适量洒水，这也是保证混合料质量的重要因素之一。

3. 摊铺机的作业速度问题

摊铺机摊铺作业的关键是保持其连续不间断的作业。为此，进行摊铺作业前应有足够的混合料运到施工现场，一旦开始摊铺，就要求连续不断地进行。如果出现其他原因影响供料，造成供料不足，现场指挥调度人员应及时了解原因并采取果断措施，适当调整作业速度，以维持不间断的作业。若因供料停机时间长，则应按摊铺作业结束来处理工作面。

4. 压实作业中的问题

压实是保证工程质量的重要手段之一。选用配套压路机应考虑下列因素：

（1）工作量。指每小时需要碾压的材料总吨位量，压路机的工作量取决于摊铺机的摊铺能力。

（2）铺层厚度和振幅振频的选用。根据各种混合料的铺层厚度选择压路机的质量等级，以及振动压路机的振幅和振频。例如铺层厚度在10cm以上时，建议采用振幅1.0mm以下、质量在10t左右的中型振动压路机；铺层厚度在20cm时，建议采用振幅1.0rnm以下、质量20t左右的大型压路机，否则难以达到较好的压实效果。

（3）公路等级。修建高等级公路和二级以下的公路所选用的压路机，因密实度要求不同而应有所区别。

（4）材料种类。碾压稳定混合料与碾压沥青混合料选用压实机械是有区别的。对沥青混合料就不宜采用轮胎驱动的压路机，而应该选用钢轮驱动的压路机。轮胎式压路机，由于它的特殊胎面和前后轮胎数量布置不同而常常被用作后处理终压机械。

（5）施工现场条件对工作量不大的狭窄地区作业，要选用机动性好的压路机。

（6）防止混合料被推移的问题。与沥青混合料相比，稳定混合材料是比较松散的，即使在最佳含水量的情况下，材料颗粒间缺少黏接力，若用轮胎驱动的振动压路机进行碾压，因振动轮是被动的，在轮胎的推动下铺层混合料易产生被推移的问题，这一点往往不被重视或被疏忽而严重影响铺层的密实度。如果含水量不当或受气温的影响，有时铺层表面会发生始终无法压实的情况而呈松散状，碾压的次数越多效果越糟，在这种情况下最好是洒水后稳压一下，再继续铺下一层，效果会好一些。无论是稳定混合料或沥青混合料，在压实过程中都会出现材料被推移的问题，所以驱动轮的位置是很重要的，最佳方案是选用全轮驱动的钢轮压路机。

第四节　施工质量控制与检查验收

一、施工质量控制

确保基层的施工质量符合设计文件和技术规范要求是基层施工的首要任务，施工过程中应采取有效措施控制施工质量，如建立、健全工地现场试验、质量检查与工序间的交接验收制度。各工序完成后应进行相应指标的检查验收，上一道工序完成且质量符合要求方可进入下一道工序的施工。施工质量控制的内容包括原材料与混合料技术指标的检验、试验路铺筑及施工过程中的质量控制与外形管理三大部分。

1. 原材料与混合料质量技术指标试验

基层施工前及施工过程中原材料出现变化时，应对所采用的原材料进行规定项目的质量技术指标试验，以试验结果作为判定材料是否适用于基层的主要依据。原材料技术指标试验项目及试验方法参见前述有关的内容。

2. 铺筑试验路

为了有一个标准的施工方法作指导，在正式施工前应铺筑一定长度的试验路，以便考查混合料的配合比是否适宜，确定混合料的松铺系数、标准施工方法及作业段的长度等，并根据铺筑试验路的实际过程优化基层的施工组织设计及施工机械的组合。

3. 质量控制与外形管理

基层施工质量控制是在施工过程中对混合料的含水量、集料级配、结合料剂量、混合料抗压强度、拌和均匀性、压实度、表面回弹弯沉值等项目进行检查。外形管理包括基层的宽度、厚度、路拱横坡、平整度等，施工时应按规定的频度和质量标准进行检查。

4. 路基的质量

楼建的再高，没有好的地基，终会倒塌，不管干什么，基础是最重要的。想要有个好的基层，路基的质量必须要好。所以我们在施工路基时对基底处理、分层填筑等必须严格要求，使之达到质量要求，为整个公路的优质打下一个坚实的基础。

5. 材质检验的严格把关

材料是工程施工中的重要组成部分，如果使用不合格材料，必定会使施工质量受到严重威胁，所以我们在施工中要对材料进行严格控制，杜绝不合格材料的进场和使用，按频率做好原材料的二次检验。

（1）在组织现场施工以前以及在施工过程中，原材料（包括土）或混合料发生变化时，必须对拟采用的材料进行规定的基本性质试验，评定材料质量和性能是否符合要求。

（2）对用做底基层和基层的原材料，应进行表 6-4-1 所列的试验。

表 6-4-1　底基层和基层原材料的试验项目

试验项目	材料名称	目的	仪器和试验方法
含水量	土、砂砾、碎石等集料	确定原始含水量	烘干法、酒精燃烧法、含水量快速测定仪
颗粒分析	砂砾、碎石等集料	确定级配是否符合要求，确定材料配合比	筛分法
液限、塑限	土、级配砾石或级配碎石中 0.5mm 以下的细土	求塑性指数，审定是否符合规定	液限塑限联合测定法测液限；滚搓法塑限试验测塑限
相对毛体积密度、吸水率	砂砾、碎石等	评定粒料质量，计算固体体积率	网篮法或容积 1000ml 以上的比重瓶法
压碎值	砂砾、碎石等	评定石料的抗压碎能力是否符合要求	集料压碎值试验
有机质和硫酸盐含量	土	确定土是否适宜于用石灰或水泥稳定	有机质含量试验，易溶盐试验
有效钙、氧化镁	石灰	确定石灰质量	石灰的化学分析
水泥标号和终凝时间	水泥	确定水泥的质量是否适宜应用	水泥胶砂强度检验方法，水泥凝结时间检验方法
烧失量	粉煤灰	确定粉煤灰是否适用	烧失量试验

（3）对初步确定使用的底基层和基层混合料，包括掺配后不用结合料稳定的材料，应进行表 6-4-2 所列的试验。

表 6-4-2　底基层和基层混合料的试验项目

试验项目	目的
重型击实试验	求最佳含水量和最大干密度，以规定工地碾压时的合适含水量和应该达到的最小干密度，确定制备强度试验和耐久性试验的试件所应该用的含水量和干密度；确定制备承载比试件的材料含水量
承载比	求工地预期干密度下的承载比，确定材料是否适宜做基层或底基层
抗压强度	进行材料组成设计，选定最适宜于用水泥或石灰稳定的土（包括粒料）；规定施工中所用的结合料剂量；为工地提供评定质量的标准
延迟时间	对已定水泥剂量的混合料，确定延迟时间对混合料密度和抗压强度的影响，并据此确定施工允许的延迟时间

6. 选择优秀负责的施工人员

人永远是决定一切事情成败的决定因素。一个工程材料是最好的，机械设备全是最先进的，所有条件都是最好最全的，可是如果没有一批优秀的施工人员，所有的人都是得过且过，一点责任心都没有，那这个工程一定不会干好。可是怎样选择优秀的人员呢，我认为应该综合考虑这个人以往的施工经验，这个人的责任心，这个人的人品。总之要选择适合本岗位的人员，必要时可以进行考核上岗，对于那些不负责任，好吃懒做的人员要果断的抛弃，只有一个团结的集体才能把工作干好。

二、做好施工中的质量控制

施工中对质量控制一刻也不能放松，不要等施工成型后才进行检查，死后验尸，使工程发生返工等不良影响。要在施工过程中控制，施工时质量管理人员要盯在现场，对施工进行指导，第一时间发现不合格项及违反规范施工等现象，把质量隐患杜绝在萌芽中。在大面积施工前必须进行试验段施工，掌握施工数据，为施工提供依据。

1. 铺筑试验段

（1）在底基层和基层正式开工之前，应铺筑试验段。

（2）应通过铺筑无结合料的集料基层试验段，确定以下主要项目：

1）用于施工的集料配合比例。

2）材料的松铺系数。

3）确定标准施工方法。

①集料数量的控制；

②集料摊铺方法和适用机具；

③合适的拌和机械、拌和方法；

④集料含水量的增加和控制方法；

⑤整平和整形的合适机具和方法；

⑥压实机械的选择和组合，压实的顺序、速度和遍数；

⑦拌和、运输、摊铺和碾压机械的协调和配合；

⑧密实度的检查方法，初定每一作业段的最小检查数量。

4）确定每一作业段的合适长度。

5）确定一次铺筑的合适厚度。

（3）通过铺筑水泥稳定土基层试验段，除确定以上项目外，还应确定控制结合料数量和拌和均匀性的方法。

对于水泥稳定土基层，还包括通过严密组织拌和、洒水、整形、碾压等工序，缩短延迟时间，规定允许的拌和时间。

2. 质量管理

施工过程中的质量管理包括外形尺寸的控制和检查以及质量控制和检查。各个工序完结后，均应进行检查验收。经检验合格后，方可进行下一个工序。凡经检验不合格的段落，必须进行补救，使其达到要求。

对于无机结合料稳定基层，应取钻件（俗称路面芯样）检验其整体性。水泥稳定基层的龄期 7~10d 时，应能取出完整的钻件。二灰稳定基层的龄期 20~28d 时，应能取出完整的钻件。

如果路面钻机取不出水泥稳定基层或二灰稳定基层的完整钻件，则应找出不合格基层的界限，进行返工处理。

3. 严格进行成型后的质量检查

（1）检查验收的目的是判定完成的路面结构层是否满足设计文件与施工规范的要求。检查内容包括工程竣工后的外形和质量。

（2）检查施工原始记录，对上述检查内容进行初步评定。

（3）进行抽样检查。抽样必须是随机的，不能带有任何倾向性。压实度、厚度、水泥（石灰）剂量检测样品、强度试件样品等的现场随机取样位置的确定应按规范要求的方法进行。

（4）竣工工程外形的检查项目、频度和质量标准值应符合规范的要求。

4. 成品保护

基层施工完后，宜养生 7d 后铺筑上层。在铺筑上层之前，应始终保持下层表面湿润。每一段碾压完成并经压实度检查合格后，应立即开始养生。在养生期间除洒水车外应封闭交通。

第七章　沥青路面施工

第一节　概　述

一、沥青路面的特点

沥青路面是以沥青材料为结合料黏结矿料而修筑的面层与各类基层和垫层所组成的路面结构。

由于沥青路面使用沥青为结合料，因而增强了矿料间的黏结力，提高了沥青混合料的强度和稳定性，使路面的使用质量和耐久性都得到了提高。与水泥混凝土路面相比，沥青路面具有表面平整、无接缝、行车舒适、耐磨性好、振动小、噪声低、施工期短、养护维修简便、适宜分期修建等优点。沥青路面也是我国高速公路的主要路面形式，随着国民经济和现代化道路交通运输发展的需要，沥青路面必将得到更大的发展。

二、沥青路面的分类

1. 按强度构成原理分类

按强度构成原理可将沥青路面分为密实类和嵌挤类两大类。

（1）密实类

密实类沥青路面要求矿料的级配按最大密实原则设计，强度和稳定性主要取决于混合料的黏聚力和内摩阻力。密实类沥青路面按其空隙率的大小分为闭式和开式两种：闭式混合料中含有较多的小于0.5mm和0.074mm的矿料颗粒，空隙率小于6%，混合料致密而耐久，但热稳定性差；开式混合料中小于0.5mm的矿料颗粒含量较少，空隙率大于6%，其热稳定性较好。

（2）嵌挤类

嵌挤类沥青路面要求采用颗粒尺寸较为单一的矿料，路面强度和稳定性主要依靠骨料颗粒之间相互嵌挤所产生的内摩阻力，而黏聚力则起着次要作用。按嵌挤原则修筑的沥青路面，其热稳定性较好，但因空隙率较大、易渗水，因而耐久性较差。

2. 按施工工艺分类

按施工工艺的不同，沥青路面可分为层铺法、路拌法和厂拌法三类。

（1）层铺法

是用分层洒布沥青、分层铺撒矿料和碾压的方法修筑沥青路面。其主要优点是工艺和设备简便、工效较高、施工进度快、造价低；其缺点是路面成型期较长，需要经过炎热夏季行车碾压之后路面方能成型。用这种方法修筑的沥青路面有沥青表面处治和沥青贯入式两种。

（2）路拌法

是在路上用机械将矿料和沥青就地拌和、摊铺和碾压密实而成的沥青面层。此类沥青面层当所用的矿料为碎（砾）石时称为路拌沥青碎（砾）石；当所用的矿料为土时称为路拌沥青稳定土。路拌沥青面层通过就地拌和，沥青材料在矿料中分布比层铺法均匀，可以缩短路面的成型期。但因所用矿料为冷料，需使用黏稠度较低的沥青材料，故混合料的强度较低。

（3）厂拌法

是将规定级配的矿料和沥青在工厂用专用设备加热拌和，然后送到工地摊铺碾压而成的沥青路面。混合料为开级配的（空隙率为 10%~15%），称为厂拌沥青碎石；矿料中含有矿粉，混合料是按最佳密实级配配制的（空隙率为 10% 以下），称为厂拌沥青混凝土。厂拌法按铺筑时温度的不同，又可分为热拌热铺和热拌冷铺两种。

3. 按技术特性分类

根据沥青路面的技术特性，沥青面层可分为沥青混凝土、热拌沥青碎石、乳化沥青碎石混合料、沥青表面处治和沥青贯入式五种类型。

（1）沥青混凝土路面

是指用沥青混凝土作面层的路面。其面层可由单层、双层或三层沥青混合料组成，各层混合料的组成设计根据层厚和层位、气温和降雨等气候条件、交通量和交通组成等因素确定，以满足沥青面层使用功能的要求。沥青混凝土通常用作高等级公路的面层。

（2）热拌沥青碎石路面

是指用沥青碎石作面层的路面。沥青碎石的配合比设计根据实践经验和马歇尔试验的结果，并通过施工前的试拌和试铺确定。沥青碎石有时也作联结层。

（3）乳化沥青碎石混合料

适用于三级、四级公路的沥青面层和二级公路养护罩面以及各级公路的调平层。

（4）沥青表面处治路面

是指用沥青和集料按层铺法或拌和法铺筑而成的厚度不超过 3cm 的沥青路面。沥青表面处治的厚度一般为 1.5~3.0cm。层铺法可分为单层、双层和三层。单层表面处治的厚度为 1.0~1.5cm，双层表面处治的厚度为 1.5~2.5cm，三层表面处治的厚度为 2.5~3.0cm。沥青表面处治适用于三级、四级公路的面层和旧沥青面层上加铺罩面或抗滑层、磨耗层等。

（5）沥青贯入式路面

是指用沥青贯入碎（砾）石作面层的路面。沥青贯入式路面的厚度一般为 4~8cm。当沥青贯入式的上部加铺拌和混合料时，称为上拌下贯，此时拌和层的厚度宜为 3~4cm，总厚度为 7~10cm。沥青贯入式碎石路面适用于二级及二级以下公路的沥青面层。

第二节　材料质量要求

沥青路面常用作道路的面层。与水泥混凝土路面相比，沥青路面具有表面平整、无接缝、行车舒适、噪声低、施工期短等优点，因此广泛应用于各级公路。沥青与矿料的性质对沥青路面的强度、稳定性及其他路用性能的影响很大，可以说，高质量的原材料是铺筑高质量沥青路面的根本保证，因此，沥青路面使用的各种材料，必须符合规定的质量要求。

一、沥青

路用沥青材料包括道路石油沥青、煤沥青、乳化石油沥青、液体石油沥青等。沥青种类及沥青标号的选择应根据路面类型、交通量、矿料性质、气候条件、施工方法及材料来源等条件选用。

1. 道路石油沥青质量要求

道路石油沥青适用于各级、各类沥青路面。高速公路和一级公路的沥青路面应采用重交通道路石油沥青，各种指标必须符合规范要求。沥青存放于贮运站或拌和场时，不同标号、不同来源的沥青必须分开，以免混杂。路用沥青长时间存放后化学组分会发生变化，路用性能会受到一定程度的影响，因此使用前应抽样检验，质量不符合要求的不得使用。连续施工沥青路面时，沥青贮存于贮存罐或贮油池中温度应不低于 130℃，并不得高于 180℃，避免因温度过低而引起沥青供给困难、温度过高而使沥青老化。沥青在存放、贮运及使用过程中应做好防水工作，避免雨水或加热管内的蒸汽进入沥青罐（池）中。

2. 乳化石油沥青

乳化石油沥青适用于三级及三级以下公路的常温沥青混合料路面、沥青贯入式路面及沥青表面处治路面，也可用于浇洒透层和粘层。乳化沥青使用时不需要加热，对减轻污染、保护环境很有利，常用于沥青路面的养护与维修。阳离子乳化沥青适用于酸性、潮湿的石料和施工温度较低的环境。阴离子乳化沥青适用于碱性、干燥的石料，可与水泥、石灰或粉煤灰共同使用。用胶体磨或匀油机制备乳化沥青时，乳化剂用量（按有效含量计）宜为沥青质量的 0.3%~0.8%。制备温度通过试验确定，一般情况下，乳化剂水溶液的温度为 40~70℃，石油沥青加热至 120~160℃。制成后的乳化沥青应及时使用，存放期以不离析、不冻结、不破乳为度。若存放时间较长，使用前应抽样检查，质量不合格的不得使用。

3. 液体石油沥青与煤沥青

液体石油沥青常用于浇洒透层和粘层，也可用于常温沥青混合料路面及沥青路面养护与维修。根据用途与现场施工条件，合理选用快凝、中凝或慢凝型的液体石油沥青。煤沥青适宜于浇洒沥青路面的透层及粘层，也可用于三级及三级以下公路的面层。使用时应根据使用条件和目的合理选用煤沥青的品种和标号，煤沥青的质量应符合施工技术规范的要求。在使用期间，煤沥青的贮存温度为 70~90℃若存放时间较长，使用前应抽样检验，质量不符合要求的不得使用。

二、矿料

沥青混合料的矿料包括粗集料、细集料及填料。粗、细集料形成沥青混合料的矿质骨架，填料与沥青组成的沥青胶浆填充于骨料间的空隙中并将矿料颗粒黏结在一起，使沥青混合料具有抵抗行车荷载和环境因素作用的能力。

1. 粗集料

粗集料形成沥青混合料的主骨架耗能力，应洁净、干燥、无风化，无杂质，具有足够的强度和耐磨耗能力，与沥青有良好的黏附性能，颗粒形状以近于立方体为佳。碎石、破碎砾石、筛选砾石、矿渣等均可作为沥青混合料的粗集料，但破碎砾石仅适用于三级及三级以下公路沥青表面处治。或用于拌和法施工的沥青混合料下面层。

2. 细集料

细集料指粒径小于 5mm 的天然砂、机制砂、石屑。天然砂包括河砂、山砂、海砂，其规格和细度模数应符合的技术要求。石屑是碎石加工后粒径为 2.5~5mm 的筛余部分，其规格应符合要求。热拌沥青混合料的细集料宜采用天然砂或机制砂，在缺少天然砂的地区，也可使用石屑，但高速公路和一级公路的沥青混凝土面层及抗滑表层的石屑用量不宜超过天然砂及机制砂的用量，以确保沥青混凝土混合料的施工和易性和压实性。细集料应洁净、干燥、无风化、无杂质并有一定级配，与沥青有良好的黏附能力，质量符合规定的技术要求。

第三节　沥青混合料技术性质

一、沥青混合料技术要求

1. 粗集料

所用粗集料应洁净、干燥、表面粗糙，形状方正、扁平、针片状的成分较少。质量应符合表 7-3-1 的规定。粗集料与沥青的粘附性应不小于 4 级。

表 7-3-1　沥青混合料用粗集料质量技术要求

指标	单位	二级公路	试验方法
石料压碎值不大于	%	30	T0316
洛杉矶磨耗损失不大于	%	35	T0317
表观相对密度不小于	t/m^3	2.45	T0304
吸水率不大于	%	3.0	T0304
坚固性不大于	%	-	T0314
针片状颗粒含量（混合料）不大于	%	20	T0312
水洗法＜ 0.075mm 颗粒含量不大于	%	1	T0310
软石块含量不大于	%	5	T0320
对沥青的粘附性不小于		4 级	T0663

2. 细集料

沥青路面的细集料包括天然砂、机制砂、石屑。细集料应洁净、干燥、无风化、无杂质，并具有适当的颗料级配，其质量应符合表 7-3-2 的规定。

表 7-3-2　沥青混合料用细料质量

项目	单位	二级公路	试验方法
表观相对密度不小于	t/m^3	2.45	T0328
坚固性（＞ 0.3mm 部分）不小于	%	-	T0340
含泥量（小于 0.075mm 的含量）不大于	%	5	T0333
砂当量不小于	%	50	T0334
亚甲蓝值不大于	g/kg	-	T0349
棱角性（流动时间）不小于	%	-	T0345

3. 砂

本项目公路路面用砂采用机制砂，其规格应符合表 7-3-3 的规定。

表 7-3-3　沥青混合料用机制砂或石屑规格

规格	公称粒径	水洗法通过下列筛孔（mm）的质量百分率（%）							
		9.5	4.75	2.36	1.18	0.6	0.3	0.15	0.075
S15	0-5	100	90~100	60~90	40~75	20~55	7~40	2~20	0~10
S16	0~3	-	100	80~100	50~80	25~60	8~45	0~25	0~15

4. 石屑

石屑是采石场破碎石料时通过 4.75mm 或 2.36mm 的筛下部分。采石场在生产石屑的过程中应具备抽吸设备，沥青混合料中，选用 S15。石屑规格应符合表 7-3-3 的要求。

5. 矿粉

沥青混合料的矿粉必须采用石灰岩或岩浆岩中的强基性岩石等憎水性石料经磨细得到的矿粉，原石料中的泥土杂质应除净。矿粉应干燥、洁净，能自由地从矿粉仓流出，其质量应符合表 7-3-4 的技术要求。拌和机的粉尘可作为矿粉的一部分回收使用。但每盘用量不得超过填料总量的 25%，掺有粉尘填料的塑性指数不得大于 4%。

表 7-3-4　沥青混合料用矿粉质量要求

项目	单位	二级公路	试验方法
表观相对密度不小于	t/m³	2.45	T0352
含水量不大于	%	1	T0103 烘干法
粒度范围＜ 0.6mm ＜ 0.15mm ＜ 0.075mm	% % %	100 90~100 70~100	T0351
外观		无团粒结块	
亲水系数		＜ 1	T0353
塑性指数		＜ 4	T0354
加热安定性		实测记录	T0355

6. 道路石油沥青的技术要求

选用 90 号 A 级沥青，所用沥青的质量应符合表 7-3-5 规定的技术要求。沥青必须按品种、标号分开存放。除长期不使用的沥青可放在自然温度下存储外，沥青在储罐中的贮存温度不宜低于 130℃，并不得高于 170℃。道路石油沥青在贮存、使用及存放过程中应有良好的防水措施，避免雨水或加热管道蒸汽进入沥青中。

表 7-3-5 道路石油沥青的技术要求

指标	单位	沥青标号	试验方法
		70 号	
针入（250C，4s，100g）	dmm	60～80	T0604
针入度指数 PI		-1.8～+1.0	
软化点（R&B）不小于	0C	45	T0606
600C 动力黏度不小于	Pa.s	160	T0620
100C 延度不小于	cm	15	T0605
150C 延度不小于		100	T0605
腊含量（蒸馏法）不大于	%	2.2	T0615
闪点不小于	0C	260	T0611
溶解度不小于	%	99.5	T0607
质量化不大于	%	± 0.8	T0610 或 T0609
残留针入度比不小于	%	61	T0604
残留延度（100C）不小于	cm	6	T0605

7. 沥青混合料矿料级配组成

沥青混合料矿料级配组成见表 7-3-6。

表 7-3-6 沥青混合料中矿料的级配组成范围

级配类型		通过以下筛孔（mm）质量百分率（%）											
		26.5	19.0	16.0	13.2	9.5	4.75	2.36	1.18	0.6	0.3	0.15	0.075
面层	AC-13			100	90~100	68~85	38~68	24~50	15~38	10~28	7~20	5~15	4~8
	AC-20	100	80~100	74~92	62~82	50~72	26~56	16~44	12~33	8~24	5~17	4~13	3~7

8. 稀浆封层技术要求

（1）乳化沥青

乳化沥青应符合国家现行标准《乳化沥青路面施工及验收规程》的有关规定。

表 7-3-7　道路用乳化沥青技术要求

试验项目		单位	品种及代号										试验方法
			阳离子				阴离子				非离子		
			喷洒用			拌和用	喷洒用			拌和用	喷洒用	拌和用	
			PC-1	PC-2	PC-3	BC-1	PA-1	PA-2	PA-3	BA-1	PN-2	BN-1	
破乳速度			快裂	慢裂	快裂或中裂	慢裂或中裂	快裂	慢裂	快裂或中裂	慢裂或中裂	慢裂	慢裂	T0658
粒子电荷			阳离子（+）				阴离子（-）				非离子		T0653
筛上残留物（1.18mm 筛）不大于		%	0.1				0.1				0.1		T0652
黏度	恩格拉黏度计 E25		2~10	1~6	1~6	2~30	2~10	1~6	1~6	2~30	1~6	2~30	T0622
	道路标准黏度计 C25.3	s	10~25	8~20	8~20	10~60	10~25	8~20	8~20	10~60	8~20	10~60	T0621
蒸发残留物	残留分含量不小于	%	50	50	50	55	50	50	50	55	50	55	T0651
	溶解度，不小于	%	97.5				97.5				97.5		T0607
	针入度（25℃）	dmm	50~200	50~300	45~150		50~200	50~300	45~150		50~300	60~300	T0604
	延度（15℃），不小于	cm	40				40				40		T0605
与粗集料的粘附性，裹覆面积不小于			2/3			—	2/3			—	2/3	—	T0654
与粗、细粒式集料拌和试验			—			均匀	—			均匀	—		T0659
水泥拌和试验的筛上剩余不大于		%	—				—				—	3	T0657
常温贮存稳定性：1d 不大于		%	1				1				1		T0655
5d 不大于		%	5				5				5		T0655

注：1）P 为喷洒型，B 为拌和型，C、A、N 分别表示阳离子、阴离子、非离子乳化沥青；

2）黏度可选用恩格拉黏度计或沥青标准黏度计之一测定；

3）表中的破乳速度、与集料的粘附性、拌和试验的要求与所使用的石料品种有关，质量检验时应采用工程上实际的石料进行试验，仅进行乳化沥青产品质量评定时可不要求此三项指标；

4）贮存稳定性根据施工实际情况选用试验时间，通常采用 5d，乳液生产后能在当天使用时也可用 1d 的稳定性；

5）当乳化沥青需要在低温冰冻条件下贮存或使用时，尚需按 T0656 进行 -5℃低温贮存稳定性试验，要求没有粗颗粒、不结块；

6）如果乳化沥青是将高浓度产品运到现场经稀释后使用时，表中的蒸发残留物等各项指标指稀释前乳化沥青的要求。

（2）矿料

矿料应采用碎石、轧制砾石、石屑、砂等；矿料的质量应符合现行国家标准《沥青路面施工及验收规范》的有关规定；矿料混合料在添加填料之前，其砂当量不得小于45；矿料的级配应符合表7-3-8的规定。

表7-3-8　稀浆混合料技术指标

级配类型	通过下列筛孔（mm）的质量百分率（%）							
	9.5	4.75	2.36	1.18	0.6	0.3	0.15	0.075
ES-2	100	95~100	65~90	45~70	30~50	18~30	10~21	5~15

注：高性能稀浆封层摊铺机是指具有自动计量并带双轴搅拌器和双向布料器的稀浆封层摊铺机。

（3）填料

水泥、熟石灰、硫酸铵、粉煤灰均不得含泥土杂质，并应干燥、疏松，没有聚团和结块，且小于0.075mm的颗粒含量不应小于80%。矿粉的质量应符合现行国家标准《沥青路面施工及验收规范》的有关规定。

在选择水泥、熟石灰和硫酸铵等具有化学活性的填料时，应便于稀浆混合料的拌和、摊铺和成型，保证封层的整体强度。

（4）水

稀浆封层用水可采用饮用水。

（5）添加剂

添加剂可采用液体或固体的材料，并应与矿料等拌和均匀。采用添加剂不得损失沥青和混合料的整体强度。

二、各结构层混合料技术要求

1. 沥青混合料技术要求

沥青混合料的技术要求应符合表7-3-9、表7-3-10的规定，并有良好的施工性能。

表7-3-9　沥青混凝土混合料马歇尔实验配合比设计技术标准表

试验指标		单位	二级公路
击实次数（双面）		次	50
试件尺寸		mm	ϕ101.6mm×63.5mm
空隙率VV	深约90mm以内	%	3~6
	深约90mm以下	%	3~6
稳定度MS不小于		KN	5

续 表

流值 FL		mm	2~4.5				
石料间隙率 VMA（%）不小于	设计空隙率（%）	相应于以下公称最大粒径（mm）最小 VMA 及 VFA 技术要求（%）					
		26.5	19	16	13.2	9.5	4.75
	2	10	11	11.5	12	13	15
	3	11	12	12.5	13	14	16
	4	12	13	13.5	14	15	17
	5	13	14	14.5	15	16	18
	6	14	15	15.5	16	17	19
沥青饱和 VFA（%）		55~70	65~75			70~85	

注：对改性沥青混合料，马歇尔试验的流值可适当放宽。

表 7-3-10　沥青混合料技术性能指标要求

混合料名称	技术指标	要求的动稳定度（次/mm）不小于	冻融劈裂试验的残留强度比（%）不小于	浸水马歇尔试验残留稳定度（%）不小于	低温弯曲试验要求的破坏应变不小于（με）	渗水系数要求不大于（ml/min）
普通沥青混合料		800	75	80	2000	120
	试验方法	T0719	T0729	T0709	T0715	T0730

注：①为满足重载车要求，在配合比设计时采取减少最佳沥青用量的技术措施时，可适当提高试验温度或增加试验荷载进行试验，同时增加试件的碾压成型密度和施工压实度要求。

②车辙试验不得采用二次加热的混合料，试验必须检验其密度是否符合试验规程的要求。

③如需要对公称最大粒径等于和大于 26.5mm 的混合料进行车辙试验，可适当增加试件的厚度，但不宜作为评定合格与否的依据。

④沥青混合料的低温抗裂性能试验温度 -10℃、加载速率 50mm/min 的条件下进行弯曲试验。

2. 稀浆封层技术要求

稀浆封层的黏结料为乳化沥青，采用常温施工，施工时应保证各种材料配合比，正确成型期间应加强初期养护。级配矿料最大标称粒径为 4.75mm，经养护成型后最大厚度 6.4~8.0mm，干矿料摊铺量为 5.4~8.1kg/m^2。

3. 粘层沥青、透层技术要求

（1）透层技术要求

沥青路面各类基层都必须喷洒透层油，沥青层必须在透层油完全渗透入基层后方可铺筑。基层上设置下封层时，透层油不宜省略。气温低于 10℃或大风、即将降雨时不得喷洒透层油。喷洒透层油后通过钻孔或挖掘确认透层油渗透入基层的深度应≥ 5mm，并能与基层联结为一体。透层沥青采用阳离子乳化沥青 PC-2 型，用量为 0.7~1.5L/m²。

表 7-3-11　沥青路面透层材料的规格和用量表

用途	液体沥青		乳化沥青		煤沥青	
	规格	用量（L/m²）	规格	用量（L/m²）	规格	用量（L/m²）
无结合料粒料基层	AL（M）-1.2 或 3 AL（S）-1.2 或 3	1.0~2.3	PC-2 PA-2	1.0~2.0	T-1 T-2	1.0~1.5
半刚性基层	AL（M）-1 或 2 AL（S）-1 或 2	0.6~1.5	PC-2 PA-2	0.7~1.5	T-1 T-2	0.7~1.0

注：表中用量是指包括稀释剂和水分等在内的液体沥青、乳化沥青的总量。乳化沥青中的残留物含量以 50% 为基准。

（2）粘层技术要求

本项目旧沥青路面层上加铺沥青层，必须喷洒粘层沥青。粘层沥青选用乳化沥青 PC-3 或 PA-3 型，用量为 0.3~0.6L/m²。

粘层油宜采用沥青洒布车喷洒，并选择适宜的喷嘴，洒布速度和喷洒量保持稳定。当采用机动或手摇的手工沥青洒布机喷洒时，必须由熟练的技术工人操作，均匀洒布。气温低于 10℃时不得喷洒粘层油，寒冷季节施工不得不喷洒时可以分成两次喷洒。路面潮湿时不得喷洒粘层油，用水洗刷后需待表面干燥后喷洒。

喷洒的粘层油必须成均匀雾状，在路面全宽度内均匀分布成一薄层，不得有洒花漏空或成条状，也不得有堆积。喷洒不足的要补洒，喷洒过量处应予刮除。喷洒粘层油后，严禁运料车外的其他车辆和行人通过。

粘层油宜在当天洒布，待乳化沥青破乳、水分蒸发完成，或稀释沥青中的稀释剂基本挥发完成后，紧跟着铺筑沥青层，确保粘层不受污染。

表 7-3-12　沥青路面粘层材料的规格和用量表

下卧层类型	液体沥青		乳化沥青	
	规格	用量（L/m²）	规格	用量（L/m²）
新建沥青层或	AL（R）-3~AL（R）-6 AL（M）-3~AL（M）-6	0.3~0.5	PC-3 PA-3	0.3~0.6
水泥混凝土	AL（M）-3~AL（M）-6 AL（S）-3~AL（S）-6	0.2~0.4	PC-3 PA-3	0.3~0.5

注：表中用量是指包括稀释剂和水分等在内的液体沥青、乳化沥青的总量。乳化沥青中的残留物含量以 50% 为基准。

第四节　热拌沥青混合料路面施工

一、沥青混合料

1. 分类

通常将未经摊铺、碾压的沥青混凝土或沥青碎石的拌和物称为沥青混合料。根据混合料中骨料的最大粒径值，将热拌沥青混合料分为粗粒式、中粒式、细粒式及砂粒式等类型。沥青路面的集料最大粒径一般是从上至下逐渐增大，因此，中粒式及细粒式适用于上层，粗粒式只能用于中下层。

根据矿料级配类型的不同，沥青混合料可分为密级配型、开级配和半开级配型。

除上述沥青混凝土混合料外，尚有其他特殊类型的沥青混合料。如用沥青、矿粉及纤维稳定剂组成的沥青玛蹄脂与具有间断级配的矿质集料混合后即形成沥青玛蹄脂碎石混合料（简称 SMA），具有抗滑、耐磨、抗疲劳、低噪声、抗高温车辙、低温开裂少等优点。

2. 热拌沥青混合料的选用

沥青混凝土是一种优良的路用材料，主要用于高速公路和一级公路的面层。热拌沥青碎石适用于高速公路和一级公路路面的过渡层或整平层以及其他等级公路的面层。选择沥青混合料类型应在综合考虑公路所在地区的自然条件、公路等级、沥青层位、路面性能要求、施工条件及工程投资等因素的基础上。

二、混合料配合比设计

铺筑高质量的沥青路面，除使用质量符合要求的沥青和矿料外，必须进行混合料配合比设计，确定沥青混合料的最佳组成。通常按实验室目标配合比设计、生产配合比设计及生产配合比验证三个阶段进行，设计结果作为控制沥青路面施工质量的依据。

（一）实验室目标配合比设计

实验室目标配合比设计阶段的任务是确定矿料的最大粒径，级配类型及最佳沥青用量。

1. 确定矿料最大粒径

矿料最大粒径（D）对沥青混合料的路用性能影响很大。通常取结构层厚度（h）与矿料最大粒径（D）的比值 $h/D \geqslant 2$，此时沥青混合料的施工和易性、压实性较好，易于达到规定的密实度和平整度，从而保证沥青混合料的路用性能符合要求。

2. 确定矿料级配

根据所在层位、气候环境、材料来源、施工条件等确定沥青混合料类型后，在保证混合料密实度和稳定性的前提下，根据级配理论和实际需要确定矿料的级配范围。确定矿料级配曲线时，可采用表中规定级配范围的中值。对于交通量大、轴载重及抗车辙性能要求高的公路，可取表中所列级配范围的中下限（矿料偏粗）；对于交通量小、轴载轻的公路或人行道，可取级配范围的中上限（矿料偏细）。矿料配合可采用试算法、图解法、正规方程法等方法确定。

3. 确定最佳沥青用量

沥青混合料的最佳沥青用量通过马歇尔试验确定。矿料最大粒径及级配确定后，沥青用量范围及以往工程经验，初步估计恰当的沥青用量，并以该估计值为中值，以 0.5% 为步长上下变化沥青用量，取 5 个不同的沥青用量制备马歇尔试验的试件。按规定的试验温度和试验方法进行马歇尔试验，测定混合料的稳定度、流值、密度，并计算压实后混合料的剩余空隙率、饱和度及矿料间隙率。马歇尔试验的各项指标所列技术标准要求。在沥青用量与密度、稳定度、流值、剩余空隙率及饱和度的关系曲线图中求取相应的马歇尔试验各项指标。

（二）生产配合比设计阶段

用间歇式拌和机拌和沥青混合料时，将两次筛分后进入各热料仓的矿料取样筛分，计算沥青混合料矿料级配及沥青用量范围（方孔筛）矿料的配合比比例，并用目标配合比设计阶段确定的最佳沥青用量 ±0.5% 进行马歇尔试验；根据试验结果决定各热料仓的材料比例，并调整最佳沥青用量，供拌和机控制室使用，同时反复调整冷料仓比例以达到供料均衡。用连续式拌和机拌和时，目标配合比设计就是生产配合比设计。

（三）生产配合比验证阶段

生产配合比验证阶段是拌和机按生产配合比及最佳沥青用量 ±0.3% 进行试拌，并铺筑试验路段。通常用拌和机拌和的沥青混合料样品和沥青路面钻芯做马歇尔试验。若各项马歇尔试验指标均符合规范要求，则以此时的沥青混合料配合比为标准配合比，作为控制拌和质量的依据和施工质量检查的标准。

三、热拌沥青混合料施工

热拌沥青混合料路面采用厂拌法施工，集料和沥青均在拌和机内进行加热与拌和，并在热的状态下摊铺碾压成型。施工按下列顺序进行：

（一）施工前的准备

施工前的准备工作主要包括原材料的质量检查、施工机械的选型和配套、拌和厂选址与备料、下承层准备、试验路铺筑等工作。

1. 原材料质量检查

沥青、矿料的质量应符合前述有关的技术要求。

2. 施工机械的选型和配套

确定合理的机械类型、数量及组合方式，使沥青路面的施工连续、均衡、质量高、效益好。检修各种施工机械，保证正常运行。

3. 拌和厂选址与备料

拌和厂设置应符合环保、消防安全等规定，设置在空旷、干燥、运输条件良好的地方。应配备实验室及足够的试验仪器和设备，并有可靠的电力供应。各种材料分类别、分品种、分标号按规范要求分别堆放，不得混杂。为施工提供充足的料源。

4. 试验路铺筑

试验路的长度根据试验目的确定，通常在200m以上。热拌沥青混合料路面的试验路铺筑分试拌、试铺及总结三个部分：

（1）通过试拌确定拌和机的上料速度、拌和数量、拌和时间及拌和温度等；验证沥青混合料目标生产配合比，提出生产用的矿料配合比及沥青用量。

（2）通过试铺确定透层沥青的标号和用量、喷洒方式、喷洒温度，确定热拌沥青混合料的摊铺温度、摊铺速度、摊铺宽度、自动找平方式等操作工艺，确定碾压顺序、碾压温度、碾压速度及遍数等压实工艺，确定松铺系数和接缝处理方法等；建立用钻孔法及核子密度仪法测定密实度的对比关系，确定粗粒式沥青混凝土或沥青碎石路面的压实密度，为大面积路面施工提供标准方法和质量检查标准。

（3）确定施工产量及作业段长度，制定施工进度计划，全面检查材料质量及施工质量，落实施工组织及管理体系、人员、通讯联络方式及指挥方式等。

试验路铺筑结束后，施工单位应就各项试验内容提出试验总结报告，取得主管部门的批准后方可用以指导大面积沥青路面的施工。

（二）沥青混合料拌和

热拌沥青混合料必须在沥青拌和厂（场、站）采用专用拌和机拌和。

1. 拌和设备与拌和流程

拌和沥青混合料时，先将矿料粗配、烘干、加热、筛分、精确计量，然后加入矿粉和热沥青，最后强制拌和成沥青混合料。若拌和设备在拌和过程中骨料烘干与加热为连续进行，而加入矿粉和沥青后的拌和为间歇（周期）式进行，则这种拌和设备为间歇式拌和机。若矿料烘干、加热与沥青混合料拌和均为连续进行，则为连续式拌和机。

间歇式拌和机拌和质量较好，而连续式拌和机拌和速度较高。当路面材料多来源、多处供应或质量不稳定时，不得用连续式拌和机拌和。高速公路和一级公路的沥青混凝土宜采用间歇式拌和机拌和。自动控制、自动记录的间歇式拌和机在拌和过程中应逐盘打印沥青及各种矿料的用量和拌和温度。

2. 拌和要求

拌和时应根据生产配合比进行配料，严格控制各种材料的用量和拌和温度，确保沥青混合料的拌和质量。沥青与矿料的加热温度应符合规定的要求，超过规定加热温度的沥青混合料已部分老化，应禁止使用。沥青混合料的拌和时间以混合料拌和均匀、所有矿料颗粒全部被均匀裹覆沥青为度，一般应通过试拌确定。间歇式拌和机每锅拌和时间宜为30~50s（其中干拌时间不得少于5s），连续式拌和机的拌和时间由上料速度和温度动态调节。

拌和的沥青混合料应色泽均匀一致、无花白料、无结团成块或严重粗细料离析现象，不符合要求的混合料应废弃并对拌和工艺进行调整。拌和的沥青混合料不立即使用时，可存入成品贮料仓，存放时间以混合料温度符合摊铺要求为准。

3. 拌和质量检查

检查内容包括拌和温度的测试和抽样进行马歇尔试验并作好检查记录。控制拌和温度是确保沥青混合料拌和质量的关键，通常在混合料装车时用有度盘和铠装枢轴的温度计或红外测温仪测试。抽取拌和的沥青混合料进行马歇尔试验，测试稳定度、流值、空隙率。用沥青抽提试验确定沥青用量，并检查抽提后矿料的级配组成，以各项测试数据作为判定拌和质量的依据。

（三）沥青混合料运输

热拌沥青混合料宜采用吨位较大的自卸汽车运输，汽车车厢应清扫干净并在内壁涂一薄层油水混合液。从拌和机向运料车上放料时应每放一料斗混合料挪动一下车位，以减小集料离析现象。运料车应用基布覆盖以保温、防雨、防污染，夏季运输时间短于0.5h时可不覆盖。

混合料运料车的运输能力应比拌和机拌和或摊铺机摊铺能力略有富余。施工过程中，摊铺机前方应有运料车在等候卸料。运料车在摊铺机前10~20km处停住，不得撞击摊铺机；卸料时运料车挂空挡，靠摊铺机推动前进，以利于摊铺平整。运到摊铺现场的沥青混合料应符合摊铺温度要求，已结成团块、遭雨淋湿的混合料不得使用。

（四）沥青混合料摊铺

将混合料摊铺在下承层上是热拌沥青混合料路面施工的关键工序之一，内容包括摊铺前的准备工作、摊铺机各种参数的选择与调整、摊铺作业等工作。

1. 摊铺前的准备工作

摊铺前的准备工作包括下承层准备、施工测量及摊铺机检查等。

摊铺沥青混合料前应按要求在下承层上浇洒透层、粘层或铺筑下封层。热拌沥青混合料面层下的基层应具有设计规定的强度和适宜的刚度，有良好的水温稳定性，干缩和温缩变形应较小，表面平整、密实，高程及路拱横坡符合设计要求且与沥青面层结合良好。沥青面层施工前应对其下承层作必要的检测，若下承层受到损坏或出现软弹、松散或表面浮尘时，应进行维修。下承层表面受到泥土污染时应清理干净。

摊铺沥青混合料前应提前进行标高及平面控制等施工测量工作。标高测量的目的是确定下承层表面高程与设计高程相差的确切数值，以便挂线时纠正为设计值以保证施工层的厚度；为便于控制摊铺宽度和方向，应进行平面测量。

在每工作日的开工准备阶段，应对摊铺机的刮板输送器、闸门、螺旋布料器、振动梁、熨平板、厚度调节器等工作装置和调节机构进行检查，在确认各种装置及机构处于正常工作状态后才能开始施工，若存在缺陷和故障时应及时排除。

2. 调整、确定摊铺机的参数

摊铺前应先调整摊铺机的机构参数和运行参数。其中，机构参数包括熨平板的宽度、摊铺厚度、熨平板的拱度、初始工作迎角等。

摊铺机的摊铺带宽度应尽可能达到摊铺机的最大摊铺宽度，这样可减少摊铺次数和纵向接缝，提高摊铺质量和摊铺效益。确定摊铺宽度时，最小摊铺宽度不应小于摊铺机的标准摊铺宽度，并使上下摊铺层的纵向接缝错位 30cm 以上。摊铺厚度是用两块 5~10cm 宽的长方木为基准来确定，方木长度与熨平板纵向尺寸相当，厚度为摊铺厚度。定位时将熨平板抬起，方木置于熨平板两端的下面，然后放下熨平板，此时熨平板自由落在方木上，转动厚度调节螺杆，使之处于微量间隙的中值。摊铺机熨平板的拱度和初始工作迎角根据各机型的操作方法调节，通常要经过试铺来确定。

摊铺机的运行参数为摊铺机作业速度，合理确定作业速度是提高摊铺机生产效率和摊铺质量的有效途径。若摊铺速度过快，将造成摊铺层松散、混合料供应困难，停机待料时，会在摊铺层表面形成台阶，影响混合料平整度和压实性；若摊铺时慢、时快、时开、时停，会降低混合料平整度和密实度。因此，应在综合考虑沥青混合料拌和设备的生产能力、车辆运输能力及其他施工条件的基础上，以稳定的供料能力保证摊铺机以某一速度连续作业。

3. 摊铺作业

首先是对熨平板加热，以免摊铺层被熨平板上黏附的粒料拉裂而形成沟槽和裂纹，同时对摊铺层起到熨烫的作用，使其表面平整无痕。加热温度应适当，过高的加热温度将导致熨平板变形和加速磨耗，还会使混合料表面泛出沥青胶浆或形成拉沟。

摊铺沥青路面时，所用摊铺机应尽量采用具有自动或半自动调整摊铺厚度及自动找平的装置，有容量足够的受料斗和足够的功率推动运料车，有可加热的振动熨平板，摊铺宽度可调节。摊铺时可采用单机作业或两台以上摊铺机成梯形联合作业。梯形作业应注意，相邻两幅摊铺带应适当重叠，相邻两台摊铺机相距 10~30cm，以免形成冷接缝。摊铺机在开始受料前应在料斗内涂刷防止黏结的柴油，避免沥青混合料冷却后黏附在料斗上。摊铺机必须缓慢、均匀、连续不间断地进行摊铺，摊铺过程中不得随便变换速度或中途停顿。摊铺机螺旋布料器应不停顿地转动，两侧应保证有不低于布料器高度 2/3 的混合料，并保证在摊铺的宽度范围内不出现离析。

（五）沥青混合料的压实

压实的目的是提高沥青混合料的密实度，从而提高沥青路面的强度、高温抗车辙能力及抗疲劳特性等路用性能，是形成高质量沥青混凝土路面的又一关键工序。碾压工作包括碾压机械的选型与组合，碾压温度、碾压速度的控制、碾压遍数、碾压方式及压实质量检查等。

1. 碾压机械的选型与组合

沥青路面压实机械分静载光轮压路机、轮胎压路机和振动压路机。静载光轮压路机分双轮式和三轮式，常用的有 6~8t 双轮钢筒压路机、8~12t 或 12~15t 三轮钢筒压路机等。静载光轮压路机的工作质量较小，常用于预压、消除碾压轮迹。轮胎压路机安装的光面橡胶碾压轮具有改变压力的性能，通常为 5~11 个，工作质量 5~25t，主要用于接缝和坡道的预压、消除裂纹、压实薄沥青层。振动压路机多为自行式，前面为钢质振动轮，后面有两个橡胶驱动轮，工作质量随振动频率和振幅的增大而增大，可作为主要的压实机械。

为了达到最佳压实效果，通常采用静载光轮压路机与轮胎压路机或静载光轮压路机与振动压路机组合的方式进行碾压。

2. 碾压作业

沥青混合料路面的压实分初压、复压、终压三个阶段进行。初压的目的是整平、稳定混合料，为复压创造条件。初压是压实沥青混合料的基础，一般采用轻型钢筒压路机或关闭振动装置的振动压路机碾压两遍，其线压力不宜小于 35N/cm。应在沥青混合料摊铺后温度较高时进行初压，压实温度应根据沥青稠度、压路机类型、气温、摊铺层厚度、混合料类型经试铺试压确定，碾压时必须将驱动轮朝向摊铺机，以免使温度较高的摊铺层产生推移和裂缝。压路机应从路面两侧向中间碾压，相邻碾压轮迹重叠 1/3~1/2 轮宽，最后碾压中心部分，压完全幅为一遍适当修整。初压后应检查平整度、路拱并对出现缺陷的部位作适当修整。

复压的目的是使混合料密实、稳定、成型，是使混合料的密实度达到要求的关键。初压后紧接着进行复压，一般采用重型压路机，碾压温度符合规定，碾压遍数经试压确定，并不少于 4~6 遍，达到要求的压实度为止。用于复压的轮胎式压路机的压实质量应不小于 15t，用于碾压较厚的沥青混合料时，总质量应不小于 22t，轮胎充气压力不小于 0.5MPa，相邻轮带重叠 1/3~1/2 的轮宽。当采用三轮钢筒压路机时，总质量不应低于 15t。当采用振动压路机时，应根据混合料种类、温度和厚度选择振动压路机的类型，振动频率取 35~50Hz，振幅取 0.3~8mm，碾压层较厚时选用较大的振幅和频率，碾压时相邻轮带重叠 20cm 宽。

终压的目的是消除碾压轮产生的轮迹，最后形成平整的路面。终压应紧接在复压后用 6~8t 的振动压路机（关闭振动装置）进行，碾压不少于两遍，直至无轮迹为止。

碾压过程中有沥青混合料黏附于碾压轮时，可间歇向碾压轮洒少量水。压路机不得在新摊铺的混合料上转向、调头，左右移动位置或突然刹车。对压路机无法压实的桥面、挡土墙等构造物接头处、拐弯死角、加宽部分等局部路面，应采用振动夯板夯实。雨水井、检查井等设施的边缘应用人工夯锤、热烙铁补充压实。压路机的碾压路线及碾压方向不应突然改变以防止混合料产生推移，压路机启动、停止必须缓慢进行。压实后的沥青路面在冷却前，任何机械不得在其上停放或行驶，并防止矿料、油料等杂物的污染。沥青路面冷却后方可开放交通。

（六）接缝处理

施工过程中应尽可能避免出现接缝，不可避免时做成垂直接缝，并通过碾压尽量消除接缝痕迹，提高接缝处沥青路面的传荷能力。对接缝进行处理时，压实的顺序为先压横缝，后压纵缝。横向接缝可用小型压路机横向碾压，碾压时使压路机轮宽的 10~20cm 置于新铺的沥青混合料上，然后边碾压边移动直至整个碾压轮进入新铺混合料层上。对于热料与冷料相接的纵缝，压路机可置于热沥青混合料上振动压实，将热混合料挤压入相邻的冷结合边内，从而产生较高的密实度；也可以在碾压开始时，将碾压轮宽的 10~20cm 置于热料层上，压路机其余部分置于冷却层上进行碾压，效果也较好。对于热料层相邻的纵缝，应先压实距接缝约 20cm 以外的地方，最后压实中间剩下的一条窄混合料层，这样可获得良好的结合。

四、提高压实质量的关键技术与压实质量的检测

（1）碾压温度的控制。混合料的温度较高时，可用较少的碾压遍数，获得较高的密实度和较好的压实效果；而温度较低时，碾压工作变得比较困难，且易产生很难消除的轮迹，造成路面不平整。因此在实际工作中，摊铺完毕应及时进行碾压。碾压温度应控制在合适的范围，以混合料支承路面而不产生推移为佳。

（2）合理恒定的碾压速度。压实速度过低，会使摊铺与压实工序间断，影响压实效果。压实速度过快，则会产生推移、横向裂纹等。

（3）沥青混合料施工的现场质量检测及纠正很重要，一旦成型，很难补救。因此施工中，随时检测，随时纠正，保证施工质量。

（4）压实度和厚度的检测。一般可通过钻芯取样的办法来检测，通常是在第二天，用取芯机进行钻孔取样，量取试样的厚度。将试芯样拿回试验室进行压实度检测，以确定沥青路面的压实度是否符合规范的要求，并作为计量支付的质量保证依据。

五、沥青玛蹄脂碎石混合料路面施工

1. 原材料与配合比

沥青玛蹄脂碎石混合料（简称 SMA）应采用针入度较小、黏度较大的沥青，最好采用性能良好的聚合物改性沥青，沥青的用量不小于 6.2%。集料应采用磨光值在 42 以上、

坚硬、耐磨的石料，集料颗粒以近于立方体为佳，质量技术指标符合要求。集料必须具有间断级配，最大粒径宜为13mm或16mm，通过4.75mm筛孔的颗粒宜在30%以下。矿粉的用量较大，一般宜为8%~13%。由于沥青玛蹄脂碎石混合料的沥青用量较大，需要加入比表面积很大的纤维稳定剂，以减少或消除混合料在拌和、运输和摊铺过程中沥青流淌的现象。通常有机质的木质素纤维用量为混合料总质量的0.3%，如果用矿质纤维代替有机纤维，则用量为0.04%。

2. 拌和、摊铺及碾压

应采用拌和质量良好的间歇式拌和机拌和沥青玛蹄脂碎石混合料，以确保拌和均匀、施工和易性好。拌和时将装入可溶塑料袋的松散状纤维放进料斗里或直接加到浆叶式拌和机里。为了确保纤维均匀分散于混合料中，沥青玛蹄脂碎石混合料的拌和时间往往长于普通沥青混合料拌和时间，适宜的拌和时间应根据拌和机的型号和性能、纤维的数量和类型通过试拌确定。当使用聚合物改性沥青时，必须先将该沥青拌和均匀，再按上述方法进行拌和。由于沥青玛蹄脂碎石混合料沥青用量多、集料为间断级配，长时间存放后混合料会出现粗细颗粒离析、沥青流淌等现象，因此，新拌和的混合料应尽快摊铺成型，不能长时间存放在贮料仓内。

运输沥青玛蹄脂碎石混合料时，汽车的车厢内底应涂脱模剂，以免混合料黏附。混合料运到摊铺现场后，采用常规方法摊铺。摊铺整平后，用静载光轮压路机或关闭振动装置的振动压路机碾压，直到达到规定的密实度要求为止。由于沥青玛蹄脂碎石混合料的沥青用量较大，碾压时沥青会大量黏附在橡胶轮胎上，因此，不能用轮胎式压路机碾压。

第五节　其他形式的沥青路面施工

一、乳化沥青碎石混合料路面

乳化沥青碎石混合料适用于三级及三级以下公路的路面、二级公路的罩面以及各级公路的整平层。用于铺筑面层时一般采用双层式，即下层采用粗粒式乳化沥青混合料，上层采用中粒式或细粒式乳化沥青混合料。少雨干燥地区或半刚性基层上可采用单层式乳化沥青碎石混合料路面。在多雨潮湿地区必须做乳化沥青碎石混合料的上封层或下封层。乳化沥青的品种、规格、标号应根据混合料用途、气候条件、矿料类别选用。

（一）混合料组成设计

乳化沥青碎石混合料矿料级配选用。乳液用量根据交通量、气候、石料类别、沥青标号、施工机械等条件及当地经验确定，也可按热拌沥青混合料的沥青用量折算，实际的沥青用量较同规格热拌沥青混合料的沥青用量减少 15%~20%。

（二）施工

1. 混合料拌和

乳化沥青碎石混合料宜采用水泥混凝土拌和机拌和，无此条件时，可采用现场人工拌和。当采用阳离子乳化沥青时，矿料在拌和前需先用水湿润，使其含水量达 5%，气温较高时可多加水，低温潮湿时少加水。矿料与乳液应充分拌和均匀，适宜的拌和时间应根据集料级配情况、乳液裂解速度、拌和机性能、气候条件等通过试拌确定。机械拌和时间不宜超过 30s，人工拌和时间不宜超过 60s。若在上述时间内不能拌和均匀，则应考虑使用性能更好的拌和机。拌和的混合料应具有良好的施工和易性以免在摊铺时出现离析。

2. 摊铺

乳化沥青碎石混合料拌和完毕，宜采用沥青混合料摊铺机摊铺。若采用人工摊铺，则应防止混合料离析。机械摊铺的松铺系数为 1.15~1.20，人工摊铺时松铺系数为 1.20~1.45。

拌和、运输和摊铺应在乳液破乳前结束，摊铺前已破乳的混合料不得使用。

3. 碾压

混合料摊铺完毕，厚度、平整度、路拱横坡等符合设计和规范要求，即可进行碾压。通常先采用 6t 左右的轻型压路机匀速初压 1~2 遍，使混合料初步稳定，然后用轮胎压路机或轻型钢筒式压路机碾压 1~2 遍。当乳化沥青开始破乳，混合料由褐色转变为黑色时用 12~15t 轮胎压路机或 10~12t 钢筒式压路机复压 2~3 遍，待晾晒一段时间水分蒸发后，再补充复压至密实。压实过程中出现推移现象时，应立即停止碾压，待稳定后再碾压。碾压时若出现松散或开裂，应立即挖除并换新料，整平后继续碾压。

压实成型后，待水分蒸发完即可加铺上封层。施工结束后应做好早期养护工作，封闭交通 2~6h 以上，开放交通后控制车速不超过 20km/h。

二、沥青表面处治路面

1. 适用条件

沥青表面处治路面是用拌和法或层铺法施工的路面薄层，主要用于改善行车条件，厚度不大于 3cm，适用于二级以下公路，高速公路和一级公路的施工便道的面层，也可作为旧沥青路面的罩面和防滑磨耗层。采用拌和法施工时可热拌热铺，也可冷拌冷铺。热拌热铺施工时可按热拌沥青混合料路面的施工方法进行，冷拌冷铺时可按乳化沥青碎石混合料路面的施工方法进行。采用层铺法施工时，分为单层式、双层式及三层式三种。

2. 材料规格和用量

沥青表面处治面层可采用道路石油沥青、煤沥青或乳化沥青作结合料。沥青用量根据气温、沥青标号、基层等。在寒冷地区、施工气温较低、沥青针入度较小、基层空隙较大时，沥青用量宜采用高限；在旧沥青路面、清扫干净的碎（砾）石路面、水泥混凝土路面、块石路面上铺沥青表面处治层时，第一层沥青用量可增加 10%~20%，不再洒透层油。

沥青表面处治路面所用集料的最大粒径与处治层厚度相等，当采用乳化沥青时，为减少乳液流失，可在主层集料中掺加 20% 以上的细粒料。沥青表面处治层施工后，应在路侧另备小碎石、石屑或粗砂作为初期养护的材料。

3. 施工方法

层铺法施工前应做好路用材料的准备及质量检验工作，调试沥青洒布车、集料撒布车及压路机等机械，使其处于正常工作状态。沥青表面处治层的下承层上应浇洒透层、粘层或铺筑封层。三层式沥青表面处治层的施工可按下列工序进行：

（1）浇撒第一层沥青。根据气温条件、沥青标号严格控制沥青洒布温度。通常条件下石油沥青的洒布温度为 130~170℃，煤沥青浇洒温度宜为 80~120℃，乳化沥青和液体石油沥青在常温下浇洒。浇洒应均匀，若出现空白或缺边，应立即用人工补洒，沥青过分积聚时应予刮除。沥青浇洒长度应与集料洒布机相配合。

（2）撒布第一层集料。浇撒第一层沥青后立即撒布第一层集料，并及时扫匀，尽量达到全面覆盖露出沥青，局部缺料时应补撒。集料厚度应均匀一致，颗粒不重溢。使用乳化沥青时，集料撒布必须在乳液破乳前完成。

（3）碾压。撒布第一段集料（不必等全段铺完）后立即用 6~8t 钢轮压路机碾压，相邻轮迹重叠 30cm，碾压时先碾压路面两侧，后碾压中间部分。

经过上述三道工序的施工即完成一层沥青表面处治。第二层、第三层沥青表面处治层的施工方法和要求与第一层相同，第三层碾压完毕即可开放交通。但乳化沥青表面处治应待水分蒸发并基本成型后方可开放交通。在开放交通的初期，宜采取交通管制措施使路面整体成型。

三、沥青贯入式路面

（一）适用条件

沥青贯入式路面是在初步压实的碎石（砾石）层上，分层浇洒沥青、撒布嵌缝料后经压实而成的路面。沥青贯入式路面适用于二级及二级以下公路的面层，还可用作热拌沥青混凝土路面的基层，厚度一般为 4~8cm，但用乳化沥青时，厚度不宜超过 8cm 沥青贯入式路面上部加铺热拌沥青混合料面层时，总厚度宜为 6~10cm，其中拌和层厚度为 2~4cm。沥青贯入式路面宜在较干燥或气温较高时施工，在雨季前或日照气温低于 15℃到来前半个月结束，通过开放交通靠行车碾压来进一步成型。

（二）材料规格和用量

沥青贯入式路面可选用黏稠石油沥青、煤沥青或乳化沥青作结合料。沥青的品种、标号按要求选用。

沥青贯入式路面集料应选用表面粗糙、棱角丰富、形态好、嵌挤性好的坚硬石料，主层集料中粒径大于级配范围中值的颗粒含量不得少于 50%。细粒料含量偏多时，嵌缝料宜用低限。主层集料最大粒径宜与沥青贯入层的厚度相同。当采用乳化沥青时，主层集料最大粒径可为厚度的 0.8~0.85 倍。

（三）施工方法

沥青贯入式路面应铺筑在已清扫干净并浇洒透层或粘层沥青的基层上进行：

1. 撒布主层集料

一般按以下工序：撒布主层集料时应控制松铺厚度，避免颗粒分布不均。应尽可能采用碎石摊铺机摊铺主层集料，无此条件时用人工撒布。撒布完毕的主层集料上应禁止车辆通行。

2. 碾压主层集料

主层集料撒布后用 6~8t 的钢筒压路机进行初压，碾压速度为 2km/h。碾压自边缘逐渐向路中心进行，相邻碾压轮迹重叠 30cm。在初压过程中应及时检验路拱和横坡度，不符合设计要求时，应进行调整，然后继续碾压至集料无明显推移为止。随后用 10~12t 压路机进行碾压，相邻轮迹重叠 1/2 轮宽，碾压 4~6 遍，直至主层集料嵌挤稳定，无明显轮迹为止。

3. 浇撒第一层沥青

主层集料碾压完毕后立即用沥青洒布车浇洒沥青，浇洒方法与沥青表面处治层施工相同。浇洒时沥青的温度应根据沥青标号及施工环境气温确定。当采用乳化沥青时，为避免乳液下渗过多，可在主层集料压稳定后，先撒一部分嵌缝料，再洒主层乳化沥青。

4. 撒布第一层嵌缝料

主层沥青浇洒后，立即均匀撒布嵌缝料，必须在乳液破乳前撒布完成。

5. 碾压层嵌缝料并扫匀、找补

当采用乳化沥青时，嵌缝料扫匀后立即用 8~12t 钢筒压路机进行碾压，将较细的嵌缝集料压入主层集料空隙中，以提高沥青贯入式路面的强度和其他路用性能。碾压时，轮迹重叠 1/2 左右，碾压 4~6 遍，直至稳定为止。碾压过程中应随扫随压，使嵌缝料均匀嵌入。若气温较高造成较大推移时，应停止碾压，待气温稍低后再继续碾压。

6. 浇洒第二层沥青、撒布第二层嵌缝料，碾压，再浇洒第三层沥青

方法和要求与前述一样。

7. 撒布封层料

封层料的撒布方法及要求与嵌缝料撒布相同。

8. 终压

用 6~8t 压路机碾压 2~4 遍后，开放交通并进行交通管制，使路面全宽受到行车的均匀碾压。

当沥青贯入式路面上加铺拌和型沥青混合料时，不撒布封层料，沥青贯入式路面施工后立即铺筑沥青混合料，使上下层联为整体。沥青贯入式路面使用乳化沥青时，应待乳化沥青破乳、水分蒸发且成型稳定后才可以铺筑沥青混合料。当表面加铺拌和层的沥青贯入式路面不能连续施工而又要在短期内开放交通时，第二层嵌缝料应增加用量 $2\sim3m^3/1000m^2$。在铺筑沥青混合料前，先清除沥青贯入式路面表面杂物、尘土等补充碾压，且浇洒粘层沥青。

四、透层、粘层与封层

1. 透层

透层是为了使路面沥青层与非沥青材料层结合良好而在非沥青材料层上浇洒乳化沥青、煤沥青或液体石油沥青后形成的透入基层表面的薄沥青层。在级配碎（砾）石及半刚性基层上铺筑沥青混合料面层时必须浇洒透层沥青。透层沥青宜采用慢裂洒布型乳化沥青，也可使用中、慢裂液体石油沥青或煤沥青。表面致密、平整的半刚性基层上宜采用较稀的透层沥青，粒料类基层宜采用较稠的透层沥青。

透层沥青应紧接在基层施工结束、表面稍干后浇洒。当基层完工后时间较长时，应对表面进行清扫；若表面过于干燥时，应在基层表面适当洒水并待稍干后浇洒透层沥青，高速公路和一级公路的透层沥青宜采用沥青洒布车喷洒，其他等级公路可采用手工沥青洒布机喷洒。

浇洒透层沥青应符合以下要求：浇洒的透层沥青应渗入基层一定深度，但又不致流淌而在表面形成油膜，气温低于 10℃及大风、降雨时不得浇洒透层沥青；浇洒后，禁止车辆、行人通过；未渗入基层的多余透层沥青应刮除，有遗漏的部位应补洒。

在半刚性基层上浇洒透层沥青后，立即以 $2\sim3m^3/1000m^2$ 的用量将石屑或粗砂撒布在基层上，然后用 6~8t 钢筒压路机稳压一遍。当需要通行车辆时，应控制车速。透层沥青洒布后应尽早铺筑沥青面层；用乳化沥青做透层时，应待其充分渗透、水分蒸发后方可铺筑沥青面层，此段时间不宜少于 24h。

2. 粘层

粘层是为加强沥青层之间、沥青层与水泥混凝土面板之间的黏结而洒布的薄沥青层。将热拌沥青混合料铺筑在被污染的沥青层表面、旧沥青路面及水泥混凝土路面上时应浇洒粘层，与新铺沥青路面接触的路缘石、雨水井、检查井等设施的侧面应浇洒黏层沥青。粘层宜采用快裂洒布型乳化沥青，也可采用快、中凝液体石油沥青或煤沥青。根据被黏结层的结构层类型，通过试洒确定粘层沥青用量，黏层沥青宜采用洒布车喷洒并符合以下要求：

洒布应均匀，浇洒过量时应予刮除；气温低于10℃或路面潮湿时不得浇洒。浇洒后严禁除沥青混合料运输车以外的其他车辆通行，粘层沥青浇洒后应紧接着铺筑沥青层，但乳化沥青应待其破乳、水分蒸发后再铺沥青层。路面附属结构侧面可用人工涂刷。

3. 封层

所谓封层即为封闭表面空隙、防止水分浸入面层或基层而铺筑的沥青混合料薄层。铺筑在面层表面的称为上封层，铺筑在面层下面的称为下封层。在下列情况下，应在沥青面层上铺筑上封层，沥青面层空隙较大，渗水严重；有裂缝或已修补的旧沥青路面，需要铺抗滑磨耗层或保护层的旧沥青路面。在下列情况下应在沥青面层下铺筑下封层，位于多雨地区且沥青面层空余较大、渗水严重的路面；基层铺筑后不能及时铺沥青面层而又需开放交通的路面。

可采用拌和法或层铺法施工的单层式沥青表面处治层作封层，二级及二级以下公路的沥青路面可采用乳化沥青稀浆作封层。层铺法铺筑沥青表面处治上封层的材料用量和要求确定，沥青用量取表中规定范围的中低限。

第六节　沥青类路面常见病害与处置方法

一、常见沥青路面病害

沥青路面的损坏所表现出的形式和特征是多种多样的。经总结分析，主要有以下几种常见病害。

（一）沥青路面的裂缝

沥青路面建成后，都会产生各种形式的裂缝。初期产生的裂缝对沥青路面的使用性能基本上没有影响，但随着表面雨水的侵入，导致路面强度下降，在大量行车荷载作用下，使沥青路面产生结构性破坏。沥青路面裂缝的形式是多种多样的，裂缝从表现形式可分为横向裂缝、纵向裂缝和网状裂缝三种。影响裂缝的主要因素有：沥青的品种和等级、沥青混合料的组成、面层的厚度、基层材料的收缩性、土基和气候条件等。

1. 纵向裂缝

纵向裂缝一般有两种：一种主要发生在紧急停车带或路肩部位，其形状是沿路肩边缘向内逐步扩大，呈月牙形，这种裂缝容易使路基发生滑移，危险性很大；另一种是发生在行车道部位，多为纵向条带状，裂缝两端未延伸到路堤边缘。

（1）纵向裂缝形成的主要原因有以下三个方面

1）地基原因。有些路段处于丘陵低洼、河谷处，地基土天然含水量较高，在设计及施工时未做处理，在高填土后，由于地基承载能力的差别出现不均匀沉降，造成路面纵向开裂。

2）路基施工原因。如果土基施工时天气干燥，局部路堤填料土块粉碎不足，路基压实不均匀，暗埋式构造处因构造物长度限制，路基边缘不能超宽碾压，致使路基边缘压实度不够，或者混合料摊铺时纵向施工搭接质量不好，都会造成纵向裂缝。

3）水的渗透破坏。中央分隔带、路表、边坡等渗水，使局部路基受水浸泡后承载力值降低，在动静荷载的作用下，路基滑动产生裂缝，另外填料若为弱膨胀土，如施工中未做处理，渗水后含水量变化，也会导致裂缝产生。

预防纵向裂缝产生的主要措施是处理好地基，若路基分层填筑和压实得好，使路基尽可能均匀，特别在预先采取措施防止地表面水渗入地基的情况下，可以大幅度减少纵向裂缝的数量，同时显著延缓纵向裂缝出现的时间。

（2）对于纵向裂缝的处置方法主要有以下几种

1）对于缝宽小于3mm的裂缝可不作处理，大于3mm小于5mm的纵向裂缝，可将缝隙刷扫干净，并用压缩空气吹净尘土后，采用热沥青或乳化沥青灌缝撒料法封堵。

2）如纵缝进一步发展，出现啃边、错台且裂缝宽大于5mm，则需铣刨上面层和中面层（铣刨宽度为裂缝两侧各1m），并对裂缝按方法1先行填实，沿纵缝铺设玻璃格栅，摊铺中面层，然后在中面层上沿纵向每隔5m设宽为1.2m的玻璃格栅，最后再摊铺上面层。

3）对于尚未稳定的纵向裂缝，除按方法1外，还应根据裂缝成因，采取排水、边坡加固等措施，以使裂缝稳定不继续发展。

2. 横向裂缝

横向裂缝是与路面中线近于垂直的裂缝，裂缝起初大多出现于路面两侧的硬路肩，逐渐发展而贯通全路幅。贯通裂缝沿路面大致呈均匀分布。

（1）横向裂缝的成因主要有三个：

1）材料收缩引起横向裂缝。一方面在基层成型过程中，因基层材料失水收缩而形成规则的横向裂缝，另一方面基层材料因温度骤降而发生低温收缩开裂。这两种收缩变形使面层底面承受拉力，当拉力超过沥青面层的抗拉强度时就使沥青面层底部拉裂，并随着温湿的循环变化及行车荷载的反复作用而导致沥青面层低面裂缝。

2）沥青及混凝土的温缩引起的裂缝。因沥青是一种对温度变化比较敏感的黏性材料，温度下降时，沥青混合料逐渐变硬变脆，并发生收缩变形，当收缩拉应力超过沥青混凝土的抗拉强度时，沥青路面表面就会被拉裂，并逐步向下发展，形成上宽下窄的横向裂缝，这种温缩裂缝在北方温差较大地区初冬一般宽度为3~5mm，到严冬可加宽到10mm，最宽达到20mm，而到春季则又缩回。

3）差异沉降引起的横向裂缝。在软土地基与非软土地基交界处、软土地基处理方法变化处或构造物台背与路段交接处，因地基或路基与构造物差异沉降导致基层开裂，并反射到沥青面层，形成横向裂缝。

因为温度变化引起的沥青面层本身收缩是造成横向裂缝的重要原因，所以自由沥青含量越多裂缝越多，选用符合重交通道路石油沥青技术要求的沥青，控制沥青用量，精选矿料，准确组成级配，或使用纤维等添加剂，均可有效减少裂缝。另外还应设计合理的路面结构并且精心施工。

（2）对于横向裂缝的处置方法

1）对于基层开裂引起的反射裂缝及沥青混凝土温缩等引起的横向裂缝，如缝宽较小可不予处理，如宽度在 3mm 以上，可将缝隙刷扫干净，并用压缩空气吹净尘土后，采用热沥青或乳化沥青灌缝撒料法封堵。如缝宽在 5mm 以上，可将缝口杂物清除，或沿裂缝开槽后用压缩空气吹净，采用砂料式或细粒式热拌沥青混合料填充捣实，并用烙铁封口。

2）对于由土基沉降引起的横向裂缝，如出现错台、啃边、裂缝宽度大于 5mm 以上的，则需沿横缝两侧各 50cm～100cm 范围开槽，挖除上面层，按照方法 1 先将裂缝填实，然后沿横缝加铺玻璃格栅，重新摊铺上面层。

3. 网裂

网裂是相互交错的疲劳裂缝，形成一系列多边形小块组成的网状开裂，它的初始形态是沿轮迹带出现单条或多条平行的纵缝，而后，在纵缝间出现横向和斜向连接缝，形成缝网。

网裂主要是由于路面的整体强度不足而引起的。一个原因可能是路面结构设计不合理，路基路面压实度不足，路面材料配合不当或未拌和均匀等使沥青与石料黏结性差；另一个原因可能是由于路面出现横向或纵向裂缝后未及时封填，致使水分渗入下层，使基层表面被泡软，在汽车荷载反复作用下，粉浆通过面层裂缝及空隙被压到表面产生唧浆，基层表面被逐步淘空，产生网裂。另外，沥青老化和汽车严重超载，使基层产生疲劳破坏也是导致沥青面层形成网裂的重要原因。

为预防网裂必须加强货车的载重管理，在路面出现裂缝时要及时修补处理。

网裂的处置方法如下：对于轻微网裂可用玻璃纤维布罩面，对于大面积的网裂、常加铺乳化沥青封层或在补强基层后，再重新罩面，修复路面。

4. 沥青路面的车辙和推移

车辙是路面结构层及土基在行车重复荷载作用下的补充压实，以致结构层材料的侧向位移所产生的累积永久变形。影响沥青路面车辙深度的主要因素是沥青路面结构和沥青混凝土本身的内在因素，以及气候和交通量及交通组成等的外界因素。

（1）车辙产生的主要原因有：

1）沥青混合料油石比过大；

2）表面磨损过度：

3）雨水侵入沥青混凝土内部；

4）由于基层含不稳定夹层而导致路面横向推挤形成波形车辙。

车辙是在行车荷载重复作用下，路面产生永久性变形积累形成的带状凹槽。车辙和推移降低了路面平整度，当车辙达到一定深度时，由于辙槽内积水，极易发生汽车飘滑而导致交通事故。

（2）车辙和推移形成的主要原因如下

1）行车荷载的影响。车辆按规定正常在行车道行驶，使得高速公路的交通渠化现象非常突出，随着车辆荷载作用次数增加，行车道车辆轮迹处进一步压实并逐渐形成不同程度的车槽。

2）基层施工质量差。因基层的厚度不足或因基层材料、施工、养生不当导致基层整体强度不足，由于荷载作用超过路面各层的强度，使得路表变形过大而形成辙槽和推移。

3）沥青面层高温稳定性差。由于沥青混合料是一种弹塑性材料，如沥青、矿料的选材不当或混合料组成不当会导致沥青混合料的高温稳定性差、抗塑性变形能力低，在高温条件下，车轮碾压反复作用，荷载应力超过沥青混合料的稳定极限，使流动变形不断积累形成车辙和推移。

预防车辙和推移病害，首先，要选取合适的筑路材料。选用低针入度，高软化点，低含蜡量的高黏度沥青和表面粗糙、嵌挤作用好，与沥青黏结性能强的集料，可在一定程度上缓解车辙的形成。其次，在施工中要加强控制压实度，是避免压实度不足引起车辙的有效途径。再次，在高温季节，应严格控制大型超载车通行。

（3）对车辙和推移的处置方法如下

1）对于连续长度不超过 30m、辙槽深度小于 8mm、行车有小摆动感觉的，可通过对路面烘烤、耙松、添加适当新料后压实即可。

2）当沥青面层磨损、横向推移时，应清除不稳定层，用铣刨机拉毛，重铺面层。

3）当基层或土基不稳定时，应先进行补强处理后，再修复面层。

4）对于因基层施工质量差引起的车辙、推移，在重新摊铺面层前应先行处理好软弱基层。

5. 沥青路面的松散

松散是直接影响行车安全的路面病害，松散可能出现在整个路面表面。也可能在局部区域出现，但由于行车作用，一般在轮迹带比较严重。其产生的主要原因有：

（1）局部路基和基层不均匀沉降引起路面破坏；

（2）碎石中含有风化颗粒，水侵入后引起沥青剥离；

（3）随着使用时间的增多，沥青结合料本身的黏结性能降低，促使面层与轮胎接触部分的沥青磨耗，造成沥青含量减少，细集料散失；

（4）机械损害或油污染。

松散原因：

松散是由于沥青混凝土表面层中的集料颗粒脱落，从表面向下发展的渐进过程。集料颗粒与裹覆沥青之间丧失黏结力是颗粒脱落的主要原因。可能导致松散的情况还有：

（1）集料颗粒被足够厚的粉尘包裹，使沥青膜黏结在粉尘上，而不是黏结在集料颗粒上，表面的摩擦力磨掉沥青膜，并使集料颗粒脱落。这种情况的产生主要是由于集料含泥量超标所造成的。

（2）表面离析处往往缺少大部分细集料，离析面上粗集料与粗集料相接触，但只有在少数接触点沥青膜与集料黏结。随时间增长，沥青会老化，沥青膜剥落会使沥青与集料的黏结力减弱，孔隙中的水冻结会破坏黏结力，或足够大的摩擦力会破坏离析面上的集料颗粒而产生松散。

（3）沥青混凝土面层要有高密实度才能保证沥青混合料的黏聚力，如果混合料密实度不够，集料就容易从混合料中脱落而形成局部松散。

二、沥青路面的水损害和坑槽

沥青路面在存在水分的条件下，经受交通荷载和温度涨缩的反复作用，一方面水分逐步侵入到沥青与集料的界面上，同时由于水动力的作用。沥青膜渐渐地从集料表面剥离，并导致集料之间的黏结力丧失而发生路面破坏。沥青路面产生水损害的原因主要有材料、设计、施工、土基和基层、超载车辆等原因。

1. 水损害原因

所谓水损害即降水透入路面结构层后使路面产生早期破坏的现象，它是目前沥青混凝土路面早期病害中最常见也是破坏力最大的一种病害。水破坏的主要破坏形式有：网裂、坑洞、唧浆、辙槽等。

（1）网裂：由于水渗入表面层后滞留在表面层的下部和下层的交界面上，因此在长期行车荷载作用下，沥青膜开始从面层的底部剥落并逐渐向上扩展，随着下部大量碎石上沥青的剥落，沥青混凝土也就失去了强度从而产生网裂和形变。

（2）坑洞：在行车荷载作用下，特别在降雨过程中和雨后行车道上的局部网裂会逐渐松散，松散的石料被车轮甩出形成坑洞。由于沥青混凝土的不均匀性，坑洞总是先在沥青混凝土空隙率较大处产生，随着时间推移，将会造成路面大面积破损。

（3）唧浆：当水透入沥青面层并滞留在半刚性基层顶面时，在大量高速行车作用下，自由水产生很大的压力并冲刷基层混合料表层的细料形成灰浆，灰浆又被行车压唧，通过各种形状不一的裂缝（纵、横、斜裂缝及网裂）到路表面形成唧浆。在灰浆数量大的情况下，可能很快形成更为严重的裂缝，在数量小的情况下，可使路面形成网裂或形变。某处一旦有灰浆唧出，该处很快就会产生网裂和形变，随后的降水就更容易透入，并形成恶性循环，最终导致路面严重破坏。

（4）辙槽：自由水进入面层后，使沥青与碎石的黏结力减弱。在行车荷载作用下，滞留在面层下部的水使矿料特别是粗集料表面裹覆的沥青膜逐渐剥落，使沥青混凝土的强度逐渐降低，直至完全松散。在行车轮迹下向两侧（特别向外侧）挤出，使轮迹带下陷，同时使其两侧鼓起，形成严重辙槽。形成辙槽后，降雨过程和雨后辙槽就会变成积水槽，致使水有更长的时间透入沥青面层形成更加严重的水破坏。

2. 坑槽的形成

坑槽的形成可归结为水损害和油损害两个主要方面。

（1）水损害形成坑槽是沥青路面早期破坏的最常见的现象之一。在开始阶段，雨水由沥青路面大空隙或破损处渗入，停留在基层表面上，在行车荷载反复作用下动水冲刷半刚性基层的细料并逐渐形成灰浆，使沥青面层与基层脱开，灰浆被行车荷载挤压，通过面层裂缝或面层混合料中的空隙唧到表面。在产生唧浆的位置，沥青面层产生网裂，接着一些碎裂的小块面层或基层材料被车轮带走，而逐步形成坑洞，并不断的扩大，最后形成坑槽。

（2）车辆修理或机动车用油渗入路面，污染使沥青混合料松散，经行车碾压逐步形成坑槽。预防坑槽损害，首先要选用粘附性和抗老化性强的沥青，恰当采用集料，合理设计混合料级配；其次要严格控制混合料的出厂、摊铺、碾压及终了温度，确保压实度达到规范要求，确保沥青面层的厚度和平整度；再次要确保路表排水畅通，以预防为主，对裂缝、小面积松散、沉陷等作用及时科学的维修，避免其迅速发展为坑槽。

3. 坑槽的修补方法

高速公路的路面坑槽应在不中断交通的情况下快速修补好。目前路面坑槽的修补方法根据使用的路面综合修补设备分为两种，即冷补法和热补法：

（1）冷补法

首先测定坑横的深度，划出切槽修补的范围，用液压风镐切槽，用高压风枪将槽底、槽壁废料及粉尘清除干净。然后用喷灯烘干槽底、槽壁，并在其表面均匀喷洒一薄层粘层油。最后将准备好的热料填补至坑槽中，如厚度大于 6cm 将分层填筑，从四周向中间碾压。

（2）热补法

首先根据坑槽修补范围确定热辐射加热板区域，将加热板调到合适位置，加热 3min~5min，使被修补区域路面软化。然后将准备好的热料放到被修补处，搅拌摊平，并从四周向中间碾压。

4. 沥青路面的冻胀和翻浆

沥青路面产生冻胀和翻浆主要是在冻融时期，因为水的侵入和路基土的水稳定性能差，由于冰冻的作用，路基上层积聚的水分冻结后引起路面胀起并开裂。道路翻浆是水、土质、温度、路面和行车荷载五个主要因素综合作用的结果。其中水、土、温度构成翻浆的三个自然因素，缺少任何一个因素都不可能形成翻浆。

5. 沥青路面的泛油

沥青混合料中的沥青在天气炎热时向上迁移到路面表面，而在冷天时又不存在逆过程，因而沥青积聚在路面表面，形成一层有光泽的沥青膜的现象为泛油。沥青从沥青混凝土层的内部和下部向上移动，使表面有过多沥青的现象称作泛油。在严重泛油路段，沥青面层表面发光发亮，以摩擦系数和表面构造深度表征的抗滑性能达不到行车要求时往往会造成交通事故。沥青用量过大是产生沥青面层泛油的最主要原因。

1）沥青混合料配合比设计的击实功不够。我国在设计沥青混合料配合比时通常采用马歇尔试验方法。当初在开发和确定马歇尔试验方法时，选定室内试验的压实功是要使室内产生的密度等于路面在行车荷载作用下最终达到的密度。如果室内所用击实功产生的密度小于使用过程中所达到的最终密度，所选定的沥青用量就会偏多。但目前由于各种原因室内试验所得到的密度远远低于使用过程中所达到的最终密度，这使现场施工中产生沥青用量过大不足为奇。

2）施工控制不严和管理不善。有些施工单位在生产过程中私自改变配合比、沥青混合料拌和不均都是造成沥青混凝土路面局部沥青用量偏大的主观原因。

3）少数施工单位习惯于使用沥青用量过大的混合料。有些人认为沥青用量越大，裹覆矿料的沥青膜越厚，沥青混合料的黏结力就越大。但实际情况恰恰相反，包覆矿料的沥青膜越薄，沥青混合料的黏结力就越大。

（1）泛油的成因如下

1）混合料组成设计不当。混合料中沥青用量过多或空隙率过小，在车辆荷载反复作用下，多余沥青由下部泛到路表形成泛油。

2）混合料拌和控制不严。细料含量过少，混合料比表面积较小，则沥青用量相对较多，也易出现泛油。

3）粘层油用量不当。喷洒过多或洒布不均匀也会局部出现泛油。

4）施工质量差。摊铺时混合料产生离析，局部细料过分集中，也易泛油。

5）水破坏。雨水渗入使下层沥青与石料剥离，在水作用下沥青膜剥落，上泛引起表层泛油。

预防泛油，必须合理设计混合料组成比例，避免沥青用量过多；精细施工，严格控制施工质量；投入使用后注意养护，防止雨水大量渗入。

（2）泛油的处置方法如下

1）对于路表轻微泛油，表面石子仍外露的路段可不作处理。

2）对于局部施工质量差引起水损坏且出现坑槽破坏的，宜按坑槽修补方法处治。

3）对于大段泛油严重，摩擦系数降低，影响行车安全的可采用碎石压入法处治或铣刨原路面重新摊铺面层。

三、沥青路面出现裂缝的原因及预防

1. 原因分析

沥青路面出现裂缝的主要原因可以分为两大类：一种主要是由于沥青面层温度变化而产生的温度裂缝，一般称之为非荷载型裂缝：另一种是由于行车荷载的作用而产生的结构性破坏裂缝，一般称之为荷载型裂缝。

（1）非荷载型裂缝

非荷载型裂缝主要是温度裂缝，也有因施工不当、材料选取不当等引起的裂缝。其产生的原因有：

1）沥青材料在较高温度条件下，具有良好的应力松弛性能，温度升降产生的变形不至于产生过高的温度应力。但在冬季气温骤降时，土基和路面基层由于受温度变化，冬季冰冻产生的膨胀，导致路基和基层产生裂缝并反射到沥青面层，沥青混合料的应力松弛赶不上温度应力的增长，同时劲度急剧增大，超过混合料的极限强度或极限拉伸应变，便会产生开裂。此外，随着温度反复升降，温度应力使混合料的极限拉伸应变变小，又加上沥青的老化使沥青劲度增高，应力松弛性能降低，故可能在比一次性降温开裂温度更高的温度下开裂，同时裂缝是随着路龄的增加而不断增加。

2）沥青的品种

沥青的品种和等级也是影响沥青路面开裂的重要因素。在长期的实践经验中，选用高黏度、低稠度的沥青，其温度敏感性较低，能延迟温度裂缝的产生；沥青未达到适合本地区气候条件和使用要求的质量标准，低温抗变形能力较差，致使沥青面层在低温下产生收缩开裂。

3）地基处理不当的后果

地基处理不当，路基碾压不均匀，造成路基沉降不均匀；旧路拓宽时，新旧路基搭接部位没有严格按照台阶式分层压实处理，以及下部基层比较软弱，或地基处理不彻底等。

4）其他

铺筑沥青面层采用分幅摊铺时，接缝处理不当，结合不良，对接缝处碾压不密实，造成路面渗水或面层压实未达到要求，在行车作用下形成裂缝。

（2）荷载型裂缝

荷载型裂缝即主要由于行车荷载作用而产生的裂缝，其产生的原因有：随着交通运输的高速发展，原有的路面强度日趋不足，路面满足不了交通量迅速增长和汽车载重明显增大的需求，沥青路面过早产生疲劳破坏，沥青路面很快开裂。

原结构设计不合理，未充分考虑到各种不利因素，施工质量不好，沥青路面面层厚度不足，沥青路面原材料的品质不符合设计规范要求，路面强度明显不能满足行车要求。在行车作用下，特别是超大吨位车辆的频繁碾压，沥青路面很快开裂。

2. 防止措施

针对以上分析的沥青路面病害的原因，主要从施工材料、设计、施工、养护和交通管理等 5 个方面采取相应的预防措施。

（1）材料方面

合理确定沥青路面结构，沥青面层的裂缝主要由沥青面层本身的低温收缩引起的。选用低温劲度小、延度大、温度敏感性差、含蜡量低的优质沥青，精选矿料，准确级配沥青面层的矿料和合理配置沥青混合料配合比。配制出性能优良的沥青混合料，控制沥青用量，保证沥青混合料性能优良，均可有效减少裂缝。

（2）设计方面

精心设计，对地形复杂地段做好地质调查工作。要特别注意加固地基，防止因地基软弱而出现不均匀沉降，使用合格填料填筑路基，或对填料进行处理后再填筑路基，确保路基有足够的强度和稳定性，以保证路面具有稳定的基础。选用抗冲刷性能好、干缩系数和温缩系数小及抗拉强度高的半刚性材料做基层，选用优质沥青做沥青面层；在稳定度满足要求的前提下，应该选用针入度较大的沥青做沥青面层。

（3）施工方面

精心施工，选择先进施工工艺和机械设备，制定完善的施工方案，确保压实度达到规范要求，严格按设计要求进行软基处理，提高软基处理的施工质量，严格控制半刚性基层施工碾压时的含水量，混合料的含水量不能超过压实需要的最佳含水量或控制在施工规范容许的范围内；半刚性基层碾压完成后，要及时养生，防止其产生裂缝反射到表面层，保护混合料的含水量不受损失；养生结束后，应立即喷洒透层油，并尽快铺筑沥青面层。

（4）养护方面

严格养护管理，加强路面保洁，确保排水性能良好。及时对裂缝进行科学的处理，避免病害的进一步扩展。

（5）加强交通管理

加强交通管理，限制大型超载车通行；在夏季连续高温时段，运营管理单位可将重车安排在夜间、凌晨路表气温较低时段通过：禁止带钉轮胎对路面的过度磨损或者更加严厉地限制使用。

（6）安全养护

公路施工要保证排水畅通，对上坡施工时，应注意确保坡体的稳定性，避免欠挖或超挖现象发生。石方爆破尽量采用中小炮，光面爆破的方法，避免大规模爆破形成松散面积过大，坡体失稳，机械开挖时，边坡应配以平地机或人工修整。路床顶面如有超挖，应清除松方并采用透水性材料进行回填，并认真碾压，压实度按路床项目标准进行控制。

公路施工中，按照设计要求首先做好排水工程以及施工场地附近的临时排水设施，以保持路基能经常处于干燥、坚固和稳定状态。路基顶面做成 2%~4% 横坡，以便于表面水及时排出。

路基土石方施工时或完工后，应及时进行路基防护工程施工和养生。各类防护与加固应在稳定的基础或坡体施工。防护工程的砂浆、混凝土，应采用机械拌和，随拌随用，并注重做好养生。

（7）施工测量

路基的形成完全离不开测量工作，施工前的测量定位、施工中的测量放线或者完成后的验工等，测量工作在路基中尤为重要。其内容主要包括：导线、中线及水准点复测。操作的要点：一是要认真熟悉图纸，复测后检查与设计是否有误；二是为满足施工期间引用需要，在中线复测中增设临时水准基点标高和加桩的地面标高；三是在每道工序施工测量放线时，测量误差要满足规范要求，必须保证纵横断面定位的精度，使施工路基及构造物的定位及几何尺寸满足设计质量要求；四是要注意道路下面覆盖的管网路线，以免在施工中造成损失。

（8）公路填方

控制路基的不均匀沉降与路基填筑的不均匀有很大关系，路基填筑的不均匀又与许多因素有关，如，填料粒径及性质的不均匀、填土高度的不均匀、压实度的不均匀等。应避免下列两个常见的问题：

路基缺口路基与便道相交处留有缺口。由于路基填筑一层一层的提高，而便道没有随着提高，就形成缺口。等到路基填筑到顶面后，再来补这个缺口，缺口部位的总体压实度肯定偏低，工后沉降肯定比相邻部位要大。因此，便道应随着路基填筑的升高而升高。

分段填筑端部台阶不规范，路基分段填筑端部的台阶往往不规范。设置台阶的目的，是使路基填筑段与段的衔接部位确保压实度与相邻部位的压实度相一致。因此，这些台阶不是路基填筑到一定高度后一次性修挖出来，而是每填筑一层，留出一个台阶，台阶宽度2m，台阶端部的虚土应挖除。

（9）分层填筑

填方路基的施工质量控制要点：一是分层填筑。满足上一层压实要求后，再填压下一层，压实前必须对含水量进行测定，含水量符合要求后再碾压，避免返工浪费；二是干密度试验标定要准确。对不同的土质要分别标定干密度，不可以用同一个干密度去评定不同土质的压实度；三是分段施工。纵向搭接两段交接处不在同一时间填筑，则先填地段应按 1：1 坡分层留台阶，若两个地段同时填，则应分层相互交叠衔接，搭接长度不得小于2m，否则路基会出现不均匀沉陷，影响路面平整度。当路基稳定受到地下水影响时应在路堤底部填以水稳性优良不易风化的砂石材料或用无机结合料（石灰水泥等固化材料）进行加固处理使基底形成水稳性好的厚约 20cm~30cm 的稳定层。

（10）松铺厚度的控制

松铺厚度与土质类别、压实机具功能碾压遍数等有关，应根据实际情况，以保证压实度为原则路床顶面层最小松铺厚度不应小于 8cm。

（11）尺寸和坡度

路堤填土宽度每侧应比设计宽度宽出 30cm 压实宽度不得小于设计宽度压实合格后，最后削坡不得缺坡，以保证路堤稳定性。2.3.8.4 压实方法。

压实应先边后中，以便形成路拱：先轻后重以适应逐渐增长的土基强度；先慢后快以免松土被机械推动。同时应在碾压前先整平由路中线向路堤两边整成 2%~4% 的横坡。在弯道部分碾压时应由低的一侧边缘向高的一侧边缘碾压，以便形成单向超高横坡。前后两次轮迹需重叠 12cm~20cm。应特别注意控制压实均匀，以免引起不均匀沉陷。

（12）机械作业的合理安排

应根据工程地形地貌路基断面形状、用土量、土方调配情况，合理地规定机械运行路线，应有全面、详细的机械运行作业图据的施工。土的含水量不够时配洒水车洒水，含水量较大配翻晒机械翻晒并用压路机碾压。合理的组织及调备机构是保证施工进程及质量重要因素，也是实现效益最大化的关键。

坑槽一般是由其他路面病害处理不及时，继续受冲击破坏而形成；沉陷则是由于路基及基层密实度（强度）不够引起过量塑性变形。小范围是因基层引起，大范围明显沉陷，则一般由路基引起。对路面坑槽沉陷的处理方法有：仅面层有坑槽或沉陷时，挖补面层。因基层或路基引起的沉陷及较深的坑槽，应先处理好基层或路基，后修补面层；在寒冷地区，冬季路面坑槽，可临时处理，保证路面平整，待气温回升后，再挖补处理。

四、引起沥青路面早期病害的其他原因及防治办法

1. 引起沥青路面早期病害的原因

（1）水是引起沥青路面病害产生的直接外因

筑路先治水，水是公路工程和公路养护工作中首先必须解决好的一个主要问题，是沥青路面早期病害引发的一个直接外因。每到春、冬季节，由于地表水的渗入，地下水位的上升，直接改变路基的湿度，使路面的强度降低，路基的承载力下降，从而导致路面病害的产生。一场大雨和几场连绵阴雨过后，路面便开始小面积的裂缝，继而出现大面积的松散、翻浆、坑槽等现象。

（2）超限超载车辆是沥青路面早期病害产生的潜在外因

公路运输车辆的超限超载是公路沥青路面早期病害产生的又一个主要外因。据有关资料统计，车辆超限重量的增大和其对路面的损害是呈几何倍数增长的，超限 10% 的货车对道路损坏会增加 40%；一台超载 2 倍的车辆行驶一次，对公路的损害相当于不超载车辆行驶 16 次；一台 36 吨的超载车辆对道路毁坏程度相当于 9600 辆 1.8 吨重汽车对道路的破坏，超限超载车辆对路面结构产生破坏造成路面网裂、变形、松散、沉陷和坑槽。

（3）路面设计、施工不合理和不规范

路面设计、施工不合理和不规范是沥青路面早期病害产生的内因。一是路面结构设计不合理，沥青面层结构选用不当，混合料类型不合理。二是路面基层（底基层）补强厚度设计不当，导致沥青面层产生早期病害，如龟裂、松散，局部沉陷等。三是路面施工不规范，材料把关不严，施工机具陈旧不配套，使得沥青混合料的配合比设计、拌和均匀性、压实度、平整度都达不到规范要求，从而导致面层松散、裂缝等病害。

（4）路面初期养护不及时、得当

沥青路面面层初期养护及时得当会延长沥青路面的使用年限，否则会缩短其使用年限。由于养护资金不足或管养体制不明确，从而出现重建轻养的现象。有些地方，特别是现在的通乡通村沥青路面，有的公路修好一年以后，从来没有人去养过，更谈不上初期养护。路面积水，水沟不通，从而导致路基承载力下降，路面出现坑槽、翻浆等病害。有些即使在初期养护做了一些工作，但由于养护人员的养护方法不当，在沥青路面上采用人工喷油（或洒布机洒油）、人工撒铺粗矿料，结果破坏了原路面的平整度，由于油石比控制不均，造成路面泛油、松散等病害。

2. 沥青路面早期病害防治措施

针对上述沥青路面早期病害产生的原因，笔者认为其防治措施应做到如下几点：

（1）治路病害先治水

要保证公路工程、养护质量。首先必须先处理好水，故而公路扩建、改造工程的设计必将排水防护工程作为整个工程设计的重点之一，使地下水不得浸泡路基，地表水不渗透路面。在日常的路面养护中，应加强对路基路面排水设施的养护，路肩与路面衔接应平顺，及时排除路肩、路面积水，这样才能使路基路面长期处于干燥状态，使路基路面保持一定的刚度和强度。

（2）定期检查，合理防治

沥青路面的早期病害分为形成、发展、破坏三个阶段，后两个阶段应专项治理。病害确定的依据是沉降值、弯沉、平整度等核定。可采用钻孔取芯的办法分析病害层次和处理深度，并确定专项处治方案，沥青路面的维修必须坚持“预防为主，防治结合”。局部出现裂缝，轻微沉陷，行车轻微跳车以及横纵接缝，柔、刚结合处（桥头搭板或沥青路与水泥砼路面接合处）出现轻微错台等，要列入预防性维修；对大面积裂缝，路基严重沉陷，路面坑槽超过 8‰ 以上，要列入专项处治。对如何确定合理的防治措施及时间，一般依据《养护技术规范》《公路工程质量检验评定标准》《公路工程技术标准》对路面进行评价，路面评价指标应从以下五个方面着手：损坏分级、路面病害的破损率、路面强度、路面压实度检测和坑槽深度的检测。通过对路面评价，从而采取相应的如局部补强、中修罩面和彻底翻修等措施。

（3）严把设计、施工关

设计单位和设计人员必须严格规范进行设计，在设计上必须做到科学、严谨，设计资料必须与设计情况相符合，坚决拒绝“只管数量，不管质量”和行政指令性设计，杜绝边施工、边设计和无设计施工的现象。

（4）依法治路，整治车辆的超限超载运输

车辆超限超载运输，加速了公路路面的早期病害形成。公路管理部门要依据《公路法》及各省市与之相配套实施办法，加强对超限超载车辆的管理，实行计重收费，严重超载卸载放行，从而防止公路路面病害的早期产生。

（5）预防为主，加强养护

沥青路面的早期病害消除，必须坚持以预防为主，防治结合。根据积累的技术经济资料和科学的分析，加强防范，消除导致公路路面损坏的因素，增强路面的耐久性，提高防御灾害的能力。我们通常所说的坑槽挖补就是属于“头痛医头，脚痛医脚”的消极养护措施，科学的论证结果已经说明，前后两者投资比例是 1：5。早期预防性专业养护该如何实施，必须从本地区的实际情况出发，秉着科学规划、经济安全、便于操作的原则，尽快形成沥青路面预防性养护管理规范，并在实际养护工作中得以应用。

第八章　水泥混凝土路面施工

第一节　概　述

一、混凝土材料要求

混凝土混合料由水泥、粗集料、细集料、水和外加剂四部分组成。

1. 水泥

水泥混凝土路面应采用强度高、干缩性小、耐久性好和抗冻性好的水泥。一般可采用硅酸盐水泥、普通硅酸盐水泥和道路硅酸盐水泥。中等和轻交通的路面，也可采用矿渣硅酸盐水泥。对特重交通的路面水泥的强度等级，不宜低于 52.5，对其他交通等级的路面水泥的强度等级，不宜低于 42.5。同时，水泥的技术指标应符合现行的国家标准。

2. 粗集料与细集料

在混凝土中粗集料指碎石或砾石，细集料指砂或石屑。无论是粗集料还是细集料均应质地坚硬、耐久、洁净，符合规定的级配，技术指标应满足施工规范的有关规定。对于粗集料其最大粒径不应超过 40mm，对于细集料其细度模数宜在 2.5 以上。

3. 水

一般饮用水均可用于水泥混凝土路面施工和养护；对非饮用水，应检验其硫酸盐含量和 pH 值，符合要求时也可以采用。

4. 外加剂

为了改善混凝土的技术性质，可以在混凝土的制备过程中加入一定数量的外加剂。常用的外加剂有流变剂、调凝剂和改变混凝土含气量的外加剂等。外加剂的质量应符合现行的国家标准。

二、施工前的准备工作

混凝土路面施工前的准备工作包括材料的准备及质量检验、混合料配合比检验与调整、基层的检验与整修、施工放样及机械准备等。

根据路面施工进度计划，施工前应分批准备好所需的各种材料，并在使用前进行核对、调整，各种材料应符合规定的质量要求。新出厂的水泥应至少存放一周后方可使用。路面在浇筑前必须对混凝土拌和物的工作性进行检验并作好必要的调整。

混凝土路面施工前应对其板下的基层进行强度、密实度及几何尺寸等方面的质量检验。基层质量检查项目及其标准应符合基层施工技术规范要求。

施工前还应进行路面中桩恢复及路面边线施工放样等工作。

施工前还必须做好各种机械的检修工作，以便施工时能正常运转，同进还要考虑水泥混凝土路面的施工机械的配套。

第二节　水泥混凝土路面施工工艺

一、施工准备

水泥混凝土路面采用机械化施工具有生产效率高，施工质量容易得到保证等优点，是我国水泥混凝土路面施工的发展方向。现阶段由于机械设备投资等因素的影响，只是在少数比较重要的公路上得到应用，小型配套机具施工仍然是一般公路普遍采用的施工方法。小型配套机具施工需使用拌和机、运输车辆、振捣器、振动梁、抹面机具及锯缝机等，这些机具应性能稳定可靠、操作简便、易于维修并能满足施工要求。其一般工序为：施工准备→模板安装→传力杆安装→混凝土拌和与运输→摊铺与振捣→接缝施工＋表面整修→养护与填缝。

在安设模板和钢筋前，须根据设计图纸放样定出路面中心线和路面边缘线，并检查基层顶面标高和路拱横坡度，标高和横坡的偏差超出容许值时，应整修基层。

模板宜采用钢制的，长度为 3m，接头处应有牢固拼装配件，装拆应简易。模板高度应与混凝土面板厚度相同，模板两侧用铁钎打入基层固定，模板的顶面应与混凝土面板顶面设计高程一致，模板底面应与基层顶面紧贴，局部低洼处（空隙）要事先用水泥砂浆铺平并充分捣实。无钢模时，也可采用木模板，但厚度宜在 5cm 以上。

模板安装完毕后，宜再检查一次模板相接处的高差和模板内侧是否有错位和不平整等情况，高差大于 3mm，或有错位和不平整的模板应重新安装。如果正确，则在模板内侧面均匀涂刷一薄层油（如废机油等），以利脱模。

二、接缝与安设传力杆

接缝是混凝土路面的薄弱环节，接缝施工质量不高，会引起面板的各种损坏，并影响行车的舒适性。因此，应特别认真地做好接缝的施工。

1. 纵缝

用小型机具施工时，按一个车道的宽度（3.75~4.5m）一次施工。纵缝采用三种方式设置：第一种是在模板上设孔。立模后在浇筑混凝土之前将拉杆穿在孔内，这种方式的缺点是拆模较费事。第二种是把拉杆弯成直角形。立模后用铁丝将其一半绑在模板上，另一半浇在混凝土内，拆模后将外露在已浇筑混凝土侧面上的拉杆弯直。第三种方式是采用带螺丝的拉杆。一半拉杆用支架固定在基层上，拆模后另一半带螺丝接头的拉杆同埋在已浇筑混凝土内的半根拉杆相接。

2. 横向缩缝

横向缩缝可采用混凝土结硬后用切缝机切割或在新鲜混凝土上以压入的方式修筑。切缝可以得到质量比压缝好的缩缝，应尽量采用这种方式。施工时必须严格控制切缝时间，否则易产生早期裂缝。

（1）切缝。混凝土结硬后，要在尽早地时间内用金刚石或碳化硅锯片切缝。切缝时间要特别注意掌握好，切得过早，由于混凝土的强度不足，会引起粗集料从砂浆中脱落，而不能切出整齐的缝。切得过迟，则混凝土由于温度下降和水分减少而产生的收缩，因板很硬而受阻，导致收缩应力超出其抗拉强度而在非预定位置出现早期裂缝。合适的切缝时间应控制在混凝土获得足够的强度，而收缩应力并未超出其强度的范围内时。它随混凝土的组成和性质（集料类型、水泥类型和用量、水灰比等）、施工时的气候条件（温度及其变化、风等）等因素而变化。试验表明：适宜的切缝时间是施工温度与施工后时间之乘积为 200~300 个温度小时。施工技术人员须依据经验并进行试切试验后决定。

（2）压缝。为防止出现早期裂缝，可每隔 3~4 条切缝做一条压缝。用振动刀在新鲜混凝土的预定位置上压缝，至规定深度时，提出压缝刀。用原浆修平缝槽，放人嵌条，再次修平缝槽，待混凝土初凝前泌水后，取出嵌条，用抹缝瓦刀抹修缝槽。

3. 横向胀缝

胀缝应与路中心线垂直，缝壁必须垂直，缝隙宽度必须一致，缝中不得连浆。缝隙下部设胀缝板，上部灌胀缝填缝料。传力杆应固定位置，准确定向。

胀缝可在一天浇筑混凝土终了时设置或在当天施工中间设置。

一天施工终了时设置胀缝，传力杆长度的一半穿过端部挡板，固定于外侧定位模板中。混凝土浇筑前应先检查传力杆位置。浇筑时，应先摊铺下层混凝土，用插入式振捣器振实，并校正传力杆位置，再浇筑上层混凝土。浇筑邻板时应拆除顶头木模，并设置下部胀缝板、木制嵌条和传力杆套管。

一天施工过程中设置胀缝，传力杆长度的一半穿过胀缝板和端头板，并应用钢筋支架固定就位。浇筑时应先检查传力杆位置，再在胀缝两侧摊铺混凝土至板面。振捣密实后，抽出端头板。空隙部分用混凝土填补，并用插入式振捣器振实。

4. 施工缝

施工缝宜设于胀缝或缩缝处，多车道施工缝应避免设在同一横断面上。施工缝如设干缩另一半应先涂沥缝处，板中应增设传力杆，传力杆必须与缝壁垂直，其一半锚固于混凝土中，并作套管，允许滑动。

三、混凝土的拌和与运输

1. 混凝土拌和

水泥混凝土拌和机械按结构形式可分为自落式和强制式两大类。

自落式的原理是将混合料提到一定高度后自由落下而达到拌和的目的。它具有能耗小，机械制作精度要求不高，价格较便宜等特点，它适用于塑性和半塑性混凝土，但对坍落度小的混凝土，难以拌和均匀，甚至粒料黏附在叶片上，不能正常拌和，出料也困难。所以自落式拌和机不能用以拌制干硬性混凝土。

强制式混凝土拌和机系在固定不动的密闭的搅拌筒内装有多组搅拌叶片，通过搅拌叶片高速旋转，对筒内材料进行强制搅拌。此种搅拌方式适用于干硬性及细粒料混凝土，且搅拌时间短、效率高、操纵系统灵巧、卸料干净。强制式拌和机又从构造上分为立轴和双卧轴式两种，其中双卧轴式能耗低、拌和时间短，其效益均好于立轴式。因而，在选择机型时优先选用双卧轴强制式拌和机。

为了按规定的配合比拌制混凝土，必须对各组成材料进行准确的计量。计量的容许误差为水和水泥为 1%，集料为 3%，外渗剂为 2%，过去采用的体积计量法难以达到准确计量的要求，致使混凝土的质量得不到有效的控制。因而，这种方法应停止使用，而采用磅秤计量的方法。在有条件时，尽量采用电子秤等自动计量设备。

一般国产强制式拌和机，拌制坍落度为 1~5cm 的混凝土，其最佳拌和时间为：立轴强制式求法拌和机，90~100s，双卧轴强制式拌和机，60~90s。最短的拌和时间不低于最佳拌和时间的低限，最长拌和时间不超过最短拌和时间的 3 倍。

2. 混凝土的运输

混凝土在运输中要防止污染和离析。从拌和到开始浇筑的时间，应尽可能短些。因而，混凝土运输的最长时间，应以初凝时间和留有足够摊铺操作时间为限，在不能满足此要求时，使用缓凝剂。

四、混凝土的摊铺与振捣

1. 摊铺

摊铺混凝土前，应先检查模板的位置和高度以及基层的标高和压实度等是否符合要求，钢筋安设是否准确和牢固。

混凝土混合料由运输车辆直接卸在基层上。卸料时，混合料尽可能卸成几个小堆，如发现有离析现象，应用铁锹进行二次拌和。混凝土板厚度不大于24cm时，可一次摊铺；大于24cm时，宜分两次摊铺，下层厚度宜为总厚度的3/5。摊铺的松铺厚度，应考虑振实的影响而预留一定的高度，具体数值，根据试验确定。用铁锹摊铺时，应用“扣锹”方法，严禁抛掷和搂耙，以防止离析。在模板附近摊铺时，用铁锹插捣几下，使灰浆捣出，以免发生蜂窝。

2. 振捣

摊铺好的混凝土混合料，应迅速用平板振捣器和插入式振捣器均匀地振捣。平板振捣器的有效作用深度一般为18~25cm。不采用真空脱水工艺施工时，宜采用2.2kW的平板振捣器；采用真空脱水工艺施工时，可采用功率较小的平板振捣器。插入式振捣器宜选用频率6000次/min以上的。

振捣时应先用插入式振捣器在模板边缘角隅处或全面顺序插振一次，每一位置不宜少于20s，插入式振捣器移动间距不宜大于其作用半径的1.5倍，其至模板的距离不应大于其作用半径的0.5倍，并应避免碰撞模板和钢筋。然后，再用平板振捣器全面振捣。振捣时应重叠10~20cm。每一位置振捣时，当水灰比小于0.45时，不宜少于30s；水灰比大于0.45时，不宜少于15s，以不冒气泡并泛出水泥浆为准。混凝土在全面振捣后，用振动梁进一步拖拉振实并初步整平。振动梁是将附着式振动器安装在焊接成的钢或其他金属梁上，由振动器激振，使梁振动而使混凝土受振密实并振动找平。振动梁往返拖拉2~3次，使表面泛浆，并赶出气泡。振动梁移动的速度要缓慢而均匀，前进速度以每分钟1.2~1.5m为宜。对有不平之处，应及时以人工挖填补平。补平时应用较细的混合料，但严禁用纯砂浆填补。振动梁行进时，不允许中途停留。牵引绳不宜过短，以减少振动梁底部的倾斜，振动梁底面要保持平直，当弯曲超过2mm时应调直或更换，下班或不用时要清洗干净，放在平整处（必要时将振捣梁朝下搁放，以使自行校正平直度），不得暴晒或雨淋调匀。最后用平直的滚杠进一步滚揉表面，使表面进一步提浆。

滚杠的构造一般是用挺直的无缝钢管。在钢管两端加焊端头板，板内镶配轴承，管端焊有两个弯头式的推拉定位销，伸出的牵引轴上穿有推拉杆。这种结构既可滚拉又可平推提浆赶浆，使表面均匀地保持5~6mm左右的砂浆层，以利密封和作面。

如发现混凝土表面与模板有较大的高差，应重新挖填找平，重新振滚平整，最后挂线检查平整度，发现不符合之处应进一步处理刮平。

五、表面整修和拆模

1. 表面整修

当采用真空脱水工艺时，脱水后可用振捣梁复振一次，并用滚杠拉一次，以确保板面平整度。不采用真空脱水工艺时，应用大木抹多次抹面至表面无泌水为止。

抹面结束后，即可用尼龙丝刷或拉槽器在混凝土面板表面横向拉槽或压纹。

2. 拆模

模板在浇筑混凝土 60h 以后拆除，但当车辆不直接在混凝土面板上行驶，气温又不低于 10℃时，可缩短到加 20h 后拆模。温度低于 10℃时，可缩短到 36h 后拆模，拆模时不应损坏混凝土面板和模板。

第三节　混凝土路面的养生与填缝

一、常用的养生方法和要求

混凝土表面修整完毕后，应进行养生，使混凝土面板在开放交通前具备足够的强度和质量。养生期间，须防止混凝土的水分蒸发和风干，以免产生收缩裂缝；须采取措施减小温度变化，以免混凝土板产生过大的温度应力；须管制交通，以防止人畜和车辆等损坏混凝土面板的表面。一般常用的养生方法有下列两种：

1. 湿治养生

混凝土抹面 2h 后，当表面已有相当的硬度，用手指轻压不出现痕迹时，即开始养生。一般采用湿草袋或草垫，或者 20~30mm 厚的湿沙覆盖于表面。每天均匀洒水数次，使表面经常保持潮湿状态。在温差大的地区，板浇筑后 3d 内，应采取保温措施，防止板产生收缩裂缝。在养生期间禁止车辆通行。

2. 塑料薄膜养生

当表面不见浮水，用手指压无痕迹时，即均匀喷洒塑料溶液（由轻油剂，过酚乙烯树脂和苯二甲酸二丁酯三者，按 88%：9%：3% 的重量比配制成），形成不透水的薄膜黏附于表面，从而阻止混凝土中水分的蒸发，保证混凝土的水化作用。

近年来，国内也有用塑料布覆盖以代替喷洒塑料溶液的养生方法，效果良好，养生时间按混凝土抗弯拉强度达到 3.5MPa 以上的要求经试验确定。通常，使用普通硅酸盐水泥时约为 14d，使用早强水泥时间约为 7d，使用中热硅酸盐水泥时约为 21d。

二、填缝材料

接缝填封材料分为接缝板及灌缝料两种。灌缝料又分为加热施工式及常温施工式两种。施工中接缝板及灌缝料的技术性质应符合《水泥混凝土路面施工规范》的有关要求。

混凝土面板养护期满后应及时填封接缝，填缝前缝内必须清扫干净，并防止砂石掉入。灌注填缝料必须在缝槽干燥状态下进行，填缝料应与混凝土缝壁黏附紧密，不渗水。其灌注深度以 3~4cm 为宜，下部可填入多孔柔性材料。填缝料的灌注高度，夏天应与板面平，冬天宜稍低于板面。

当用加热灌式填缝料时，应不断搅拌，至规定温度。气温较低时，应用喷灯加热缝壁，个别脱开处，应用喷灯烧烤，使其黏结紧密。

第四节　滑模式摊铺机施工

水泥混凝土路面滑模摊铺技术已在高速公路、油气田道路、矿区道路等工程建设中备受青睐。本施工技术在汇集大庆油田主干路、四川乙烯厂区道路、高等级公路水泥混凝土路面滑模施工经验的基础上，总结出的具有广泛适用性的施工工艺。

一、工艺特点

（1）施工工艺简单，能充分保证工程质量。

（2）机械化、自动化程度高。

（3）施工作业连续、速度快、效率高。

（4）料源广阔、节约成本。

（5）环境污染小。

1. 适用范围

本工法适用于任何高等级公路、油气田道路、矿区道路等工程量较大、质量要求高、厚度在 20~40cm 的水泥混凝土路面面层摊铺。

2. 工艺原理

滑模摊铺机在施工导线的引导下向前行进，不架设边缘模板，将布料、松方控制、高频振捣棒组、挤压成型滑动模板、拉杆插入、抹面等机构安装在一台摊铺机上，通过基准线控制，一次摊铺出密实度高、动态平整度优良，外观几何形状准确的水泥混凝土路面。采用大型拌和设备与滑模摊铺机相配套施工。

3. 工艺流程及操作要点

水泥混凝土路面滑模摊铺施工工艺流程见下图 8-5-1。

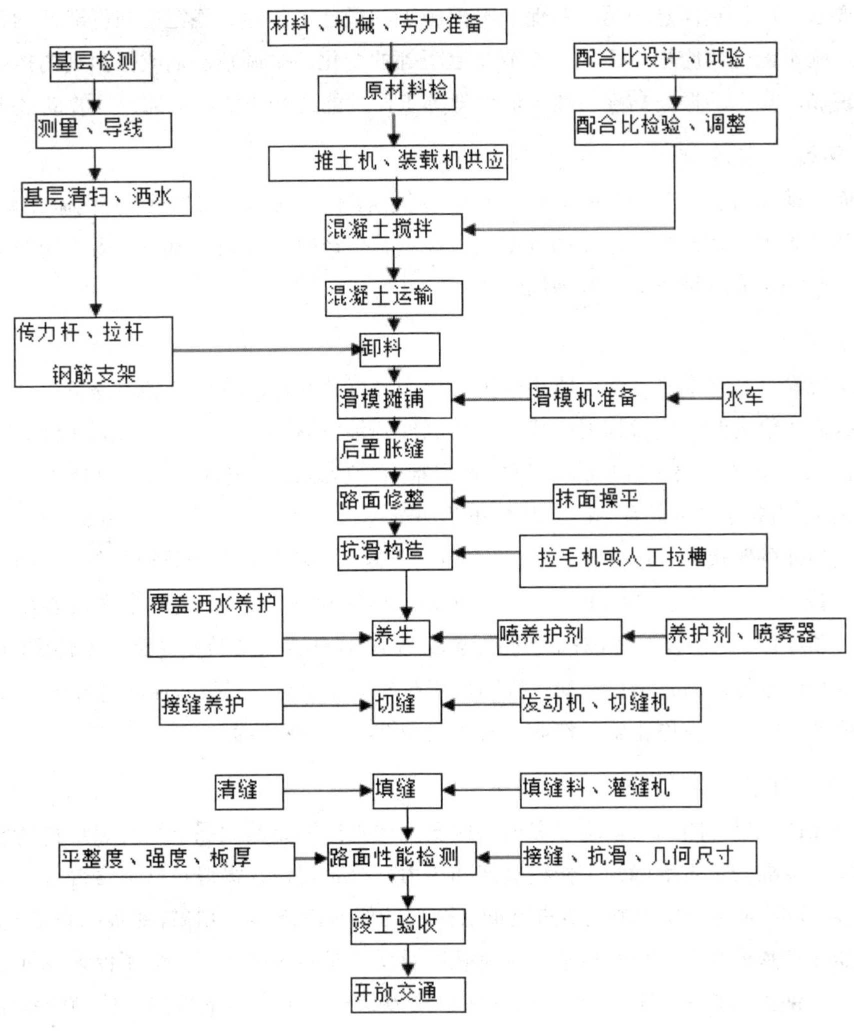

图 8-5-1　水泥砼路面面层施工工艺流程图

4. 施工准备

（1）基层的准备

基层检查、验收及处理。检测基层的强度、压实度、平整度、高程等指标均应满足规范要求，否则应修整以达到要求。基层还应提供保证滑模摊铺机履带行走部位的强度、稳定性和干燥程度，防止浸水软化造成滑模摊铺机打滑或压垮边坡而形成滑移。

5. 材料准备

（1）原材料：水泥、石子、砂、外加剂、钢筋等大宗材料按施工进度要求，在有一定储量的条件下，确保正常施工供应，并由实验人员按规范规定标准进行检验，确保原材料质量符合设计标准要求。

（2）施工配合比设计：配合比设计要满足混凝土抗弯拉强度、工作性、耐久性和经济性的要求，应特别注意的是，要保证滑模施工的最佳工作性、稳定性和可滑性的独特工艺要求。施工配合比应根据天气、季节及运距等的变化，微调减水剂或保塑剂的掺量，保证施工现场混凝土的振动黏度系数、坍落度等工作性能适合于滑模摊铺，且波动最小。

6. 实验段准备

路面摊铺前，应进行不少于200m长的实验铺筑段，以便检验机械性能、机械配套组合、施工工艺、施工工艺参数、路面的成型质量控制、生产时拌和站与摊铺现场之间的协调能力等能否达到路面质量要求，否则加以调整。

7. 测量放样

基准线设置必须准确无误，所用的工具、测量仪器和基准线设施必须齐备。基准线桩到摊铺路面边沿的距离应根据滑模式摊铺机侧模到传感器的位置而定，基准线桩必须牢固打入路面面层下结构层10~15cm，当打入困难时，应采用手电锤打孔后再打入。基准线桩纵向最大间隔为20m，为保证与基层里程桩号一致，推荐拉线桩距离为5~10m。夹线臂到基层顶面的距离为45~75cm。基准线必须张紧，一般每侧基准线应施加1000kN的拉力。一根拉线的最大长度为400m，超过400m应采用两根拉线，用两个紧线器在一个接线桩上平顺连接。当滑模式摊铺机通过连接部位时，操作人员要特别注意水平传感的过渡。

基准线设置好以后，禁止扰动，特别是正在摊铺作业时，严禁碰撞。风力达5~6级，基准线振动厉害时，应停止施工作业，防止出现波状的路面表面。

8. 其他准备工作

滑模摊铺机进行路面摊铺施工之前，应全面检查摊铺路面面层下结构层是否平整、清洁并湿润；基准线是否准确；工作缝支架和传力杆是否定位；纵缝拉杆板是否直，是否涂好沥青等。同时应对滑模式摊铺机进行彻底全面的保养检查，测准摊铺底板的高程和坡度，将传感器挂到基准线上，检查传感器的灵敏度及反映是否正确无误。为了保证摊铺水平位置准确，应使摊铺机来回行走1~2次，使滑模摊铺机对中待摊铺位置，摊铺中线偏差不得大于10mm，一般控制在5mm左右，这时可停止对中工作。

9. 水泥混凝土拌和

水泥混凝土搅拌设备的采用强制式砼搅拌站，搅拌及供电设备均应满足施工要求。

各种材料必须严格按照配合比进行投料，各种原材料必须通过严格的试验检验，每个搅拌设备都必须用法定计量单位对各种原材料进行计量标定。搅拌过程中，严格控制混合料的拌制时间、混合料温度、拌和物的温度、坍落度损失率和凝结时间等。

滑模摊铺水泥混凝土的均匀性要好，不同次数搅拌的混凝土之间的坍落度误差要小于2cm。要特别注意雨天或阵雨后必须及时按砂石含水量来调整加水量和砂石料称量，另外当发现砂石料堆上下层含水量不同时，亦要调整加水量。

10. 混凝土的运输

混凝土的运输应按照以下要求执行：

（1）运送混凝土的车辆应选配载重量较大的自卸车，因运距较远时，相应考虑使用混凝土罐车。在路面施工时，应根据拌和站的生产能力、施工车辆的速度、运量和运距，估算汽车的数目。如果汽车装载质量不同，应先按小吨位计算，再折合成大吨位的汽车数量。可选用车况优良、一车 $8m^3$（20t）以上的大型自卸车，自卸车后挡板应关闭紧密。运输时不漏浆撒料，车厢板应平整光滑，自卸车卸料抬升角度大于 45°。拌和站应设置冲洗车厢设备。

（2）运输到施工现场的拌和物必须具有适宜摊铺的工作性。不同摊铺工艺的混凝土拌和物从搅拌机出料到运输、铺筑完毕的允许最长时间应符合表 8-5-1 的规定。不满足时应通过试验、加大缓凝剂或保塑剂的剂量。

表 8-5-1　混凝土拌和物出料到运输、铺筑完毕允许最长时间（小时）

施工气温 *（℃）	到运输完毕允许最长时间（h）	到铺筑完毕允许最长时间（h）
	滑模	滑模
5~9	2.0	2.5
10~19	1.5	2.0
20~29	1.0	1.5
30~35	0.75	1.25

注：指施工时间的日间平均气温，使用缓凝剂延长凝结时间后，本表数值可增加 0.25~0.5h。

混凝土拌和物的运输除应满足上述规定外，还应符合下列技术要求：

（1）运送混凝土的车辆，防止离析。搅拌楼卸料落差不应大于 2m。

（2）混凝土运输过程中应防止漏浆、漏料和污染路面，途中不得随意耽搁。自卸车运输应减少颠簸，防止拌和物离析。车辆起步和停车应平稳。

（3）烈日、大风、雨天和低温天远距离运输时，自卸车应遮盖混凝土，罐车宜加保温隔热套。混凝土运输搅拌车和自卸卡车驾驶员必须明确新拌水泥混凝土的初凝时间。在运输途中由于各种原因超过初凝时间的混凝土不得卸到路面上进行滑模施工，而应转作他用。

（4）运输车辆在模板或导线区调头或错车时，严禁碰撞板或基准线，一旦碰撞，应告知测工重新测量纠偏。

（5）车辆倒车及卸料时，应有专人指挥。卸料应到位，严禁碰撞摊铺机和前场施工设备及测量仪器。卸料完毕，车辆应迅速离开。

（6）新拌水泥混凝土一旦在车内停留超过了初凝时间，应采取紧急处置措施，清理车辆上少量残留混凝土，严禁硬化在车内。

二、滑模摊铺施工

1. 布料

滑模摊铺机工作时，必须有专人指挥车辆卸料，以便较准确地估计卸料位置。滑模摊铺前的水泥混凝土拌和料不得高于螺旋布料器叶片最高点，亦不得缺料，要求卸料、布料应与摊铺速度相协调，尽可能匀速摊铺，最大限度地减少摊铺施工中的停机次数。料位过高或过低时，可采用小型挖掘机或装载机进行初摊布料。布料的松铺系数宜控制在1.08~1.15之间。

摊铺钢筋混凝土路面时，严禁任何机械开上钢筋网。

2. 摊铺

在滑模摊铺施工过程中，操纵人员应随时观察新拌混凝土的稠度，并根据水泥混凝土的工作性来调整滑模摊铺机的作业速度和振动频率。当新拌水泥混凝土显得过稀时，应适当降低振动频率，降低机器作业速度。滑模摊铺机的作业速度应控制在0.5~3m/min范围内，一般速度为1m/min；振动频率应控制在8000~11000范围内，最低振动频率不得低于6000r/min。为防止水泥混凝土过振或漏振，开机前必须先开启振动棒，然后再行走；停机时应立即关闭振动棒。

在摊铺过程中应随时调整松方高度控制板进料位置，开始时宜略高些，以保证进料充足。正常摊铺时应保持振捣仓内料位高于振捣棒100mm左右，料位高低上下波动宜控制在±30mm之内。挤压底板与振动仓内的混凝土之间，始终应维持相互间压力的均衡，才不至于压力忽大忽小而影响平整度。

在滑模摊铺施工过程中，若出现新拌水泥混凝土供应不上的情况时，滑模摊铺机停机等待的时间不能超过当时气温下新拌混凝土初凝时间的2/3。在此时间内，应每隔15min开动振动棒振动3min；若超过此时间，为防止施工冷缝断板，应将滑模式摊铺机驶出摊铺位置，该点作为施工缝。

滑模摊铺过程中，应采用自动抹平板装置进行抹面，对少量局部麻面和明显缺料部位，应在挤压板后或搓平梁前补充适量拌和物，由搓平梁或抹平板机械修整，局部采用人工修整。

滑模摊铺机施工作业完毕后，将滑模式摊铺机驶离施工作业点，升起机架，将黏附在机器上的水泥混凝土用水清洗干净，并喷涂废机油防止锈蚀和粘接。严禁留待下一班开工前硬敲粘连在机器上的水泥混凝土。另外，收口部位宽度按照设计两侧各减小2~3cm，保证下次摊铺时，摊铺机能正常对位停车。

3. 胀缝

胀缝的构造采用平缝加传力杆形式，传力杆使用光面钢筋，为防止锈蚀并使之起隔离作用，钢筋一端2/3范围内涂沥青。有涂层的端部安装聚丙烯套子，套子长10cm，传力杆插入后顶端留 3cm 的空间作为面板热胀冷缩余地。与建筑物相接处的胀缝因无法设置传力杆，可采用板边加厚型。

接缝板的材料采用沥青纤维板，预先加工好钢筋支架，将传力杆无涂层的一端焊在支架上，接缝板夹在两只支架之间。施工前运到现场，进行准确安装，并可采用细钢丝加以固定，待滑模式摊铺机摊铺至胀缝位置前方 1~2m 处时，将支架搬至机前准确定位后，使用钢钎锚固在面层下的结构层上，然后卸料，让滑模摊铺机直接通过。待水泥混凝土硬化后，使用切缝机按胀缝板宽度和位置切成缝槽，缝深达到胀缝板顶部。

4. 水泥混凝土路面板修整

滑模摊铺好的混凝土面板原则上不应再修整，禁止加铺薄层混凝土或砂浆来修补路面。

摊铺机应采用自动抹平板装置进行抹面，以消除表面气孔和石子移动带来的缺陷。自动抹平板的压力不可过大，应随摊铺的纵坡变化随时调整。适宜的抹平板压力可使路面不出现其端部推出的影响平整度“W”字形砂浆棱，抹平板接触路面抹面的长度应为其长度的 4/5。对表面上少量局部麻面和明显缺料部位，应在挤压板后或搓平梁前，最迟在抹平板前表面补充适量砂浆，由搓平梁和抹平板机械修整。滑模摊铺的混凝土面板在下列情况下，可用人工进行局部少量修整。

（1）人工操作抹面超平器修整机后表面的缺陷。

（2）对打侧向拉杆被挂坏的侧边，出现倒边、塌边、溜肩现象，应顶侧模或上部支方铝管，边缘补料修整。

（3）对摊铺机起步摊铺段、与桥面板的结合部以及接头，应采用水准仪超平，采用大于 3 米的靠尺边测边修整。如果混凝土已硬化，发现这些部位的平整度不符合要求，可在混凝土路面摊铺后 3~10 天内，用最粗级磨头的水磨石机磨到公路等级规定的小于 3~5mm 的平整度。施工差错应在混凝土尚未硬化前及时处理。

5. 抗滑构造

滑模摊铺水泥混凝土路面抗滑构造的技术要求如下：高速公路、一级公路抗滑构造深度 TD 为 0.8~1.2mm，其他公路要求为 0.6~1.0mm，并要求抗滑构造深度均匀，不损坏构造边棱。

滑模摊铺机后宜设钢支架，拖挂 1~3 层叠合麻布、帆布或棉布，洒水湿润后，软拖制作细观抗滑构造，布片接触路面的拖行长度以 0.7~1.5m 为宜，细度模数偏大的粗砂，拖行长度取小值，偏细中砂，取大值。人工修整过的路面，细观抗滑构造已被抹掉，必须再拖拽处理，以恢复细观抗滑构造。修整表面时应使用木抹。

当日施工进度超过 500m 时，宏观抗滑构造制作宜选用拉毛机械施工，没有拉毛机时，可采用人工拉槽方式。在混凝土表面泌水完毕 20~30min 内应及时进行拉槽。拉槽深度应为 2~3mm，槽宽 3~5mm，槽间距 15~25mm，每耙之间与齿间距保持一致，不影响已经施工好的路面的平整度。抗滑构造的施工方式选用拉毛机施工方式时，注意控制塑性刻槽的时间，从塑性刻槽完成至初凝时间间隔不得小于 20min。水泥混凝土路面表面的抗滑构造制作完毕，应立即进行养护。

采用硬刻槽方式制作宏观抗滑构造时，其几何尺寸与以上要求相同。硬刻槽机重量宜重不宜轻，最小整刻宽度不应小于 50cm，硬刻槽时不应掉边角，路面摊铺 3 天后可开始硬刻槽，并宜在两周内完成。

6. 养护

水泥混凝土路面滑模摊铺及表面抗滑构造制作完毕后，应及时进行养护。在养护初期，为了防止水泥混凝土被日晒雨淋，路面养护宜采用方便经济的喷洒养护剂或用塑料薄膜养护方式。喷洒了养护剂或做了抗滑构造的路面必须有专人保护，禁止人、畜、车辆等破坏路面。在达到设计强度的 40% 以后，撤除养护覆盖物后方可允许行人、自行车通行。

采用塑料薄膜养护时，其厚度（韧度）要合适，在两块薄膜对接处，对接长度不得小于 1m。塑料薄膜必须盖严实，防止挂烂和被风吹破、掀起。

7. 切缝填缝

横向胀缝、缩缝必须用切缝机进行切缝。水泥混凝土切缝机上配有特殊形状的振动沉板、锯片是镶有金刚砂轮和合金钢制的圆钢轮等。使用圆钢轮式切缝机来切缝时圆钢轮可以自由转动或加动力使其转动。由圆钢轮切划的接缝，由于和摊铺机上捣实机械配合而具有坚固而整齐的边缘。切缝应在混凝土尚未凝固之时进行，如果水泥混凝土凝固，硬度过高则不易切割，即使可以切割也容易造成边缘崩落，而使切缝扩大。严格控制好切缝时间，一般切缝时间的度时积必须在 350~500℃ h，主要根据外加剂或外掺剂的使用情况而定，最迟切缝时间不得超过 24h。掌握好切缝时机是防止初期断板的重要措施。当混凝土达到强度 6.0~12.0MPa 时是进行切缝的最佳时机，但气温突变时，将适当提早切缝时间，以防止混凝土面板产生不规则裂缝。切缝采用路面切缝机进行施工，切缝深度横向缩缝处为 6cm，胀缝处为 4cm。开始切缝前先调整刀片的进刀深度，切割时随时调整刀片切割方向，切缝时刀片用水进行冷却，水的压力不低于 0.2MPa。停止切缝时，先关闭旋扭开头，将刀片提升到混凝土板面以上，停止运转。切缝后，我们将尽快灌注填缝料。

切缝后应及时采用压缩空气、高压水或喷砂法进行接缝清理工作，确保缝壁和边部清洁，满足填缝要求。

接缝填缝槽的断面尺寸的确定既要保证所用的填缝材料变形时不达到极限状态，又要便于填缝施工，能保证质量要求。一般采用切缝机分两次切割而形成，保证接缝两边的高差不大于 3mm。胀缝的填料槽要求壁面平直无锯齿形，并与下部设置的接缝板对称。

填缝材料一般选择与混凝土黏接力强的材料—聚氯乙烯胶泥，严格按照设计图纸及技术规范的规定进行施工。

三、滑模摊铺中的故障处置措施

滑模摊铺的表面应平滑，几何形状规矩，不应出现麻面、拉裂、塌边、溜肩等病害现象，出现问题时应即刻查找原因，迅速采取解决措施。

1. 摊铺中应经常检查振捣棒的工作情况。发现路面在横断面某处多次出现麻面或拉裂现象，表示该处的振捣棒或前仰角出现问题，必须停机检查，更换该处的振捣棒或调整前仰角位置。摊铺后，发现路面上留有发亮的振捣棒拖出的砂浆条带，则表明振捣棒位置过深，振捣棒必须调整至底缘在挤压底板的后缘高度以上位置。

2. 滑模摊铺出现横向拉裂现象，应从以下几方面进行检查：

拌和物局部或整体过干硬、离析、骨料粒径过大，不适宜滑模摊铺。或在该部位摊铺过快，振捣频率不够，混凝土为振动液化而导致拉裂。应降低摊铺速度，提高振捣频率。

应检查挤压底板的位置和前仰角是否变化，底板设置成前倒角时必定拉裂，前仰角过大时，亦可能拉裂。应在行进中调整前两个水平传感器，即将挤压底板调整为适宜的前仰角，消除拉裂现象。

拌和物较干硬或等料停机时间较长，摊铺起步速度过快时，也可能拉裂路面。等料停机时间较长时，应间隔 15min 开启振捣棒振动 2～3min；起步摊铺时，应先振捣 2～3min，再缓慢推进。

3. 当混凝土供应不上或搅拌设备出现机械故障等情况时，停机等待时间不得超过当时气温下混凝土初凝时间的 2/3，一般为 1～1.5h。在此期间内，应每隔 15min 开动振捣棒 3～5min。超过此时间时，应将滑模摊铺机开出摊铺工作面，并作施工缝。

4. 当滑模摊铺机出现故障，应及时通知后方拌和站停止生产，在停机时间 1～1.5h 内，能够排除故障，允许继续摊铺。否则，应尽快将滑模摊铺机拖出摊铺工作面。待滑模摊铺机故障排除，正常工作后，重新起步摊铺。一是要防止出现摊铺冷缝引发的横向断板；二是严禁混凝土在滑模摊铺机内硬化。

第五节　特殊季节施工

水泥混凝土路面施工质量受环境因素影响较大，对高、低温季节及雨季施工应考虑其特殊性，确保工程质量。

一、高温季节施工

施工现场（拌和铺筑场地）的气温＞30℃时，即属于高温施工。高温会促进水化作用，增加水分的蒸发量，容易使混凝土板表面出现裂缝。因而，在高温季节施工应尽可能降低混凝土的浇筑温度，缩短从开始浇筑到表面修整完毕的操作时间，并保证对混凝土进行充分的养生。施工时应提出高温施工的工艺设计，包括降温措施、保持混凝土工作性和基本性质的措施等。

当整个施工环境气温大于 35℃，且没有专门的施工工艺措施时，不应进行水泥混凝土路面施工。无论什么情况和条件，混凝土拌和物的温度不能超过35℃。在高温季节施工时，应定时测量混凝土拌和物的温度。

在我国的地理纬度和气候条件下，绝大部分地区夏天是可以铺筑水泥混凝土路面的，但应根据工程的条件采取降温和其他措施。如材料方面可采取降低砂石料和水的温度或掺加缓凝剂等措施；铺筑方面，可通过洒水降低模板与基层温度、缩短运输时间以及摊铺后尽快覆盖表面等措施。

二、低温季节施工

水泥混凝土路面施工操作和养生的环境温度等于或小于5℃，或昼夜最低气温有可能低到-2℃时，应视为低温施工。低温操作和养生时，混凝土会因水化速度降低而使强度增长缓慢，同时也会因结冰而遭受冻害。因此，在低温季节施工时，必须提出低温施工的工艺设计，包括低温操作和养生的各项措施。

1. 提高混凝土拌和温度

气温在0℃以下时，水及集料必须加温。一般规定不允许对水泥加热，对水加热温度不能超过60℃。砂石料应采用间接加热法，如保暖储仓、热空气加热、在矿料堆内埋设蒸气管等。不允许用炒烧等方法直接加热，也不允许直接用蒸汽喷洒石料，砂石料加热不能超过40℃。

2. 路面保温措施

混凝土铺筑后，通常采用蓄热法保温养生。即选用合适的保温材料被盖路面，使已加热材料拌成的混凝土热量和水泥水化的水化热量蓄保起来，以减少路面热量的失散，使之在适宜温度条件下硬化而达到要求的强度。这种方法只对原材料加热而路面混凝土本身不加热，施工简便、易于控制、附加费用低，是简单而经济的冬季施工养护手段。

保温层的设计应就地取材，在能满足保温要求的同时要注意经济性。常用麦秸、谷草、油毡纸、锯末、石灰等作保温材料，覆盖于路面混凝土上。保温层至少10cm厚，具体视气温而定。

3. 其他应注意的问题

设计混凝土配合比时，注意不宜用过大的水灰比，一般不宜超过0.6，搅拌时应延长搅拌时间，较常温施工增加50%左右。混凝土摊铺时，不宜把工作面铺大、拉长，应集中力量全幅尽快推进，加速完成摊铺工艺。建立定时测定温度制度，在拌和站测检砂石料、水和水泥入拌前温度、混凝土拌和物出料时温度不能低于10℃，每台班不少于4次；测定混凝土摊铺时温度，即测定运达工地卸料后的混凝土温度和摊铺振实后的温度，每台班不少于6次；测定混凝土养生阶段温度，在浇筑完后头两天每隔6h测1次，其后每昼夜至少3次，其中1次应在凌晨四点测定。测温孔位置应设在路面板边缘，路面纵向每50cm设一对测孔，深度10~15cm，温度计在侧孔内应停留3min以上。全部测孔应按路面桩号编号，绘制侧孔布置图并绘出每一测孔的温度时间曲线。

摊铺后的路面混凝土，要求在 72h 内养生温度应保持在 10℃以上，接下来 7d 内养生温度保持 5℃以上。

三、雨季施工

雨季来临之前，应掌握年、月、旬的降雨趋势的中期预报，尤其是近期预报的降雨时间和雨量以便安排施工。拟订雨季施工方案和建立施工组织，了解和掌握施工路段的汇水面积和历年水情，调查施工区段内桥涵和人工排水构造物系统是否畅通，防止雨水和洪水影响铺筑场地。

在拌和场地，对拌和设备搭雨棚遮雨。砂石料场因含水量变化较大，需经常测定，以调整拌和时的用水量。雨季空气潮湿，水泥要防止淋雨和受潮。混凝土在运输途中应加以遮盖，严禁淋雨并要防止雨水流人运输车箱中。在铺筑现场，禁止在下雨时施工。如铺筑前现场有水，应及时排除基层积水。在混凝土达到终凝之前，应覆盖塑料膜，不允许雨水直接浇在已抹平的路面上。需在雨下操作时，现场应配备工作雨棚，雨棚应轻便易于移动，大小高矮应按操作方便设计。

第六节　质量控制与验收

工程质量应以施工图设计文件要求为标准。为了保证混凝土路面的施工质量，要求在施工过程中对每一道工序进行严格的检查与控制。对已完成的路面要求进行外观检查，并测量其几何尺寸，根据施工图设计文件要求进行核对。此外还要查阅施工记录，其中包括原材料试验和试件强度资料、配合比、隐蔽构造物（各种钢筋的位置）等，作为工程质量鉴定的依据。

1. 原材料质量检验

混凝土用的水泥、砂、碎石、水、外加剂、填缝材料和钢筋等原材料按规定进行检查和试验并做好记录。

2. 混凝土强度检验

混凝土的强度检验应以 28d 龄期的抗弯拉强度为标准。一般采用梁式试件测定抗弯拉强度，混凝土抗弯拉强度检验，应符合下列规定：

（1）应使用正在摊铺的混凝土拌和物作试件，试件的养生条件与现场混凝土板养生条件相同。

（2）每天或每铺筑 200m³ 混凝土，应同时制作二组试件，龄期应分别为 7d 和 8d；

每铺筑 1000～2000m³ 混凝土，应增做一组试件，用于检查后期强度，龄期不应小于 90d。

（3）当水泥混凝土的 7d 强度普遍达不到 28d 强度的 60%，应检查分析原因，并对混凝土的配合比作适当修正。

（4）浇筑完成的混凝土面板，应检验实际强度，可在现场钻取圆柱试件，进行圆柱劈裂强度试验，以圆柱劈裂强度推算小梁抗弯拉强度。

3. 外观检查与竣工验收标准

外观检查包括混凝土是否有蜂窝、麻面、裂缝、脱皮、石子外露和缺边掉角等现象，以及是否残留有麻袋、草帘等印痕，路面应平整不积水，纵横接缝应顺直不弯，填缝料应饱满整齐，不得污染路面。

第九章　公路附属设施的施工

第一节　公路安全设施施工

（一）波形钢板护栏

1. 立柱放样

（1）根据设计图和路基单位提供的路面中心线及高程数据放样，并以桥梁、隧道、涵洞等控制点进行测量定位

（2）已实施的部分路肩墙和外挡墙如因连线不一致的，为了保证波形护栏的顺适，需在原路肩墙外增加砼或浆砌片石接顺。

（3）对全线路肩预留孔进行调查，原则上在路肩施工单位预留孔位置安装护栏立柱。若原预留孔位置不符合要求或未留孔，首先汇报给监理工程师并重新确定护栏立柱的施工方法。

2. 立柱安装

（1）立柱安装应与设计图相符，并与道路线形相协调。

（2）立柱应牢固地埋入土中，达到设计程度，并与路面垂直。

（3）由于现场实际情况无法采用打入式方式施工。全线立柱施工均采用预留孔或钻孔后埋设立柱，混凝土回填。施工时应精确定位。

3. 防阻块安装

防阻块通过连接螺栓固定到立柱上，在波形梁安装前防阻块与立柱间的螺栓不应过早拧紧，应在护栏板安装到位后，再拧紧螺栓。

4. 波形梁安装

（1）护栏板的安装必须待立柱混凝土强度达到一定的强度后才能进行。

（2）波形梁通过拼接螺栓相互连接，并由连接螺栓固定于立柱或横梁上。

（3）波形梁的连接螺栓及拼接螺栓不宜过早拧紧，以便在安装过程中利用波形梁的长圆孔及时进行调整，使其形成平顺的线形，避免局部凹凸。

（4）波形梁顶面应与道路竖曲线相协调。波形梁通过拼接螺栓相互拼接，并由连接螺栓通过防阻块或托架固定于立柱上。

5. 端头安装

端头安装应根据设计图设计的地锚端头及圆端头、中央开口端头等不同结构分别安装在不同的位置，凡需混凝土浇筑基础的地方，必须等到混凝土强度达到设计强度的 70% 以上拧紧连接螺栓。

（二）交通标志、公里桩

1. 制作

（1）根据图纸设计所要求原材料进行采购。

（2）用切割机对版面材料的进行分割。

（3）在版面上，用铅笔画出符号的轮廓。

（4）拼装：用闪光电焊进行拼装成型。

（5）检查无误后，进行喷漆上颜色。

2. 安装

待油漆完全干燥后，根据图纸设计的位置进行安装。

3. 注意事项

（1）对于单柱式标志，其内边缘距路面不得小于 25cm，标志牌下缘距路面高度 100～250cm。

（2）对于单悬臂式标志，其下缘距路面高度不得小于 500cm。

第二节　公路绿化工程施工

一、绿化工程准备工作

1. 落实组织施工队伍：成立工程部，生产指挥、技术指挥、后勤指挥及质量检验等，要分项负责，责任到人。组织落实好施工队伍，突击种植时保证劳力充足。

2. 确定施工程序，并具体安排进度计划：施工程序为：清理场地→定点放线→挖坑→选苗、起苗、运输→苗木修剪→苗木栽植→苗木浇水管护。施工过程中，有些工序可穿插进行，如前三项可同时分别组织实施。

3. 安排劳动计划：根据工程任务和劳动定额，做出劳动计划，组织好劳力来源和使用时间以及具体的劳动组织形式。

4. 安排好材料、工具、苗木等供应计划：根据工程进度和苗木的生理原特性，确定栽植的顺序和材料的供应及运输等工作的安排。

5. 确定工程技术措施和要求：按照工程任务的具体要求，分项制定工程技术措施与要求和相应的安全要求等。

6. 技术培训：开工前，应对全部参加施工的劳动人员进行分门别类的技术培训，学习操作规程，提高技术操作能力。

7. 施工现场准备：现场建筑垃圾较多，开工第一步道德要清除垃圾，进行土方回填及进行局部换土，在挖坑种树后和地被种植后进行第三次清理垃圾。使土地情况达到绿化美化标准要求，同时尽快事先绿化效果。

二、定点、放线

1. 定点放线

利用平板仪或网格法，根据图纸的比例要求，定出植物群落和单株种植的位置，利用株桩做出标记，写明树种及树坑规格，树群要用白灰撒出范围线，范围内钉上木桩，写明树种、数量、坑的规格，然后用目测法量出单株植点。定点放线要注意以下几点：（1）树种、数量、位置要与设计图纸相符。（2）树丛配置要自然，要按照树丛的组织配合原则定点，切记呆板，避免排队或等距离栽植。

2. 检查验收

定点放线完成后，进行检查验收，要求做到准确无误。

三、挖坑

刨坑的质量，对植株以后的生长发育有很大的影响，应根据各种不同规格的苗木及土球直径大 20~30cm，同时树种根系类别，确定坑的深浅，坑应成圆筒型，以保证栽植时根系舒展，以利成活。挖坑时以标记做圆心，按照规格要示划圆，沿圆的四周向下垂直挖掘到规定的深度，然后将坑底挖松、弄平、棵极苗木坑底最好在中心堆个小土丘，以利树根舒展。坑挖好后，将定点用的木桩插在坑的土堆上，以备散苗时核对。

挖坑时，表土与底土应分开堆放，由于表面土有机质含量较高，植树填土时应先填入坑底，底土填与上部和用于围堰。遇到局部土壤不好时，应将坑径加大 1~2 倍，清除有害垃圾，换上好土。

表 9-2-1　花灌木类种植穴规格（cm）

冠径	种植穴深度	种植穴直径
200	70~90	90~110
100	60~70	70~90

表 9-2-2　常绿乔木类种植穴规格（cm）

树高	土球直径	种植穴深度	种植穴直径
150	40~50	50~60	80~90
150~250	70~80	80~90	100~110
250~400	80~100	90~110	120~130
400 以上	140 以上	120 以上	180 以上

表 9-2-3　落叶乔木类栽植穴规格（cm）

胸径	种植穴深度	种植穴直径
2~3	30~40	40~60
3~4	40~50	60~70
4~5	50~60	70~80
5~6	60~70	80~90
6~8	70~80	90~100
8~10	80~90	100~110

表 9-2-4　绿篱类种植槽规格（cm）宽 × 深

修剪高	单行	双行
50~80	40 × 40	40 × 60
100~120	50 × 50	50 × 70
120~150	60 × 60	60 × 80

四、苗木准备

1. 掘苗前的准备工作

（1）选好苗木：苗木质量的好坏是影响生活的重要因素之一。为提高栽植成活率和以后的效果，移植前必须对苗木进行严格的选择。选苗时除根据设计所提出的苗木规格、树形等特殊要求外，还要注意选择根系发达、生长健壮、无病虫害和树行端正的苗木。并用系绳、挂牌等方式，做出明显标记，以免掘错。苗木数量上应多选出一定株树，供备用。

（2）如果苗木生长地的土壤过于干燥，应提前数天灌水；反之，土质过湿时应提前设法排水，以利掘时的操作。

（3）拢冠：对于侧枝低矮的常绿树，冠丛庞大的灌木，特别是带刺的灌木，为方便操作，应称用草绳将其冠捆拢。但应注意松紧适度，不要操作枝条。拢冠的作业也可与选苗结合进行。

（4）准备好锋利的起掘苗木的工具。带土球掘苗，要准备发合适的蒲包、草绳、塑料布等包装材料。

（5）试掘：为保证苗木根系规格符合要求，特别是对一些情况不明之地所生长的苗木，在正式掘苗之前，应选数株进行试掘，以便及时发现问题，采取相应措施，掘苗的根系规格，裸根移植落叶灌木，根幅直径，可按苗高的三分之一左右，带土球遗址的常绿树，土球直径可按苗木胸径的 7 倍左右。

2. 裸根移植的手工掘苗法及质量要求

根据树种、苗木大小，在规定的根系规格范围之外挖掘。用锋利的掘苗工具，于规格范围之外，绕苗四周垂直挖掘到一定深度并将侧根全部切断，然后于一侧向内深挖和适摇锯断。然后轻轻放倒苗木并打碎外围土块。总之，掘苗时一定要保护大根不劈裂，并尽量多保留须根。

苗木挖完后应随即装车运走。如一时不能运走可在原坑埋土假植，用湿土将根埋严。如假植时间长，还要根据土壤程度，设法适量灌水，以保持土壤的湿度。

3. 带土球苗的手工掘苗法及质量要求

（1）挖掘带土球苗木，其总要求土球规格要符合规定大小：保证土球完好，外表平整；上部大而下部略小，形似苹果之形状，包装严密，草绳坚实不松脱；土球底部要封严不漏土。

（2）开始挖掘时，以树干为中心，按土球规格大小划一个正圆圈，标明土球直径的尺寸。为保证起出的土球符合规定的大小，一般应稍大范围进行挖掘。

（3）先去表土，画定圆圈后，先将圆内的表土挖去一层，深度以不伤表层的苗根为度。

（4）挖去表土，画定圆圈外缘向下垂直挖沟。沟宽以便于操作为度，约宽 50~80cm，所挖之沟上下宽度要基本一致。随挖随修整土球表面；操作中千万不可踩、撞土球边沿，以免伤损土球，一直挖掘到规定的土示纵径深度。

（5）掏底：土球四周休整完好以后，再慢慢由底圈向内掏挖，称“掏底”。直径小于 50cm 的土球，可以直接将底土掏空，以便将土球抱到坑外包装；而大于 50cm 的土球，则应将底土中心保留一部分，支住土球，以便在坑内进行包装。

（6）打包之前应将蒲包、草绳用水浸泡潮湿，以增强包装材料的韧性，减少捆扎时引起的脆裂和拉断。

4. 运苗

苗木的运输是影响植树成活的重要环节，实践证明“随运、随栽”对植树成活率最有保障。

（1）装车前的检验。运苗装车前，须仔细核对苗木的种类与品种、规格、质量等，不合规格要求，应向苗圃方面提出予以更换。

对掘起待运苗木质量要求的最低标准，见下表 9-2-5：

表 9-2-5　掘起待运苗木质量要求的最低标准

苗木种类	质量要求
落叶乔木	树干：主干不得过于弯曲，无蛀干害虫，有明显主轴的树种应有中央领导枝
	树冠：树冠茂密，各方向枝条分布均匀，无严重损伤和病虫等。
	根系：有良好须根，大根不得有严重损伤，根际无瘤种及其他病害。带土球苗木，土球必须结实，捆绑的草绳不松脱
落叶灌木	灌木有短主干或丛木有主茎 3~6 个，公布均匀，根际有分枝，无病虫害；须根良发；土球结实；草绳不松脱
带绿树	主干不得弯曲，主干上无蛀干害虫。主轴明显的树种必须有领导干。树冠均匀茂密，有新生枝条，不烧膛，土球结实，草绳不松脱

（2）装运露根苗

装运乔木时应树根朝前，树梢向后，顺序安放。车后厢板应铺垫草袋、蒲包等物，以防碰伤树根、干皮。树梢不得拖地，必要时要用绳子围拢吊起；捆绳子的地方也要用蒲包垫上，不得勒伤树皮。装车不得超高，压得不要太紧。装完后用苫布将树根盖严、捆好，以防树根失水。

（3）装运带土球苗

2 米以下的苗木可以立装；2 米以上的苗木必须斜放或平放。土球朝前树梢向后，并用木架将树冠架稳。土球直径大小 20cm 的苗木只装一层；小土球可以码放 2~3 层，土球之间必须安放紧密，以防摇晃。土球上不准站人或放置重物。

（4）运输

途中押运人员要和司机配合好，经常检查苫布是否掀起，短途运苗，中途不要休息。长途行车，必要时应洒水淋湿树根，休息时应选择荫凉处停车，防止风吹日晒。

（5）卸车

卸车时要爱护苗木，轻拿轻放。裸根苗要顺序拿放，不准乱抽，更不能整车推卸，带土球苗卸车时，不得提拉树干，而应双手抱土球轻轻放下。较大的土球卸车时，可用一块结实的长木板，从车厢上斜放到地上，将土球推倒在木板上，顺势慢慢滑下，绝不可滚动土球。

五、假植

苗木运到施工现场后未能及时栽完，根苗应选用湿土将苗埋严，进行（假植）。

1. 裸根苗木短期假植法

临时可用苫布或草袋盖严，或在栽植处附近，选择合适地点，先挖浅横沟，约 2~3 米长，然后稍斜立一排苗木，紧靠苗根再挖同样的横沟，并用挖出来的土将第一排树根埋严。挖完后，再码排苗，依次埋根，直到全部苗木假植完。

2. 植树施工期限长，则对棵根苗应妥善假植

在不影响施工的地方，挖好 30~40 厘米深，1.5~2 米宽，长度视需要而定假植狗，将苗木分类排码，树头最好向顺风向斜放沟中，依次错后安放一层苗木，根部埋一层土，全部假植完毕以后，还要仔细检查，一定要将根部埋严实，不得裸露。若土质干燥还需适量灌水，既要保证树根潮湿，土质又不可过于泥泞，以免影响以后操作。

带土球的苗木，运到工地以后，能很快栽完的，可不必假植。如 1~2 天内不能载完，应选择不影响施工的地方，将苗木排码整齐，四周培土，树冠之间用草绳围拢。假植时间较长者，土球间隙也应填土。假植期间根据需要，应经常给常绿苗土的叶面喷水。

六、移栽树木的修剪

1. 修剪的目的

（1）保持水分代谢的平衡：移植树木，不可避免地要损伤一些树根，为使新植苗木迅速成活和恢复成长，必须对地上部分适当剪去一些枝叶，以减少水分蒸腾，保持水分代谢的平衡。

（2）培养树型：修剪，还要注意能使树木长成预想的形态，以符合设计要求。

（3）减少伤害：剪除带病虫枝条，可以减少现虫危害。另外疏去一些枝条，可减轻树冠重量，对防止树木倒伏也有一定作用。这对春季多风沙的新植树木尤为重要。

2. 修剪的原则

树木的修剪，一般应遵循原树的基本特点，不可违反其自然生长的规律。

（1）落叶乔木

凡具有明显中央领导干的树种，应尽量保护或保持中央领导枝的优势。中干不明显的树种，应选择比较直立的枝条代替领导枝直立生长，但必须通过修剪控制与直立枝竞争的侧生枝。并应合理确定分枝高度，一般要求 2~2.5 米以上。

（2）灌木

一般两种方法，一为疏枝，即将枝条于着生基部剪除；另一为剪去枝条先端的一部分，短截。对灌木进行短截修剪，树冠一般应保持内高外低，成半圆形。对灌木进行疏枝修剪，应外密内稀，以利通风透光。根蘖发达的丛生树种，应多疏剪老枝，使其不断更新、旺盛生长。常绿树一般不剪。、

3. 修剪的方法和要求

（1）高大乔木应于栽前修剪；小苗灌木可于栽后修剪。

（2）落叶乔木疏枝时应与树干平齐，不留残桩，灌木疏剪应与枝面平齐。

（3）短截枝条，应选择在时芽上方 0.3~0.5cm 的适宜之处，剪口应稍斜向背芽的一面。

（4）修剪时应先将枯枝、病中枝、树皮劈裂枝剪去。对过长的徒长枝应加以控制。较大的剪、锯之伤口，应涂抹防腐剂或油漆。

（5）使用枝剪时，必须注意上下剪口垂直用力，切忌左右拨动剪刀，以免损伤剪口。粗大的枝条最好用手锯锯断，然后再修平锯口。

七、栽植

1. 散苗

将树苗按规定散放于定植穴内，称为“散苗”。

（1）要爱护苗木，轻拿轻放，不得损伤树跟、树皮、枝干或土球。

（2）散苗速度与栽苗速度相适应，边散边栽。散毕栽完，尽量减少树根暴露时间。

（3）假植沟内剩余苗木露出的根系，应随时用土埋严。

（4）对常绿树，树形最好的一面，应朝向主要的观赏面。

（5）散苗后，要及时用设计图纸详细核对，发现错误立即纠正，以保证植树位置的正确。

2. 栽苗

（1）栽苗的操作方法

1）露根乔木大苗的栽植法：一人将树苗放入坑中扶直，另一个用坑边好的表土填入，至一半时，将苗木轻轻提起，使根茎部位与地表相平，使根自然的向下呈舒展状态，然后用脚踏实土壤，或用木棒夯实，继续填土，直到与坑边稍高一些，再用力踏实或夯实一、二次，最后用土在坑的边缘做好灌水堰。

2）带土球苗的栽植法：栽植土球苗，须先量好坑的深度与土球高度是否一致，如有差别应及时挖深或填土，绝不可盲目入坑，造成来回搬支土球。土球入坑后应先在土球底部四周垫少量土，将土球固定，注意使树干直立，然后将包装材料剪开，并尽量取出。随即填入好的表土至坑的一半，用木棍于土球四周夯实，再继续用土填满穴并夯实，注意夯实时不要砸碎土球，最后围堰。

（2）栽苗的注意事项和要求

1）平面位置和高度必须符合设计规定。

2）树身上、下垂直。如果树干弯曲，其弯向应朝当地主风方向。

3）栽植深度：裸根乔木苗，应较原根茎土痕深 5~10cm；灌木应与原土痕齐；带土球苗木比土球顶部深 2~3cm。

4）灌水堰筑完后，将捆绕树冠的绳解开取下，使枝条舒展。

八、栽植的养护管理

1. 立支柱

较大苗木为了防止被风吹倒，应立支柱支撑，多风地尤应注意。单支柱：用固定的木棍或竹竿，斜立于下风方向，深埋入土 30cm，支柱与树干之间用草绳隔开，并将两者捆紧。双支柱：用两根木棍在树干两侧，垂直钉入土中，支柱顶部捆一横档；先用草绳将树干与横档隔开以防擦伤树皮，然后用草绳将树干与横档捆紧。三支柱：三条支柱呈三角形状分布，斜插入土中，用草绳将树干与支桩隔开固定绑紧。

2. 灌水

（1）开堰：苗木栽好后，先用土在原树坑的外缘起高约 15cm 左右圆形地堰，并用铁锹将土拍打牢固，以防漏水。栽植密度较大的树丛，可开成片之堰。

（2）灌水：苗木栽好的，无雨开掘在 24 小时之内，必须灌上第一遍水，水要分两次浇透，使土壤充分吸收水分，有利于土壤与根系紧密结合，这样才有利成活。北方干旱春季缺雨，苗木栽植后，10 天后，再次灌透水，以后根据天气情况，半月浇一次水，苗木栽植后，每株每次用灌水量因季节、天气状况而不同。

9-2-6　苗木栽后每株每次灌水量参考表

<table>
<tr><th>乔木胸径（cm）</th><th>灌木高度（m）</th><th>绿篱高度（m）</th><th>树堰直径（cm）</th><th>灌水堰（kg）</th></tr>
<tr><td>1.2～0.5</td><td>1～1.2</td><td>60</td><td colspan="2">50</td></tr>
<tr><td>1.5～1.8</td><td>1.2～1.5</td><td>70</td><td colspan="2">75</td></tr>
<tr><td>3～5</td><td>1.8～2.0</td><td>1.2～1.5</td><td>80</td><td>100</td></tr>
<tr><td>5～7</td><td>2.0～2.5</td><td>1.5～2.0</td><td>90</td><td>200</td></tr>
<tr><td>7～10</td><td>110</td><td colspan="3">250</td></tr>
</table>

3. 扶直封堰

（1）扶直：浇第一遍水渗入的次日，应检查树苗是否有倒、歪现象，发现后应及时扶直，将苗木固定好。

（2）拆堰培土：水分渗透后，用铁锹将围堰拆除，将土培在树根下部成突起状，并将表面的土块拍碎，可切断土壤的毛细管，减少水分蒸发，有利保墒。如栽植树木后马上种草，树木根部可不围堰，也不培土，但要在浇水后及时松土保堰，以利成活。

4. 整地

（1）土壤准备

地被和色块种植数量较多，根部可以深入地 40cm 以上，在这种条件下地上部分自然表现良好，可以深厚、肥沃的土壤对地被和色块的生长，发育大有好处。所以，种植地被和色块的土壤，厚度以不少于 40cm 为宜，并须耕翻疏松，为地被和色块植物的生长创造良好的生长条件。对含有砖石等杂质的土壤，虽然对地被和色块植物生长没有多大影响，但妨碍管理操作，所以应将杂物挑出来。必要时，应将 30～40cm 厚的表土全部过筛。

碱性土或又含有石灰，以及受过污染等，有害于地被和色块植物生长，则应将 40cm 厚的表层土，全部刨松运走，另换沙质壤土，以利于地被和色块植物的生长发育，一般地被和色块适合在微酸，中性和微碱性土中生长。

（2）施底肥

为提高土壤肥力，最好施一些优质的有机肥料做基肥。但不要用家畜，因其中含有大量杂草种子，会滋生以后草坪中野草滋生，后患无穷。

施肥量：每亩约可施农家肥，2500~3000 公斤，或麻渣，每亩 1000~1500 公斤，如需施磷肥，可每亩施过磷酸钙 10~15 公斤，不论施哪种肥料，都应粉碎，撒匀或土壤搅拌均匀，撒后翻入土中。

（3）防虫

为防治地下害虫，保护草极，可于施肥的同时，每施以适量农药，必须注意撒施均匀，避免药粉成团块状，影响地被和色块植物成活。

（4）整平

完成以上工作以后，将地整平，场地当中不可出现坑洼之处，以免积水。

5. 种植

（1）栽植法：自春至秋可进行，为及早形成地被和色块，一般栽植时间宜早春，要植树完成后可栽植地被和色块植物，呈条形栽植，密度见苗木表。

1）选择草源：以生长健壮的草坪做草源地，草源地的土壤，如果过于干燥，应在掘草前灌水。

2）掘草：掘取草根，其根部最好多带一些宿土，掘后及时装车运走，将草根堆放在荫凉处，堆放要薄，并经常喷水保持草根潮湿，必要时可搭荫棚存放。

3）栽麦冬草：以点栽形式进行。点栽法比较均匀，形成草地迅速，栽时一人负责分草并将杂草挑净，一人负责栽草，用花铲挖穴，深度和直径均为 6~7cm，株距 10cm，按三角形，将草根栽入穴内，用细土埋平，拍紧，并随时顺势搂平地面栽后及时喷水。经常灌水，保持草地潮湿，很快可以形成草地。

6. 地被和色块的管理

（1）喷水：不论栽麦冬草还是种色块，都要及时喷水，水点要细密、均匀，从上而下慢慢土壤，要经常保持土壤潮湿，很快即可成形。

（2）清除杂草：杂草是地被和色块的大敌，新植地被和色块，要及时清除杂草，也可采用适宜的化学除草剂，以保证地被和色块尽快形成覆盖地面。

九、植物的综合养护管理

绿化施工分二部分，一是栽植，二是管护。栽植后加强管护，才能保证园林植物有较高的成活率和较快的生长速度，以尽快实现设计要求的植物效果。

1. 灌水

所有植物的生命过程都离不开水，土壤中的含水量要满足植物生长的需要，新植树根系浅，抗旱力差，要经常浇水，根据土壤墒情来灵活掌握灌水次数和浇水量。树木成活期每半月一次，成活后每月一次。秋冬季要浇越冬水，春季要浇返青水，保证植物有充足的水分，促进其生长发育。

2. 施肥

通过施肥，供给园林植物生长所必需的养份，同时改良土壤。施肥以有机肥为主，夏季也可结合根外追肥，一般新栽树木，除基肥外，每年可施肥一至二次，春秋季进行。

3. 整形修剪

根据园林植物的作用不同，对其整形修剪要求也不同。除栽植时修剪整形外，一般每年的冬季要对树木进行一次整形，不同的植物根据其生物学特性分门别类进行整形修剪，使其生长成设计所要求的形状，以达到最佳景观效果。

4. 清除杂草

杂草是园林植物健康生长的劲敌，要及时组织人力尽早清除，以保证园林植物的正常生长发育。

5. 防治病虫害

植物生长发育是在错综复杂的生态条件下进行的。病虫害的侵袭是植物生长的大敌，在病虫害防治上需要贯彻“预防为主，综合防治”的原则，防患于未然。要加强病虫害的调整测报，一旦发生，要治早、治小、治了，选择最佳防治期进行有效消灭，不同的病虫害，采用不同的药物除治，要做到“对症下药，综合防治”以节约资金和人力，有效地控制病虫害的发生与蔓延，保证植物健康生长，巩固和提高绿化效果。

6. 看管、巡查

为了保护树木，免遭人为的其他的破坏，绿化设置看管和巡查人员，看护绿地，保护树木，发现问题及时反映处理。

第十章　公路工程项目管理

第一节　公路项目管理概述

在公路工程施工过程中，成本管理是非常重要的一项管理内容，对施工企业的经济效益和综合竞争力均有比较大的影响。公路工程施工项目的成本管理指的是对施工过程中所产生的费用进行控制。其中材料费用方面主要包括辅助材料费用、原材料费用以及构配件费用，施工机械方面主要包括租赁费用、使用费用，人员方面主要包括工资、津贴、奖金等方面的费用。在对成本进行控制和管理的过程中，需要加强各种影响因素的管理力度，选取合理的成本管理措施，消除施工浪费的情况。

一、公路项目施工成本管理的基本意义

1. 实现资源和资金价值的最大化

绝大多数公路工程项目在实际施工过程中通常需要耗费大量人力和物力以及财力，因此，为了保证公路工程项目资源与资金的合理利用，就需要对公路工程项目实施成本进行合理控制与分配，加强对公路工程项目的成本管理和资源管理，实现资源价值最大化。加强对工程项目成本管理不仅能够实现资源价值最大化，而且能节约更多的建筑资源，从而促进节约型社会的发展。

2. 全面提高工程项目各部门的成本管理意识

在公路工程项目实施过程中应当合理控制项目运行资本，但是，目前成本管理需要监督管理部门和财务部门以及施工各部门的相互配合，与项目各施工部门人员的责任感有着密切的联系。科学合理地控制公路工程项目的资源和资金，全面提高项目各部门的成本管理意识，提升施工人员和管理人员以及财务人员的责任感。

3. 有效提升项目管理部门的监督管理力度

伴随着我国经济体制的改革和公路建设的快速发展，经济承包责任制使得施工管理内容不断扩大，导致施工成本和施工质量等问题频频报出。合理控制公路工程项目的成本和

资源，促使工程各部门和各单位明确自身的管理职权和考核业绩目标。同时及时摒弃工作效率较差的施工队伍，实现项目成本管理目标。

二、影响公路工程项目成本增加的因素

1. 市场竞争激烈且管理机制不规范

当前来说，我国建筑市场竞争过于激烈，再加上竞争机制不够规范，索要回扣和垫资接工程等现象日益凸显，部分施工企业则为了谋取经济利益便采用劣质材料，导致工程项目质量堪忧。同时部分企业为了从项目中获取经济利益过度追求项目过剩质量，导致公路项目成本急剧上升。

2. 缺少完善和高效的成本管理系统

目前来说，我国公路工程施工项目普遍存在着管理手段落后的现象，缺少完善和高效的成本管理系统。大部分施工企业没有充分利用互联网优势建立健全成本信息管理系统。所以公路工程项目成本核算工作无法高效完成，无法系统地控制和管理项目施工成本。

3. 项目监管人员成本管理意识较低

公路工程施工项目的成本管理和质量控制相互分离。建设项目技术人员缺少经济观念，而项目监督管理人员缺少对施工成本的认识。工程施工项目大部分都是按照经验控制资金，缺少科学合理的成本管理体系。目前，公路工程施工项目成本管理主要对比目标值和实际值，若是施工实际值远离目标值，则会对差异原因进行分析，从而采取应对措施进行解决。公路工程项目施工绝大多数都是事后控制成本，无法预防与避免实际值和目标值的差异。

4. 公路项目管理不当使成本升高

公路项目管理不当可能会导致工程项目成本增加，同时项目管理不当也是影响成本的主要因素。其中，项目管理主要是指人工费用和材料费用以及现场经费等其他经费的管理。还包括技术人员和材料人员以及质检人员等的管理，因此如果项目管理不当，可能会导致公路工程项目成本急剧升高。

三、合理控制项目成本的有效措施

1. 明确目标责任成本与目标责任预算

在公路工程项目施工前，项目造价人员和管理人员应当指导工程项目管理部门明确工作目标和工作责任，结合目标和责任落实成本管理计划。合理制定公路工程项目的施工预算，确保项目工程的稳定进行。而施工现场的各项设施费用也需要结合实际施工需求不断调整，同时结合项目工程的合同条款、施工环境和人机配备以及市场趋势等制定各项费用的单价控制表，明确各部门的责任预算。合理划分各项部门的分工和责任，构成各项部门的责任成本，从而有效控制施工成本。此外，项目管理部门应当指引各工长签订各项目标

合同，并以质量和安全以及成本作为基本的考核目标，而各工长则需将施工任务落实到施工小组，确保施工小组能够有效完成各项施工任务。

2. 组织方面的措施

（1）提高人员素质。项目开工后，应由项目经理、总工组织各业务部门参与，培养懂施工、懂预算、懂经营管理的复合型人才进行优化管理。根据项目资源配置情况，结合工程工期、施工计划安排，采取灵活多样、合理经济的施工模式，充分利用社会一切可利用的资源，同时达到低风险、高效益的目的。

（2）严格合同管理。合同是施工单位工程成本管理的依据，合同签订的是否合理直接影响着企业的经济效益。因此，加强合同管理是施工单位应该考虑的一项成本管理方案，要在合同签订前认真的分析合同的关键条款，降低履约风险。应做好合同的评审工作和交底工作，尤其是对总包合同要合理逐层的传递和转移风险，同时也要使关键岗位人员对于合同的关键条款做到心中有数，做到施工过程的签证及时、完整、有效，杜绝建设单位因为各种理由对施工单位进行扣款和分包单位对总包单位的经济索赔。

（3）严格分包管理。一个有能力的施工队伍能够给项目部节省很大成本，在选择好的施工队伍的同时，要按照所签订分包合同的约定，按时进行结算。结算单要做到每月一清隔月作废，分包队伍退场前要按规定及时办理末次结算并签订合同封账协议，堵死发生纠纷的风险。

3. 技术施工方面的措施

在施工过程当中，技术人员一定要充分发挥主观能动性，对技术方案进行一定的技术经济论证，尽量找到能够降低消耗，提高工作效率的新技术、新工艺、新材料，制定出科学的经济合理的工程项目的施工方案。同时加强现场管理，减少因返工、返修发生的额外费用，从而达到成本管理的目的。

4. 人、材、机方面的措施

（1）严格控制人工费用。如果生产组织人员为了有效提高工作效率大量增加技术人员和劳务人员，那么就会出现人工浪费现象，项目管理人员应当加以管理和制止。为了有效控制人工费用，必须严格控制用工数量，不断改善劳动组织，对部分工序的工日进行有针对性的缩短或减少，严格控制窝工浪费问题。

（2）严格控制材料费用。材料费用占总成本的60%~70%，对项目成本及企业的经济效益有着直接的影响。为了有效控制材料费用，通常会使用量价分离原则实行控制，首先要严格控制工程材料的用量，坚持按照定额明确相应材料的消耗量，严格实行限额领料的制度。不断改进施工的技术，推广那些能够降低材料消耗的新工艺、新技术、新材料。分析工程的功能及材料的性能，从而尽量用低价的材料来代替高价的材料，强化对周转材料的管理，提高材料的周转次数；其次，严格控制材料的价格。通常都是采购部门在采购时进行控制，在确保质量的基础上，进行货比三家，选择优质的材料。采用就近原则购料，进行合理的运输，降低成本。

（3）有效控制机械费用。公路工程施工企业应当定期维护和保养机械施工设备，全面提升机械设备的利用率与完好率。尽可能减少在施工过程中消耗的机械台班，利用机械调配，科学施工组织，做好各项工序衔接工作，降低因为不正当的使用机械所造成的设备闲置。

5. 做好工程变更的成本管理

在施工过程中，工程变更是不可避免的，如果施工单位能够合理利用工程变更的有利条件和主动地位，往往可以给施工单位带来更多的利润。如不能有效处理新增变更的成本和利润关系，则会造成施工单位付出的比得到的多，对项目总成本管理不利。因此，施工单位应做好相关各方的沟通、协调工作，结合现场实际情况，对技术要求、计量规则、新单价的确定等问题深入分析。

6. 实行全面控制

全面成本管理是全企业、全员、全过程的管理。施工项目成本管理与每个职工的切身利益相关，并涉及项目组织中的各个部门的工作业绩。它又是一项综合性很强的指标，所以施工项目成本的控制管理也是需要项目建设者的群策力，它的高低也是需要大家去关心的。在施工准备开始以及对工程项目进行确定以后，将每一项经济业务都纳入成本管理。此外，采用动态管理方式进行成本管理，合理支配项目施工资金，严格审批施工项目各项经费支出，从而有效减少施工成本。项目要定期进行工程成本核算，对比分析预算收入和实际成本收入，对项目的盈亏状况进行及时地掌握，对成本核算节超的原因能够探索出来，然后采用科学措施对问题及时纠偏。同时，造价人员和项目管理人员应当保持密切的联系，针对项目管理人员的各项决策进行成本可行性分析。

第二节　公路项目费用管理

在公路工程施工过程中，成本管理是非常重要的一项管理内容，对施工企业的经济效益和综合竞争力均有比较大的影响。公路工程施工项目的成本管理指的是对施工过程中所产生的费用进行控制。其中材料费用方面主要包括辅助材料费用、原材料费用以及构配件费用，施工机械方面主要包括租赁费用、使用费用，人员方面主要包括工资、津贴、奖金等方面的费用。在对成本进行控制和管理的过程中，需要加强各种影响因素的管理力度，选取合理的成本管理措施，消除施工浪费的情况。

一、公路项目施工成本管理的基本意义

1. 实现资源和资金价值的最大化

绝大多数公路工程项目在实际施工过程中通常需要耗费大量人力和物力以及财力，因此，为了保证公路工程项目资源与资金的合理利用，就需要对公路工程项目实施成本进行合理控制与分配，加强对公路工程项目的成本管理和资源管理，实现资源价值最大化。加强对工程项目成本管理不仅能够实现资源价值最大化，而且能节约更多的建筑资源，从而促进节约型社会的发展。

2. 全面提高工程项目各部门的成本管理意识

在公路工程项目实施过程中应当合理控制项目运行资本，但是，目前成本管理需要监督管理部门和财务部门以及施工各部门的相互配合，与项目各施工部门人员的责任感有着密切的联系。科学合理地控制公路工程项目的资源和资金，全面提高项目各部门的成本管理意识，提升施工人员和管理人员以及财务人员的责任感。

3. 有效提升项目管理部门的监督管理力度

伴随着我国经济体制的改革和公路建设的快速发展，经济承包责任制使得施工管理内容不断扩大，导致施工成本和施工质量等问题频频报出。合理控制公路工程项目的成本和资源，促使工程各部门和各单位明确自身的管理职权和考核业绩目标。同时及时摒弃工作效率较差的施工队伍，实现项目成本管理目标。

二、影响公路工程项目成本增加的因素

1. 市场竞争激烈且管理机制不规范

当前来说，我国建筑市场竞争过于激烈，再加上竞争机制不够规范，索要回扣和垫资接工程等现象日益凸显，部分施工企业则为了谋取经济利益便采用劣质材料，导致工程项目质量堪忧。同时部分企业为了从项目中获取经济利益过度追求项目过剩质量，导致公路项目成本急剧上升。

2. 缺少完善和高效的成本管理系统

目前来说，我国公路工程施工项目普遍存在着管理手段落后的现象，缺少完善和高效的成本管理系统。大部分施工企业没有充分利用互联网优势建立健全成本信息管理系统。所以公路工程项目成本核算工作无法高效完成，无法系统地控制和管理项目施工成本。

3. 项目监管人员成本管理意识较低

公路工程施工项目的成本管理和质量控制相互分离。建设项目技术人员缺少经济观念，而项目监督管理人员缺少对施工成本的认识。工程施工项目大部分都是按照经验控制资金，缺少科学合理的成本管理体系。目前，公路工程施工项目成本管理主要对比目标值和实际值，若是施工实际值远离目标值，则会对差异原因进行分析，从而采取应对措施进行解决。公路工程项目施工绝大多数都是事后控制成本，无法预防与避免实际值和目标值的差异。

4. 公路项目管理不当使成本升高

公路项目管理不当可能会导致工程项目成本增加，同时项目管理不当也是影响成本的主要因素。其中，项目管理主要是指人工费用和材料费用以及现场经费等其他经费的管理。还包括技术人员和材料人员以及质检人员等的管理，因此如果项目管理不当，可能会导致公路工程项目成本急剧升高。

三、合理控制项目成本的有效措施

1. 明确目标责任成本与目标责任预算

在公路工程项目施工前，项目造价人员和管理人员应当指导工程项目管理部门明确工作目标和工作责任，结合目标和责任落实成本管理计划。合理制定公路工程项目的施工预算，确保项目工程的稳定进行。而施工现场的各项设施费用也需要结合实际施工需求不断调整，同时结合项目工程的合同条款、施工环境和人机配备以及市场趋势等制定各项费用的单价控制表，明确各部门的责任预算。合理划分各项部门的分工和责任，构成各项部门的责任成本，从而有效控制施工成本。此外，项目管理部门应当指引各工长签订各项目标合同，并以质量和安全以及成本作为基本的考核目标，而各工长则需将施工任务落实到施工小组，确保施工小组能够有效完成各项施工任务。

2. 组织方面的措施

（1）提高人员素质。项目开工后，应由项目经理、总工组织各业务部门参与，培养懂施工、懂预算、懂经营管理的复合型人才进行优化管理。根据项目资源配置情况，结合工程工期、施工计划安排，采取灵活多样、合理经济的施工模式，充分利用社会一切可利用的资源，同时达到低风险、高效益的目的。

（2）严格合同管理。合同是施工单位工程成本管理的依据，合同签订的是否合理直接影响着企业的经济效益。因此，加强合同管理是施工单位应该考虑的一项成本管理方案，要在合同签订前认真的分析合同的关键条款，降低履约风险。应做好合同的评审工作和交底工作，尤其是对总包合同要合理逐层的传递和转移风险，同时也要使关键岗位人员对于合同的关键条款做到心中有数，做到施工过程的签证及时、完整、有效，杜绝建设单位因为各种理由对施工单位进行扣款和分包单位对总包单位的经济索赔。

（3）严格分包管理。一个有能力的施工队伍能够给项目部节省很大成本，在选择好的施工队伍的同时，要按照所签订分包合同的约定，按时进行结算。结算单要做到每月一清隔月作废，分包队伍退场前要按规定及时办理末次结算并签订合同封账协议，堵死发生纠纷的风险。

3. 技术施工方面的措施

在施工过程当中，技术人员一定要充分发挥主观能动性，对技术方案进行一定的技术经济论证，尽量找到能够降低消耗，提高工作效率的新技术、新工艺、新材料，制定出科学的经济合理的工程项目的施工方案。同时加强现场管理，减少因返工、返修发生的额外费用，从而达到成本管理的目的。

4. 人、材、机方面的措施

（1）严格控制人工费用。如果生产组织人员为了有效提高工作效率大量增加技术人员和劳务人员，那么就会出现人工浪费现象，项目管理人员应当加以管理和制止。为了有效控制人工费用，必须严格控制用工数量，不断改善劳动组织，对部分工序的工日进行有针对性的缩短或减少，严格控制窝工浪费问题。

（2）严格控制材料费用。材料费用占总成本的60%~70%，对项目成本及企业的经济效益有着直接的影响。为了有效控制材料费用，通常会使用量价分离原则实行控制，首先要严格控制工程材料的用量，坚持按照定额明确相应材料的消耗量，严格实行限额领料的制度。不断改进施工的技术，推广那些能够降低材料消耗的新工艺、新技术、新材料。分析工程的功能及材料的性能，从而尽量用低价的材料来代替高价的材料，强化对周转材料的管理，提高材料的周转次数；其次，严格控制材料的价格。通常都是采购部门在采购时进行控制，在确保质量的基础上，进行货比三家，选择优质的材料。采用就近原则购料，进行合理的运输，降低成本。

（3）有效控制机械费用。公路工程施工企业应当定期维护和保养机械施工设备，全面提升机械设备的利用率与完好率。尽可能减少在施工过程中消耗的机械台班，利用机械调配，科学施工组织，做好各项工序衔接工作，降低因为不正当的使用机械所造成的设备闲置。

5. 做好工程变更的成本管理

在施工过程中，工程变更是不可避免的，如果施工单位能够合理利用工程变更的有利条件和主动地位，往往可以给施工单位带来更多的利润。如不能有效处理新增变更的成本和利润关系，则会造成施工单位付出的比得到的多，对项目总成本管理不利。因此，施工单位应做好相关各方的沟通、协调工作，结合现场实际情况，对技术要求、计量规则、新单价的确定等问题深入分析。

6. 实行全面控制

全面成本管理是全企业、全员、全过程的管理。施工项目成本管理与每个职工的切身利益相关，并涉及项目组织中的各个部门的工作业绩。它又是一项综合性很强的指标，所以施工项目成本的控制管理也是需要项目建设者的群策力，它的高低也是需要大家去关心的。在施工准备开始以及对工程项目进行确定以后，将每一项经济业务都纳入成本管理。此外，采用动态管理方式进行成本管理，合理支配项目施工资金，严格审批施工项目各项经费支出，从而有效减少施工成本。项目要定期进行工程成本核算，对比分析预算收入和实际成本收入，对项目的盈亏状况进行及时地掌握，对成本核算节超的原因能够探索出来，然后采用科学措施对问题及时纠偏。同时，造价人员和项目管理人员应当保持密切的联系，针对项目管理人员的各项决策进行成本可行性分析。

第三节　公路项目进度管理

工程进度涉及公路施工中业主和承包商双方的重大利益，是合同能否顺利执行的关键。因此，施工过程中，承包人都把计划进度和实际工程进度间的平衡，作为控制进度和计划管理的关键环节。在工程施工中，密切注视工程实际进度与计划进度间可能出现的偏差，及时地调整进度计划，加快工程进度，以便按计划完成任务。这些都是实现计划进度的原则和步骤。因此，在工程项目实施中，承包人一定要制订出一套控制进度的措施和科学的计划、管理方法，以保证工程在合同规定的期限内顺利完成。

一、施工进度控制

1. 施工进度控制的概念

施工进度控制与投资控制和质量控制一样，是工程施工中的重点控制之一。它是保证工程按期完成、合理配置资源、节约成本、加强管理、提高经济效益的重要措施。

施工进度控制是指在既定的工期内，编制出最佳施工进度计划，在执行该计划的过程中，经常检查施工实际进度情况，并将其与计划进度相比较。若出现偏差，便分析产生的原因和对工期的影响程度，找出合理的调整措施，修改原计划，不断地如此循环，直至工程竣工验收。施工进度控制的总目标是确保工程既定目标工期的实现，或者在保证施工质量和不因此增加工程成本的前提下，适当缩短施工工期。

2. 施工进度控制方法、措施和任务

（1）施工进度控制的方法

施工进度控制方法，是施工管理的基本方法，主要是计划、控制和协调。计划是指确定施工项目总进度控制目标和分进度控制目标，并编制其进度计划。控制是指在施工过程中，进行施工实际进度与计划进度的比较，若出现偏差，及时采取措施调整。协调是指协调与施工进度有关的单位、部门和施工队、施工班组之间的关系。

（2）施工进度控制的措施

施工进度控制采取的主要措施有组织措施、技术措施、合同措施、经济措施和信息管理措施等。组织措施主要是指落实各层次进度控制的人员、具体任务和工作责任；建立进度控制的组织系统；按照施工项目的结构、进展的阶段或施工合同等进行项目分解，确定

其进度目标，建立控制目标体系；确定进度控制工作制度，如检查时间、方法，协调会议时间、参加人等；对影响进度的因素分析和预测。技术措施主要是采取加快施工进度的技术方法。合同措施是指对施工作业单位签订施工合同的工期与有关进度计划目标相协调。经济措施是指实现进度计划的资金保证措施。信息管理措施是指不断地收集施工实际进度的有关资料进行整理统计与计划进度比较，定期地向建设单位提供比较报告。

（3）施工进度控制的任务

施工进度控制的主要任务是编制施工总进度计划并控制其执行，按期完成整个施工任务；编制单位工程施工进度计划并控制其执行，按期完成单位工程的施工任务；编制分部分项工程施工进度计划，并控制其执行，按期完成分部分项工程的施工任务；编制季度、月（旬）作业计划，并控制其执行，完成规定的目标等。

3. 影响施工进度的因素

由于工程项目施工具有社会性和系统性的特点，尤其是较大和复杂的施工项目，工期较长，影响进度因素较多。编制计划和执行控制施工进度计划时必须充分认识和估计这些因素，才能克服其影响，使施工进度尽可能按计划进行。当出现偏差时，应认真考虑有关影响因素，分析产生的原因。其主要影响因素有：

（1）有关单位的影响

主要施工单位对施工进度起决定性作用，但是建设单位或设计单位、材料设备供应部门、运输部门、水、电供应部门及政府有关主管部门，都可能给施工某些方面造成困难而影响施工进度。其中，设计单位图纸不及时或有错误，以及有关部门或业主对设计方案的变动，是经常发生和影响最大的因素。材料和设备不能按期供应，或质量、规格不符合要求，都影响工程顺利进行。资金不能保证也会使施工进度中断或速度减慢等。

（2）施工条件的变化

施工中工程地质条件和水文地质条件与勘察设计不符，如软弱地基、地下障碍物以及恶劣的气候、高温、暴雨和洪水等，都对施工进度产生影响，造成临时停工或破坏。

（3）技术失误

施工单位采用施工技术不当，施工中发生技术事故；应用新技术、新材料、新结构缺乏经验，不能保证质量等，都要影响施工进度。

（4）施工组织安排不力

施工安排不合理、劳动力和施工机械调配不当、流水施工作业不顺畅等都会影响施工进度计划的实施。

（5）意外事件的出现

施工中如果出现意外的事件，如：严重自然灾害、火灾、重大工程事故等都会影响施工进度计划。

二、施工进度计划的实施与检查

1. 施工进度计划的实施

施工进度计划的实施是施工活动的全面展开，也就是施工进度计划指导施工活动、落实和完成计划的过程。为保证计划的实施，并尽量按编制的计划时间逐步进行，保证各进度目标的实施，应做好以下工作：

（1）实施前的准备工作

1）检查各层次的计划，形成严密的计划保证系统所有施工进度计划，都是围绕一个总任务而编制的，各层次之间的关系是：高层次计划是低层次计划的依据，低层次计划是高层计划的具体化。在其贯彻执行时，首先检查是否协调一致，计划目标是否层层分解，互相衔接，组成一个计划实施的保障体系，以“施工任务书”的方式下达各施工队，以保证实施。

2）层层签订承包合同或下达施工任务书

施工的各级层次之间，按照《经济合同法》的规定，分别签订承包合同，按计划明确合同工期、相互承担的经济责任、权利和义务，或采用下达施工任务书的方式，将任务下达到施工队组，明确具体施工任务、技术措施、质量要求等内容，使施工队组必须保证按计划时间完成规定的任务。

3）进度计划全面交底，发动职工实施计划

施工进度计划的实施是全体施工人员步调一致的行动。要使有关人员都明确各项计划的目标、任务、实施方案的措施，使管理层和作业层协调一致，将计划变成职工的自觉行动，就要充分发动群众。在计划实施前就要进行计划交底工作，可根据计划的范围召开职工代表大会，或各级生产会议进行交底落实。

（2）施工进度计划的实施

1）编制月（旬）施工作业计划

将工程任务结合现场施工条件，在施工开始前和过程中，编制逐月（旬）作业计划，使施工计划更具体、切合实际和具有可行性。计划中要明确：本月（旬）应完成的任务，所需要的各种资源量，提高劳动生产率和节约投资的具体措施。

2）签发施工任务书

按照月（旬）作业计划，将具体任务通过签发施工任务书的方式进一步落实。施工任务书是下达任务、实行责任承包、全面质量管理和作好原始记录的综合性文件，它是计划和实施的纽带。

（3）作好施工进度记录，填好施工进度统计表

在计划实施过程中，各级施工进度计划的执行者，都要跟踪生产作好施工记录，实事求是地记载每项工作开始日期、工程进度和完成日期，并填好有关施工进度统计表，为施工进度检查分析提供信息。

（4）做好施工中的调度工作

调度工作是保证施工进度计划顺利进行的重要手段，是组织施工各阶段、环节、专业和工种的互相配合、进度协调的指挥中心。其主要任务是：掌握计划实施情况，协调各方面关系，采取措施，解决矛盾，加强薄弱环节，实现动态平衡，保证完成进度目标。

2. 施工进度计划的检查

在施工过程中，为了进行进度控制，进度控制人员应经常地、定期地跟踪检查工程进度情况。主要是收集进度资料，进行统计整理和对比分析，确定实际与计划之间的相对关系。其主要工作包括：

（1）跟踪检查施工实际进度

跟踪检查施工实际进度，目的是收集有关信息（数据），保证收集数据的质量和检查的时间。检查的时间间隔与工程的类型、规模、施工条件和对进度执行要求有关，通常可每月、半月、旬或周进行一次，特殊情况也可每日进行检查或派人驻现场督阵。检查和收集资料的方式一般采用进度报表方式或定期召开进度工作汇报会。

（2）整理统计检查数据

一般按实物工程、工作时间和劳动消耗量以及累计百分比整理和统计实际收集的数据，与相应的计划相对比。

（3）对比实际进度与计划进度

将收集的资料整理和统计后，把实际和计划进行分析比较。通常用的方法有：横道图比较法、网络计划比较法、“S”形曲线比较法、“香蕉”形曲线比较法和列表比较法等。通过比较分析得出实际与计划处于同步、超前、滞后哪种状态。

（4）施工进度检查结果的处理

进度检查的结果，按照检查报告制度的规定，向有关主管人员和部门汇报。

进度控制报告是把检查比较的结果和施工进度现状以及发展趋势，提供给经理和各级业务职能负责人的最简单的书面形式报告。其内容主要包括：工程实施概况、管理和进度概况，材料、物资和构配件供应进度，劳务记录及预测，日历计划，施工图纸提供情况，对业主、设计单位和承包商的变更指令等。报告时间一般与进度检查时间相协调，由计划负责人或进度管理人员与其他管理人员协助编写。进度控制报告根据报告的对象不同，按不同的编制范围和内容分别编写。根据项目法施工一般分为：项目概要级进度控制报告、项目管理级进度控制报告和业务管理级进度控制报告。

三、施工进度比较与计划调整

1. 施工进度比较

施工进度比较分析与进度计划的执行是融汇在一起的，进度比较是计划执行信息的主要来源，是施工进度调整和分析的依据，是进度控制的主要环节。施工进度比较是实际进度与计划进度相对比，从而发现偏差，以便调整或修改计划。一般是在图表上对比，并因计划图形的不同产生了多种比较方法，有横道图比较法、网络计划比较法、曲线比较法、列表比较法。一般常用横道图比较法。

横道图比较法方法简单、形象、直观、容易掌握、使用方便，是公路施工中进度控制比较常用的方法。

横道图比较法，是把在施工中检查实际进度收集的信息，经整理后直接用横道线并列标于原计划的横道线下方，进行直观比较的方法。完成任务一般用实际完成量的累计百分比与计划的应完成量的累计百分比进行比较。

当同一时刻上下两个累计百分比相等，表明实际进度与计划进度一致；当同一时刻上面的累计百分比大于下面的累计百分比，表明该时刻实际施工进度拖后，拖后的量为二者之差；当同一时刻上面的累计百分比小于下面累计百分比，表明该时刻实际施工进度超前，超前的量为二者之差。

值得指出，由于工作的施工速度是变化的，因此横道图中进度横线，不管计划的还是实际的，只表示工作的开始时间、持续天数和完成时间，不表示计划完成量和实际完成量，这两个量分别通过标注在横道上方及下方的累计百分比数量表示。实际进度的涂黑粗线是从实际工程的开工日期划起，若实际施工间断，可在图中将涂黑粗线作相应的空白。

横道图比较法，有其不可克服的局限性，如各工作之间的逻辑关系不明显，关键工作和关键线路无法确定，一旦某些工作进度产生偏差时，难以预测其对后续工作和整个工期的影响及确定调整方法。

2. 施工进度计划的调整

（1）分析进度偏差的影响

通过进度比较，判断出进度有偏差时，应当分析该偏差对后续工作和总工期的影响。

若出现偏差的工作为关键工作，无论偏差大小，都对后续工作及总工期产生影响，必须采取相应的调整措施；若出现偏差的工作不是关键工作，确定对后续工作和总工期的影响程度。

（2）施工进度计划的调整方法

在对实施进度计划分析的基础上，一般有以下两种调整原计划的方法：

1）改变某些工作间的逻辑关系

若检查的实际施工进度产生的偏差影响了总工期，在工作间的逻辑关系允许改变的条件下，改变关键线路和超过计划工期的非关键线路上的有关工作间的逻辑关系，达到缩短工期的目的。用这种方法调整的效果是很明显的，例如可以把依次进行的有关工作，改变为平行作业或互相搭接作业，以及分成几个施工段进行并列施工等，都可以达到缩短工期的目的。

2）缩短某些工作的持续时间

这种方法不改变工作间的逻辑关系，而是缩短某些工作的持续时间，使施工进度加快，并保证实现计划工期的方法。这些被压缩持续时间的工作，是由于实际施工进度的拖延，而引起总工期推后的关键线路和某些非关键线路上的工作。同时，这些工作又是可压缩持续时间的工作，这种方法主要是增加人力和设备投入。

第四节　公路项目质量管理

公路工程建设是一个系统工程，影响公路工程质量的因素很多，国家政策、技术规范、施工工艺、管理水平、工作质量及设计、施工、监理、业主、监督各单位的建设行为等因素都与工程质量息息相关。

一、加强源头控制

首先，对公路工程质量的控制要从工程设计方面入手，工程施工设计方案必须符合设计规范要求和工程现场的实际情况。

其次，工程设计方案除了要确保结构的稳定性之外，还必须具有可实施性。也就是说要综合工程所在地的地质情况、施工条件、气候特点以及人文环境等方面的实际情况，因地制宜，综合考虑，使设计方案具有可行性、安全性和效益性。

最后，在工程施工过程中，设计单位应作好后续的服务跟踪工作。在公路工程建设过程中，在设计阶段不可能面面俱到，很多问题只有在施工过程中才能发现，如地质变化、自然灾害等。对于在施工过程中发生的设计变更，设计单位必须遵循质量至上、安全第一的原则，不能为了追求进度、节约成本而降低设计要求。

二、加强过程控制

公路工程的质量控制，主要体现在施工过程中，设计、施工、监理、业主、监督各单位应各负其责，相应履行工程设计、施工控制、质量监管、监督审查的职能。从施工方面来说，控制工程质量的具体措施如下：

1. 建立、健全质量保证体系

建立、健全质量保证体系是质量控制的先决条件，科学合理的质保体系能保证质量控制有序、高效运行，能为质量控制提供决策保证。没有切实可行的质量保证体系，质量控制就成了无源之水，无本之木。

2. 制定、完善质量控制措施

质量控制措施是对质量保证体系的完善和细化，是质量保证体系得以有效运行的保障。

实施质量控制首先要建立、健全质量自检措施。自检措施应从检测程序、检测设备、检测手段、技术力量等方面着手，层层把关，环环紧扣。尤其是要注重项目的控制性工程和隐蔽工程的自检，检测不合格的一律不得进行下一道工序的施工。

实施质量控制在具体实施过程中一是要注重对主要原材料的检测控制。要从入围厂家的选择、进场材料的试验检测、加工安装的工序监控等方面着手，严格把关，杜绝不合格材料进入施工工序，在施工过程中及施工完成后发现材料质量问题的，必须严格按照设计图纸及技术规范的要求采取返工或其他能够满足设计规范要求的补救措施。

其次要注重对施工工序的过程控制。纵然原材料合格，施工方案可行，保障措施完备，但是如果施工工序不当，往往会使前面的努力付诸东流。施工工序除了按照一般的施工原理、技术措施、工艺流程进行之外，还必须遵循项目的专项施工组织设计对工序的相关要求。

最后还要根据工程所在地的地理、气候特征制定冬季、雨季施工技术方案。

3. 制定、执行质量奖惩措施

控制工程的质量，除了采取科学合理的施工组织措施和质量控制方案之外，还要发挥施工技术人员的主观能动性，实行质量奖惩不是目的而是质量创优的手段。通过奖惩措施制定和执行，能够树立和培提高施工技术人员的质量意识，同时也起到了一定的鞭策和警示作用。

4. 加强信息沟通和协调

加强与设计、监理、业主、监督各单位的信息沟通和协调，严格执行监理、业主、监督各单位关于质量控制方面的文件、工作指令。很多质量隐患和事故的发生都是由于工程的相关各方缺乏沟通或者是相互推诿、扯皮造成的。

三、加强跟踪控制

对于已完工的工程，在质量缺陷责任期内，如果存在路基沉陷、桥头跳车、路面早期破坏、边坡失稳等质量问题，必须适时对其进行跟踪测控，做到早发现，早解决。

第五节　公路项目合同管理

一、公路工程合同工程量清单

（一）工程量清单的特点

1. 工程量清单是招投标的产物，是投标文件和合同文件的重要组成部分。
2. 工程量清单必须和招标文件的技术规范、图纸相一致。
3. 工程量清单各章编号应和技术规范相应章节编号一致。
4. 工程量清单的工程细目与预算定额的工程细目有些规定相同，有些名称相同含义不同，有些预算定额没有，计量方法与概、预算定额的规定也有一定差异。

5. 工程量清单中所列的工程数量是设计的预计数量。

6. 工程量清单中有标价的单价或总额包括了工、料、机、管理、利润、缺陷修复、税金等费用，以及合同中明示或暗示的所有责任、义务和一般风险。

7. 在合同履行过程中，标有单价的工程量清单是办理结算进而确定工程造价的依据。

（二）工程量计量办法

1. 一切工程的计量，应由承包人提供符合精度要求的计量设备和条件，并由承包人计算后报监理工程师审核确认。

2. 凡超过了图纸所示或监理工程师指示或同意的任何长度、面积或体积，都不予计量。

3. 全部必需的模板、脚手架、装备、机具和联结螺栓、垫圈等其他材料，应包括在其他支付细目中，不单独计量。

4. 如果规范规定的任何分项工程或其细目未在工程量清单中出现，则应被认为是其他相关工程的附属义务，不再单独计量。

（三）工程量清单的编写

1. 说明，又称“前言”或“绪论”，主要说明编制工程量清单时应遵守的规定及注意事项。

2. 工程细目，就公路工程而言，根据工程的不同部位分为总则、路基、路面、桥梁涵洞、隧道、安全设施及预埋管线、绿化及环境保护七部分。

3. 计日工明细表，也称“散工”或“按日计工”，在招标文件中一般列有劳务、材料和施工机械三个计日工表。

4. 工程量清单汇总表，包括第 100 章至第 700 章合计、计日工合计、暂定金额和投标总价。

二、公路工程项目分包合同

主要内容：

1. 工程范围和内容。

2. 工程变更。

3. 支付条件。

4. 保留金和缺陷责任期。

5. 拖延工期违约损失偿金。

6. 双方的责任、权利和义务。

7. 其他方面。诸如合同的变更、中止、解除、纠纷解决等条款，可以参照总承包合同订立。

三、公路工程项目的其他采购合同

（一）施工物资供应商的选择

1. 公开招标。

2. 邀请招标，受邀参加投标的单位不得少于 3 家。

3. 其他方式（询价方式）。

（二）加强施工物资采购合同管理的意义

1. 有利于降低工程成本，实现投资效益；

2. 有利于协调施工时间，确保实现进度控制目标；

3. 有利于提高工程质量，达到规范要求。

四、公路工程合同计量支付程序

（一）工程计量程序

1. 工程计量的组织类型

（1）监理工程师独立计量。

（2）承包人进行计量。

（3）监理工程师与承包人共同计量。

2. 现场计量的程序

对于签发中间交工证书的工程项目，首先由监理人员通知承包人计量的时间，并做好有关的计量准备工作。采用监理工程师与承包人共同计量的方式，一般由监理工程师与承包人委派的计量支付负责人组成一个计量小组，小组人员按通知的时间到现场进行计量，然后将计量的记录（中间计量表）及有关资料报监理工程师核对确认，经监理工程师确认的中间计量表，作为中期支付的依据。

（二）工程计量的方法

1. 断面法。

2. 图纸法。

3. 钻孔取样法。

4. 分项计量法。

5. 均摊法。

6. 凭证法。

7. 估价法。

（三）工程费用支付的程序

1. 中期支付程序

（1）中期支付申请。申请的形式是填报月结账单一式六份。

（2）中期支付申请的审定。

（3）《中期支付证书》的签发。

2. 最终支付程序

（1）在合同工程交工证书签发后42天之内，承包人应以监理工程师批准的格式向监理工程师提交一份交工结账单，并附上详细资料说明的证实文件，表明：

1）合同规定，直到交工证书中写明的交工日期为止按合同完成的全部工程的最终价值；

2）承包人认为应付给他的其他款项；

3）承包人认为本合同项下（整个合同期）到期应付给他的各项款额的估算值。

（2）在发出缺陷责任终止证书后的28天之内，承包人应以监理工程师批准的格式向监理工程师提交一份最后结账单草案，并附上详细的证实文件，供监理工程师考虑，表明：

1）根据合同规定已经完成的全部工程的价值；

2）承包人根据合同规定认为应付给他的任何其他款项。

（3）在提交最后结账单时，承包人应给业主一份书面清账书，并抄送监理工程师，确认最后结账单中的总金额代表了根据合同规定应付给承包人的全部款项的最后结算。

（4）在最后结账单和清账书收到14天之后，监理工程师应签发一份最后支付证书报业主审批，并抄给承包人，说明：

1）监理工程师认为根据合同规定的最后应付的款额；

2）在对业主以前所付的全部款额和业主根据合同规定应得的全部款额予以确认后，业主欠承包人或承包人欠业主（视具体情况）的差额（如有）。

五、公路工程合同变更程序

（一）工程变更的确认及处理程序

1. 工程变更的确认过程

提出工程变更→分析提出的工程变更对项目目标的影响→分析有关的合同条款和会议、通信记录→初步确定处理变更所需的费用、时间范围和质量要求→确认工程变更。

2. 工程变更的处理程序

（1）发包人对原设计进行变更。施工中发包人如果需要对原工程设计进行变更，应不迟于14天以书面形式向承包人发出变更通知。

（2）承包人原因对原设计进行变更。施工中承包人提出的合理化建议涉及对设计图纸或施工组织设计的更改及对原材料、设备的更换，需经工程师同意，工程师同意变更后，也需经原规划管理部门和其他有关部门审查批准，并由原设计单位提供变更相应的图纸和说明。

（3）其他变更的程序：除设计变更外，其他能够导致合同内容变更的都属于其他变更。这些变更的程序，首先应由一方提出，与对方协商一致签署补充协议后，方可进行变更。

（二）变更后合同价款的确定

1. 变更后合同价款的确定程序

工程变更发生后，承包人在工程变更确定后 14 天内，提出变更工程价款的报告，经工程师确认后调整合同价款。承包人在确定变更后 14 天内不向工程师提出变更工程价款报告时，视为该项设计变更不涉及合同价款的变更。工程师收到变更工程价款报告之日起 7 天内，予以确认。工程师无正当理由不确认时，自变更报告送达之日起 14 天后变更工程价款报告自行生效。

2. 变更后合同价款的确定方法

（1）合同中已有适用于变更工程的价格，按合同已有的价格计算变更合同价款；

（2）合同中有类似于变更工程的价格，可以参照此价格确定变更价格，变更合同价款；

（3）合同中没有适用或类似于变更工程的价格，由承包人提出适当的变更价格，经工程师确认后执行。

六、公路工程合同索赔程序

（一）费用索赔的计算方法

1. 实际费用法。

2. 总费用法。

3. 修正总费用法。

（二）工期索赔计算方法

1. 网络分析法

网络分析法就是利用进度计划的网络图，分析其关键线路。如果延误的工作为关键工作，则总延误的时间为批准顺延的工期；如果延误的工作为非关键工作，当该工作由于延误超过时差限制而成为关键工作时，可以批准延误时间与时差的差值；若该工作延误后仍为非关键工作，则不存在工期索赔问题。

2. 比例计算法

对于已知额外增加工程量的价格：

工期索赔值 = 额外增加的工程量的价格 ÷ 原合同价 × 原合同总工期

比例计算法不适用于变更施工顺序、加速施工等事件的索赔。

（三）可以申请索赔的条款

1. 合同文件出错引起的索赔：由业主支付给承包商以额外费用作为补偿，该索赔仅为工程费用，不包括利润。

2. 由于图纸延迟交出造成的索赔：承包商应该得到补偿。

3. 由于不利的实物障碍和不利的自然条件引起的索赔：承包商只能索赔工程费用而无利润。

4. 由于工程师提供的水准点、基线等测量资料不准确造成的失误与索赔：承包商有权索取工程费用和利润。

5. 承包商根据监理工程师指示进行额外钻孔及勘探工作引起的索赔：承包商有权索赔工程费用和利润。

6. 由业主风险所造成的损害的补救和修复所引起的索赔：根据风险公平分担的原则，承包商只能索赔工程费用，无权索赔利润。

7. 因施工中承包商开挖到化石、文物、矿产等珍贵物品，要停工处理引起的索赔：承包商必须遵照监理工程师的指示来帮助处理这类物品，所花费的款项由业主支付，包括工程费用和利润，若影响的工程处于关键线路，可申请工期延长。

8. 由于需要加强道路与桥梁结构以承受“特殊超重荷载”而索赔：承包商进行加强结构工程，只可索赔有关工程费用，无权得到利润。

9. 由于业主雇佣其他承包商的影响，并为其他承包商提供服务提出索赔：承包商为业主委托的其他承包商提供机械设备或服务，应获得一批款额，包括工作费用和利润。

10. 由于额外样品与试验而引起的索赔：承包商有权索取试验或样品费用，无权索取利润。

11. 由于对隐蔽工程的揭露或开孔检查引起的索赔：

（1）已覆盖的隐蔽工程，工程师下令再行揭露或开孔，属于下列情况者，一切费用应由业主承担：揭开后的隐蔽工程符合图纸和规范要求；承包商已经在隐蔽工程建好将要隐蔽之前，书面通知了工程师或驻地工程师，并给予了充分的时间，让其检查将要覆盖的工程，而驻地工程师未去检查；

（2）若揭开后的工程并不符合合同及规范的要求，或承包商未能按规定为驻地工程师提供时机检查隐蔽工程或发出正式书面通知，则由承包商承担一切费用；

（3）若揭开后的工程符合要求，承包商有权索赔工程成本、管理费和利润。

12. 由于工程中断引起的索赔：工程是由于工程师或业主所犯的过失而中止，或由于特殊风险而不得不中止，承包商只能索赔与工程中止有关的费用，无权索赔利润。

13. 由于业主将土地延迟移交引起的索赔：承包商可索赔有关费用，不能取得利润。

14. 由于非承包商原因造成了工程缺陷需要修复而引起的索赔：承包商在按监理工程师的指令进行修复工作后，可以向业主索赔工程费用和利润。

15. 由于要求承包商调查和检查缺陷而引起的索赔：承包商的责任造成的，则承包商应自费调查、检查和修复这些缺陷；若是由业主等原因造成了缺陷，这些调查缺陷的费用由业主支付。

16. 由于工程变更引起的索赔：索赔工程变更款项时，即可索赔到工程费用，也可能索赔到利润。

17. 由于变更使合同总价超出有效合同价的 15% 而引起的索赔：此项费用索赔参见工程变更的相关内容。

18. 由于特殊风险引起的工程被破坏和其他款项支出而提出的索赔：承包商有权要求索赔修复工程所需费用以及替换或修复工程的材料或设备。

19. 因特殊风险使合同终止后的索赔：若发生特殊风险，根据法律和合同约定，合同可以终止。合同提前终止后，除了要对终止前的债权债务进行清理结算外，双方都不负责赔偿责任。其中承包商已经履行了义务的任何开办费、服务费、工程材料费、设备费、遣返费、附加费、已完工程遭受损坏甚至全部毁灭等，业主都应向承包商付款。

20. 合同解除后的索赔：合同解除后，当事人之间都有要求赔偿损失的权利，合同的有关解决争端、结算互欠债务或工程款等不因合同的解除而失去法律效力。若合同当事人之间还有未尽义务和争端，原合同条款仍有效。当事人一方除按合同解除前已进行的工作结算外，还可以对合同解除前已发生的经济损失以及解除合同本身所产生的的损失向对方索赔。

21. 业主违约引起工程终止等的索赔：

当业主违约后，承包商可以立即给予业主和监理工程师以书面通知，要求终止合同。在通知发出 14 天之后便有权从工地尽快撤离所有的设备，终止工程施工，但下列情况除外：

（1）当发生业主迟付工程进度款后，承包商发出了索赔及要求中断工程的申请，监理工程师已受理，并通知业主加付迟付工程款的利息，承包商这时应正常进展工程。

（2）当业主的无理干涉、阻挠或拒绝证书颁发等事项已经监理工程师等交涉获准，承包商只可提起延期或费用索赔，而不必再中止工程。

22. 由于物价变动引起的工程成本的增加的索赔：若合同中写明施工期间考虑物价风险，并确定了价格调整公式，当物价波动使承包商付出了额外费用时可提出物价索赔。

23. 由于后继法规的变化引起的索赔：如果在的递交投标书截止日之前的 28 天以后，施工所在国家或地方的法令、法规、命令、法律或规章发生了变化，由此引起了承包商施工费用的额外增加，承包商有权提出索赔。

24. 由于汇率及货币变化引起的索赔：在承包商递交投标书截止日之前的 28 天以后，若施工所在国家实行货币限制以及货币汇兑限制或汇率发生变化，使承包商受到经济损失，则有权提出索赔要求，并从业主那里得到相应的经济补偿，以使承包商免受此类损失和损害。

第六节 公路项目安全管理

施工有了安全保障，才能持续、稳定的发展。如果在施工中经常出现安全事故，施工生产必定会陷入混乱、甚至瘫痪状态。当施工与安全发生矛盾时，要把施工停下来进行安全整顿，消除不安定因素后，才能继续施工。没有施工安全就没有施工质量，也没有施工速度和施工效益。

在安全施工管理方面，要有必要的投入，既要保证生产安全，又要经济合理。单纯为了省钱而忽视安全生产，或单纯为了追求安全而不惜资金的高标准都不可取。

一、安全施工管理的基本原则

1. 贯彻预防为主的方针

安全生产的方针是“安全第一，预防为主”。安全第一是从保护生产力的角度和高度，表明在生产范围内，安全与生产的关系，肯定安全在生产活动中的位置和重要性。

进行安全管理不只是处理事故，主要还是在生产活动中，针对生产的特点，对生产因素采取管理措施，有效地控制不安全因素的发展与扩大，把可能发生的事故，消灭在萌芽状态。

2. 管生产的同时管安全

安全寓于生产之中，并对生产发挥促进与保证作用。因此，安全与生产虽有时会出现矛盾，但在安全和生产管理的目标上却表现出高度的一致和完全的统一。

管生产的同时管安全，不只是对各级领导人员明确安全管理责任，同时，也向一切与生产有关的机构，人员，明确了业务范围内的安全管理责任。由此可见，一切与生产有关的机构、人员，都必须参与安全管理并在管理中承担责任。认为安全管理只是安全部门的事，是一种片面的、错误的认识。

3. 坚持全面动态管理

即在施工生产中，坚持全员、全过程、全方位、全天候的动态安全管理。

二、安全施工管理措施

1. 落实安全生产责任制

（1）建立和完善以项目经理为首的安全生产领导组织，有组织有领导的开展安全管理活动，承担组织、领导安全生产的责任。

（2）建立各级人员安全生产责任制度，明确各级人员的安全责任。

（3）项目经理是施工项目安全管理的第一责任人；

（4）各级职能部门、人员，在各自业务范围内，对实现安全生产的要求负责；

（5）全员承担安全生产责任，建立安全生产责任制，从经理到工人的生产系统做到纵向到底，一环不漏。各职能部门、人员的安全生产责任做到横向到边，人人负责。

2. 坚持“持证上岗”制度

一切从事生产管理和操作人员，依照其从事的生产内容，分别通过企业、施工项目的安全审查，取得安全操作许可证，持证上岗。特种作业人员，除经过企业的安全审查外，还需按规定参加安全操作考核，取得监察部门核发的《安全操作合格证》。施工现场如果出现特种作业无证操作现象时，施工项目经理必须承担管理责任。

（1）一切管理、操作人员均需与施工项目经理签订安全协议，向施工项目经理做出安全保证。

（2）安全生产责任落实情况的检查，应认真、详细的记录，作为分配、补偿的依据之一。

3. 加强安全教育与训练

安全教育，训练包括知识、技能、意识三个阶段。

（1）安全知识教育。使操作者了解、掌握生产操作过程中潜在的危险因素及防范措施。

（2）安全技能训练。使操作者逐渐掌握安全生产技能，获得完善化、自动化的行为方式，减少操作中的失误现象。

（3）安全意识教育。在于激励操作者自觉遵守安全生产操作规程。

4. 安全检查

安全检查是发现不安全行为和不安定状态的重要途径，是消除施工生产中的事故隐患，落实整改措施，防止发生事故的重要方法。安全检查的形式有普退检查、专项检查、定期检查与不定期检查。

5. 实行作业标准化、规范化

在施工操作人员产生的不安全行为中，有的不知道正确的操作方法，有的为了快而省略了必要的操作步骤，有的按自己的习惯进行操作。按科学的作业标准规范施工操作人员的行为，有利于减少或消灭不安全行为，减少人的操作失误，从而避免安全事故的发生。

6. 做好安全事故的调查与处理工作

（1）发生事故后，以严肃、科学的态度去认识事故，实事求是的按照规定、要求报告。不隐瞒，不虚报，不避重就轻是对待事故科学、严肃态度的表现。

（2）积极抢救负伤人员的同时，保护好事故现场，以利于调查事故原因，从事故中找到生产因素控制的差距。

（3）分析事故，弄清发生过程，找出造成事故的人、物、环境状态方面的原因。分清造成事故的安全责任，总结生产因素管理方面的教训。

（4）以事故为例，召开事故分析会进行安全教育，使所有生产部位、过程中的操作人员，从事故中看到危害，激励他们的安全生产动机，从而在操作中自觉地遵守安全规定，主动的消除不安全状态。

（5）采取预防类似事故重复发生的措施，并组织彻底的整改；使采取的预防措施完全落实。经过验收，证明危险因素已完全消除时，再恢复施工作业。安全事故调查与处理的目的是为了今后吸取教训，避免类似事故的发生。

三、公路施工安全事故的预防

安全工作要坚持预防为主，消除事故隐患。小事故要当大事故抓；别人的事故要当自己的事故抓；险肇事故要当真事故抓。另外，不应把搞好安全生产单纯看作技术性的工作，而必须从思想上、组织上、制度上、技术上采取相应的措施，综合治理才能奏效。

1. 思想上予以重视

首先是领导的思想要重视。要改变对安全生产漠不关心的官僚主义态度，纠正只管生产，不管安全；只抓进度，不抓安全；不出事故不抓安全的错误倾向。其次，要加强对职工进行安全生产的思想教育，使每个职工牢固树立“安全第一”的思想。

2. 建立健全安全生产有关制度

首先，要建立安全生产责任制，包括各级领导部门的安全管理责任制和职工的安全操作责任制，真正做到“安全生产，人人有责”。其次，要坚持安全生产检查制度。通过检查及时发现问题，堵塞事故漏洞，防患于未然。再次，要坚持安全生产教育制度。最后，要建立安全事故处理制度。事故发生后，应认真吸取教训，防止同类事故重复发生。对事故要按照“三不放过”的原则进行处理。即事故原因分析不清不放过；事后责任者和群众没有受到教育不放过；没有新的防范措施不放过。

3. 制订切实可行的安全技术措施

公路施工过程中的安全技术措施，如针对土石方工程、高空作业、超重吊装以及采用新工艺、新结构工程的特点制订的安全技术规程；机械设备使用中的安全技术措施，如使用前通过检验排除隐患，按性能使用，超负荷运转应经过验算、加固和测试，以及加设安全保险、安全信号、危险警示和防护装置；改善劳动条件和作业环境的技术措施，如开展文明施工活动，做到施工现场整洁有序，平面布置合理，原材料、构配件堆码整齐，各种防护齐全有效，各种标志醒目。合理使用劳动保护用品，改善照明、通风、防尘、防噪声、防振动等方面的技术措施。

第十一章　桥梁施工技术

随着交通事业的迅速发展，我国的桥梁建设已步入了世界先进行列，大跨径和特大跨径的桥梁在我国不断出现。实践证明，不论是设计理论、计算手段，还是施工技术能力，我国均已能使大型桥梁的建设得以实施，这是广大桥梁工作者的骄傲。

当然，桥梁建设是一项复杂的系统工程，它涉及社会力量的方方面面。只有各方面的通力合作，实施才能得以保证。单从设计而言，结构合理、技术先进、造价经济，这是结构工程师应该思考的问题。但是，如何在结构上体现造价经济，作为造价分析人员应该认真分析思考，还要了解参与设计工作。影响工程造价的不仅仅是工程结构本身，另外一个重要的因素就是施工方法的选择，造价分析人员也必须给予高度重视。

桥梁工程的施工方法直接关系到整个工程投资额的大小，对于同一座桥梁工程，采用不同的施工方法其费用也不同，有时甚至会相差很大。因此，施工方法的选择是相当重要的。确定桥梁工程的施工方法需要详细调查，掌握桥位处现场的地理环境、地质、水文、气象条件及运输条件，同时也要考虑桥梁结构的类型、跨径、施工技术水平和机械设备等因素。总之，影响选定施工方法的因素较多，要综合考虑、选择合理的施工方法。

第一节　概　述

一、上部结构施工方法简介

桥梁的结构形式一旦确定，其工程数量也随之确定，但实施该结构的方法却不是唯一的，在复杂的结构中往往有多种类型的构件和基础形式，其施工方法的确定需要概预算人员分析考虑。但无论怎么复杂的结构，其构件形成的方法只有两种，即现浇构件和预制安装法。

1. 现浇构件

现浇构件的方法分有支架浇筑与无支架浇筑两种。

（1）有支架浇筑（就地浇筑）

有支架浇筑是一种长期被采用的方法。由于施工需要大量的模板支架，大多在小桥、交通不便时采用，有时受起吊能力及场地的限制，在大桥中也被采用。有些施工单位习惯于采用有支架浇筑法。有支架浇筑的方法是在桥位处搭设支架，在支架上浇筑桥体混凝土，待混凝土达到强度后拆除模板及支架即可。

有支架浇筑施工的最大优点是不需要预制构件的场地及大型吊装运输设备，其缺点是施工用的支架模板消耗量大、工期较长。在做概预算时要根据构件的大小考虑支架的搭设，并计算其工程数量，列出工程项目单独计算。

（2）无支架浇筑

无支架浇筑即常被采用的悬臂浇筑法，也就是采用挂篮浇筑。这种方法是从桥墩开始，两侧对称进行，采用挂篮浇筑梁段。挂篮是悬臂浇筑中的主要设备，是能沿着轨道行走的活动脚手架。挂篮悬挂在已经张拉锚固于墩身连成整体的箱梁节段上。在挂篮上可进行下一节段的模板、钢筋、管道的安装以及混凝土浇筑、预应力筋的张拉、灌浆等工作。完成一个循环之后，新的节段已和桥墩连成整体，成为悬臂的一部分，这时挂篮即可固定在下一节段，进行新的节段浇筑，依次循环直至悬臂浇筑完成。悬臂浇筑的最大优点是结构整体性好，不影响通航。

就挂篮而言，有桁架式、斜拉式等多种，其构造形式各不相同，可根据施工单位的具体情况确定。确定挂篮的原则是结构简单、质量轻、便于施工。挂篮的确定直接关系到工程造价。

2. 预制安装法

预制安装法指在预制厂或在桥址附近临时预制场进行构件预制，然后按照选定的架设方法进行构件运输、吊装就位。预制安装的方法是对钢筋混凝土梁或预应力混凝土梁而言的。该方法的主要优点是上部和下部结构可以同步作业，能确保质量，施工速度快，能有效利用劳动力，降低工程造价。

预制安装法有两种，即有支架安装法和无支架安装法。

（1）有支架安装法

大多预制安装构件不需要支架，但有些结构由于采用的安装方法不同，需要考虑临时支架，如：

1）在拖拉法施工中，为保证结构自身稳定的要求，需要在永久性墩、台之间设置临时性的中间支架，以承托被拖拉的桥跨结构。

2）在顶推法中，由于桥梁的跨度较大，往往需设置临时支架来顶推调整跨径。

3）当桥跨较大需分节段预制安装时，需设置临时支架支承梁体进行浇筑接头，如桁架桥的架设一般就采用这种方法。在编制概预算时，该临时支架应另列项目计算。

（2）无支架安装法

无支架安装有多种方法，常见的有悬臂拼装法、缆索吊装法、装配式安装法、转体法、顶推法等。无支架施工是在峡谷水深流急，或受通航要求、洪水季节的影响，搭设支架困难或不经济时选用。在大跨度桥梁中多采用无支架施工的方法。

1）悬臂拼装法

悬臂拼装法是将预制好的节段构件，由专用悬拼吊机将构件通过预应力筋固定在已完成的悬臂上，依次逐段进行拼装至完成。悬臂时可根据工程的实际情况选用合适的吊装方法。

①悬臂吊机拼装

悬臂吊机的结构简单，是常用的吊装设备。

②起吊机拼装

常用的起重机有伸臂吊机、缆索吊机、龙门吊机、人字扒杆、履带吊、汽车吊、浮吊。要根据工程和施工单位的设备情况选用。

③连续桁架架设法

连续桁架是跨越能力较大的钢脚手架，根据要拼装部分的桥梁的长度可分为移动式和固定式两种结构形式。

采用连续桁架吊装的最大优点是，它不仅能满足吊装构件的需要，还能利用该桁架运输施工的材料及机具。特别是在架设高墩的连续梁时，其作用尤为突出，可以提高工作效率，节约费用，这也是概预算人员应考虑的问题。

2）缆索吊装法

缆索吊装法亦称塔架吊装法，主要由缆索系统和索塔、动力机具锚固系统组成。缆索通过塔架由浪风（缆风）及地锚固定，用以运输被吊装构件。缆索吊装法在安装拱桥时用得比较多，因为主拱圈及拱上建筑都可通过缆索吊装，加快了建桥速度，降低了成本。

3）装配式安装法

装配式安装法特别适用于陆上长桥，如简支 T 梁、板梁等。由于工程量较大，若采用支架现浇，不仅施工工期长，而且需要大量的模板和支架，不太经济。而采用装配式安装架设可不需要较大的吊装设备，加快了建设速度，与支架现浇相比，可缩短工期、提高工效，是常采用的架设方法。

该方法常用的吊装起重设备有：起重机，包括汽车起重车、轮胎起重机、履带起重机；跨墩龙门吊机；联合架桥机，由导梁、龙门架、蝴蝶架联合组成。

4）转体法

转体法施工相对于上述施工方法使用得要少些，但在我国也已在许多桥梁上被采用，并有了成熟的经验。转体法施工不仅在拱桥上被采用，而且斜拉桥、T 型钢构和斜腿刚架桥上也曾被采用，是一种可靠的施工方法。

转体法施工具有设备简单、节约材料、施工期间不受洪水及通航影响的优点，因此近年来在国内发展很快。这种方法大多利用在拱桥上，且为平面旋转。其方法是：按照桥梁的设计标高先在两岸预制半桥，借助动转盘将两个半桥在平面内转动至桥位处合拢而成桥。由于成形半桥是在岸上制作，在转体的过程中只需布设牵引驱动系统，不需要吊装设备，从而比水中作业要方便很多。

5）顶推法

顶推法已盛行于世界各国，特别适用于预应力混凝土连续梁桥的施工。其方法是预先在桥台后面的预制场上通过预应力筋将各段连成整体或浇筑桥跨结构，待达到设计强度后，安装预应力索，用顶推装置（液压千斤顶）施力，通过滑移装置将梁段逐段顶出，直至桥跨全部就位。

二、下部结构施工方法简介

桥梁工程的下部结构的施工方法是千变万化的，特别是基础部分的施工受到的约束条件甚多，如水文、地质、施工条件等。这些都是在选择施工方法时应考虑的主要问题。施工方法的确定直接关系到工程投资的大小，有时甚至会相差很大，因此施工方法的选择不仅是设计人员要考虑的问题，从降低工程造价的角度而言，更是概预算人员要考虑和分析比较的问题。下面仅就墩（台）简单介绍一下下部结构的施工。

1. 墩（台）身

墩（台）身的施工方法根据其结构形式的不同各异。对结构形式较简单，高度不大的中、小桥墩（台）身，通常采取传统的方法—立模（一次或多次）现浇或砌筑施工。但对高墩及斜拉桥、悬索桥的索塔，则有较多的可供选择的方法。施工方法的多样化在很大程度上通过不同的模板结构形式表现出来，随之而来的便是机械设备、施工组织、质量控制系统的多样化。

近年来，滑升模板、爬升模板和翻升模板等在高墩及索塔上应用较多，其共同的特点是将墩身分成若干节段，从下至上逐段进行施工。

采用滑升模板（简称滑模）施工，对结构物外形尺寸的控制较准确，施工进度均衡、安全，机械化程度较高，但因多采用液压装置实现滑升，故成本较高，所需的机具设备亦较多。爬升模板（简称爬模）一般要在模板外侧设置爬架，因此这种模板相对而言需耗用较多的材料，且需设专门用以提升的起吊设备。

高墩的施工应根据现场的实际情况，进行综合比较后再选择适宜的施工方案。

对于中、小桥的石砌墩（台）身而言，其施工工艺虽较简单，但必须严格控制石砌工程的质量。

2. 承台

位于旱地、浅水河中采用土石筑岛施工桩基的桥梁，其承台的施工方法与扩大基础的施工方法相类似，可采取明挖基坑、简易板围堰开挖基坑等方法进行施工。

对深水中的承台，可供选择的施工方法通常有钢板桩围堰、钢竹桩围堰、双壁钢围堰及套箱围堰等。不论何种围堰，其目的都是为了止水，以实现承台在干处施工。钢板桩和钢管桩围堰实际上是同一类型的围堰形式，只不过所用材料不同，双壁钢围堰通常是将桩基和承台的施工一并考虑，在桩顶设钻孔平台，桩基施工结束后拆除平台，在堰内进行承台施工。套箱现多采用钢材制作，分有底、无底两种类型，根据受力情况不同又可设计成单壁或双壁。

3. 桥梁施工方法的选择原则

对施工方法进行分类只是为了描述其特点，在实际施工中不太可能仅采用分类中某一种施工方法，多数情况下是将几种方法加以综合应用的。另外，桥梁的施工方法很多，即使在同一种方法中也有不同的情况，所需的机具、劳力、施工的步骤和施工期限也不一样。因此，在确定桥梁施工方法时，应根据桥梁的设计要求，施工的现场、环境、设备和经验等各种因素综合分析考虑，以合理选择最佳的施工方法。选择桥梁施工方法时应考虑的主要因素有以下几点：①桥梁的结构形式和规模；②桥位处的地形、自然环境和社会环境；③施工机械和施工管理的制约；④以往的施工经验；⑤安全性和经济性等。

第二节　基础施工

基础部分的施工受到的约束条件很多，如水文、地质、施工条件等。这些都是在选择施工方法时应考虑的主要问题。

一、常见的几种基础

1. 明挖扩大基础

扩大基础的施工一般是采用明挖的方法进行的。明挖基坑有人工和机械开挖两种。人工开挖是最简单的施工方法，不需要复杂的机具设备，技术简单，在基础不太深、土层稳定、有排水条件时就可采用。当基础平面较大，挖方较多，工程又较紧时可采用机械开挖或半机械开挖。

当基坑深度在 5m 以内，土的湿度正常时，基坑可按有关规定采用斜坡坑壁或按坡度比值挖成阶梯坑壁，每梯高度以 0.5~1.0m 为宜，作为人工运土出坑的台阶。

2. 沉井基础

沉井基础是一种断面和刚度均比桩大得多的筒状结构，施工时在现场重复交替进行构筑和开挖井内土方，使之沉落到预定的地基上。在岸滩上或浅水中建造沉井时，可采用“筑捣法”施工；在深水中建造时，则可采用浮运沉井，先将其浮运到预定位置，再进行下沉施工。按材料、形状和用途不同，可将沉井分成很多类型，但各种沉井基础有如下的共同特点：①沉井基础适宜的下沉深度一般为 10~40m；②与其他基础形式相比，沉井基础水平方向、竖直方向的支承力均较大，由于刚度大，其变形较小。

沉井基础施工的难点在于沉井的下沉。沉井下沉主要是通过从井孔内除土，以清除刃脚正面阻力及内壁摩阻力，依靠其自重下沉。沉井下沉的方法可分为排水开挖下沉和不排水开挖下沉，但其基本施工方法应为不排水开挖下沉。只有在稳定的土层中，而且渗水量不大时，才采用排水开挖下沉。另外还有压重、高压射水、炮震（必要时）、降低井内水位减少浮力以增加沉井自重、采用泥浆润滑套或空气幕等一些沉井下沉的辅助施工方法。

3. 管柱基础

管柱基础因其施工的方法和工艺相对较复杂，所需的机械设备也较多，一般的桥梁极少采用这种形式的基础，仅当桥址处的水文地质条件十分复杂，应用通常的基础施工方法不能奏效时方采用这种基础形式。因此，对于大型的深水或海中基础，特别是深水岩面不平、流速大的地方采用管柱基础是比较适宜的。

管柱基础的施工一般包括管柱预制、围笼拼装浮运和下沉定位、下沉管柱，在管柱底基岩上钻孔，在管柱内安放钢筋笼并灌注水下混凝土等内容。管柱有钢筋混凝土、预应力钢筋混凝土和钢管三种。其下沉与前述的沉入桩类似，大多采用振动法并辅以射水、吸泥等措施。管柱的下沉必须要有导向装置，浅水时可用导向架，深水时则用整体围笼。

4. 地下连续墙

地下连续墙是用膨润土泥浆进行护壁，在防止开挖壁面坍塌的同时，按设计位置开挖一条狭长的深槽，形成一个单元槽段后，将钢筋骨架放入槽内，并灌注水下混凝土，完成一个单元墙段，各单元墙段之间以特定的接头方式相互连接，形成一条地下连续墙体的一种基础形式。地下连续墙被广泛应用于市政工程，其在桥梁工程中的应用多为临时支挡结构，也可以在基础开挖期作为挡土防渗结构，之后单独与其他结构共同构成主体结构。

地下连续墙的施工方法很多，其挖槽机械按工作原理分为抓斗式、冲击式和回转式三类。我国目前应用最多的是吊索式蚌式抓斗、导杆式蚌式抓斗、回转式多钻头等。

5. 桩基础

常见的桩基础分打入桩基础和钻孔灌注桩基础两大类，在公路桥梁中最常见的为钻孔灌注桩基础。钻孔桩基础要考虑的问题比较多，如桩的钻孔、钻孔平台、护壁泥浆、护筒、浇注水下混凝土、围堰等。围堰也有多种，如草袋围堰、钢板桩围堰，双壁钢围堰等，这些都应视工程具体情况而定。钻孔灌注桩工艺适用性很强，不受地质条件限制，钻孔可达100m 以上。钻孔灌注桩按力学性能可分为摩擦桩和柱桩；按承台的位置可分高桩承台和低桩承台；按施工方法有冲击成孔、旋转成孔和冲抓成孔等，成孔后灌注水下混凝土成桩。成桩主要有以下工序：

（1）搭设钻孔平台

在水中钻孔首先应搭设钻孔工作平台。平台应能牢固地支承钻机，并使操作方便，平台面积大小视钻孔位置布设而定，平台底应高出水面 0.5m 以上。

（2）埋设护筒

常用的护筒有钢筋混凝土护筒和钢护筒。埋设护筒的主要目的是固定桩位、防止坍孔、保护孔口地面及钻孔时起导向作用。护筒的长度要根据地质情况而定，护筒的顶端在旱地钻孔时应高出地面约 30cm；在水中钻孔时应高出施工水位 1.00~1.50m。

（3）泥浆制备

在钻孔过程中，泥浆的作用是悬浮钻渣、加固孔壁、隔断孔内外渗流、防止坍孔。在水中钻孔时，要视需要确定是否用泥浆船。

（4）钻孔

常用的钻机为旋转钻机和冲击钻机。旋转钻机成孔按泥浆循环程序分为正循环和反循环两种，在桥梁施工中多用正循环钻机。在正循环钻孔时，泥浆由泥浆泵输入钻杆中心孔内并从钻头出浆口喷出，泥浆携带钻渣沿钻孔上升，从护筒顶部排至沉淀池，钻渣在此沉淀而泥浆流入泥浆池循环使用。反循环与正循环的不同之处在于反循环是利用真空泵将泥浆送至孔内与钻渣混合后，通过钻杆下口吸进，通过钻杆中心孔排至沉淀池内回收再利用。

（5）围堰

水中的基层施工首先要考虑施工围堰的设置。常用的围堰形式有以下几种：

1）土石围堰

土石围堰有上围堰、草（麻）袋围堰、竹笼围堰等，一般在水深较浅、河床不透水且水流流速较小的情况下选用。

2）钢板桩围堰

钢板桩围堰适用于深水深基础或较坚硬的土石河床。因为钢板桩自身强度大、防水性能好、穿透力强，所以钢板桩的适用范围较广。目前我国常用的是德国拉森式槽型钢板桩，适合围堰深在 10~30m。在水深较大时，常用围图作为钢板桩的定位和支撑。施工完毕后，可用千斤顶、浮式起重机及双动汽锤倒打等方法将钢板桩拔出。钢板桩还有国产的热轧普通槽钢、日本生产的 U 型钢板桩、Z 型钢板桩和 H 型钢板桩，美国生产的 U 型钢板桩、Z 型钢板桩和直线型钢板桩。各种钢板桩的种类、规格详见有关内容。在编制概预算时可根据工程的地质情况确定钢板桩的长度，计算其用量。

3）双壁钢围堰

双壁钢围堰是大型桥梁的墩位处于水深流急、地质条件复杂时常用的一种围堰，如重庆长江大桥、黄石长江大桥、铜陵长江大桥等都是采用双壁钢围堰。双壁钢围堰既是施工围堰，又是施工作业的平台，可在围堰上搭设钻孔平台，进行钻孔作业，并能够承担所有的施工机具及材料等。围堰直径的大小及高度根据钻孔桩的布置和地质水文情况而定，如铜陵长江大桥 4 号和 5 号墩的围堰外径为 31m，壁为 15m，其高度分别为 49.60m 和 54.60m。

二、桩基础施工工艺

桩是深入土层的柱形构件，其作用是将作用于桩顶以上的荷载传递到土体中的较深处，是相当常用的一种基础形式。

桩有多种不同的分类方法，现主要按成桩方法对其分类，并分述其不同的施工方法和工艺。

1. 沉入桩

沉入桩是将预制桩用锤击或振动的方法沉入地层至设计标高的一种桩。

预制桩包括木桩、混凝土桩和钢桩，一般有如下特点：

（1）因在预制场制造，故桩身质量易控制，质量可靠。

（2）沉入施工工序简单，工效高，能保证质量。

（3）易于水上施工。

（4）多数情况下施工噪声和振动较大，易污染环境。

（5）受运输、起吊设备能力等条件的限制，其单节预制桩的长度不宜过长；沉入长桩时要在现场接桩，而桩的接头施工复杂、麻烦，且易出现构造上的弱点；如果不能保证接桩后的垂直度，则将降低桩的承载力，甚至在沉入时造成断桩。

（6）不易穿透较厚的坚硬地层，当坚硬地层下仍存在较弱土层，而设计要求必须穿过时，则需铺以其他施工措施，如射水或预钻孔等。

（7）定型的预制桩可能超长，此时需截除其超长部分，而截桩不仅困难而且不经济。

（8）沉入桩的施工方法主要有锤击沉入、振动沉入、静力压桩、辅助沉桩、沉管灌注以及锤底沉管法等。

2. 灌注桩

灌注桩是在现场采用钻孔机械（或人工）将地层钻挖成预定孔径和深度的孔后，将预制成一定形状的钢筋骨架放入孔内，然后在孔内灌入流动性混凝土而形成桩基。水下混凝土多采用垂直导管法灌注。灌注桩的特点是：与沉入桩的锤击法和振动法相比，施工噪声和振动要小得多；比预制桩能适应更大的桩径；受地基土质的影响不大，仅就技术方面而言，能在各种地基上使用；施工时应特别注意护壁，防止坍孔、流沙；孔底沉淀的处理非常重要，施工质量对桩的承载力影响很大；混凝土在泥水中灌注，质量较难控制。

按成孔机械的不同，通常有旋转锥钻孔、潜水钻机成孔、正循环回转法成孔、反循环回转法成孔、冲抓钻机成孔、人工挖孔等方法。

3. 大直径桩

一般认为，直径 25m（与现行桥涵施工规范相关的建议为 2.0m）以上的桩可称为大直径桩。近年来，大直径桩在桥梁基础中得到广泛应用，桩径已达到 6m 以上；结构形式也越来越多样化，除实心桩外，还发展了空心桩；施工方法上不仅有钻孔灌注法，还有预制桩壳钻孔埋置法等。根据桩的受力特点，大直径桩多做成变截面的形式。大直径桩与普通桩在施工上的区别主要反映在钻机选型、钻孔泥浆及施工工艺等方面，设计文件对施工质量的要求通常也更加严格。

4. 钻孔灌注桩施工方法

（1）冲击钻机钻孔

1）开孔（冲孔）

①开孔前，应先向护筒内灌注泥浆，或直接加入黏土块，用冲击锥十字形钻头以小冲

程反复冲击造浆。若地表层为砂或砂卵石等松散土层时，可按 1∶1 的比例投入黏土和小片石（粒径不大于 15cm）；用冲击锥十字形钻头以小冲程反复冲击，使泥膏、片石挤入孔壁，必要时需重复回填、反复冲击 2~3 次，以加固护筒下脚。

②孔内水位应高出护筒下脚 0.5m 以上，以免水面荡漾损坏护筒脚孔壁；孔内水位应比护筒顶至少低 0.3m，以防泥浆溢出；孔内水位还应比地下水位高出 1.5~20m。

③开孔时遇有流沙现象时，宜加入黏土以减少片石的比例，以求孔壁坚实。

④开孔阶段要随时检查孔位，务必将冲击中心对准桩孔中心。

⑤一般在护筒下 3~4m 范围内冲孔时，可按开孔参数控制。

当开孔在 3~4m 范围内，可不掏渣，以便石渣泥浆尽量挤入孔壁周围空隙加固孔壁。

2）钻进

①钻进方法

在不同的地层应采取不同的冲击方法和措施。

②冲程应根据土层情况确定

a. 一般在紧密的砂、砂砾石、砂卵石及砾石、卵石等粒径较大的土层中钻进，宜采用高冲程（100cm）。

b. 在松散的砂、砂砾石或砂卵石土层中钻进，宜采用中冲程（约为 75cm）。冲程过高对孔底振动大，易引起坍孔。

③在黏性土、亚黏土，轻亚黏土中钻进，宜采用中冲程。

在易坍塌或流砂地段宜用小冲程，并应提高泥浆的黏度和密度。

④松放钢丝绳应根据土层松、密、软、硬程度和进尺情况，均匀松放。

a. 一般在松、软地层每次可松绳 5~8cm。

b. 在密实坚硬土层每次可松绳 3~5cm。

c. 应注意防止松绳过少，形成“打空锤”，使钢丝绳、钻机受到意外荷载，造成钻机损坏。松绳过多则会减少冲程，降低钻进速度，严重时会使钢丝绳扭曲、纠缠发生事故，同时也会使钻头顶端摇摆，撞击孔壁造成坍孔。

⑤通过漂石层或岩层时，若其表面不平整，应先投入黏土、小片石，将其表面垫平，再用十字形钻头绷紧大绳，低锤快打，松绳长度宜根据冲击进尺掌握，每次应小于 3~5cm。待冲平岩面后，可加大冲程钻进，以防止发生斜孔、坍孔事故。

⑥泥浆相对密度的选择

a 在砂及砂卵石地层冲进时，泥浆相对密度应大些，可用 1.5 左右。

b 在黏土层冲进时，因孔中黏土能自行造浆，故可只加清水。

c 在基岩中冲进时，泥浆相对密度以满足浮渣为度，约为 1.3 左右。太小不利于浮渣，太大则增加冲锥的阻力。

⑦掏渣

a 掏渣间隔：正常钻进每班至少应掏渣一次，一般在密实坚硬土层，每小时纯钻进小于 5~10cm；在松软地层，每小时纯钻进小于 15~30cm 时，即应进行掏渣。也可以每进尺 0.5~1.0m 掏渣一次。

b 掏渣标准：掏至泥浆内含渣显著减少、无粗颗粒、相对密度恢复正常为止。

c 在松软土层，用管锥钻进比十字形冲击钻头快，故掏渣应较勤，一般锥管装满钻渣后即应提锥倒渣。

d 掏渣后应及时向孔内添加泥浆或清水，以保持水头高度。

⑤分级钻进

为了适应钻机的负荷能力，在钻大孔时，可采取分级扩钻的方法，以达到设计孔径。

a 当用十字形锥头钻 150cm 以上孔径时，一般分两级钻进，第一级锥头直径可为设计孔径的 0.4~0.6 倍。

b. 当用管锥钻 70cm 以上孔径时，一般分 2~4 级钻进。

c 分级钻进会使大粒径的卵石掉入先一级钻成的小孔中，造成扩钻困难。为此，可在小孔钻成后向小孔填泥块至 1/3~1/4 孔深处，再开始下一级的钻进。一般先钻的孔只宜超前数米，随后即钻次级的孔（如果超前过深，将使先钻的孔淤塞），这样，钻小孔与扩孔交替进行到设计孔深为止。

（2）成孔

①当测量孔底已达到设计标高后，可停止冲击，进行成孔检查。孔径要符合设计要求，孔深一般应较设计深度加深 0.6m。

②成孔检查合格后，应迅速清孔。

③应及时吊放钢筋骨架和灌注混凝土，否则应随时护壁并保持孔内水头高度。

第三节　桥梁施工

一、概述

所谓装配式梁桥，一般指将梁段横向分片或纵向分段预制后，预制件经检验合格后运到桥头，进行就位安装而成为梁桥上部结构的桥梁。

装配式梁桥的施工包括分片或分段构件的预制、运输、安装三个阶段。梁桥的预制构件一般在预制场或预制工厂内进行，然后由运输工具运至桥位进行安装。装配式梁桥的特点如下，采用预制安装法施工的装配式梁桥与现场浇筑的整体式梁桥相比较，有下列特点：

（1）加速施工进度。由于装配式梁桥的梁片预制可与桥梁下部结构同时实施，使加速施工进度，缩短施工工期效果明显。

（2）节省支架、模板。装配式梁桥常采用无支架或少支架施工，预制场采用钢模板浇筑预制件，模板反复使用，能节约木材。高桥采用无支架安装可省去大量现场支架，节省工程投资。

（3）提高工程质量。装配式梁桥的预制梁片可以标准化。采取钢模板使梁体表面光洁美观，生产流程可以达到自动化、机械化、梁体混凝土计量自动化，振捣及养生均能达到理想要求，对梁体质量有较高保证率。

（4）需要吊装设备。预制梁片一般采用汽车吊、履带吊、浮吊进行吊装架设，桥梁较长可采用架桥机架设。

（5）结构用钢量略为增大。

装配式桥梁的造价与整体浇筑桥梁造价相比孰高孰低，不能一概而论，对具体的桥梁要具体分析。当桥址地形条件不便或不能设立支架，或者桥较高、采用支架施工支架工程量大，而施工单位有足够的架梁设备时，采用装配式施工将是经济合理的。随着吊运能力的不断提高和预应力工艺的渐趋完善，目前预制安装的施工方法是国内最常用的施工方法。

二、简支梁桥的施工工艺

钢筋混凝土和预应力混凝土梁桥的施工可分为两种方法。一种是在桥位处搭好支架，现场浇筑混凝土，称为现浇的整体式梁桥。另一种是在桥头或专门的预制厂里预制好梁体，然后运到桥位处架设连接成整体，称为装配式梁桥。

一般来说，预制安装法施工的优点是：上、下部结构可平行施工，工期短；混凝土收缩徐变的影响小，质量易于控制，有利于组织文明生产。但这种方法需要设置预制场地和拥有必要的运输和吊装设备，而当预制块件之间的受力钢筋中断时需要做接缝处理。

现浇法施工无须预制场地，并且不需要大型吊运设备，梁体的主筋也不中断。但是，工期长，施工质量不如预制安装法易控制。对于预应力混凝土梁，由于收缩和徐变引起的应力损失也较大等，这些都是此法的不足之处。

近年来，随着吊运设备能力的不断提高和预应力工艺的日趋完善，预制安装的施工方法已在国内外得到了普遍推广。对于中、小跨径的简支梁桥，广泛采用标准设计进行整片预制和整片架设。

以下简要介绍钢筋混凝土和预应力混凝土简支梁桥的制造工艺、各种常用的运输安装方法以及桥面的施工要点。

三、钢筋混凝土简支梁桥的制造工艺

1. 模板和支架

模板和支架都是施工过程中的临时性结构，对梁体的制作十分重要。它们不仅控制着梁体尺寸的精度、直接影响施工进度和混凝土质量，而且还影响到施工安全。因此，模板和支架应该符合下列要求：

（1）具有足移的强度、刚度和稳定性，能可靠地承受施工中可能产生的各种荷载。

（2）保证工程构造物的设计形状、尺寸及各部分的正确性。

（3）构造和制作力求简单，装拆既要方便又要尽量减少构件的损伤，以提高装、拆、运的速度和增加周转使用的次数。

（4）模板的接缝务必严实、紧密，以确保新浇混凝土在强烈振动下不致漏浆。

做模板的材料常用的有木模和钢模两种，前者放样及制作方便，但易变形，使用次数少，浪费木材。有条件时应采用钢模。不管是何种模板，为了避免壳板与混凝土粘连，均需在壳板面上涂以隔离剂，如石灰乳浆、肥皂水或机油等。

就地浇筑梁桥时，需要在梁下搭设简易支架（或称脚手架）来支承模板、浇筑的钢筋混凝土以及其他施工荷载的重量。对于装配式梁桥的施工，有时也要搭设简易支架作为吊装过程中的临时支承结构和供施工操作之用。

目前在桥梁施工中采用较多的是工具式钢管脚手架（俗称“满堂红”）。这种脚手架的主要构件是外径为 51mm 的钢管，备有各式连接扣件，操作方便，施工质量有保证，并可取得良好的经济效益。

2. 钢筋工作

钢筋是钢筋混凝土梁桥的受拉材料，常焊成整体钢筋骨架形式起吊入模，使钢筋绑扎焊接工作与混凝土工作可以平行作业，以节省时间和场地，并保证钢筋骨架的整体性。钢筋工作又可具体分为以下几个小工序：整直、除锈、对焊、冷拉、下料、绑扎成型、焊接成整体骨架等。

3. 混凝土工作

混凝土是水泥、石子、砂子及水等材料的混合物，其工序包括拌制、运输、灌注和振捣、养护及拆模等，其中需要注意以下几点：

（1）掌握好正确的配合比和强度试验，在运输过程中，应尽量防止混凝土因颠簸振动而发生离析、泌水、灰浆流失现象。

（2）混凝土灌注前一定要仔细检查模板和钢筋的尺寸、预埋件的位置等是否正确，并要查看模板的清洁、润滑和紧密程度。

（3）由于钢筋混凝土梁的体积较大，有些部位钢筋密，混凝土需要不断地供给，并分层分段浇筑振捣密实，防止混凝土出现蜂窝麻面的现象。

（4）混凝土浇筑后即需进行适当的养护，应保证构件经常处于湿润状态。

4. 构件的移运与堆放

构件移运和堆放的要求如下：

（1）移运时混凝土的强度。预制构件在场内移动时，必须在达到设计规定的强度后再进行，设计未作规定时，则应在混凝土强度达到设计强度的 70% 以后方可移运。

（2）坡道移运和道木平整。预制构件在场内移运时，遇有上下坡时应将构件适当垫高，以防构件底面在坡度变换处着地搁断；场内的道木应铺设平整、坚实。若地基松软，需预先加固。

（3）吊点位置确定。构件移运时的吊点位置应按设计规定。若无规定时，大型构件和预应力混凝土构件均应按计算确定。

（4）预制构件的预埋吊环应保持平直。如果发现弯扭，必须校正，以使吊钩顺利套入。经校正后的吊环需防止损伤或断裂，必要时应加设绳套（千斤绳绑扎），绑扎处需用木板（或麻袋、橡皮）等垫衬护角，以免钢丝绳磨损或轧断。

（5）吊移板式构件时，必须注意上、下面不得吊错，以免折断。构件运输时，应有特制的固定架以稳定构件，构件宜顺宽度方向侧立放置，并注意用拌绳系牢，以防倾倒。如果平放，两端吊点处必须设置支搁方木，使用起重机吊移构件时，应使起重机有足够的安全系数，以保持稳定，并尽量吊得低一些。

（6）构件的运输。使用平板拖车或超长拖车运输大型构件时，车长应能满足支承点间的距离要求，支点处应设活动转盘以免搓伤构件。运输道路应平整坚实，如有松软、坑洼或高低不平，应事先修整。桁架、大梁的运输应顺高度方向竖直放置。其他构件应按运输时受力情况，水平或竖直放置。竖直放置时，运输的构件应有防止倾斜的固定措施。装卸桁架、大梁时，必须待支撑稳妥后，方可卸除吊钩。预制构件装车运输时，必须平衡放正，使车辆承重对称。构件支点下要垫木块，相邻两构件之间需填木块、麻袋或橡胶板（片），防止构件相互碰撞，损伤构件。

（7）成垛堆放装配式构件的要求。A. 堆放构件的场地应平整夯实，使其不致积水，并在场地周围开挖排水沟；B. 根据构件的使用先后和吊装顺序进行堆放，注意留出适当通道，防止越堆吊运；C. 堆放构件时，应按构件刚度、受力情况，采用平放或竖放并保持稳定；D. 构件堆放时应放置在垫木上，垫木位置要与吊点相对，同时应使吊环向上，标志向外，以利吊运；E. 水平多层堆放构件时，其堆垛高度应按构件强度、地面承载力、垫木强度以及堆垛的稳定性而定，大型构件一般以 2 层为宜，不应超过 3 层；小型构件一般不宜多于 6~10 层，各层之间以垫木（在吊点处）隔开，并要求各层垫木必须在同一竖直线上，以防构件折断。

5. 构件的堆放与运输

（1）构件的堆放方法

构件的堆放方法主要根据构件的刚度和受力情况采用平放或竖放，以保证构件不受损坏。成垛堆放时要用垫木在规定吊点的位置垫平放稳，各层垫木竖向应在一直线上，使受力均衡。T 形梁必须双面支撑稳固以防倾倒。

（2）场内运输

从工地预制场到桥头或桥孔下的运输称为场内运输。有关场内运输的机械、方法也多适用于梁桥预制构件的场内运输。

短距离的场内运输可采用龙门架配合轨道平板车来实现，这时需铺设钢轨便道，由龙门架（或木扒杆）起吊移运构件出坑，横移至预制构件运输便道，卸落到轨道平车上，然后用绞车牵引至桥头或桥孔下。运输过程中梁应竖立放置，为了防止构件发生倾覆、滑动或跳动等现象，需在构件两侧采用斜撑和木楔等临时固定。轨道平板车应设有转盘装置，以便于装上预制构件后能在曲线轨道上运行，同时应装设制动设备，以便于在运行过程中随时制动。

对于小跨径预制梁或规模不大的工程，也可用纵向滚移法进行场内运输。即设置木板便道，利用钢管或硬圆木作滚子，使梁靠两端支承在几个滚子上用绞车拖拽，边前进边换滚子将预制梁运至桥头。在经过弯道处需将滚筒逐渐斜向放置（与行进方向不垂直），以改变走向，斜向的大小视弯道缓急变化而定，变转较急时斜向放大，较缓时则斜向放小。

在场内运梁时，为使平稳前进以确保施工安全，通常在用牵引绞车徐徐向前拖拉的同时，后面的制动索应跟着慢慢放松，以控制前进的速度。

当采用水上浮吊架梁时，需要将预制梁装上船，因而运梁便道应延伸至河边能使驳船靠拢的地方，为此需要修筑一段装船用的临时栈桥（码头）。

（3）场外运输

将预制梁从工地以外的桥梁预制厂（场）运往桥孔或桥头的运输称为场外运输。距离较远的场外运输，通常采用汽车、大型平板拖车、火车或驳船。

受车厢长度、载重量的限制，一般中小跨径的预制板、梁或小构件（如栏板、扶手等）可用汽车运输。50kN 以内的小构件可用汽车吊装卸；大于 50kN 的构件可用轮胎吊、履带吊、龙门架或扒杆装卸。要运较长构件时，可在汽车上先垫以长的型钢或方木，再搁放预制构件，构件的支点应放在近两端处，以避免道路不平、车辆颠簸引起的构件开裂。

四、预应力混凝土简支梁桥的制造工艺

1. 先张法预应力混凝土梁的制造

先张法预应力混凝土梁为了便于钢筋张拉，必须有一张拉台座，现常用压柱式台座或埋入式台座。当地质条件较好、张拉线较长时可用后者。

顶应力钢筋的制作工作包括下料、对焊、冷拉等主要工序。钢筋张拉前要校正好千斤顶及油表，使张拉读数准确，并且应超张拉 5% 以克服一部分钢筋的应力松弛损失。在张拉过程中要注意安全。

预应力混凝土比钢筋混凝土强度高，因为其混凝土级配好，且少用水泥和水。由于混凝土具有干硬性，因而振捣时要加以注意，以确保其质量。为提高混凝土早期强度及加快台座周转速度，可采用蒸气养护法。当混凝土强度达到设计要求时，方可从台座上放松预应力钢筋。放松可用千斤顶、砂箱或换块进行。但放松速度不宜过快，应尽量使构件受力对称和均匀。

2. 后张法预应力混凝土梁的制造

预应力钢筋常采用高强钢丝。后张法除工序的先后与先张法不同外，还需要具备用来固定钢丝和钢筋的锚具。在工序上主要有两点需要说明，一是制孔；二是压浆。由于后张法梁是先浇筑混凝土，待混凝土达到设计强度后再穿入张拉钢筋束，因此必须在混凝土梁

体中预留孔道。孔道常用铁皮管或橡胶管制孔器制孔。铁皮管制孔器在混凝土成孔后无法抽出，浪费较大；橡胶管制孔器常用两层钢丝编织而形成较高的强度，在混凝土抗压强度达到 4~8MPa 时抽拔出来。

管道压浆是在钢筋张拉锚固后，在管道与预应力筋的孔隙部分压入水泥浆，以保护钢束免于锈蚀，并使钢束与混凝土梁互相黏结形成整体。为保证压浆质量，对水泥、灰浆水灰比及压浆的压力等都有具体要求。

五、装配式梁桥的运输及安装

1. 预制梁的运输

装配式简支梁桥的主梁通常在施工现场或桥梁厂内预制，因此需要配合架梁的方法解决如何将梁运至桥头或桥孔下的问题。从工地预制场至桥头的运输称为场内运输，通常需铺设钢轨便道，由预制场的龙门吊车或木扒杆将梁装上平板车后用绞车牵引运抵桥头。运输中，梁应竖直放置，为了防止构件发生倾斜、滑动和跳动等现象，需要在构件两侧采用斜撑和木楔等临时固定。对于小跨径梁或规模不大的工程，也可设置木板便道，利用钢管或硬圆木作滚子，使梁靠两端支承在几根滚子上用绞车拖曳，边前进边换滚子运至桥头。在场内运梁时，为使其平稳前进以确保安全，通常在用牵引绞车徐徐向前拖拉的同时，后面的制动索也跟着慢慢放松，以控制前进的速度。

当预制工厂距桥梁工地很远时，通常可用大型平板拖车、火车或驳船将梁运至工地存放，或直接运至桥头或桥孔下架设。梁在起吊和安放时，应按设计规定的位置布置吊点或支承点。

2. 预制梁的安装

预制梁的安装是装配式梁桥施工中的关键性工序，应结合施工现场条件、桥梁跨度大小、设备能力等具体情况来合理选择架梁的方法。对于中、小跨径的村镇桥梁，使用较多的架梁方法有陆地架梁法和高空架梁法，下面简要介绍这两种方法的工艺特点。

（1）陆地架梁法

1）自行式吊车架梁。在桥不高、场内可设置行车便道的情况下，用自行式吊车（汽车吊车或履带吊车）架设中、小跨径的桥梁十分方便。此法视吊装重量不同，还可分为单吊（一台吊车）或双吊（两台吊车）两种。其特点是机动性好，不需要动力设备，不需要准备作业，架梁速度快。一般吊装能力为 150~1000kN。

2）跨墩门式吊车架梁。对于桥不太高，架桥孔数又多，沿桥墩两侧铺设轨道不困难的情况，可以采用一台或两台跨墩门式吊车来架梁。此时，除了吊车行走轨道外，在其内侧尚应铺设运梁轨道，或者设便道用拖车运梁。梁运到后，用门式吊车起吊、横移，并安装在预定位置。当一孔架完后，吊车前移，再架设另一孔。

在水深不超过 5m、水流平缓、不通航的中小河流上，也可以搭设便桥并铺轨后用门式吊车架梁。

3）摆动排架架梁。用木排架或钢排架作为承力的摆动支点，由牵引绞车和制动绞车控制摆动速度。当预制梁就位后，再用千斤顶落架就位。此法适用于小跨径桥梁。

4）移动支架架梁。对于高度不大的中、小跨径桥梁，当桥下地基良好能设置简易轨道时，可采用木制或钢制的移动支架来架梁。随着牵引索前拉，移动支架带梁沿轨道前进，到位后再用千斤顶落梁。

（2）高空架梁法

1）自行吊车桥上架梁。在梁的跨径不大、重量较轻，且预制梁能运抵桥头引道上时，直接用自行式伸臂吊车来架梁甚为方便。此种架梁方法几乎不需增加任何辅助作业。

2）"钓鱼法"架梁。利用设在岸上的扒杆或塔柱用绞车牵引预制梁前端，扒杆上设复式滑车，梁的后端用制动绞车控制，就位后用千斤顶落梁。此法仅适用于架设小跨径梁，安装前应验算跨中的反向弯矩。

3）木扒杆架梁。此法仅适用于小跨径较轻构件的架设，且其起吊高度和水平移动范围均不大。架梁时，在桥孔两边各设置一套人字摇头扒杆，将预制梁两端各系于摇头扒杆的起吊钢索上，用绞车牵引后徐徐进入桥孔，然后落梁就位。

六、桥面工作

桥面工作包括桥面铺装、人行道和栏杆的安装两部分。

安装人行道时，若为悬出式的，可通过钢筋或锚栓与主梁预留钢筋焊牢拉住，这一环节必须重视。栏杆柱若采用插入预留孔洞的方法应先用木楔固定位置，待全桥栏杆经过校正后再取出木楔，并用水泥砂浆填缝、固定。人行道栏杆在桥梁伸缩缝处应断开。

设置泄水管，可直接将管子放入预留孔洞内。

防水层较薄，容易损坏，铺设时要小心。桥面铺装层一般用沥青或水泥混凝土铺筑，水泥混凝土浇筑后需要进行养护。沥青混凝土桥面铺筑后即可通车。

第四节　桥梁施工管理

一、桥梁工程施工安全管理

（一）一般安全规定

1. 应根据交通部《公路施工安全规程》制定出安全操作细则，向施工人员进行安全技术交底。

2. 施工人员应熟知并遵守本工种各项安全技术操作规程，进入施工现场必须使用劳动安全保护用品，严防高处坠落，异物打击，触电或其他各类机械的、人为的伤害事故。

3. 施工前应对施工现场、机具设备及安全防护设施等进行全面检查，确认符合安全要求后方可施工。

4. 其他规定与路基工程施工安全管理之规定相同。

（二）高处作业安全规定

1. 从事高处作业人员要定期或随时体检，发现不宜登高的病症，不应从事高处作业。严禁酒后登高作业。

2. 高处作业人员须穿软底轻质鞋，所需材料事先准备齐全，工具事先放在工具袋内，拴稳挂牢。

3. 高处作业所使用的梯子不得缺档和垫高，同一梯子不得两人同时上下，在通道处（或平交口）使用梯子应设置围栏。

4. 高处作业人员与地面联系，应配有通信设备或有专人负责。

5. 高处作业人员，必须严格按规定拴好安全带，戴好安全帽。

6. 人工倒运钢丝绳上高空，中间休息时要用卡子卡死下滑部位，防止钢绳受力滑动伤人。

7. 搭设脚手架，铺设走道板，禁止搭空头板，走道板要满铺，随铺随钉。

8. 禁止上下交叉作业，若无法错开时，应先采取安全防护措施。

9. 架空钢丝绳上有节头、卡子，滑车等障碍时，禁止在没有安全防护措施的情况下翻越。

10. 高处作业工作平台外侧应设置防护栏，并挂好安全网。

11. 在大风大雾等不良天气或视线不清时应停止高空作业。

（三）缆索吊装施工安全规定

1. 吊装前应做严密的准备工作，对地龙、索塔、缆车、滑车、动力、机具等设施进行全面验收检查，是否符合高处作业等要求。

2. 设立统一指挥系统，并组织参加吊装人员进行安全教育。对施工难度、危险性较大的作业项目要组织专门培训。

3. 准备工作就绪之后，要组织吊装人员进行技术交底，并进行试运转和超载荷试吊。

4. 牵引卷扬机启动要缓慢，进行速度要平稳；构件在吊运时，起重卷扬机要协调配合，控制好构件在空中的位置，起重卷扬机不得突然起升或下降，避免产生过大弹跳。构件就位时，作业人员要等构件稳定后再进行操作。

5. 重物起吊之后，吊点下方及运行线路下方禁止人员站立或通行。

6. 在受力钢丝绳三角区内禁止人员站立或通行。

7. 用于吊运材料、工具及构件的缆绳跑车，不得运送人员。

8. 登高操作人员应携带工具袋，不得将安全带挂在主索，扣索，缆风绳等上面。

（四）门架超重运输安全规定

1. 门架安装完成后，应按设计要求组织检查验收，移动式门架除进行静载试验外，还应等载在轨道上往返运行一次，检查龙门架在移动中的变形，以及轨距、轨道平整度等情况。

2. 门架顶横移轨道两端，应设置制动枕木。

3. 门架中心距离与重物两吊点应相互一致，以免门架偏心受力造成事故。

4. 门架就位后应放其前后牵引索，用木楔楔紧平车轮子，以免门架受力滑动；门架顶平车就位按规定捆好构件，重物高度应提升到可能遇到障碍的 0.5m 以上。

5. 取掉平车掩木开始牵引，操作中应注意平缓稳定，被吊重物不得左右摇摆，行进速度控制在 5 米/分钟以内，防止重物惯性摆动。

6. 开动和停止电动机，应缓慢平稳地操作控制器；需作向后移动时，必须等机、物完全停稳后方可操作。

7. 门架拆除时，应制定安全技术措施。

（五）混凝土浇筑安全规定

1. 人工推车上料时，手推车不得撒把，运输斜道上应有防滑设备。

2. 机械上料时，在铲斗移动范围内不得站人，铲斗下方严禁人员停留或通过。

3. 作业结束后，应将料斗放下，落入斗坑或平台上。

4. 电动振捣器应使用电缆线、电源开关置于干燥处，多台振捣器同时作业应设置集中开关箱，由专人看管，操作人员要佩戴安全防护用品。

5. 搅拌机清洗应停机，料斗起落在 45°～90° 时，人员不得站在斗鼓中间清洗，以防身体碰到操纵杆造成事故。搅拌机启动前必须确定无人在斗鼓内。

6. 悬空索道输送混凝土应按起重运输安全操作进行。

（六）泵送混凝土安全规定

1. 混凝土泵应设置在作业棚内，安装平衡牢固，泵车安设未稳之前，不得移动布料杆。作业前检查输送泵电气设备是否正常、灵敏、可靠。

2. 泵送前应检查管路、管节、管卡及密封圈的完好程度，不得使用有破损、裂缝、变形和密封不严的管件。

3. 管路布设要平顺，高处、转角处应架设牢固，防止串动、移位。

4. 泵送中要设专人经常检查管路，遇有变形、破裂时，应及时更换，防止崩裂。

5. 混凝土泵在运转中发现故障，应立即停机检查，不得带病作业。

6. 操作人员须熟悉并遵守泵车的操作规程和安全规定。

7. 拆卸管路接头前，应把管内剩余压力排净，防止管内存有压力而引起事故。

（七）模板安装及拆除安全规定

1. 在基坑内支模板时，应先检查基坑有无坍方迹象，确认无误方可操作。

2. 向基坑内吊运材料和工具时，应设溜槽或绳索系放，不得抛掷。机械吊送应设专人指挥，模板要捆绑牢靠，基坑内操作人员要避开吊运材料。

3. 人工搬运支立较大模板时，应设专人指挥，使用的绳索要有足够强度，绑扎牢固。支立模板时，应先固定底部再进行支立，防止滑动或倾覆。

4. 用机械吊运模板时，吊点下方不得站人或通行。模板下方距地面 1m 时，作业人员方可靠近操作。

5. 支立模板要按工序操作，当一块或几块模板单独竖立较大模板时，应设临时支撑，上下必须顶牢。整体模板合拢后，应及时用拉杆斜撑固定牢靠，模板支撑不得接触脚手架。

6. 高处作业时应将工具装在工具袋内，传递工具不得抛掷，不得将工具放在平台和木料上，更不得插在腰带上。

7. 使用斧锤须顾及四周上下安全，防止伤及他人。

8. 拆除模板时应制定安全措施，按顺序分段拆除，不得留有松动或悬挂的模板，严禁硬砸或用机械大面积拉倒。

9. 拆除模板禁止双层作业。3m 以上模板在拆除时，应用绳索拉住或用起吊设备缓慢送下。

（八）脚手架安全规定

1. 钢管脚手架连接材料应使用扣件，接头应错开，螺栓要坚固。不得使用铅丝和麻绳连接钢脚手架。

2. 脚手板要铺满、绑牢、无探头板，并牢固地固定在脚手架支撑上。脚手架的任何部分均不得与模板相连。

3. 脚手架要设置栏杆，敷设安全设施并应经常检查，确保操作人员和小型机械安全通行。

4. 脚手架上的材料和工具要安放稳妥整齐，有坡度的脚手板，要加设防滑条。

5. 悬空脚手架应用栏杆和撑木固定稳妥、牢固、牢靠、防止摆动摇晃。

6. 脚手架高度在 10~15m 时应设置一组缆风绳与地面夹角为 45°~60°，缆风绳的地锚应注意保护。

7. 拆除脚手架时，周围应设置警戒标志或护栏，应按从上到下顺序拆除，不得上下双层作业，拆除的脚手架，板应用人工传递或吊机吊送，严禁随意抛掷。

（九）支架施工安全规定

1. 支架所用的桩木、万能杆件等应详细检查，不得使用腐朽、劈裂、大节疤的圆木及锈蚀、扭曲严重的杆件和钢管等。

2. 地基承载能力必须符合设计标准，否则应采取加固措施，使其达到设计要求。土质地基雨季须有防水措施。

3. 支立排架要按设计要求施工，应有足够的承载能力和稳定性。并要与垫木联结牢固，防止不均匀沉落、失稳和变形。

4. 支立排架时应专人指挥，支立排架以竖立为宜，排架竖立后用临时支撑撑牢，再竖立第二排。两排架间的水平和剪刀撑用螺栓拧紧，形成整体。

5. 支立排架时，不得与便桥或脚手架相连，防止支架失稳。

6. 立柱排架大面积拆卸时应边拆边撑木，保持平衡稳定。严禁将全部水平和斜撑拆除，再放立柱。

（十）木工机械安全规定

1. 木工机械开机前应添加润滑油脂，先试机，待机件各部运转正常后，方可工作。

2. 机械运转中，如有不正常的声音或发生故障时，应先切断电源，再进行维修。

3. 操作人员工作时，要扣紧衣扣和袖口，严禁戴手套作业；留长发者须戴好工作帽，长发不得外露。

4. 木工机械的转动部分，要安装防护罩或防护板。工作中更换锯片、刨片、刃具、钻头时必须切断电源，停止转动后方可拆装。

（十一）钢筋制作安全规定

1. 钢筋施工场地应满足作业需要，机械设备的安装要牢固、稳定，作业前应对机械设备进行检查。

2. 钢筋调直及冷拉场地应设置防护挡板，作业时非作业人不得进入现场。

3. 钢筋施工切断机作业前，应先进行试运转，运转正常后，方能进行切断作业。切长料时由专人把扶，切短料时要用钳子或套管夹牢。不得因钢筋半径小而集束切割。

4. 人工锤击切断钢筋时，钢筋直径不宜超过 20mm，使锤人员和把扶钢筋、剪切工具人员身位要错开，并防止断下的短头钢筋弹出伤人。

5. 绑扎钢筋高过 1.5m，应有固定临时支架进行稳定，并设绑脚手架，不得攀登和站在钢筋骨架上。

（十二）焊接作业安全规定

1. 电焊

（1）电焊机应安放在干燥、通风良好的地点，周围严禁存放易燃、易爆物品。

（2）电焊机应设置单独的开关箱，作业时应穿戴防护用品，施焊完毕，拉闸上锁。遇雷雨天气，应停止露天作业。

（3）在潮湿地点工作，电焊机应放在木板上，操作人员应站在绝缘胶板或木板上操作。

（4）严禁在带压力的容器和管道上施焊。焊接带电设备时，必须先切断电源。

（5）贮存过易燃、易爆、有毒物品的容器或管道，焊接前必须清洗干净，打开所有孔口，保持空气流通。

（6）在密闭的金属容器内施焊时，必须开设进风口。容器内照明电压不得超过

36V，焊工身体应用绝缘材料与容器壳体隔离开。施焊过程中每隔半小时至一小时外出休息 10~15 分钟。

（7）接线、地线不得与钢丝绳，各种金属管道、金属构件等接触，不得用这些物件代替地线。

（8）更换场地移动电焊机时，必须切断电源，检查现场，清除焊渣。

（9）在高空焊接时，必须系好安全带，焊接周围应备消防设备。

（10）焊接模板中的钢筋、钢板时，施焊部位下面应垫石棉板或铁板。

2. 气焊

（1）乙炔瓶应采用定型产品，必须备有灵敏可靠的防回火安全装置。

（2）乙炔瓶应置于干燥、通风处。乙炔瓶与氧气瓶不得同放一处，周围严禁存放易燃易爆物品，严禁用明火检查是否漏气。

（3）氧气瓶、乙炔瓶受热不得高于 35℃，防止火花和锋利物件接触胶管，气焊枪点火时应按“先开乙炔、先关乙炔”的顺序作业，点火的焊枪不得对人，正在燃烧的焊枪不得随意乱放。

（4）氧气瓶、氧气表及焊割工具表面，严禁沾污油脂。氧气瓶应设有防震交圈，并旋紧安全帽，避免碰撞、剧烈震动和烈日曝晒。

（5）乙炔瓶不得放在电线下方，焊接场地距离明火不得少于 10m。

（6）放焊时，场地应通风良好，施焊完毕将阀门关好，拧紧安全罩。

3. 基坑

作好排水处理，防止地表水（包括雨水、施工用水和生活废水）流入施工现场，冲刷基坑边坡；下大雨时应暂停土方施工。

开挖土方应从上而下逐层挖掘，两人间距应大于 2m。严禁采用掏挖的操作方法。

开挖坑（槽）、沟深度超过 1.5m 时，应根据土质情况，按规定放坡或进行支撑，并设置人员上下专用坡道或爬梯；开挖深度超过 2m 时，必须按规定在基坑边沿设置防护栏杆；深基坑开挖应有专人进行监护。

基坑开挖作业中要随时注意土壁变动情况，发现裂纹或塌落迹象，要及时进行处理。夜间进行土方施工时，应有足够的照明。

基坑（槽）、沟边沿 1m 范围内不得堆土、堆料和停置机械设备。

基坑（槽）、沟边与建、构筑物的距离不得小于 1.5m；特殊情况下，必须采取有效措施，确保作业人员和建（构）筑物安全；

基坑开挖作业时应对各类地下管线进行有效防护，防止管线被挖断损坏导致漏水、漏电、漏气等，威胁到作业人员的安全健康。

开挖的坑（槽）、沟临近道路的，应设置红色标志灯，夜间警示。

二、桥梁施工的质量管理与安全控制

随着社会的进步，经济发展，基础建设投资加大。公路等级的提高，桥梁工程在公路工程中份额越来越大，桥梁工程施工过程中，影响和制约安全生产的因素比较多。当前的桥梁建设中表现出如下特点：在桥梁施工中采用了各种新技术、新工艺、新设备、新材料；桥梁的形式越来越多，尤其是高塔、高墩和深水基础的大跨径桥梁增多；施工中采用了各种先进的施工机械设备，如大型基础施工机械设备，大型运输设备、大型船舶等；各种恶劣气候条件下和复杂地质条件下的桥梁建设增多，所以质量和安全事故出现的概率就增大，为了优质、安全地完成桥梁的施工，施工组织者一定要严把桥梁施工质量关和加强施工过程中的安全控制。本文结合工程实践，就桥梁工程项目部如何做好桥梁施工的质量与安全控制方面谈谈自己的体会。

1. 项目前期准备工作

项目管理目标与规划项目管理是指以高效率地实现项目目标为目的，以项目经理负责制为基础，能够对工程项目按照其内在规律进行有效的计划、组织、协调、控制的管理系统。项目管理是要实现项目的质量目标、经济目标、进度目标。

工程项目管理者在项目建设过程中集策划者、组织者、协调者、监督者一身的角色，对建设项目实施全过程、全方位、动态的管理。项目管理目标对一个项目重要性不言而喻，对桥梁施工阶段来说更重要的是前期的准备工作要充分。在施工初期，项目部应该明确确立项目管理目标，明确未来项目要完成或者达到的水平与标准，并且制定相应的项目管理规划，在规划中必须明确桥梁施工的工期、项目质量、安全、成本、合同、信息等各项目标，制定相应的文明施工和环保措施，对各施工环节都进行部署。对施工过程中可能产生的风险应该做出预测，并且制定合理的应对措施。

（1）场地规划与机构设置开工之前，应对施工场地进行勘察，了解工程所在地的地形、人文、气候等环境条件，初步对施工场地进行平整、规划，明确划分生产区、办公区与生活区等。同时，按照工程项目管理成立项目经理部，下设工程技术、机材、质管、财务、经营、人事、行政等部门。另外，根据工程特点，组建测量、混凝土、基础、架梁等专业队，成立电焊、张拉、钢筋等工班。

（2）编写施工组织设计与施工方案项目部组织技术人员要精心编写施工组织设计，且在以后的施工过程中要不断优化施工组织设计。根据工程的设计要求和技术特点，认真编号每个分项工程的施工方案。在每个分项工程施工前，由项目技术主办组织施工人员进行施工技术交底，从技术人员到工班作业操作人员，层层落实，保证施工方案的顺利实施。

2. 施工项目管理

（1）进度控制根据总工期目标，项目部开工前应编制总体网络施工进度计划，确定影响工程施工的关键线路和关键工序，把关键线路和关键工序作为施工控制的重点。在工程施工过程中，根据各个阶段的实施计划要求，制定阶段性的网络计划，并定期检查计划的落实情况。

（2）技术管理桥梁建设的技术要求非常高，如墩基础、墩身、主桥箱梁对技术都要求非常高。而且考虑到地质情况、气候等施工环境，不断地克服施工中的难题，对项目目标的完成至关重要。因此，项目部专门应成立技术攻关小组，以科学的态度、务实的精神，大胆创新，不断解决施工难题，为工程施工的顺利进行扫清技术障碍。

（3）质量控制在工程开工后，项目部在目标的指引下，逐渐形成优质完成本项目目标的指导思想。其次，项目部建立了一系列质量管理制度，形成一套健全的质量管理网络。例如，要制定保证桥梁施工质量保证措施的管理制度、对桥梁施工质量检查的管理制度以及桥梁施工质量的奖励规定等制度，还要实行岗位责任制，分清从项目部领导到每一位员工的岗位职责，加强员工的质量意识，促使每一个岗位都能够对项目的工程质量进行把关。

（4）安全控制在施工现场，建立以项目经理为中心、安全负责人为主的安全领导机构。制定出各项安全技术措施，确保在施工中安全工作在受控情况下进行。把安全生产放在重要位置来抓，使全体人员都牢固树立“安全第一”的思想。

（5）加强安全生产做好安全生产的基础工作，在生产活动中，必须按“安全工作标准”落实好各项生产活动，使生产活动在保证安全的前提下进行。

3. 做好各工种和各工序安全规范的制定

（1）制定安全实施规范和实施细则，并做好安全技术交底，使施工者人人都懂得安全技术规范，确保安全生产。

（2）做好对高空作业人员的岗前安全技术交底和培训工作，对防护设施经常进行检查，确保安全网、安全护栏规范有效。

（3）满堂支架必须经过安全计算，必须安全、经济、合理；支架基础必须牢固结实，并设有合理的排水系统，确保支架安全可靠；混凝土浇筑时必须均匀浇筑，并指定专人检查支架的状态；泵车输送混凝土时，严禁将输送管道与排架接触；排架拆除前对作业者做好安全技术交底，并派专人在现场监护。

（4）现场安全用电严格按国家有关规定和安全技术规范执行，各种用电设备均要求接零和接地保护。电工每天必须对线路和用电设备进行定期检查，发现问题马上处理，并做好检查和事故处理记录。

4. 严格执行现行的施工安全规范

施工现场应严格执行施工安全规范，施工人员在施工时要严格执行现行的施工安全规范，包括《筑施工安全标准检查》《施工现场临时用电安全技术规范》《建筑施工高处作业安全技术规范》《建筑施工扣件式钢管脚手架安全技术规范》《桥梁施工规范》等等。

要以预防为主，加强职工思想教育。要职工牢固树立安全就是效益的思想，进行安全培训始终贯穿“预防为主”的思想。“预防为主”是实现“安全第一”的基础，“预防为主”就是要做到“防微杜渐”“防患于未然”。“预防为主”给我们的工作提出了更高的要求，要求我们将安全管理由过去传统的事故处理型转变为现代的事故预防型，把工作重点放在“预防为主”的工作上。

结　语

公路是国家的重要基础设施，是发展国民经济、造福社会、巩固国防的重要支撑力量。改革开放给我国公路建设带来了前所未有的发展机遇，特别是20世纪90年代开始，我国进入了公路建设大发展时期，高速公路迅速发展，走过了从无到有，从少到多，从低水平到高标准，从单条路段到逐步联网的光辉历程。截至2005年年末，全国公路通车总里程达193万公里，其中高速公路通车总里程达4.1万公里。京沪、京珠、京沈、渝湛、连霍等跨区域、长距离高速公路的建成通车，使我国干线公路网初具规模。随着公路建设事业的不断发展，对公路与桥梁专业人才的需求量也日益增大。同时，公路施工新技术、新材料、新工艺、新设备的推广与应用极大地丰富了公路施工的内涵。